中国国际私法实证研究

秦瑞亭 著

南开大学出版社
天津

图书在版编目(CIP)数据

中国国际私法实证研究 / 秦瑞亭著. —天津:南开大学出版社,2017.4
ISBN 978-7-310-05315-5

Ⅰ.①中… Ⅱ.①秦… Ⅲ.①国际私法—研究—中国 Ⅳ.①D997

中国版本图书馆 CIP 数据核字(2016)第 317172 号

版权所有　侵权必究

南开大学出版社出版发行
出版人:刘立松
地址:天津市南开区卫津路 94 号　　邮政编码:300071
营销部电话:(022)23508339　23500755
营销部传真:(022)23508542　　邮购部电话:(022)23502200

*

昌黎县佳印印刷有限责任公司印刷
全国各地新华书店经销

*

2017 年 4 月第 1 版　　2017 年 4 月第 1 次印刷
210×148 毫米　32 开本　12.625 印张　2 插页　360 千字
定价:38.00 元

如遇图书印装质量问题,请与本社营销部联系调换,电话:(022)23507125

教育部人文社会科学研究规划基金项目"中国国际私法实证研究"(项目号:10YJA820082)项目成果

序　言

本书是 2010 年度教育部人文社会科学研究规划基金项目《中国国际私法实证研究》（项目号：10YJA820082）项目成果的核心组成部分，由项目负责人即本书作者独立完成。在本书出版之际，关于本书的写作，有些专业问题，作者需要说明；有些个人情感，作者需要表达。两者合在一起，形成了本书的前言。

一百多年前，德国著名哲学家康德断言："如果正义灭亡，人类生存将不再具有任何价值。"21世纪的今天，康德的论断正在中国这片古老而神奇的东方土地上得到证实。随着法治进步和人民权利意识的逐渐觉醒，正义作为人类生存的价值和目的正在更大程度上进一步为国人所接受，最高人民法院亦正式将"努力让人民群众在每一个司法案件中感受到公平正义"作为工作目标。[①]但是正义如何实现，却是困扰了人类社会数千年的一个永恒难题。卡多佐指出："正义不是在狂风暴雨中获得的，它是从缓慢的进步中不断争取而来的。"[②]美国知名法学家的这一名言，也许能给历经了数千年"狂风暴雨"却仍然处于法治建设初级阶段的国人以有益启迪。"立法机构能够根除社会癌症，矫正一些长久以来的积弊，消除若干明确断定的罪恶，但它却蔑视那些微弱的补救、区分和法律推定，而这些在司法过程中比比皆是。"[③]作为拥有上千年成文法传统的文明古国，我国从来不缺少根除社会癌

[①] 周强：《最高人民法院工作报告（2015）》，北京：法律出版社，2015年版，第1页。

[②] [美]本杰明·N. 卡多佐著：《法律的成长》，李红勃、李璐怡译，北京：北京大学出版社，2014年版，第141页。

[③] [美]本杰明·N. 卡多佐著：《法律的成长》，李红勃、李璐怡译，北京：北京大学出版社，2014年版，第142页。

症和积弊的狂风暴雨式革命和大刀阔斧的"变法",我国缺乏的恰恰是对能体现社会缓慢进步的一个个司法判决的关注。弥补我国社会的这一缺陷,引起国人对我国社会生活中具体司法判决的重视,这是本书写作的起因和初衷。

对中国国际私法进行实证研究,我们理应对我国司法实践中的涉外民商事案例进行全面搜集和系统整理,在对这些涉外民商事案例的立案时间、结案时间、审案法院、地域管辖和级别管辖依据、具体涉外因素、准据法确定理由、说理论证充分程度以及判决执行情况等诸多方面进行分析统计的基础上,为我国国际私法理论研究和实务决策部门提供全面准确反映我国涉外民商事审判实践状况的统计数据。这项工作本来也在本书作者的研究计划之内,但是主要由于两方面的原因,作者放弃了这项统计工作。一方面,我国司法实践中涉外民商事案例的总体数量非常庞大,根据权威统计数据,2006—2009 年三年期间,我国全国各级法院共审结一审涉外商事案件 38 220 件,一审海事案件 44 584 件,一审涉港澳台案件 42 064 件;[①]2009 年全国各级人民法院新收各类涉外和涉港澳台案件共计 31 546 件;[②]2011 年全年我国各级人民法院新收涉外、涉港澳台一审、二审、再审和执行案件共计 37 215 件,其中涉外案件 18 901 件,涉港案件 11 277 件,涉澳案件 710 件,涉台案件 6 327 件;[③]2014 年全年我国各级人民法院审结的各类涉外、涉港澳台案件已达 41 103 件,其中涉外案件 22 451 件,涉港

---

① 最高人民法院副院长万鄂湘(现任全国人大常委会副委员长)在第三次全国涉外商事海事审判工作会议上的讲话:"坚持三个至上指导思想,努力将涉外商事海事审判工作推向一个新的发展阶段",载于万鄂湘主编:《涉外商事海事审判指导》2010 年第 1 辑,北京:人民法院出版社,2010 年版,第 10 页。

② "2009 年全国法院司法统计公报",载最高人民法院办公厅编:《中华人民共和国最高人民法院公报(2010 年卷)》,北京:人民法院出版社,2011 年版,第 306 页。

③ "2011 年全国法院司法统计公报",载最高人民法院办公厅编:《中华人民共和国最高人民法院公报(2012 年卷)》,北京:人民法院出版社,2013 年版,第 219 页。

澳台案件 18 652 件。①另一方面，中国裁判文书网作为我国最权威的公布裁判文书的网站，并没有将涉外民商事裁判文书作为一个专门的类别设置，而是将国内民商事案件和涉外民商事案件的裁判文书合在一起归属于"民事案件"类别。该网站公布的"民事案件"包括以"民事案由"立案的所有案件，2016 年 10 月 9 日笔者在该网站检索"民事案由"的案件，检索结果为"12 115 418 项"。②因为该网站没有"涉外民事案例"或者"涉外商事案例"的类别，而且涉外民商事裁判文书中不一定包括"涉外""准据法"或者"法律冲突"等关键词，因此通过输入国际私法关键词方式在该网站检索涉外民商事裁判文书的检索结果并不可靠。通过逐案阅读方式将我国每年数万件的涉外民商事案例从该网站公布的一千两百多万民事裁判文书中找出，又显然超出了任何一个个体研究人员的能力极限。基于上述两方面的原因，本书作者在这次项目研究中放弃了对我国涉外民商事案例进行全面搜集、整理和统计的计划。作为长远规划，以后如果有适当的组织研究团队的机会，作者仍会进行这方面的工作并将统计结果和研究成果另行出书。

本书的研究素材主要是作者十余年来在国际私法教学科研工作中搜集和保存的 2000 余件我国司法实践中的涉外民商事案例，其来源包括我国历年《最高人民法院公报》、1992 年以来国家法官学院和中国人民大学法学院每年编写出版的《中国审判案例要览（商事审判案例卷）》、最高人民法院民四庭编写的每年两辑的《涉外商事海事审判指导》、中国国际私法学会编写出版的历年《中国国际私法与比较法年刊》、最高人民法院应用法学研究所编写的历年《人民法院案例选》以

---

① "2014 年全国法院司法统计公报"公布的数字是"2014 年全国法院审结涉外、涉港澳台一审、二审、再审和执行案件 12 982 597 件"，超过一千万件，而之前每年同类案件数量都没有超过 10 万件，因此本书作者认为该统计数字很可能是印刷错误。故本书采用了该公报公布的 2014 年全国法院审结的涉外、涉港、涉澳和涉台案件各个分项的数字，该各分项数字相加总和应为 41 103 件，而非该公报公布的一千二百多万件。详见最高人民法院办公厅编：《中华人民共和国最高人民法院公报（2015 年卷）》，北京：人民法院出版社，2016 年版，第 350 页。

② http://wenshu.court.gov.cn/List/List?sorttype=1&conditions=searchWord+2+AJLX++案件类型：民事案件，2016 年 10 月 9 日访问。

及中国商事海事审判网、中国裁判文书网、北大法宝和无讼案例网等权威或者知名法律网站。本书作者在该两千多件涉外民商事案例中，主要依据案例和法院判决书中体现的国际私法问题的典型性，精选了500余件国际私法案例，作为重点分析和研究对象。本书中分析的国际私法问题，基本上都来源于该500余件国际私法案例。基于这些国际私法案例对于本书的重要性，本书附录中专门列举了这些国际私法案例的名称。

  作为以司法实践中的现实案例为研究对象的实证研究著作，本书的章节体系安排主要依据作者在上述500余件涉外民商事案例中发现的典型国际私法问题。因此，有些问题，例如诉讼权利能力和诉讼行为能力的准据法问题、判断当事人是否适格的准据法问题、真假民事行为的准据法问题、程序合同的准据法问题、国际惯例是否可以作为准据法的问题、域外法院判决书在我国内地人民法院的使用问题，等等，虽然我国现有国际私法文章著作对这些问题的研究很少甚至提及不多，但鉴于这些问题在我国国际私法司法实践中的重要性，本书用了相当多的篇幅对其进行分析讨论，希望引起理论和实务界有兴趣人士的注意，共同推进我国国际私法的发展。另外，对于我国国际私法文献著作研究较多的问题，例如反致问题、自然人国籍冲突问题、经常居所地的认定问题、公共秩序保留问题、国际商事仲裁协议的准据法问题、外国仲裁裁决的承认和执行问题、国家及其财产豁免权问题，等等，本书则没有涉及或者分析论述较少，因为根据笔者掌握的案例，这些问题或者在我国司法实践中还没有发生，或者人民法院解决该问题的方案已经比较完善，因此不再需要专门进行研究。涉外婚姻家庭继承领域作为国际私法的传统阵营，笔者相信司法实践中应该有一些典型的国际婚姻或者涉外继承案例。但是由于我国公开资料中能查到的涉外婚姻家庭继承案例为数很少，可以查到的完整裁判文书则更少，因此笔者无法准确了解我国内地人民法院对于涉外婚姻家庭继承案例中国际私法问题的处理情况，故本书没有设立专章论述该领域的国际私法问题，这是本书的不足，也是本书作者的遗憾，恳请教育部负责人文社科规划基金项目的领导、相关专家学者和对涉外婚姻家庭继承案例感兴趣的读者谅解。

  本书是专门分析研究我国涉外民商事裁判文书中国际私法问题的一本著作，没有现实生活中一宗宗活生生的涉外民商事案件，没有成千上万个法官们不辞辛苦甚至废寝忘食地对这些案件进行审理和判决，本书就会成为"无源之水""无本之木"。在这个意义上，本书如果能够对国际私法理论和实务界的读者们提供些许启迪，也主要是因为本书作者站在了无数辛苦审理案件的巨人们的肩膀上。在此，本书作者对本书中引用和分析的所有裁判文书的作者们表示衷心感谢并致以崇高敬意！

  本书是一本"难产"的著作，比预定计划拖延了太久太久。南开大学出版社王乃合老师对于我数次的拖延交稿都给予了最大程度的宽容、理解和无私帮助，没有王老师的宽容、理解和无私帮助，就不可能有本书的面世。在此，本书作者向尊敬的王乃合老师表示最衷心的感激并致以最崇高的敬意！

  南开大学法学院提供的优越的科研环境，南开大学社科处提供的优质管理服务，教育部提供的科研经费支持，本书责任编辑的辛苦审稿和编辑工作，都对本书出版贡献良多，在此，本书作者也向他们表示真诚的谢意：谢谢你们！

  本书献给我的爱妻及其他家人。

  本书作者欢迎各位读者的真挚批评和建议，也乐意为对本书分析的涉外民商事案例感兴趣的读者提供相关案例的详细资料，联系方式：qinruiting2008@163.com。

秦瑞亭

2016 年 8 月于南开大学

目 录

第一章　国际民事诉讼中的当事人 ... 1
第一节　诉讼权利能力和诉讼行为能力的准据法 ... 1
第二节　当事人适格问题的准据法 ... 13
第三节　合同当事人的识别 ... 20

第二章　程序合同 ... 36
第一节　程序合同的性质及其法律适用 ... 36
第二节　不起诉协议和不上诉协议 ... 39
第三节　管辖权协议 ... 50

第三章　我国涉外民事诉讼管辖的特殊问题 ... 63
第一节　不动产合同纠纷应否适用专属管辖 ... 63
第二节　不方便法院原则 ... 70

第四章　准据法的适用范围 ... 75
第一节　合同准据法的适用范围 ... 75
第二节　准据法适用的地域范围 ... 81
第三节　真假民事行为识别的准据法 ... 84

第五章　国际公约和国际惯例作为准据法的问题 ... 111
第一节　国际公约 ... 111
第二节　国际惯例 ... 122

第六章　部分问题和先决问题 ... 134
第一节　基本概念 ... 134
第二节　我国关于先决问题和部分问题的立法与司法实践 ... 138

第七章　干涉性法规 ... 145
第一节　概述 ... 145

第二节　我国的干涉性法规和干涉性法规直接适用制度 147
　　第三节　我国关于干涉性法规的司法实践 155
　　第四节　特殊交易的主体资格问题 166
第八章　法律选择协议 171
　　第一节　法律选择协议的成立和效力 171
　　第二节　法律选择协议的内容 180
　　第三节　法律选择协议的其他问题 193
第九章　提单法律选择条款 203
　　第一节　三起无单放货案例 203
　　第二节　提单法律选择条款和合同并入条款的识别 208
　　第三节　提单法律选择条款的效力 224
第十章　合同最密切联系地的确定 233
　　第一节　确定合同最密切联系地的基本理论 233
　　第二节　我国确定合同最密切联系地的司法实践 237
第十一章　侵权冲突法司法实践中的疑难问题 250
　　第一节　涉外人身侵权损害赔偿的法律适用 250
　　第二节　侵权冲突法中的有利于受害人原则 258
第十二章　物权冲突法司法实践中的疑难问题 266
　　第一节　物的识别和动产与不动产的区分 266
　　第二节　物权准据法的适用范围 272
　　第三节　《法律适用法》第37条中"法律事实"的认定 276
　　第四节　不动产物权准据法和不动产合同准据法
　　　　　　适用范围的界定 287
第十三章　涉外知识产权的法律适用 297
　　第一节　我国涉外知识产权法律适用的司法实践 297
　　第二节　被请求保护地的确定 306
第十四章　法院确定准据法和管辖权的补强说理 310
　　第一节　法院确定准据法的补强说理 310
　　第二节　法院确定管辖权的补强说理 315

第十五章　域外法院判决书在我国内地法院的使用 320
　　第一节　概述 320
　　第二节　外国法院判决书在我国内地法院的使用 322
　　第三节　香港法院判决书在我国内地法院的使用 333
结语 337
主要参考文献 340
　　附录：主要案例目录 354

第一章 国际民事诉讼中的当事人

在纯国内民事诉讼中，诉讼当事人的民事权利能力、民事行为能力与诉讼权利能力、诉讼行为能力都适用同一国家的法律作为准据法，因此实体法权利能力、行为能力与程序法权利能力、行为能力相冲突的情况很少发生。在国际民事诉讼中，实体法权利能力、行为能力与程序法权利能力、行为能力可能适用不同国家的法律，由此产生国际民事诉讼主体资格的法律适用问题，即法院应适用何国法律判断诉讼当事人是否具有诉讼权利能力和行为能力以及当事人是否适格的问题，本章对这些问题分别予以论述。

第一节 诉讼权利能力和诉讼行为能力的准据法

诉讼权利能力是指享有民商事诉讼权利的资格，对应着实体法中的民事权利能力；诉讼行为能力是指在诉讼程序中通过实施诉讼行为独立行使诉讼权利、承担诉讼义务的法律上的能力，对应着实体法中的民事行为能力。我国国际私法学界关于当事人诉讼权利能力和诉讼行为能力的研究较少，新中国第一部冲突法法典——2011年4月1日生效实施的《中华人民共和国涉外民事关系法律适用法》（简称《法律适用法》）第11~12条和第14条分别对自然人和法人民事权利能力与民事行为能力法律适用问题做了明确规定，但该法没有涉及当事人诉讼权利能力和诉讼行为能力的法律适用问题。根据笔者掌握的资料，我国司法实践已经走在了我国国际私法立法和理论研究的前面，对如何确定当事人诉讼权利能力和诉讼行为能力准据法的问题进行了有益探索。

诉讼程序问题适用法院地法律,是学界公认的国际私法惯例。诉讼权利能力和诉讼行为能力显然可以归属于诉讼程序问题,因此在我国现行国际私法立法没有明确规定的情况下,依据诉讼程序问题适用法院地法原则来解决诉讼权利能力和诉讼行为能力的法律适用问题,便成了国际私法理论功底扎实的法官首先可以想到的解决方案。上诉人江苏省海外企业集团有限公司与升华(Suncraft)有限责任公司、中村幸一合作合同纠纷一案[①]便是人民法院适用法院地法解决当事人诉讼权利能力和诉讼行为能力问题的典型案例。关于该案的法律适用问题,一审法院认为:"在庭审中,双方当事人对适用我国法律处理本案纠纷,均明确表示无异议。同时本案双方当事人争议的有关原告主体资格是否适格问题系程序性问题,根据冲突法规则,程序性问题应适用法院地法。故本案纠纷应以中华人民共和国法律为准据法。"[②]二审法院认定:"一审法院根据双方当事人的选择,适用中国法律处理本案纠纷正确,本院予以确认。"[③]一审法院判决书明确指出原告主体资格问题,即本节论述的诉讼权利能力和诉讼行为能力属于程序性问题,应当适用法院地法律。二审法院确认了一审法院适用的中国法律,但没有明确提及原告主体资格问题适用法院地法律这一冲突规则,是其不足之处。

原告中国石油化工股份有限公司北京燕山分公司(简称中石化北京燕山公司)诉被告轩星有限公司(简称轩星公司)进出口代理合同纠纷一案[④]中,北京市第一中级人民法院从诉讼权利能力、行为能力与民事权利能力、行为能力之间联系的角度来解决诉讼权利能力和行为能力的准据法问题,是我国司法实践对该问题从一个新的角度进行的有益探索。该法院认为:"原告中石化北京燕山公司系在中华人民共和国境内注册成立的其他组织,具备《民事诉讼法》规定的民事诉讼

---

① 江苏省南京市中级人民法院民事裁定书(2003)宁民五初字第26号;江苏省高级人民法院民事裁定书(2005)苏民三终字第015号。
② 江苏省南京市中级人民法院民事裁定书(2003)宁民五初字第26号。
③ 江苏省高级人民法院民事裁定书(2005)苏民三终字第015号。
④ 北京市第一中级人民法院民事判决书(2009)一中民初字第806号。

主体资格。被告轩星公司系在香港依据香港法律注册成立的公司,根据香港法律,其具有民事权利能力和民事行为能力,系本案适格的诉讼主体。"[①]该法院判决书的逻辑推理是:诉讼权利能力和诉讼行为能力源于民事权利能力和民事行为能力,被告轩星公司在香港注册成立,其民事权利能力和民事行为能力适用香港法律,依据香港法律,该公司具有民事权利能力和民事行为能力,因此该公司在我国内地法院应具有诉讼权利能力和诉讼行为能力。笔者认为,该法院的逻辑推理过程是严谨的,结论也是可取的,是我国司法实践对诉讼权利能力和诉讼行为能力法律适用问题进行的积极探索和重要贡献。

原告鹿园公司(Deep Field Technologies, Inc.)诉被告北京中美金车银港汽车科技服务有限公司(简称中美金车公司)股东知情权纠纷一案[②],是我国司法实践中依据当事人民事权利能力和民事行为能力解决其诉讼权利能力和行为能力的又一典型案例。该案一审法院认为:"因本案原告鹿园公司系在美国依据美国法律注册成立的法人企业,故本案系涉外民事纠纷。根据国际私法的原则,处理涉外民事诉讼法在程序上应适用法院地国的法律,因本案原告鹿园公司向中华人民共和国法院提起诉讼,故本案在程序上应适用《中华人民共和国民事诉讼法》。……本院认为,鹿园公司系在美国依法注册成立的法人企业,依据美国有关法律,其具有民事行为能力,亦具备我国民事诉讼法规定的诉讼主体的资格。中美金车公司系在中国依法注册成立的具备法人资格的中外合作经营企业,其具有民事行为能力,符合我国民事诉讼法规定的诉讼主体资格。"[③]

上述案例的一审法院判决书首先明确说明涉外民事诉讼程序问题应适用法院地法律,之后又以鹿园公司系美国法人、依据美国法律具有民事行为能力为由,认定该公司在我国法院拥有诉讼权利能力和诉讼行为能力。该判决书的分析说理表明,一审法院明确意识到了诉讼程序问题和诉讼权利能力与行为能力问题的区别,明确指出诉讼主

---

① 北京市第一中级人民法院民事判决书(2009)一中民初字第806号。
② 北京市第一中级人民法院民事判决书(2008)一中民初字第06222号。
③ 北京市第一中级人民法院民事判决书(2008)一中民初字第06222号。

体资格,即诉讼权利能力和诉讼行为能力问题,适用当事人民事权利能力和民事行为能力的准据法:当事人依据其属人法具备民事权利能力和民事行为能力的,在我国法院具有诉讼权利能力和诉讼行为能力。换言之,自然人、法人在我国内地法院的诉讼权利能力和诉讼行为能力,适用该自然人、法人民事权利能力、民事行为能力的准据法。

原告香港港源水利电力工程有限公司(简称港源公司,住所地为香港北角英黄道城中心15楼1508号)诉被告中国农业银行北京市分行(简称农行北京分行)、第三人国宇经济发展总公司(简称国宇公司)存款纠纷一案[①]中,1996年10月31日,原告港源公司的独资子公司华水电子(深圳)有限公司(简称华水公司)将人民币500万元划入了其在被告农行北京分行的账户内。1996年11月4日,被告农行北京分行将上述500万元从华水公司账户划到第三人国宇公司登记设立的北京三峡经济发展总公司(后更名为北京三峡经济开发集团)的下属单位三峡双艺的账户内,华水公司在上述500万元的信汇凭证上加盖了财务章。后华水公司要求将上述500万元存款转存水利部机关服务中心账户内,被告农行北京分行以500万元已被三峡双艺提走为由拒付。后来华水公司因连续两年不参加年检,于1999年12月23日被吊销营业执照。港源公司作为华水公司百分之百的股东,以其自身名义作为原告起诉被告农行北京分行,请求被告支付存款500万元。

关于港源公司是否有权向被告农行北京分行提起诉讼的问题,北京市第一中级人民法院认为,按照国际私法确立的基本原则,诉讼当事人主体资格的确定,应适用其所在地国法律。本案法律关系当事人华水公司的注册成立地在中国深圳,故应依据中国内地法律确定当事人的主体资格问题。华水公司虽然被工商管理部门吊销了营业执照,但现没有证据证明华水公司已注销。依据我国企业法人登记管理条例有关规定和最高人民法院《关于企业法人营业执照被吊销后,其民事诉讼地位如何确定的复函》[②],华水公司作为企业法人仍继续存在,

---

[①] 北京市第一中级人民法院民事裁定书(2001)一中民初字第1587号。
[②] 法经[2000]24号。

故其仍应以自己的名义起诉或应诉。据此，该法院裁定驳回原告香港港源水利电力工程有限公司对被告中国农业银行北京市分行的起诉。

北京市第一中级人民法院审理该案时，《中华人民共和国涉外民事关系法律适用法》还没有颁布，当时我国国际私法立法对法人民事权利主体资格（即民事权利能力和民事行为能力）和民事诉讼主体资格（即诉讼权利能力和诉讼行为能力）的法律适用问题都没有明确规定，该法院判决书也没有援引具体的冲突规则，因此该判决书中所分析的当事人主体资格，是否包括实体法中的民事权利能力和民事行为能力，我们无从确定。由于涉案争议问题是原告的诉讼主体资格问题，因此可以肯定该判决书中的当事人主体资格包括民事诉讼主体资格。按照该判决书的观点，公司的民事诉讼主体资格，即诉讼权利能力和诉讼行为能力问题，应当适用该公司的注册成立地法律，该观点是我国司法实践在解决法人诉讼权利能力和诉讼行为能力的冲突法问题方面进行的有益探索。

上诉人特雷弗·罗齐尔（Trevor Rozier）与被上诉人南京仙龙工艺品有限公司（简称仙龙公司）国际货物买卖合同纠纷一案①中，一审原告仙龙公司与英国采购代理有限公司（Sourcing Agencies Limited）（简称 SSI 公司）自 1996 年开始进行国际货物买卖交易，由 SSI 公司向其订购，其向 SSI 公司出口鞋类商品。所有交易主要通过电子邮件、电话传真和手机等方式联系，双方约定并一直采用价格术语 CIF（即成本加保险费加运费），付款方式为 D/P AT SIGHT（即期付款交单）通过银行托收。2006 年 6 月至 7 月，SSI 公司通过电子邮件共向原告发送五份订单，原告按照订单合同约定发送了货物。装船后，仙龙公司于 2006 年 9 月将海运正本提单、发票、装箱单等单据交中国银行江苏省分行寄往 SSI 公司指定的代收行英国汇丰银行，按照 D/P AT SIGHT 方式托收。货到目的港后，TREVOR ROZIER 于 2006 年 9 月 22 日向仙龙公司发送电子邮件，称其遭遇财务困难，要求将付款方式

---

① 江苏省南京市中级人民法院民事判决书（2008）宁民五初字第 68 号；江苏省高级人民法院民事判决书（2010）苏商外终字第 0074 号。

D/P AT SIGHT（即期付款交单）改为 D/A+10 天（即承兑交单后十天付款）。仙龙公司于 2006 年 9 月 25 日通过电子邮件要求特雷弗·罗齐尔发送一份书面承诺，承诺在收到单证后的十天内付款，无任何附加条件。特雷弗通过电子邮件发送承诺如下："本人，TREVOR ROZIER 正式要求仙龙公司将合同 SS37005、023、024、025 的付款方式从 D/P AT SIGHT 改为 D/A+10 天。一旦收到单证，我保证付款，无任何附加条件。"

收到以上承诺后，仙龙公司通知银行将上述订单合同的付款方式变更为 D/A+10 天。2006 年 10 月 10 日，SSI 公司向英国汇丰银行承兑后，取得相应单据并提走全部货物，但在承兑到期后没有付款。汇丰银行终止该项代收业务，将未支付的汇票退回中国银行江苏省分行，该行将退回的汇票交还仙龙公司。仙龙公司多次向 SSI 公司及特雷弗催要货款未果，于 2008 年 10 月 15 日诉至一审法院江苏省南京市中级人民法院。

一审法院第一次庭审后，因知悉 SSI 公司解散，仙龙公司变更特雷弗为唯一被告，并申请将诉讼请求变更为：请求法院判令被告特雷弗对 SSI 公司的债务承担保证责任；并承担因拖欠货款造成仙龙公司退税损失人民币 39 585.5 元和后续翻译费 550 元。

一审法院查明：SSI 公司为在英国注册成立的私人有限公司，发行股票数 100 股，每股 1 欧元，总面值 100 欧元。特雷弗（TREVOR ROZIER，英国籍，住所地在英国）为公司股东和董事，闫林娟（YAN LIN JUAN，特雷弗·罗齐尔之妻）为公司秘书。2008 年 10 月 8 日，即仙龙公司向南京中院提起诉讼的前一周，该公司最后一次申报。TREVOR ROZIER 在第二次庭审中当庭认可 SSI 公司已经解散，并称解散的原因是久未营业而被公司登记官除名。

一审法院同时查明：英国 2006 年公司法第 1000 条规定了登记官将停业公司除名的权力，如果登记官有合理理由相信公司不开展业务或经营，登记官可以通过邮寄方式向公司发送信件，询问公司是否在开展业务或经营。如果登记官收到公司不开展业务或经营的答复，或者在两次发送信件后的一定期限内没有收到任何答复，登记官可以在公报上公布将该公司名称从登记册中除名。依据英国公司注册处刊登的公告，SSI 公司于 2009 年 6 月 23 日解散。

一审法院认为，依据我国《合同法》第 126 条规定，涉外合同当事人可以选择处理合同争议所适用的法律。虽然仙龙公司与 SSI 公司在买卖合同中没有约定应当适用的法律，但双方当事人当庭明确表示选择适用中华人民共和国法律解决合同纠纷，根据当事人意思自治原则，确定中华人民共和国法律作为判定本案合同关系的准据法。SSI 公司法律人格的认定问题，根据国际私法规则，应当适用公司属人法，即英国公司法。关于 SSI 公司解散之后股东清算责任的法律适用，由于英国是普通法国家，成文法中对此未做规定，当事人未能在一审法院指定的期限内对英国判例法的相关规定进行举证，一审法院经咨询国内法律专家亦未有结果，一审法院以法院地法即我国法律作为替代法律予以适用。依据我国法律，一审法院判决：仙龙公司与 SSI 公司订立的国际货物买卖合同合法有效，双方均应履行各自的合同义务。根据英国公司法规定，SSI 公司解散之后，法律人格归于消灭。特雷弗作为原 SSI 公司唯一的股东，明知公司有未了结的民事诉讼，却没有向登记官予以声明，导致 SSI 公司被解散；其明知公司尚有未清偿的债务，却怠于履行向登记官声明的义务，导致公司已无法进行清算，不仅违反了股东的诚信义务，亦构成对债权人利益的侵害。因此，特雷弗应当对 SSI 公司的债务承担赔偿责任。

浙江省高级人民法院二审认为，本案系涉外合同纠纷，因双方当事人在审理中均选择我国法律为准据法，一审法院根据当事人意思自治原则确定我国法律为准据法，符合法律规定，本院予以确认。在涉案买卖合同履行过程中，由于特雷弗发函要求将涉案买卖合同的付款方式由付款交单更改为承兑交单，在仙龙公司要求下，其于 2006 年 9 月 25 日回函做出承诺。从该承诺内容来看，特雷弗所做的承诺应视为其个人对 SSI 公司债务承担保证责任。特雷弗基于该保证责任应当偿付仙龙公司主张的货款及损失。据此判决驳回上诉，维持原判决。

上述案例作为我国司法实践中的一宗普通涉外买卖合同案例，涉外因素并不复杂，也没有产生很大的社会影响，但审案法官在该案判决书中对合同准据法确定问题、SSI 公司法律人格的准据法问题以及 SSI 公司解散之后股东清算责任的法律适用问题都依据我国当时国际私法立法和学界理论做了尽可能充分的探讨，审案法官的敬业精神非常值得敬佩，该案也因此成为分析诉讼权利能力和行为能力冲突法问题的一个典型案例。对该案判决书进行深入分析我们会发现，该案判决书对国际私法问题的处理虽然已经非常专业，但并非无懈可击，亦存在不足之处。

依据两审法院认定的事实，本案存在两个不同性质的涉外合同：SSI 公司和仙龙公司之间的国际货物买卖合同以及仙龙公司和特雷弗·罗齐尔之间的涉外保证合同。一审法院首次开庭审理时，SSI 公司还没有被解散。作为该公司的唯一股东和董事，特雷弗在一审程序中，至少在原告变更诉讼请求之前，应当是以该公司法定代表人身份出庭的，一审和二审法院都将本案的案由确定为国际货物买卖合同纠纷，就证明了这一点。因此一审法院判决书所称"虽仙龙公司与 SSI 公司在合同中未做约定，但双方当事人当庭明确表示选择适用中华人民共和国法律解决合同纠纷"，其中的双方当事人应当是仙龙公司与 SSI 公司，该两方当事人当庭明确协议选择的合同准据法也应当是买卖合同的准据法。二审法院判决书称"一审法院根据当事人意思自治原则确定我国法律为准据法，符合法律规定，本院对此予以确认"，说明二审程序中的当事人仙龙公司和特雷弗没有当庭协议选择法律，因此二审法院确认的合同准据法仍然应当是仙龙公司与 SSI 公司之间买卖合同的准据法。从两审法院判决书的内容来看，没有证据证明一审和二审庭审过程中特雷弗以保证合同当事人身份当庭和仙龙公司协议选择了保证合同的准据法，因此保证合同的准据法应当依据最密切联系原则来确定。由于本案保证人是英国公民，住所和经常居所都在英国，而且保证人承担的保证义务是最能体现保证合同本证特征的特征性义务，因此依据最密切联系原则，本案保证合同的准据法应当是特征履行方当事人经常居所地法律，本案中即保证方当事人经常居所地，即英国的法律。但是一审法院和二审法院判决书都依据仙龙公司与 SSI 公司协议选择的买卖合同准据法审理了仙龙公司和特雷弗·罗齐尔之间的保证合同纠纷,并且二审法院审理的主要是保证合同纠纷,最后依据仙龙公司与 SSI 公司协议选择的买卖合同准据法对仙龙公司和特雷弗之间的保证合同纠纷做出了判决,这是本案判决书的一个明显不足之处。

笔者认为,本案判决书的不足与我国对诉讼权利能力和诉讼行为能力准据法问题的理论研究落后有关。理论指导实践,也必然影响实践,因此关于法人及其他组织诉讼主体资格法律适用问题理论研究的不足必然会在司法实践中有所体现,本案即是一个例证。一审判决书明确指出关于 SSI 公司法律人格的认定应当适用属人法,但由于我国立法不完善以及学界理论研究的落后,该判决书的作者没有区分 SSI 公司的民事权利能力和诉讼权利能力,而是使用了"法律人格"这个笼统的概念。审案法官在本案中欲解决的问题是 SSI 公司可否在中国法院成为被告和进行诉讼行为的问题,因此一审判决书"关于 SSI 公司法律人格的认定,根据法律规定和国际私法规则,应当适用属人法"中的法律人格应当是指诉讼权利能力和诉讼行为能力。但是我国当时和现在的法律对于诉讼权利能力和诉讼行为能力适用何国法律的问题都没有明确规定,当时我国国际私法理论界也不存在法人诉讼权利能力和诉讼行为能力适用该法人属人法的"国际私法规则",但是我国国际私法理论中一直存在"法人民事权利能力和民事行为能力"适用其属人法的"国际私法规则"。基于前述分析,笔者认为,一审判决书基于"关于 SSI 公司法律人格的认定,根据法律规定和国际私法规则,应当适用属人法"这一理由认定对 SSI 公司是否被解散以及可否作为我国法院的被告问题适用该公司属人法即英国法律,实际上混淆了 SSI 公司民事权利主体资格和诉讼主体资格的法律适用问题。

原告中国水利电力对外公司(下称中国电力公司)、中国水利水电建设集团公司(下称中国水电公司)诉被告香港南远船务有限公司海上货物运输合同纠纷一案[①],是我国涉外民商事审判实践中涉及当事人诉讼权利能力和诉讼行为能力法律适用问题的又一典型案例。该

---

① 北海海事法院民事判决书(2008)海商初字第 275 号。

案中，原告中国电力公司、中国水电公司诉称，2007年6月2日，被告香港南远船务有限公司所属"永兴门"轮承运21 341.18吨水泥自广西防城港开往苏丹港，广西防城港船务代理公司代表船长签发了BG07EX129号清洁提单。提单载明托运人为银凯发展有限公司（SILVERKEY，简称银凯公司），记名收货人为CCMD JOINT VENTURE（简称CCMD联营体）。CCMD联营体为原告中国电力公司和中国水电公司于2003年5月22日在北京成立的内部联营体，负责经营合同总价款555 041 130.52欧元的苏丹麦洛维大坝项目合同2—土建工程。"永兴门"轮在苏丹港卸货期间遭遇降雨，水泥受损。国际著名检验机构荷兰管制联盟（Control Union）检验报告认定：21 341.18吨水泥的91%即19 420.4738吨受损，结块水泥不能用于建筑施工，其受损原因是受雨水和湿气直接影响，使水泥结块及石化。为此，两原告中国电力公司、中国水电公司请求法院判令被告香港南远船务有限公司赔偿货物损失2 000 308.8美元。

被告辩称，按照提单记载，收货人为CCMD联营体，并非本案原告中国电力公司、中国水电公司。CCMD联营体在苏丹是独立的对外主体，并不是原告中国电力公司、中国水电公司所诉称的仅仅是其内部的联营体。因此本案两原告均不适格。

法院查明：2003年5月22日，原告中国电力公司、中国水电公司为共同实施苏丹麦洛维大坝项目合同2—土建工程签订结成联营体协议，约定：联营体中文名为"中水电—水电总公司联营体"，英文名为"CCMD JOINT VENTURE"，该联营体不具有法人资格。双方在CCMD联营体中的股份比例为各占50%。

受案法院北海海事法院认为，本案系海上货物运输合同纠纷。被告系香港法人，各方当事人在法庭上均引用中国法律提出主张或抗辩，并明确表示同意适用中国法律解决争议，故根据《中华人民共和国海商法》第269条规定，适用中华人民共和国法律作为本案准据法。

被告抗辩CCMD联营体在苏丹是独立法人，但未能提供CCMD联营体系苏丹独立法人的相关证据，故法院对被告抗辩CCMD联营体才是本案适格原告的理由不予采纳。CCMD联营体是原告中国电力公司、中国水电公司为实施麦洛维水电站项目在北京组成的联营体,从联营体协议内容看,CCMD 联营体是原告中国电力公司、中国水电公司的内部联营体,不是独立法人。因此该法院认定中国电力公司、中国水电公司是本案适格原告。

本案当事人争议的关键问题是 CCMD 联营体是否具有独立法人资格的问题,即是否具有诉讼权利能力和诉讼行为能力的问题。因此虽然从上述判决书内容表述来看,系争问题是当事人适格问题,但本案实际上是关于诉讼权利能力和诉讼行为能力准据法问题的典型案例。法院在判决书中一方面明确写明适用中华人民共和国法律处理双方当事人之间的实体争议;另一方面又依据中国法律认定 CCMD 联营体是原告中国电力公司、中国水电公司的内部联营体,不是独立法人。审案法院适用中国法律解决 CCMD 联营体诉讼权利和诉讼行为能力问题的理由是将该问题定性为实体争议问题从而适用本案合同准据法,还是认为该问题属于程序法问题因而应当适用法院地法,由于法院判决书没有说明,我们无从判断。从法院基于被告未能提供 CCMD 联营体系苏丹独立法人的相关证据而没有采信被告关于 CCMD 联营体在苏丹是独立法人的主张这一点分析,如果被告向法院提供了有效证据证明 CCMD 联营体依据苏丹法律是独立法人,法院是有可能适用苏丹法律解决本案原告诉讼权利能力和诉讼行为能力问题的。

如上所述,我国现行国际私法法律法规和司法解释都没有对诉讼权利能力和诉讼行为能力的准据法问题做出明确规定,司法实践中一般对民事权利能力、行为能力和诉讼权利能力、行为能力的法律适用问题不做区分,统一适用当事人属人法作为准据法。笔者认为,在我国已经有了成文冲突法法典并且正在制定引导 21 世纪世界潮流的民法典的今天,有必要对前述问题进行进一步的探讨。

我国《法律适用法》第 11～12 条对自然人民事权利能力和民事行为能力法律适用问题做了规定,第 14 条规定了法人和其他组织民事权利能力和民事行为能力的法律适用问题,前述条文都是现行有效的冲突规范,在司法实践中法官有义务依职权适用这些法律条文,可见,对于如何确定民事权利能力和民事行为能力的准据法问题,我国立法者已经给出了明确答案。

考虑到诉讼权利能力主要源于民事权利能力,在当事人依据我国《法律适用法》第11条、第14条规定的准据法具有民事权利能力的情况下,应当认定当事人具有诉讼权利能力,这是逻辑思维的必然要求和结果,自然应予以肯定;另外,民事诉讼程序问题适用法院地法律,既是国际私法领域各国公认的惯例,也是我国《民事诉讼法》第4条的明确规定,而当事人具备诉讼权利能力是诉讼程序开始的前提条件,因此诉讼权利能力有无问题自然可以归属于诉讼程序问题,故如果当事人依据《法律适用法》第11条、第14条援引的属人法没有民事权利能力,但是依据我国民事诉讼法具有诉讼权利能力,我们也应当认定该当事人具有诉讼权利能力。由于诉讼权利能力只是诉讼程序开始的前提条件,当事人拥有了诉讼权利能力并不等于其在法律上就可以启动一个具体诉讼程序,欲启动诉讼程序还需要满足诉讼行为能力和当事人适格两个条件,因此在当事人依据《法律适用法》第11条、第14条指引的法律具有民事权利能力但依据法院地法不具有诉讼权利能力的情况下,冲突法立法认可该当事人的诉讼权利能力,并不会导致实践中诉讼数量的实际增加。换言之,诉讼权利能力主要涉及当事人自身利益,较少涉及社会公共利益和第三人利益。因此,从最大程度维护当事人自身利益角度考虑,建议我国将来国际私法立法对诉讼权利能力问题采取有利于承认当事人的诉讼权利能力的选择型冲突规范,即:当事人依据《法律适用法》第11条、第14条规定的法律具有民事权利能力,或者依据受理案件的法院所属国法律具有诉讼权利能力,具有诉讼权利能力。

同样道理,考虑到诉讼行为能力主要源于民事行为能力,在当事人依据我国《法律适用法》第12条、第14条指引的准据法具有民事行为能力的情况下,应当认定当事人在我国法院受理的诉讼中具有诉讼行为能力,这是逻辑思维的必然要求和结果;另外,依据民事诉讼程序问题适用法院地法的原则,由于当事人诉讼行为能力问题可以归属于诉讼程序问题,因此如果当事人依据《法律适用法》第12条、第14条援引的属人法没有民事行为能力,但是依据我国民事诉讼法具有诉讼行为能力，我国人民法院应当认定该当事人具有诉讼行为能力，否则很可能被认为是对我国诉讼程序法的不尊重。当事人拥有了诉讼行为能力也不等于其在法律上就可以启动一个具体诉讼程序，欲启动诉讼程序还需要满足当事人适格的条件，因此在当事人依据《法律适用法》第 12 条、第 14 条规定的准据法具有民事行为能力但依据法院地法不具有诉讼行为能力的情况下，冲突法立法认可该当事人的诉讼行为能力，也不会导致实践中诉讼数量的实际增加。因此，诉讼行为能力也主要涉及当事人自身利益，较少涉及社会公共利益和第三人利益。所以，从最大程度维护当事人自身利益角度考虑，笔者建议我国将来国际私法立法对诉讼行为能力问题也采取有利于承认当事人诉讼行为能力的选择型冲突规范，即：当事人依据《法律适用法》第 12 条、第 14 条规定的法律具有民事行为能力，或者依据受理案件的法院所属国法律具有诉讼行为能力，具有诉讼行为能力。

第二节　当事人适格问题的准据法

　　与诉讼权利能力和诉讼行为能力不同的是当事人适格问题。一方面，当事人适格作为当事人参与和推动一个具体民事诉讼程序的法律资格，显然归属于诉讼程序问题，因此当事人是否适格的问题，应当依据受理案件的法院所在地法律确定。但是另一方面，由于民事诉讼程序是实现实体权利义务的途径和手段，因此只有依据实体法律关系的准据法享有实体权利承担实体义务的人，才应当被赋予参与和推动具体诉讼程序的法律资格。如果法律允许与诉讼程序欲实现的实体权利义务完全无关的人启动、参与和推动诉讼程序，那么将导致诉讼数量的不合理增加，不仅对被告不公平，而且对国家有限的司法资源来说也是一种浪费。在冲突法上，实体权利义务由何人享有和承担，并不取决于法院地法，而是由相关实体法律关系的准据法决定。因此从这一方面分析，当事人适格问题应当由相关实体法律关系的准据法来决定。由于我国国际私法学界鲜有关于当事人适格应适用何国法律问题的讨论，这一问题虽然在我国司法实践中已经发生，但从法院判决书内容来看，审案法院很可能并没有意识到当事人适格准据法问题的存在，因此简单将当事人适格问题视为诉讼程序问题的一部分，故而直接适用了法院地法予以解决。

原告大华公司诉被告阿联酋超级巨龙公司、被告周国祥、被告刘燕国际货物买卖合同纠纷一案①中，原告常州大华进出口（集团）有限公司（简称大华公司）自2001年起长期向被告阿联酋超级巨龙电子有限公司（简称阿联酋超级巨龙公司，注册登记地：阿拉伯联合酋长国）出口电子、电器等产品，至2005年年底，被告阿联酋超级巨龙公司共欠原告大华公司货款174 234.41美元。阿联酋超级巨龙公司法定代表人周国祥承诺其本人负责尽快付清阿联酋超级巨龙公司欠原告大华公司的货款。刘燕与周国祥系夫妻关系（夫妻二人都经常居住于迪拜）。由于我国《最高人民法院关于适用〈中华人民共和国婚姻法〉若干问题解释（二）》第24条规定，债权人就婚姻关系存续期间夫妻一方以个人名义所负债务主张权利的，应当按夫妻共同债务处理，原告大华公司即以刘燕与周国祥系夫妻关系，债权人就婚姻关系存续期间夫妻一方以个人名义所负债务主张权利的，应当按夫妻共同债务处理为由，申请追加刘燕为本案被告，受理该案的法院不加说理便准许了原告大华公司的前述申请。因此原告大华公司将阿联酋超级巨龙公司、周国祥和刘燕一起作为被告，主张刘燕也应对涉案债务承担连带责任。

该案中，大华公司和阿联酋超级巨龙公司是买卖合同的当事人，周国祥基于其对债权人大华公司的正式承诺成为大华公司的债务人，因此大华公司、阿联酋超级巨龙公司和周国祥都是涉案债权债务的权利人和承担者，故都是适格当事人。但是刘燕既非涉案买卖合同当事人，也从来没有承诺或者保证偿还涉案债务，而且本案涉及我国与阿联酋两种不同法律，因此应当依据何国法律判断刘燕作为被告是否适格的问题，便成为法院应当首先解决的冲突法问题。遗憾的是，法院没有进行任何说理分析，便直接依据我国《最高人民法院关于适用〈中

---

① 江苏省常州市中级人民法院民事判决书（2006）常民三初字第11号。

华人民共和国婚姻法〉若干问题解释（二）》认定刘燕是适格被告，实际上是回避了刘燕是否适格被告的问题应当适用何国法律这一法院应首先解决的冲突法问题。

　　如前所述，如果将当事人适格问题视为诉讼程序问题，那么对该问题无疑应当适用法院地法。但是将当事人适格问题作为程序问题适用法院地法的方案存在明显缺陷，因为大部分规定当事人是否适格问题的法律规范，例如上述案件中法院适用的《最高人民法院关于适用〈中华人民共和国婚姻法〉若干问题解释（二）》，都不是程序法，而是典型的实体法规范。另外，前已述及，当事人适格问题的实质是当事人是否享有某一具体实体权利和承担具体实体义务的问题，属于典型的实体法问题，对这些实体法问题适用法院地法原则，显然不合理。因此笔者认为，当事人适格问题虽然按照学界主流观点属于诉讼程序法问题，属于民事诉讼程序法的重要组成部分。但是，在冲突法上，考虑到当事人适格问题的实质是当事人是否是系争法律关系中实体权利义务主体的问题，因此涉外民商事诉讼中的当事人是否适格问题，不应当由法院地法，而应当由系争实体法律关系的准据法决定。上述大华公司和阿联酋超级巨龙公司国际买卖合同案中，刘燕能否成为适格被告，取决于刘燕是否有义务在夫妻共同财产范围内承担周国祥所负的个人债务。该问题属于婚姻财产关系问题，应当依据婚姻财产关系准据法来回答。依据我国《法律适用法》第 24 条，在夫妻没有协议选择法律的情况下，婚姻财产关系首先适用夫妻共同经常居所地法律。本案中周国祥和刘燕虽然都是中国公民，但从判决书介绍的案情来看二人生活在迪拜，因此可以认定在迪拜有共同经常居所，故该二人婚姻财产关系的准据法应当是迪拜法律。

　　基于上述分析，刘燕在本案中能否成为适格被告，不应当依据法院地法即我国法律，而应当适用婚姻财产关系的准据法，本案中即迪拜法律，来回答。

　　我国司法实践中关于当事人适格问题的另一宗典型案例是广东省韶关市中级人民法院一审、广东省高级人民法院二审的陈惠钿等诉梁健敏合同无效和不当得利纠纷一案。①该案中，香港永久居民苏宇宙和不具有律师执业资格的内地居民梁健敏（经常居住地为广东省韶关市）于 2000 年 2 月 15 日签订《委托代理合同》，约定梁健敏接受苏宇宙委托，担任苏宇宙诉深圳市建设（集团）公司珠海西区工区等借款合同纠纷案中苏宇宙的委托代理人，履行代理合同所需的所有费用由梁健敏垫付，苏宇宙胜诉后苏宇宙按判决书总标的支付 50% 作为梁健敏的代理费。

梁健敏依约实施了诉讼代理行为，苏宇宙胜诉，梁健敏于 2000 年按照委托代理合同约定获得代理费 875 万元。2007 年苏宇宙在香港死亡，其妻子陈惠钿、女儿苏秀敏和苏敏仪、儿子苏冠城（该四人均为香港居民）、其母亲张顺（内地居民）以涉案委托代理合同违反我国《律师法》第 14 条的强制性规定因而无效为由，向广东省韶关市中级人民法院起诉梁健敏要求返还 875 万元代理费及其利息。②

韶关市中级人民法院一审认为，本案为涉港商事纠纷，应参照涉外案件处理。因委托代理合同纠纷涉及的案件事实发生在我国内地，根据最密切联系原则确认我国内地法律为本案准据法。陈惠钿等五人以苏宇宙继承人身份提起诉讼，继承人无权超越被继承人的意思表示提起诉讼。苏宇宙本人作为委托代理合同当事人生前没有提起合同无效诉讼，苏宇宙死后，原告作为苏宇宙的继承人不能超越苏宇宙的意思表示主张合同无效。判决驳回陈惠钿等五人的诉讼请求。

五原告不服一审判决，提起上诉。

广东省高级人民法院二审认为，陈惠钿等五人以委托代理合同为由提起诉讼，其中四人为香港居民，故本案属于涉港委托合同纠纷，

---

① 一审判决书：广东省韶关市中级人民法院民事判决书（2009）韶中法民三初字第 22 号；二审判决书：广东省高级人民法院民事判决书（2010）粤高法民四终字第 62 号。转引自吴思颖撰写的《域外债权人死亡后其继承人起诉的涉外商事合同纠纷中先决问题的解决》，载于贺荣主编：《涉外商事海事审判指导》，北京：人民法院出版社，2015 年版，2014 年第 2 辑，第 151-155 页。

② 1996 年《律师法》第 14 条　没有取得律师执业证书的人员，不得以律师名义执业，不得为牟取经济利益从事诉讼代理或者辩护业务。

应比照涉外案件处理。陈惠钿等五人作为苏宇宙继承人起诉梁健敏主张委托合同无效并请求返还不当得利，该五人是否适格原告，对涉诉债权是否有合法继承权，是解决本案的先决问题。《民法通则》第149条规定，动产法定继承适用被继承人死亡时住所地法律，被继承人苏宇宙死亡时住所在香港，故对该项先决问题应适用香港特别行政区法律。广东省高级人民法院认定香港法律关于涉案遗产继承问题的规定无法查明，依据我国《法律适用法》第10条"外国法律没有规定的，适用中华人民共和国法律"的规定，二审法院适用了我国内地法律作为涉案动产继承问题的准据法。根据我国继承法，陈惠钿等五人作为苏宇宙的法定继承人对涉案合同债权享有继承权，是适格原告。

涉案《委托代理合同》没有明确约定应当适用的法律。在本案一审二审过程中，双方当事人均援引中国内地法律作为解决本案实体争议的准据法，依据我国《民法通则》第145条和《最高人民法院关于涉外民事或商事合同纠纷案件法律适用若干问题的规定》第4条，应当视为当事人双方已经选择了我国内地法律作为涉案合同争议应适用的法律。

我国1996年《律师法》第14条规定："没有取得律师执业证书的人员，不得以律师名义执业，不得为牟取经济利益从事诉讼代理或者辩护业务。"由于梁健敏不具有律师职业资格，因此涉案《委托代理合同》违背了该条强制性规定，应属无效。故二审改判梁健敏将其基于《委托代理合同》所得利益返还陈惠钿等五人。

本案原告以继承人身份在被继承人死亡后对被继承人生前签订、并且已经履行完毕的委托代理合同提起诉讼，认为该合同因违背我国强制性法律而无效，并进一步以不当得利为由请求被继承人的合同相对人将依据该合同取得的财产返还给原告。被继承人于该合同履行完毕7年之后死亡，原告于被继承人死亡之后提起本案诉讼，因此如果法律允许本案情况下的原告作为适格当事人，显然对被告有失公平，使被告遭受不必要的诉累。①另外,已经履行完毕的合同当事人一方死亡之后,允许该方当事人的子女或者孙子女提起合同无效之诉,在一定程度上也是浪费国家有限的司法资源。②因此一审法院以"继承人无权超越被继承人的意思表示提起诉讼"为由认定原告不适格,驳回原告诉讼请求。虽然一审法院判决书的说理不是很充分,也没有结合案情论述为什么"继承人无权超越被继承人的意思表示提起诉讼",但笔者认为,一审法官抓住了本案问题的关键,判决书的结论是正确的,也是公平合理的。

遗憾的是,二审法院作为审判力量更强的法院,虽然对本案中继承准据法问题、外国法查明问题等国际私法问题的分析论述比一审判决书更为充分,但二审法院却没有把握住本案的关键问题,虽然二审法院判决书写明了"根据我国继承法,陈惠钿等五人作为苏宇宙的法定继承人对涉案合同债权享有继承权,是适格原告。"虽然二审法院适用继承准据法即我国法律解决当事人适格问题,关于继承准据法和当事人适格问题准据法的确定也都符合我国国际私法立法和国际私法基本理论,但是该法院写前引判决书内容时完全忽视了一个重要事实:涉案委托代理合同已经因为当事人双方的自愿履行而终止,当事人自愿订立合同,自愿履行合同,履行合同过程中没有产生任何争议,合同完全履行完毕之后直至被继承人死亡的 7 年时间里,合同当事人也没有就该合同产生任何争议,因此基于该合同产生的债权债务关系至少在原告提起诉讼之前 9 年就已经消灭。③被继承人和被告之间的债权债务关系早在被继承人死亡前 7 年就已经因为涉案合同合法履行而终止,基于委托代理合同产生的债权在被继承人死亡前 7 年都已经实现,债务在被继承人死亡前 7 年都已经履行,因此就涉案委托代理合同而言,被继承人死亡之时已经不享有任何债权,被继承人对被告不享有

---

① 允许本案原告作为适格原告对被告提起诉讼,必然导致虽然被告基于契约自由原则合法签订、合法履行了合同,但被告每天都要担心,合同相对人的子女或者孙子女对其提起合同无效之诉。

② 对于那些涉及赌博犯罪等社会公共利益的合同,则另当别论。

③ 从一审案号来看,一审法院是 2009 年立案,本案委托代理合同 2000 年履行完毕。

任何债权，继承人又如何继承该债权？二审法院正是由于忽视了前述关键问题，最终导致了错误的判决结果。

适用涉案争议法律关系准据法认定当事人适格问题，我国司法实践中也有冲突法说理充分、认定结果正确的案例，甘肃省公路局诉日本横滨橡胶株式会社产品质量责任侵权纠纷案[①]即可作为这方面的典型代表。该案中，被害人芦恩来驾驶其所属的甘 A-05291 福特越野车行驶至西安绕城高速公路（北段）时，左前轮胎突然爆破，致使车辆失控，碰撞紧急停车带防护钢板，冲出路面又碰撞通道水泥侧墙后侧翻失火，造成被害人芦恩来、张炳乾、安芝桂、许敬龙死亡，甘 A-05291 号福特越野车报废的"8·9特大交通事故"。"8·9特大交通事故报告"和"道路交通事故责任认定书"均证实了本次事故是左轮胎爆破导致车辆失控所致。涉案车辆为甘肃省公路局于 2000 年 3 月 22 日购买，芦恩来为甘肃省公路局的司机。爆破的轮胎是被告生产的，因此甘肃省公路局作为原告起诉至陕西省西安市中级人民法院，请求法院判令被告向原告甘肃省公路局赔偿财产损失 557 000 元并承担全部诉讼费用。

被告认为，甘肃省公路局主张的车辆损失已由保险公司予以赔偿，根据《中华人民共和国保险法》的规定，甘肃省公路局不再具有原告主体资格，故请求法院驳回原告起诉。

西安市中级人民法院认为，本案被告系外国法人。原告以产品责任侵权纠纷为由起诉被告，属涉外民事案件。依照《中华人民共和国民法通则》第 146 条，涉外民事侵权行为的损害赔偿，适用侵权行为地法律作为准据法。根据最高人民法院《关于贯彻执行〈中华人民共和国民法通则〉若干问题的意见（试行）》第 187 条，侵权行为地法律包括侵权行为实施地法律和侵权结果发生地法律，如果两者不一致时，人民法院可以选择适用。本案涉诉轮胎生产地为日本，涉诉的损害结果发生地在中国，本院依法既可以选择适用日本法为审理本案的准据法，也可以选择适用中国法律为审理本案的准据法。本案原告系涉诉

[①] 一审判决书：陕西省西安市中级人民法院民事判决书（2002）西经二初字第 074 号；二审裁定书：陕西省高级人民法院民事裁定书（2005）陕民三终字第 19 号。

案件的受害人，诉讼中，其明确要求适用日本《制造物责任法》审理本案，参照国际司法救济的一般原则，在审理产品缺陷责任纠纷案件中，由于受害人处于弱势地位，尽量方便受害人对产品责任的诉讼，在法律适用上对受害人要求适当予以考虑，目的在于更好地保护受害人的合法权益，因而本院选择适用日本的《制造物责任法》作为审理本案的准据法。

被告认为原告车辆损失已由保险公司赔付，依据《中华人民共和国保险法》第45条规定，原告不具备适格的主体资格。因本案已确定适用日本法，被告应援引日本法律相关规定作为其抗辩依据，但在审理期间其既未提供日本保险方面的相关法律规定，也未依法申请法院查明相关的涉外法律，故被告认为原告不是本案适格主体的理由，缺乏法律依据，本院不予采信。

上述案例中，审案法院不仅创造性地适用有利于受害人原则解决了我国《民法通则》第146条中侵权行为地的认定问题，而且明确提出当事人适格问题应当适用涉案争议法律关系的准据法，本案中即日本法律，是我国司法实践在当事人适格法律适用问题上所做的大胆探索和可贵创新。法院判决书对于冲突法问题的处理说理充分，结果适当，兼顾了冲突法公平和实体法正义，体现了审案法官深厚的冲突法专业功底和高超的审判说理技能，可以作为同类案件判决书中的典范。

第三节 合同当事人的识别

与当事人适格问题紧密相关的另外一个问题是合同当事人的识别问题，即法院对合同主体的认定问题。原告中国外运天津集团塘沽公司（简称塘沽外运）诉被告天津中远国际货运有限公司（简称天津中货）租船合同纠纷一案[①]是我国司法实践中关于这一问题的典型

---

① 一审判决书：天津海事法院民事判决书（1998）津海法商初判字第307号。二审判决书内容载于广州海事法院网：http://www.gzhsfy.gov.cn/showanli.php?id=54，2016年9月25日星期日访问。

案例。

该案中，原告塘沽外运与案外人大通国际运输有限公司就从日本承运50部尼桑汽车和12辆日野汽车到天津新港的业务签订了航次租船合同。1997年6月12日原告塘沽外运下属部门塘沽外运订舱部与被告下属部门天津中货储运部就该笔业务签订了航次租船合同。合同约定由被告天津中货负责将日野大巴12辆和尼桑民用中巴50辆共计62辆，2 513立方米，由日本横滨港运至天津新港，受载期为1997年6月18日至25日。运费为每立方米16美元，承运船舶为"鲁海602"号货轮，其他条款适用"1976年金康租船合同条款"。

1997年6月24日，由于日方备货出现问题，原告塘沽外运要求增加名古屋一个装货港。双方协商后决定由原告塘沽外运支付被告天津中货9 000美元作为"鲁海602"号货轮靠泊名古屋港的港口使用费和船期损失。双方同意受载期后延，但未明确约定最后期限。

1997年7月1日，"鲁海602"号货轮在横滨港装12辆大巴车，7月2日8点55分靠名古屋港开始装运其余50辆中巴车。该货轮仅装载了50辆中巴车中的14辆，其余36辆中巴车因其舱高及舱容不够，未能装下。"鲁海602"号货轮载12辆大巴车和14辆中巴车于1997年7月11日19点20分靠妥天津新港，上述26辆车辆安全卸下。

案外人大通国际运输有限公司就滞留在名古屋的其余36部未运车辆多次与塘沽外运协商未果，于1997年7月11日向天津海事法院起诉。天津海事法院于1997年7月14日书面通知案外人大通国际运输有限公司尽快以合理运价将剩余车辆运回天津。按此通知，案外人大通国际运输有限公司1997年7月16日委托另一案外人北京吉通海运咨询服务公司，以每辆1 350美元共计46 800美元运费将上述车辆于1997年7月28日运抵天津新港。案外人大通国际运输有限公司为运该批剩余车辆比原订运费20 919.98美元多支出25 880.02美元。

天津海事法院一审判令塘沽外运违约，但依合同约定的"金康"租船合同条款只赔偿案外人大通国际运输有限公司未履行合同的运费172 799.03元人民币并承担6 207.48元人民币的诉讼费。案外人大通国际运输有限公司不服天津海事法院一审判决，上诉至天津市高级人民法院。经天津市高级人民法院主持调解最终由塘沽外运赔偿案外人大通国际运输有限公司经济损失 222 799.03 元人民币,并承担 15 323.24 元人民币的诉讼费。塘沽外运已将上述款额给付案外人大通国际运输有限公司。

1998 年 8 月 28 日原告塘沽外运以被告天津中货违反租船合同为由向天津海事法院提起本案诉讼,要求被告天津中货赔偿原告塘沽外运经济损失 222 799.03 元人民币及其利息并承担诉讼费用。

天津海事法院一审认为:本案租船合同虽然为原被告双方各自下属部门签订,但已经为原被告双方认可并且由原被告双方而非其下属部门实际履行,因此该租船合同应视为原被告双方签订的合同,由此而引起的法律后果也应由原被告承担。本案租船合同属于原被告双方当事人真实意思表示,该合同应认定合法有效。

由于滞留在日本名古屋的 36 部中巴车未能运回,致使本案租船合同未能完全履行。此结果是由于被告天津中货提供的承运船舶"鲁海 602"号货轮舱高及舱容不够因而未能全部装载约定的货物所致。作为合同承运方的被告天津中货违约,应赔偿其违约给原告塘沽外运造成的经济损失。根据《中华人民共和国海商法》第 47 条和第 96 条,判决被告天津中货赔偿原告塘沽外运 20 286.04 美元折合 167 915.67 元人民币。

一审判决后,本案原被告双方均向天津市高级人民法院提起上诉。

天津市高级人民法院二审认为:涉案租船合同是由二上诉人不具有法人资格的下属部门签订,作为船舶出租人的天津中货及其储运部不具有承运资格,该租船合同应认定无效。本案中,塘沽外运已依约提供了托运货物并给付了约定运费,天津中货即应提供适于约定用途的承运船舶并按期将承运货物运至卸货港。由于天津中货既无承运人资格,提供的承运船舶也不适货,对由此给托运人造成的实际损失应负赔偿责任。判决撤销天津海事法院(1998)津海法商初判字第 307 号民事判决;天津中货赔偿塘沽外运人民币 222 799.03 元及利息。

上述案例中,原被告均为独立的中国法人,涉案租船合同由原告各自下属部门即原告下属的订舱部和被告下属的储运部订立,但原被告当事人都认可并实际履行了该合同。一审法院认为，虽然涉案合同系由原被告各自的下属部门订立，但是原被告双方都认可了该合同，并且实际履行了该合同，因此法律上应认定该合同在原被告双方之间成立，原被告系涉案合同的当事人。由于原被告均具有缔约能力，合同内容合法，当事人双方意思表示真实，故认定涉案合同合法有效。二审法院则认为，由于涉案合同系原被告各自的下属部门订立，该下属部门均不具有法人资格，没有缔约能力，因此认定涉案合同无效。该案提出的一个重要理论问题是：法人下属部门负责谈判、订立并且得到了该法人认可的合同的主体应如何认定？

合同当事人的确定问题，即合同主体的认定问题，主要是一个事实问题，应由法官依据当事人提供的证据确定。正常情况下，在合同文本上签字盖章的人即是合同当事人。涉案租船合同由原被告各自的下属部门谈判、签字和盖章，本案二审法院据此认定该合同当事人应是原被告的下属部门，而不是原被告，是符合合同主体正常的认定程序的。但是本案特殊情况是原被告双方都认可了其下属部门订立的涉案合同，协商增加名古屋作为装运港时，谈判的当事人也是原被告双方而非其下属机构，并且原被告双方都使用自己的人力和物力实际部分履行了涉案合同。本案原告和被告不仅没有主张各自已经实施的履行合同行为，即付款行为和运输车辆的行为，无效，而且都接受了对方已经履行的合同义务。这种情况下审案法院仍然认定合同主体是原被告的下属部门，并以合同主体不具有缔约能力为由认定合同无效，是否合理公正，是否真正符合案件的事实，值得讨论。

笔者认为，合同本质上是两个或者两个以上合同主体独立、真实意思表示的一致和契合。本案原被告的下属部门都没有完全民事行为能力，也就不可能做出独立的意思表示，因此正常情况下其订立的合同不可能得到实际履行，因为没有意思表示能力的合同主体法律上也不具备履行合同的行为能力。涉案租船合同不仅已经成立，而且合同的部分义务已经实际履行，涉案62辆车中的26辆车已经按照合同约定安全运输到目的地，该部分履行也得到了案件所有利害关系方的认可，因此可以认为关于运输该26辆车的合同义务已经合法履行完毕，而没有完全行为能力的合同主体在法律上不可能具有履行合同义务的能力，即使是合同的部分义务。由此可见，二审法院认为涉案合同主体是原被告下属部门的观点，与本案涉及26辆车的合同义务已经合法履行完毕的事实相矛盾，这一矛盾在二审法院的判决说理过程中也有体现：二审法院在判决书中一方面认为涉案租船合同应认定无效；另一方面认为原告塘沽外运已依约提供了托运货物并给付了约定运费，被告天津中货即应提供适于约定用途的承运船舶并按期将承运货物运至卸货港。基于无效的租船合同，是不可能产生"提供适于约定用途的承运船舶并按期将承运货物运至卸货港"的合同义务的。

笔者认为，上述二审法院判决书判决说理过程中的矛盾，在一定程度上反证了二审法院对合同主体认定结论的不合理性。合同文本中的签字盖章是认定合同主体的重要证据，但不是充分证据，更不是唯一证据。因此，审案法官在认定合同主体时，应依据与合同有关的所有有效证据综合认定。本案关于合同订立方面的证据都支持原被告的下属部门是合同主体的结论，但是涉案合同内容不仅得到了原被告双方的认可，而且原被告双方（而非其下属部门）都通过装载车辆、协商变更装运港和海上货物运输等法律行为积极主动地行使合同权利、履行合同义务，关于合同履行方面的几乎所有证据都支持合同主体应当是原被告双方的结论。在这种情况下，仅仅依据关于合同订立方面的证据认定合同主体，显然有失偏颇，也不符合客观公正原则。

基于上述分析，在本案合同主体认定问题上，笔者认为一审法院的认定结论更加客观、公正和合理。与二审法院的观点相比较，一审法院的认定结论也更加符合我国最新的民事诉讼立法和司法解释。2015年《最高人民法院关于适用〈中华人民共和国民事诉讼法〉的解释》[①]第53条规定："法人非依法设立的分支机构，或者虽依法设立，但没有领取营业执照的分支机构，以设立该分支机构的法人为当事人。"依据该条款规定，法人的下属部门订立合同，在合同没有成立的

---

① 2014年12月18日由最高人民法院审判委员会第1636次会议通过，自2015年2月4日起施行。

情况下,由该法人作为诉讼当事人解决缔约过失责任问题;在合同已经订立甚至已经履行的情况下,由该法人作为诉讼当事人解决合同履行过程中的违约责任问题。本案中涉案租船合同已经订立并且已经部分履行,原告请求法院解决的是违约责任问题,依据上述第53条原被告应当作为诉讼当事人。既然我国现行立法和司法解释规定应当由原被告作为诉讼当事人,原被告双方请求法院解决基于他们下属部门订立的、实际上已经得到原被告认可并且由原被告亲自履行了的合同产生的争议,认定原被告双方作为合同主体更加符合逻辑,也更加有利于减少实体法和程序法之间的矛盾。

原告河北圣仑进出口股份有限公司(下称河北圣仑)与被告津川国际客货航运有限公司(下称韩国津川)、被告津川国际客货航运(天津)有限公司(下称天津津川)无单放货纠纷案[①]是我国司法实践中涉及合同主体认定问题的另一个典型案例。该案中,原告河北圣仑作为卖方向韩国买方销售各种尺码的全棉长裤25 000条,单价为船上交货价(FOB)天津3.4美元/条,并约定以两种付款方式支付货款,即2.4美元/条以T/T(电汇)方式付款;1美元/条以信用证方式付款。

2001年9月30日,原告将其中的12 500条全棉长裤交付被告天津津川托运。天津津川签发了抬头为韩国津川的一套一式三份正本指示提单。提单载明,托运人为原告,收货人为凭韩国工业银行指示,启运港中国天津,目的港韩国仁川。承运人签章栏中,除有天津津川的印章外,还有天津津川总经理的签名。涉案货物运抵目的港韩国仁川后,两被告凭韩国工业银行出具的保函,将货物放予他人。因被告在目的港凭保函无单放货,买方又拒绝支付货款,原告未向银行结汇,因此,原告仍持有全套三份正本提单和全套正本商业发票和装箱单。涉案提单背面的管辖和法律适用条款约定,本提单所证明的合同适用韩国法律,争议应在韩国解决或根据承运人的选择在卸货港解决并适用英国法律。任何其他国家的法院均无权管辖。原告河北圣仑向天津

[①] 一审法院判决书:天津海事法院民事判决书(2002)海商初字第144号;二审法院判决书:天津市高级人民法院民事判决书(2002)津高民四终字第046号。

海事法院提起诉讼，请求法院判令两被告韩国津川、天津津川对其无单放货行为给原告造成的损失承担损害赔偿责任。

被告韩国津川认为，由于天津新港与韩国仁川之间货物运输仅需20个小时左右，提单不可能在如此短的时间内流转到收货人手中。为了加快港口货物流转，按照航运惯例，作为承运人的被告韩国津川可以接受银行保函放货。

被告天津津川认为，其系承运人韩国津川的签单代理人，对本案不应承担任何责任。提单上清楚表明了韩国津川是本案承运人，韩国津川也确认天津津川是其签单代理。

天津海事法院认为，涉案提单系被告天津津川使用自己的签单章所签发。被告天津津川虽主张其是被告韩国津川的签单代理人，但天津津川在签发提单时既未注明其代理人身份，也未向天津海事法院提交其为被告韩国津川签单代理人的相关证据，因此，对被告天津津川关于其是被告韩国津川签单代理人的主张不予支持。依据提单承运人的识别原则，被告天津津川应被认定为承运人。另外，涉案提单为被告韩国津川的格式提单，原告认为被告韩国津川与天津津川为涉案提单运输关系的共同承运人，被告韩国津川庭审中也明确承认其为涉案提单运输关系的承运人，原告与被告韩国津川双方意思表示一致。因此，韩国津川也是涉案提单运输关系的承运人。故两被告应为涉案提单运输关系的共同承运人。原告作为托运人持有全套正本提单，所以可以认定原告与两被告之间存在海上货物运输合同关系。据此，天津海事法院判决本案两被告共同赔偿原告货物损失 42 500 美元及其利息。

上述案例中，原告是托运人和提单持有人，涉案提单的抬头是韩国津川，原告主张韩国津川是承运人，韩国津川也自认是承运人，因此原告和韩国津川之间存在涉案提单所证明的海上货物运输合同关系，对此各方当事人都无异议。涉案争议问题是原告和天津津川之间是否存在海上货物运输合同关系，即天津津川是否也是涉案海运合同的主体。天津津川否认其为合同主体，认为其仅仅是韩国津川的代理人，韩国津川也确认天津津川是其代理人。原告主张天津津川是涉案货物运输的共同承运人,天津津川和韩国津川都是涉案海运合同的承运人。天津海事法院综合各种证据最后认定天津津川也是涉案海运合同的主体,支持了原告的主张。考虑到涉案提单虽然抬头是韩国津川,但是提单上有天津津川的公章,有天津津川总经理的签名;原告向天津津川预定了船舶舱位,向天津津川交付了货物,向天津津川支付了海运费;涉案提单也是由天津津川签发给原告。所有这些证据都支持原告和天津津川之间订立了海运合同的结论,因此,笔者认为天津海事法院对本案海运合同主体的认定结论是正确的,也是客观的。

原告中国五矿钢铁有限责任公司(简称五矿钢铁公司)诉被告现代商船(美国)有限公司(美国现代商船)、被告美国伊斯-瑞尔玛有限公司(瑞尔玛公司)、被告韩国现代商船株式会社(韩国现代商船)、被告日本三光汽船株式会社(三光株式会社)以及被告利比亚皇家货船有限公司(皇家货船公司)倒签提单和不如实签发提单损害赔偿纠纷[1]一案,是我国司法实践中涉及涉外合同主体认定问题的又一典型案例。

该案中,原告五矿钢铁公司于2003年3月4日与亚洲商贸公司(Trade Asia Corporation)签订了两份贸易合同,约定:亚洲商贸公司向五矿钢铁公司销售热轧钢卷15 000吨和10 000吨,目的港为中国江阴港,最迟装运期为2003年4月10日前,价格为成本加运费价(CFR-FO CQD)360美元/吨,付款条件为不可撤销即期信用证。同年3月20日五矿钢铁公司申请开立了以亚洲商贸公司为受益人的030LC0304035号和030LC0304006号两套信用证。信用证均明确规定最迟装运日期为4月10日,且只接受凭指示的空白背书已装船清洁提单。五矿钢铁公司委托华夏银行于2003年5月6日向亚洲商贸公司支付了信用证项下货款5 419 726.92美元和3 478 114.08美元,取得了两票货物正本提单等全套议付单据。

装运上述货物的"山口女皇"号货轮登记注册船东为被告利比亚皇家货船公司,被告日本三光株式会社为船舶管理人。2003年3月26

---

[1] 武汉海事法院民事判决书(2003)武海法通商字第73号。

日，日本三光株式会社将"山口女皇"号货轮期租给被告韩国现代商船，双方签订了定期租船合同。之后，韩国现代商船向"山口女皇"号货轮船长发出航次指令，通知船舶到美国新奥尔良装载约40 500吨钢卷至中国，并告知其在美国海湾地区的代表，即美国现代商船，装货港船舶代理为美国瑞尔玛公司，卸货港船舶代理为远东海运有限公司上海办事处。

涉案两票货物提单均为凭指示的空白背书已装船清洁提单，记载由美国瑞尔玛公司代美国现代商船签发，船东为美国现代商船。提单均载明运输船舶为"山口女皇"号货轮，货物品名热轧钢卷，装运港美国新奥尔良，目的港中国江阴，装船日期为2003年4月10日。2003年5月26日"山口女皇"号货轮载货抵达中国江阴港，五矿钢铁公司认为"山口女皇"号货轮有倒签提单和不如实签发提单的行为，对"山口女皇"号货轮申请证据保全，调取了"山口女皇"号货轮的航海日志、装货事实记录、大副收据、仓单、航程指令单、船舶登记证等资料。

原告五矿钢铁公司认为，上述被告没有根据装货事实如实签发2003年4月11日的提单，而是签发4月10日提单。同时上述被告也未按大副收据的有关批注如实签发 HDMUNOOJG3320101 和 HDMUNOOJG3320102 号两份提单，而是均签发了清洁提单。被告的上述欺诈行为导致有关信用证下的单证表面相符，使得五矿钢铁公司无法行使拒付货款的权利，蒙受重大经济损失，诉请法院判令上述被告连带赔偿原告因被告欺诈行为所遭受的经济损失计人民币1 550万元及其利息。

被告美国现代商船、韩国现代商船和美国瑞尔玛公司辩称，韩国现代商船是"山口女皇"号货轮的期租租船人，美国现代商船为韩国现代商船在美国的代表，瑞尔玛公司为"山口女皇"号货轮在装货港的船舶代理人。倒签提单的责任应当由签发提单的义务人承担。本案提单系"山口女皇"号货轮的船长授权瑞尔玛公司签发，三被告都不是签发提单的义务人，因此并非本案的适格主体。

被告三光株式会社、被告皇家货船公司辩称，三光株式会社和皇家货船公司对所称的倒签提单没有任何过错，对因此发生的损失不承担任何责任。

武汉海事法院一审认为,海上货物运输过程中,倒签提单和不如实签发提单行为构成违约责任和侵权责任竞合,受害人有权选择要求责任人承担责任的方式,原告五矿钢铁公司庭审中已明确其起诉为侵权之诉,本案应确定为倒签提单和不如实签发提单引起的运输单证侵权损害赔偿纠纷。因货物运输目的地在中国江阴港,应认定侵权行为结果地是在中国内地,根据《中华人民共和国民法通则》第146条第1款"侵权行为的损害赔偿,适用侵权行为地法律",以及最高人民法院《关于贯彻执行<中华人民共和国民法通则>若干问题的意见(试行)》第187条"侵权行为地的法律包括侵权行为实施地法律和侵权结果发生地法律"的规定,本院适用侵权结果发生地即中华人民共和国法律作为本案侵权损害赔偿纠纷的准据法。

原告五矿钢铁公司向亚洲商贸公司(Trade Asia Corporation)购买热轧钢卷板,通过信用证付款方式支付货款后取得涉案提单,五矿钢铁公司是两份提单的善意受让人和合法持有人。依据"山口女皇"号货轮货物积载图、2003年4月9日至4月11日的航海日志、2003年4月9日的四份大副收据、14卷热轧钢卷板的大副收据,以及瑞尔玛公司和"山口女皇"号货轮船长联合签署的装货事实记录等证据材料,可以确认1号提单签发时间(2003年4月10日)早于大副收据记载的货物实际完成装载时间(2003年4月11日),提单倒签的事实成立。同时,五矿钢铁公司主张部分货物标签丢失问题,装货港大副收据可以证明装货时存在部分货物标签丢失,承运人未在提单上对其做出相应批注,因此承运人不如实签发提单的事实亦可认定。

瑞尔玛公司为韩国现代商船指定的装货港船舶代理,美国现代商船为韩国现代商船在美国的代表,均在代韩国现代商船经营"山口女皇"号货轮涉案航次的货物运输,且五矿钢铁公司通过流转取得的提单记载由瑞尔玛公司作为美国现代商船的代理人签发,注明美国现代商船为船东。根据表见代理制度的法律规定,五矿钢铁公司完全有理由相信瑞尔玛公司签发提单以及提单内容已得到美国现代商船的授权和确认,同时根据提单表面记载对于善意提单持有人为绝对证据的原则，认定美国现代商船为提单契约承运人。

涉案船舶由期租船人韩国现代商船实际经营，美国现代商船作为韩国现代商船在美国的代表负责货物装运事宜，五矿钢铁公司有理由相信韩国现代商船是通过美国现代商船签发涉案提单从事涉案货物运输，因此，韩国现代商船为本案涉案货物期租承运人，有如实和准确签发提单的义务，应承担倒签提单和不如实签发提单的责任。

瑞尔玛公司作为船舶代理人应在授权范围内签发提单，但其未依"山口女皇"号货轮船长发出的授权要求签发提单，明知倒签提单和不如实签发提单违法，仍早于大副收据记载的货物实际完成装载时间恶意签发以美国现代商船为承运人的清洁提单，应被视为共同侵权人而与被代理人承担连带法律责任。

三光株式会社作为船舶的管理人负责管理船舶，不负责经营货物运输，没有参与倒签提单和不如实签发提单活动，因此不应承担签单责任。

被告皇家货船公司系"山口女皇"号货轮的注册船东，实际从事了涉案货物运输，为实际承运人，负有依法签发提单的义务。虽然瑞尔玛公司未按船长授权签发，但并不能免除被告皇家货船公司对倒签提单和不如实签发提单产生的后果所应负的责任，其对由于美国现代商船、韩国现代商船和瑞尔玛公司的侵权行为给五矿钢铁公司造成的经济损失应承担连带赔偿责任。

基于上述理由，武汉海事法院判决被告现代商船（美国）有限公司、伊斯-瑞尔玛有限公司（ISS-RIOMARL.L.C.）、韩国现代商船株式会社和被告利比亚皇家货船有限公司连带赔偿原告五矿钢铁有限责任公司经济损失共计 12 747 778.71 元及其银行利息。

武汉海事法院将上述案例识别为侵权之诉，庭审中原告也明确其提起的是侵权之诉，因此上述法院判决书的分析说理主要是为了确定侵权责任的主体，即倒签提单的责任主体。依据我国《海商法》，承运人有如实签发提单的义务，因此承运人应承担如实签发提单的义务和倒签提单的法律责任。据此，法院主要通过分析被起诉的被告是否是涉案承运人来认定其是否应对倒签提单承担责任。被起诉的被告是否为涉案承运人，又主要取决于其是否和托运人之间存在海上货物运输合同关系。因此深入分析上述法院判决书的说理论证，其实质上解决的仍然是海运合同主体的认定问题。

依据法院认定的证据，涉案提单载明系由瑞尔玛公司作为美国现代商船的代理人签发，并注明美国现代商船为船东，本案托运人也将货物交付给了美国现代商船，因此法院认定美国现代商船是契约承运人的证据是充分的。

被告皇家货船公司系"山口女皇"号货轮注册船东，拥有船长和船员的任命权和管理权，对船舶有实际控制权并实际从事了涉案货物运输，因此法院认定其为实际承运人，即以自己的行为实际上履行了涉案海运合同运输义务的合同主体，符合我国《海商法》规定，也有充分的证据支持。

本案较难解决的是韩国现代商船是否为倒签提单责任主体的问题，即该公司是否为涉案承运人的问题。虽然韩国现代商船和涉案船舶管理人三光株式会社签订了定期租船合同，但是，一方面，实际雇佣船长、配备船员、控制船舶的是船东皇家货船公司；另一方面，在美国装运港负责货物装运事宜和签发提单的是美国现代商船，涉案提单也不是韩国现代商船的提单。这些证据都支持韩国现代商船没有参与涉案航次运输的结论，因此认定该公司作为本案承运人似乎证据不充分。一审法院判决书的观点为："韩国现代商船为本案涉案货物期租承运人，有如实和准确签发提单的义务，应承担倒签提单和不如实签发提单的责任。"[①]回避了法院认定的一个重要事实：韩国现代商船虽然有如实签发提单的义务，但涉案倒签提单并非该公司签发，该公司在本案中没有签发提单，也没有在装运港接受和装运货物，亦未在目的港卸载和交付货物，其亦不是真正的船东。因此一审法院认定韩国现代商船是承运人的理由并不充分。

本书认为，一审法院认定韩国现代商船是承运人的结论是正确的，但该法院判决书的说理并不充分。本案中美国现代商船和韩国现

[①] 武汉海事法院民事判决书（2003）武海法通商字第73号。

代商船之间关系与前述河北圣仓诉天津津川、韩国津川无单放货案例中天津津川和韩国津川之间的关系非常相似,即两个独立法人负责同一航次海上货物运输,该航次签发的提单都是其中一个法人的提单,提单项下货物的海运费在两个法人之间分配,该提单所证明的海运合同需要两个法人的合作才能履行完毕,两个法人都实际参与了海运合同的订立和履行,其中任何一个法人,无论是否为提单上载明的承运人,离开了另一个法人的协作,都无法全部履行该海运合同规定的承运人的义务。因此,本案中能证明韩国现代商船是承运人的主要证据并不是其订立了定期租船合同,而是其和美国现代商船一起实际参与了涉案提单所证明的海运合同的订立和履行:韩国现代商船向涉案船舶"山口女皇"号货轮船长发出航次指令,通知该船舶到美国新奥尔良装载涉案货物,美国现代商船负责涉案货物在装运港的装运事宜。这些证据表明,韩国现代商船和美国现代商船作为共同承运人与涉案托运人订立了海上货物运输合同,因此上述两公司应被认定为共同承运人。

上述三宗案例中,法院地是中国,审案法院认定的涉案争议的准据法都是中国法律,法院认定合同主体时也都是直接适用中国法律,因此从该三宗案例的判决说理中我们无法判断:该法院认定涉外合同的主体适用的是法院地法,还是系争法律关系的准据法。该三宗案例中系争法律关系的准据法同时也是法院地法。在两者不一致的情况下,法院就必须回答一个问题:认定涉外合同的主体应当适用何国法律?

笔者认为,一方面,在法院认定涉外合同的主体之前,涉案合同法律关系无法确定,该合同的准据法也就无从确定,因此此时法院除了法院地法之外并没有其他法律可供适用;另一方面,涉外合同主体认定问题在很大程度上属于证据审查和采信问题,证据的审查和采信依据国际私法惯例均适用法院地法。因此,对涉外合同主体的认定以适用法院地法为宜。必须指出的是,冲突法中必须区分涉外合同主体认定问题和涉外合同诉讼中当事人适格问题。如前所述,合同主体的认定主要是证据审查和采信问题,原则上适用法院地法。法院依据法院地法确定了涉外合同主体之后,即可以进一步依据法院地国家的冲突规范确定该涉外合同的准据法,该合同准据法决定着合同当事人双方的实体权利义务,合同诉讼中原被告是否为适格当事人,又主要取决于原被告是否是合同实体权利义务的承担者。因此,诉讼当事人适格问题在我国大学法学教育中虽然被归属于民事诉讼法课程,但是基于当事人适格问题和民事关系当事人实体权利义务问题之间的内在联系,法院对当事人适格问题的审查和解决,以法院确定了合同准据法进而确定了合同当事人的实体权利义务为前提,因此对诉讼当事人适格问题的审查无论在时间还是在逻辑顺序上都必然是在法院确定涉外合同主体和合同准据法之后。

海南通连船务公司(简称通连公司)与五矿国际有色金属贸易公司(简称五矿公司)海上货物运输纠纷一案,是我国司法实践中关于当事人适格问题的典型海事案例。该案中,1995年11月20日,五矿国际有色金属贸易公司向日本丰田通商株式会社(简称丰田通商)出售1 200吨低磷硅锰合金。五矿公司的出口代理人海南省国际贸易中心(简称海南国贸)于1995年12月11日代五矿公司与广东省湛江海通货运代理有限公司(简称海通公司)签订一份航次租船合同,海通公司又与中国外运广东省湛江公司(简称湛江外运)签订一份航次租船合同,湛江外运则与大连五丰船务有限公司(简称五丰公司)签订一份租船合同,这三个连环合同的条款内容基本相同,均协议租用"万盛"号货轮运输本案所涉1 200吨货物。"万盛"号货轮的注册船东为通连公司,该轮实际交由大连港万通船务股份有限公司(简称万通公司)经营管理,船员由万通公司配备。万通公司又将该轮以期租形式出租给五丰公司使用。

1995年12月25日,五矿公司的1 200吨低磷硅锰合金装上"万盛"号货轮,提单号HX—95B,目的港为日本名古屋港。"万盛"号货轮同航次还装载了另一票目的港为日本川崎的1 200吨高磷硅锰合金,该两票货物外表状况相同。"万盛"号货轮在日本港口卸货时将两票货物发生错卸。1996年1月26日,丰田通商以货物不符合合同要求为由,向五矿公司要求赔偿,五矿公司向丰田通商做了赔付之后,以"万盛"号货轮的注册船东通连公司为被告诉至海口海事法院,请求判令通连公司赔偿其损失61万美元,并承担诉讼费用。海口海事法院认为:本案为海上货物运输合同纠纷,五矿公司与通连公司之间的运输合同法律关系成立,通连公司作为运输合同承运人应对错误卸货承担民事责任。判决通连公司赔偿五矿公司经济损失46.1万美元及人民币8.1万元。

通连公司以五矿公司无诉权,通连公司不应成为本案被告为由,向海南省高级人民法院提起上诉。海南省高级人民法院驳回上诉,维持原判。通连公司不服海南省高级人民法院二审判决,向最高人民法院提出再审申请。

最高人民法院认为:本案为海上货物运输合同纠纷。五矿公司的出口代理海南国贸与海通公司签订了航次租船合同,后海通公司与湛江外运、湛江外运又与五丰公司分别签订了连环航次租船合同,连环租船合同租用的船舶均为"万盛"号货轮。虽然通连公司为"万盛"号货轮的注册船东,但在本航次期间,该轮已交由万通公司经营管理,船员也由万通公司配备,本案所涉HX—95B号提单亦由万通公司签发。而且本案所涉航次中该轮由五丰公司期租经营,因此应认定通连公司既非本案所涉航次的契约承运人,亦非实际承运人,五矿公司与通连公司之间不存在海上货物运输合同关系,故作为提单托运人的五矿公司起诉通连公司没有合同依据。另外,作为贸易合同卖方、提单托运人的五矿公司,虽然在提单签发时,对涉案提单项下货物具有所有权,但当提单经过两次背书转让至贸易合同买方丰田通商手中,且丰田通商在日本名古屋港提货后,提单所证明的运输合同项下托运人的权利义务已转移给提单持有人丰田通商,其中包括提单项下的货物所有权和诉权。因此,对于"万盛"号货轮错卸货物造成的损害赔偿的请求权,应由丰田通商来行使。故五矿公司作为托运人就提单项下货物的损害起诉通连公司无法律依据,不具有对通连公司的诉权。

上述案例中,由于涉案船舶"万盛"号货轮经过了多次连环航次租船合同和定期租船合同,在涉案航次中,注册船东通连公司既不负责配备船员,也不负责经营管理船舶,也没有订立海上货物运输合同,因此该公司虽然是注册船东,但既非契约承运人,亦非实际承运人,因此其与原告之间没有任何法律关系，故通连公司不是适格被告。五矿公司作为原告，在货物买方已经凭正本提单提取货物并且取得货物所有权、海上货物运输合同已经履行完毕之后再就提单项下货物的损失提起损害赔偿诉讼，其已经不是货物所有权人，也不再是海上货物运输合同当事人，因此被最高人民法院认定已经不再具有诉权，即不是适格原告。

　　经过上述分析，最高人民法院认定本案原告被告都不适格，因此驳回了原告的起诉。同一案件中的原告和被告都不适格，在司法实践中并不多见。在我国法律是本案提单准据法和海上货物运输合同准据法的前提条件下，最高人民法院的上述说理论证能够成立，说理也比较充分。美中不足的是，最高人民法院对于本案涉及的海运合同主体的认定、原告适格问题和被告适格问题等诸多法律问题都直接依据我国法律进行分析和判断，但并没有给出任何冲突法理由。由于最高人民法院再审判决书中没有进行任何冲突法分析和说理，因此从判决书中我们无法判断，最高人民法院认定本案被告不是涉案海运合同的主体以及认定本案原告和被告都不适格，适用的是作为法院地法的我国法律，还是作为合同准据法的我国法律。

第二章 程序合同

第一节 程序合同的性质及其法律适用

一、程序合同的法律性质

顾名思义，程序合同是指以解决程序性问题为内容的合同，包括不起诉协议、不上诉协议、管辖权协议、举证协议、仲裁协议等多种，其中管辖权协议和仲裁协议在我国司法实践中比较常见。在以德国为代表的大陆法系国家，实践中比较常见的程序合同除了管辖权协议和仲裁协议之外，还包括不起诉协议、不上诉协议、举证协议等种类。这类协议，共同特点都是以解决程序性问题为协议内容，因此学界一般称之为程序合同（Prozessvertrag）。虽然名称为程序合同，但关于该类协议是否为合同的问题，即该类协议的法律性质问题，各国学界一直存在争议。德国学界一种影响很广的观点认为管辖权协议性质上属于实体法合同；[1]德国学者汉恩克尔则认为管辖权协议和仲裁协议性质上都属于诉讼行为（Prozesshandlungen）；[2]另一位著名德国教授则认为，提起诉讼之前订立的管辖权协议属于以程序关系为内容的实体法协议。[3]

---

[1] Gerhard Wagner: Prozessvertraege, Tuebingen, 1998, S. 11, 12.

[2] Wolfram Henckel: Prozessrecht und materielles Recht, Goettingen, 1970, S. 34.

[3] Peter Hartmann in: Adolf Baumbach/Wolfgang Lauterbach/Jan Albers/Peter Hartmann: Zivilprozessordnung, Muenchen, 2001, §. 38 Rn. 4.; Georgios Orfanides: Die Beruecksichtigung von Willensmaengeln im Zivilprozeß, Koeln, 1982, S. 202.

法国学界主流观点认为，独立的仲裁协议性质上属于实体法性质的债权合同，仲裁条款则不属于协议，而属于主合同的组成部分。①英国学界亦倾向于支持仲裁协议的合同性质，②司法实践中英国法院对于仲裁协议的成立问题多适用一般合同法。③按照美国法律，除了少数例外情况，程序合同实际上和其他实体法合同没有任何区别。④

程序合同的性质问题不仅仅具有理论意义。如果认为管辖权协议等程序合同是实体法性质的合同，则其成立和效力应适用我国《合同法》；如果认为其性质属于诉讼行为，则其法律效力应适用我国《民事诉讼法》。当事人意思表示方面的瑕疵，例如欺骗和误解等因素，在将管辖权协议定性为实体法协议的情况下，可能导致该管辖权协议可撤销或者无效；若将管辖权协议定性为诉讼行为，则该协议效力一般不受意思表示瑕疵的影响。具有涉外因素的程序合同，如果定性为实体法合同，则其成立和效力应适用我国《法律适用法》第41条援引的准据法；如果定性为诉讼行为，则该类合同的效力问题一律适用法院地法。

笔者认为，任何协议，包括实体法合同、程序合同、行政合同和国际法协议，本质上都是两个或者以上法律主体意思表示一致的产物。抛开协议的具体内容，无论是实体法合同，还是管辖权协议或者仲裁协议等程序合同，还是以解决准据法问题为内容的法律选择协议，本质上都是协议主体意思表示的一致。而法律关系主体的意思表示毫无疑问是实体法性质的，冲突法和程序法都缺乏关于法律关系主体意思表示效力问题的法律规范。因此，管辖权协议、不起诉协议和不上诉协议等学界所称的程序合同，性质上应属于以程序法问题为内容的实体法协议。

---

① Werner Lorenz: Die Rechtsnatur von Schiedsvertrag und Schiedsspruch, AcP 157, S. 295.
② Werner Lorenz: Die Rechtsnatur von Schiedsvertrag und Schiedsspruch, AcP, S. 297.
③ Werner Lorenz: Die Rechtsnatur von Schiedsvertrag und Schiedsspruch, AcP, S. 298.
④ Northwestern National Insurance Co. v. Donovan, 916 F.2d 372, 376（7th Cir. 1990, Posner, J.）, in: Gerhard Wagner: Prozessvertraege, Tuebingen, 1998,S. 208.

二、程序合同合法性问题的准据法

对于管辖权协议和仲裁协议，我国《民事诉讼法》和《仲裁法》有专门条款予以规定，因此这两类协议是我国法律允许的合法协议，学界和我国司法实践对此是公认的。但对于我国《民事诉讼法》和其他法律都没有明文规定的一些程序合同，例如不起诉协议、不上诉协议、举证协议和诉讼时效协议等，其合法性便成为法院首先需要回答的问题。

在国际层面上，不同国家法律关于程序合同合法性问题的规定差异悬殊。瑞士国际私法在大致相同的范围内允许法律关系当事人通过协议选择或排除瑞士法院的管辖权；意大利法律允许当事人通过协议选择意大利法院管辖他们之间的案件，但原则上禁止当事人通过协议排除意大利法院的管辖权。[1] 在欧盟范围内生效实施的《布鲁塞尔第一条例》原则上赋予当事人自由选择管辖法院和协议排除法院管辖的自由。[2] 美国法律总体上允许当事人协议选择法院和排除法院的管辖权，但各州的具体规定又存在不少差异。例如，纽约州的法律规定，在合同与纽约州没有充分联系的情况下，只有合同标的超过 100 万美元，选择纽约州法院的管辖权协议才具有合法性。[3]

这样就产生了一个无法回避的问题，在涉外民商事案件中，程序合同的合法性问题应当适用何国法律？笔者认为，包括管辖权协议、不上诉协议和不起诉协议在内的各种程序合同的合法性问题，实质上是受理案件的法院地国家的立法者赋予民事诉讼当事人变更法定民事诉讼程序的权限范围问题，即当事人在民事诉讼领域享有的私法自治

---

[1] Hans Reiser: Gerichtsstandsvereinbarungen nach dem IPR-Gesetz, Zuerich, 1989, S. 83, Fußnote Nr. 1.

[2] Verordnung（EG）Nr.44/2001 ueber die gerichtliche Zustaendigkeit und die Anerkennung und die Vollstreckung von Entscheidungen in Zivil- und Handelssachen vom 22. 12. 2000, in: Internationales Privat- und Verfahrensrecht, herausgegeben von Erik Jayme/Rainer Hausmann, 13. Auflage, Verlag C.H. Beck, Muenchen, 2006, Art.23, S.370.

[3] Hans Reiser: Gerichtsstandsvereinbarungen nach dem IPR-Gesetz, Zuerich, 1989, S. 7, Fußnote Nr. 3.

的范围问题。当事人在一个国家法院进行的诉讼程序中能够享有多大范围的私法自治,当然取决于这个国家自己的法律。因此,程序合同的合法性问题,应当适用受理案件的法院地法律。在我国法院受理案件的情况下,当事人之间订立的具体程序合同是否合法,由我国《民事诉讼法》决定。

三、程序合同成立和效力的准据法

与合法性问题不同的是程序合同的成立和效力问题,即当事人各方意思表示是否达成一致和是否真实的问题。如前所述,抛开合同的具体内容,所有协议在本质上都是法律关系主体意思表示一致的产物。意思表示是否真实,是否达成了一致,意思表示有瑕疵时产生何种法律后果,这些问题都属于典型的实体法问题,诉讼程序规范和冲突规范都没有关于这些问题的规定,因此,程序合同的成立和效力问题,应和一般实体法合同的成立和效力问题一样,适用我国《法律适用法》第41条援引的准据法。换言之,依据我国国际私法,程序合同当事人可以为该合同的成立和效力问题协议选择法律;当事人没有协议选择法律的情况下,考虑到程序合同的内容和程序合同的履行都与法院地国家存在最密切联系,因此程序合同应当适用法院地国家的实体法。

任何程序合同,包括管辖权协议、不起诉协议、不上诉协议和举证协议等,成立和生效之后,都会对法院地国家的诉讼程序产生直接影响,这种影响称为程序合同的程序法效力。程序合同能否产生以及产生何种程序法效力,程序合同应当采取何种形式、具备何种条件才能产生程序法效力,不属于合同问题,而属于典型的诉讼程序法问题,因此依据我国《民事诉讼法》第4条,应当适用法院地国家的法律。

第二节 不起诉协议和不上诉协议

起诉权和上诉权作为《民事诉讼法》赋予每个人(包括外国人)的法定权利,属于基本人权的范畴,是否可以由权利人通过协议进行限制或者处分,我国现行法律法规和司法解释没有明确规定。我国司法实践中关于这一问题的案例很少,原告中芯国际集成电路制造有限公司、中芯国际集成电路制造(上海)有限公司、中芯国际集成电路制造(北京)有限公司诉被告台湾积体电路制造股份有限公司不正当竞争、商业诋毁纠纷案和中国轻工业原材料总公司与韩国化联船务有限公司、韩国五星海运株式会社、中国汕头外轮代理公司、大韩航运有限公司无单放货损害赔偿纠纷一案[①],是笔者搜集到的关于该问题的两个典型案例。

原告中芯国际集成电路制造有限公司(简称中芯国际公司)、中芯国际集成电路制造(上海)有限公司(简称中芯上海公司)、中芯国际集成电路制造(北京)有限公司(简称中芯北京公司)(三原告以下合称为中芯国际)诉被告台湾积体电路制造股份有限公司(简称台湾积电公司)不正当竞争、商业诋毁纠纷一案[②]中,作为两个世界一流的芯片企业,中芯国际和台湾积电公司在市场上一直存在直接的商业竞争关系。台湾积电公司在2003年12月至2004年8月间在美国提起了一系列针对中芯国际的诉讼,2005年1月31日,台湾积电公司与中芯国际签订了一份《和解协议》,主要内容包括:协议双方在美国加利福尼亚州北区地区法院、美国加利福尼亚州奥克兰阿拉米达郡高级法院、美国国际贸易委员会等有五项涉及侵犯专利权、窃取商业秘密、不正当竞争和干扰经营关系等的"未决诉讼"。鉴于协议双方希望根据下文条款和解所有的"未决诉讼",并达成附件F的"专利许可协议"。"协议双方"同意如下:

Ⅵ"承诺和保证"……台湾积电承诺不会就中芯国际在生效日期之前取得和使用"先前取得的台湾积电信息",以及在生效日期之后,在现有的0.15微米及更大规格的制程技术及相关经营活动中继续使用

[①] 载于北大法宝:http://www.pkulaw.cn/Case/pfnl_118262509.html?match=Exact,2016年10月25日访问。

[②] 北京市高级人民法院民事判决书(2006)高民初字第1575号。

"在先取得的台湾积电信息"的行为而起诉中芯国际。[①]……

X"适用法律、管辖权和执行""本协议"及其效力、解释、执行和履行都应当适用美国加利福尼亚州的实体法,就像本协议完全在美国加利福尼亚州签署和履行的一样。"协议双方"同意,美国加利福尼亚州法院对因解释、执行或违反"本协议"而引起的任何相关争议有属人及属地管辖权。

2006年8月25日,台湾积电公司以中芯国际公司违反了《和解协议》的约定为由在美国加利福尼亚州法院对中芯国际提起违反《和解协议》和侵犯商业秘密等诉讼,中芯国际在该法院对台湾积电公司提起反诉。台湾积电公司在起诉状中使用了中芯国际"盗窃""偷窃"台湾积电公司的技术等词语。同日,美国加利福尼亚州法院官方网站上公布了该起诉状内容。2006年8月29日至11月3日,台湾积电公司将其在美国的起诉状、反诉答辩状(中、英文)以电子邮件的方式发给《红鲱鱼》(Red Herring)网站、《第一财经日报》、彭博网站(Bloombergm)、香港《经济日报》《商务周刊》及媒体记者。之后中芯国际以台湾积电公司违反《和解协议》在美国加利福尼亚州法院对中芯国际提起侵权诉讼并在起诉状中使用诋毁性语言进而在媒体公开起诉状内容,构成了对原告的不正当竞争和商业诋毁为由在北京市高级人民法院对台湾积电公司提起诉讼,2006年11月16日北京市高级人民法院立案受理。

原告中芯国际认为,依据《和解协议》约定,在两年内如无重大合同争议,双方可以协商同意中芯国际停止继续将0.13微米或更先进技术的技术资料交由第三方托管,而台湾积电公司在美国加利福尼亚州法院(简称加州法院)提起对中芯国际的诉讼发生在临近两年之际,其对中芯国际进行突然袭击式的诉讼,违背了当事人双方关于不起诉

[①] 《和解协议》附录载明:"生效日期"是指2005年1月31日;"之前获得的台湾积电信息"是指中芯国际在"生效日期"之前获得的"台湾积电信息";"制程技术"是指用于生产一种或多种特定几何数的半导体设备的信息;"台湾积电信息"是指由台湾积电公司拥有的非公开信息、专利方法、技术或者商业信息。

的约定,是针对中芯国际的违背诚实信用原则的不公平竞争侵权行为,对中芯国际的商业信誉、名誉和商品声誉造成严重损害,因此请求判令台湾积电公司立即停止侵犯中芯国际商业信誉、名誉及商品声誉的不正当竞争侵权行为、消除该行为造成的不良影响;判令台湾积电公司在《第一财经日报》《21世纪经济报道》《每日经济新闻》《中国电子报》以及新浪网、赛迪网等媒体上刊登致歉声明,公开向中芯国际赔礼道歉;判令台湾积电公司赔偿中芯国际的经济损失,赔偿额为台湾积电公司在侵权期间因针对中芯国际的不正当竞争侵权行为而获得的利润暂计人民币1亿元;判令台湾积电公司赔偿中芯国际为制止台湾积电公司的侵权行为而支出的调查取证费、律师费等合理费用暂计人民币70万元。被告台湾积电公司在提交答辩状期间对管辖权提出异议。2007年7月30日,北京市高级人民法院做出(2006)高民初字第1575号民事裁定,驳回被告台湾积电公司对本案管辖权提出的异议。被告台湾积电公司不服,向我国最高人民法院提起上诉。2008年5月29日,最高人民法院做出(2007)民三终字第5号民事裁定驳回上诉,维持原裁定。2008年10月29日,北京市高级人民法院公开开庭审理本案。

北京高级人民法院认为:

针对两个以上国家就同一案件的管辖权问题,中国与美国之间没有双方共同参加或者签订的国际条约;对于一方当事人在外国法院提起诉讼后又在中国法院提起诉讼的情况,中国法律亦无明确规定,但依据中华人民共和国最高人民法院司法解释的规定,综合考虑本案情况,即使美国法院在先受理的中芯国际对台湾积电公司的反诉请求及所依据的事实和理由与本院受理的中芯国际诉台湾积电公司的诉讼请求及所依据的事实和理由相同,本院对本案的受理和审理亦符合中国法律规定。因此,台湾积电公司所提本院对本案的受理属于重复受理,或者应中止本案审理的主张,没有法律依据,本院不予支持。

《中华人民共和国民法通则》第146条第1款规定,侵权行为的损害赔偿,适用侵权行为地法律。中华人民共和国最高人民法院《关于贯彻执行〈中华人民共和国民法通则〉若干问题的意见(试行)》第187条规定,侵权行为地的法律包括侵权行为实施地法律和侵权结果发生地法律。如果两者不一致时,人民法院可以选择适用。本案中芯国际主张台湾积电公司实施的不正当竞争行为,其侵权结果发生在中国、部分侵权行为实施地亦在中国,故本案应适用中华人民共和国反不正当竞争法。

2005年1月31日台湾积电公司与中芯国际签订的《和解协议》约定:"本协议"及其效力、解释、执行和履行都应当适用美国加利福尼亚州的实体法,就像本协议完全在美国加利福尼亚州签署和履行的一样;如果任何一方认为另一方已经违反了本协议,那么应当将对方的违约及认为对方违约的依据通知对方……;如果在"见面和会谈"程序中,双方不能就一些补救措施和适当赔偿达成一致,那么非违约方可以宣布对方违反"本协议",并且针对该违约可以采取其享有的所有权利和救济手段,包括提起新的违反"本协议"的诉讼。故台湾积电公司在美国加利福尼亚州法院对中芯国际提起违反《和解协议》、侵犯商业秘密的诉讼不违反《和解协议》的约定。

诉讼权利是当事人基于民事纠纷的发生,请求法院行使审判权解决民事纠纷、保护民事权益的权利。起诉权是当事人的权利,即使双方当事人存在同业竞争关系,其一方对另一方合法行使的诉讼权利也不能因此受到限制。因此,台湾积电公司依据双方协议的约定,就双方因执行或违反《和解协议》而引起的争议,向美国加利福尼亚州法院提起诉讼,不构成不正当竞争。因此,中芯国际所提台湾积电公司在美国加利福尼亚州法院提起诉讼是属于滥用诉讼权利、违反诚实信用原则的不正当竞争行为的主张缺乏依据,本院不予支持。

基于上述理由,北京市高级人民法院依据《中华人民共和国反不正当竞争法》第2条、第14条规定,判决驳回了中芯国际集成电路制造有限公司、中芯国际集成电路制造(上海)有限公司、中芯国际集成电路制造(北京)有限公司的诉讼请求。

中国轻工业原材料总公司(简称中国轻工)与韩国化联船务有限公司、韩国五星海运株式会社、中国汕头外轮代理公司、大韩航运有限公司无单放货损害赔偿纠纷一案[①]中,汕头轻工与上海白猫有限公司(简称上海白猫)签订一份《工矿产品购销合同》,约定:上海白猫向汕头轻工购买790吨AEO-3(脂肪醇聚氧乙烯醚),总货款为9 455 115元人民币,交货地点上海码头。之后汕头轻工与中国轻工签订一份《协议书》,约定:汕头轻工委托中国轻工代开进口800吨AEO-3信用证,中国轻工收取汕头轻工每吨100元的开证费,开证所需货款由中国轻工垫付,金额为948 000美元;汕头轻工向中国轻工支付全部货款后,中国轻工将提单交给汕头轻工,并委托汕头轻工报关。之后中国轻工以自己的名义与日本伊藤忠公司签订一份《销售合同》,约定:中国轻工向日本伊藤忠公司购买800吨AEO-3,单价为成本加运费价(CNF)汕头每吨1 185美元,货物总值948 000美元。中国轻工依据该约定申请开立了即期信用证,信用证受益人为日本伊藤忠公司。

1998年5月14日,"亚洲交响乐"轮装载了上述货物,新大丸实业有限公司(New Daimaru Industrial Limited)作为承运人和船东化联船务的代理签发了一式三份正本提单。提单载明:托运人为日本伊藤忠公司,收货人凭指示,通知方为中国轻工/汕头轻工,货物为797.689吨AEO-3,装货港为日本四日市港,卸货港为中国汕头港。"亚洲交响乐"轮抵达汕头港后,化联船务指示其卸港代理汕头外代凭收货人汕头轻工出具的保函放货,汕头轻工凭保函到汕头外代办理了提货手续。汕头轻工委托汕头报关公司对上述货物报关。5月21日,汕头报关公司以进料加工的性质对上述货物进行报关。货物运抵汕头港后,日本伊藤忠公司、中国轻工、上海白猫均派人到卸货现场观看卸货情况,对汕头轻工提货行为均没有提出异议。5月22日,上述货物被提离"亚洲交响乐"轮。

[①] 一审判决书:广州海事法院民事判决书(1999)广海法事字第56号;二审判决书内容引自北大法宝网站。

汕头轻工提取上述货物后,租用"永吉6号"轮和"通明"轮将上述货物和另外一批货物从汕头运往上海。1998年5月25日,上海市公安局南市分局以该批货物涉嫌走私予以查扣。9月5日该局做出《处罚决定书》,认为该批货物的所有人为汕头轻工,决定没收该批货物。1998年6月4日,中国轻工收到日本伊藤忠公司提交的其他单证。6月10日,中国轻工通过开证行交通银行北京分行支付了信用证项下货款945 261.47美元。日本伊藤忠公司承认已收到全部货款。

应中国轻工申请,广州海事法院在天津新港扣押了"亚洲交响乐"轮(法院查明"亚洲交响乐"轮于1998年1月25日在伯利兹注册登记,注册船东为五星海运)。1999年1月28日中国轻工以化联船务、汕头外代、五星海运和大韩海运无正本提单放货致使其货物所有权受到侵害为由在广州海事法院对四被告提起侵权之诉,请求四被告赔偿货款损失及利息993 299.66美元以及其他损失41 067.75美元,并承担诉讼费用。广州海事法院(1999)广海法事字第56号判决书判决驳回中国轻工的诉讼请求。

"亚洲交响乐"轮被扣押后,五星海运以中国轻工申请扣船错误为由,向广州海事法院对中国轻工提起诉讼,请求中国轻工赔偿船期损失及律师费用240 000美元。广州海事法院主持五星海运和中国轻工进行调解,五星海运和中国轻工自愿达成如下协议:(一)中国轻工同意对广州海事法院(1999)广海法事字第56号案不再进行上诉等任何诉讼;(二)中国轻工同意在调解协议签字之日向法院申请终止拍卖船舶程序并申请解除对"亚洲交响乐"轮的扣押;(三)中国轻工同意在调解书生效之日起七日内向五星海运支付扣押船舶所造成的损失人民币300 000万元;(四)五星海运同意不再就中国轻工申请扣押船舶和拍卖船舶等行为在任何时候提出任何索赔;(五)案件受理费6 085美元由中国轻工承担。广州海事法院以(1999)广海法事字第56号民事调解书对上述调解协议予以确认,该调解书已履行完毕。

在上诉期限内,中国轻工对上述民事调解书反悔并向广东省高级人民法院提出上诉,请求依法撤销广州海事法院(1999)广海法事字第56号民事判决书,并判决被上诉人化联船务、汕头外代、五星海运和大韩海运给付上诉人中国轻工货款损失和利息 993 199.66 美元以及其他损失 41 067.75 美元。被上诉人化联船务、五星海运和汕头外代提出异议,提出上诉人已在(1999)广海法事字第 56 号民事调解书中承诺放弃对本案的上诉权利,以换取对上述案件的调解结果。(1999)广海法事字第 56 号民事调解书已发生法律效力,因此上诉人的上诉权已归于消灭。

广东省高级人民法院二审认为,根据《中华人民共和国民事诉讼法》第 147 条规定,当事人不服地方人民法院第一审判决的,有权在判决书送达之日起 15 日内向上一级人民法院提起上诉。因此,上诉人依法享有上诉权。同时,《中华人民共和国民事诉讼法》第 13 条也规定,当事人有权在法律规定的范围内处分自己的民事权利和诉讼权利。上诉人在接到原审判决书后,通过参与法院主持的调解程序,承诺放弃对本案的上诉。原审法院经合法的司法调解程序做出了民事调解书,该调解书一经送达即发生法律效力,没有正当理由和经过审判监督程序不得推翻。上诉人放弃上诉,是依法对自己拥有的诉讼权利的处分,该处分行为已经发生法律后果。由于上诉人并没有充分的理由推翻(1999)广海法事字第 56 号民事调解书,该调解书应给予尊重。但该民事调解书所涉的当事人只是上诉人和五星海运,故上诉人在调解书所称放弃对本案的上诉应指放弃本案中对五星海运的上诉。上诉人以四被上诉人无单放货侵害了上诉人的合法权益为由提起侵权诉讼,上诉人并没有放弃或处分对五星海运之外的被上诉人的上诉权利,故本案仍然应当受理。

上述第一个案例中,台湾积电公司与中芯国际签订的《和解协议》明确约定,台湾积电承诺不会就中芯国际在 2005 年 1 月 31 日之前取得和使用"先前取得的台湾积电信息",以及在该日期之后,在现有 0.15 微米及更大规格的制程技术及相关经营活动中继续使用"在先取得的台湾积电信息"的行为而起诉中芯国际。该《和解协议》同时约定协议的效力、解释、执行和履行都应当适用美国加利福尼亚州的实体法。后来台湾积电公司以中芯国际公司在其 0.13 微米制程上或相关商业活动中有使用和/或披露台湾积电公司的信息并且会谈没有成功为由，在美国加利福尼亚州法院对中芯国际提起违反《和解协议》、侵犯商业秘密等的诉讼。中芯国际认为，台湾积电公司违背当事人双方关于不起诉的约定，在美国加利福尼亚州法院提起对中芯国际的诉讼，是针对中芯国际的违背诚实信用原则的不公平竞争侵权行为，因此向北京高级人民法院对被告台湾积电公司提起不正当竞争、商业诋毁诉讼，请求判令台湾积电公司立即停止、消除该不公平竞争侵权行为给中芯国际造成的不良影响，并赔偿损失。北京高级人民法院首先依据我国最高人民法院1992年《关于适用民事诉讼法若干问题的意见》第306条规定，认定本案中台湾积电公司在美国法院对本案原告提起诉讼以及本案原告在美国法院对台湾积电公司提起反诉，均不影响本案原告在中国法院对台湾积电公司提起诉讼，驳回了台湾积电公司的管辖权异议。该法院依据《中华人民共和国民法通则》第146条第1款规定，认定本案应适用中华人民共和国反不正当竞争法作为准据法。关于台湾积电公司与中芯国际在《和解协议》中约定的不起诉条款，北京高级人民法院一方面认为，由于《和解协议》本身允许任何一方在认为另一方违反本协议且"见面和会谈"不能取得满意结果的情况下提起新的违反"本协议"的诉讼，故台湾积电公司在美国加利福尼亚州法院对中芯国际提起违反《和解协议》、侵犯商业秘密的诉讼不违反《和解协议》的约定；另外明确指出："起诉权是当事人的权利，即使双方当事人存在同业竞争关系，其一方对另一方合法行使的诉讼权利也不能因此受到限制。因此，台湾积电公司依据双方协议的约定，就双方因执行或违反《和解协议》而引起的争议，向美国加利福尼亚州法院提起诉讼，不构成不正当竞争。"

该案中由于当事人之间的《和解协议》约定不起诉条款的同时，又约定了一方当事人可以在该协议规定的条件下提起新的违反"本协议"的诉讼，而北京市高级人民法院认定台湾积电公司在美国加利福尼亚州法院提起的诉讼属于《和解协议》允许的新的违反"本协议"的诉讼，因此从本案判决书中我们无法得知，如果一方当事人明显违背一份不起诉协议的约定对另一方当事人提起诉讼，北京市高级人民法院是否会承认不起诉协议的法律拘束力并进而认定提起诉讼的一方当事人已经基于不起诉协议约定丧失了法定的起诉权。但是从之前引用的判决书中北京市高级人民法院对起诉权的性质以及提起诉讼是否构成不正当竞争问题的分析我们可以看出，虽然《和解协议》约定适用美国加利福尼亚州法律，因此其中的不起诉条款也应当适用美国加利福尼亚州法律，但北京市高级人民法院在判断台湾积电公司是否有权起诉时适用的是我国法律，判断该公司的起诉行为是否构成不正当竞争时也完全依据我国的反不正当竞争法。因为当事人争议问题是一方当事人的起诉行为是否构成不正当竞争的问题，因此该法院依据《民法通则》第146条适用了侵权行为地即我国法律作为当事人争议问题的准据法，是符合我国国际私法规定的。由于该案中不起诉协议的效力问题不是当事人之间的争议问题，因此法院没有对该问题专门确定准据法，也没有对该问题进行分析。虽然该判决书没有具体分析不起诉协议的当事人是否可以协议选择法律的问题，但从北京市高级人民法院直接适用我国法律认定起诉权的性质这一点来看，该院不大可能允许当事人协议选择不起诉协议的准据法。但另一方面，依据上述判决书的内容我们可以肯定的是，虽然起诉权具有明显的程序法性质，但北京市高级人民法院是认可当事人缔结不起诉协议或者约定不起诉条款的权利的，这是该案判决书值得我们注意之处。

对于当事人是否有权通过协议处分起诉权和上诉权等诉讼权利的问题，广东省高级人民法院在上述第二个案例中表达的立场更为明确。该案中，中轻公司和五星海运在广州海事法院主持下达成的调解协议明确约定"上诉人同意对广州海事法院（1999）广海法事字第56号案不再进行上诉等任何诉讼"。但是后来中轻公司对上述民事调解书反悔并向广东省高级人民法院提出上诉，被上诉人化联船务、五星海运和汕头外代向该法院提出异议，提出上诉人已在（1999）广海法事字第56号民事调解书中承诺放弃对本案的上诉权利，以换取对上述案件的调解终结，因此上诉人的法定上诉权已经基于协议约定而消灭。

广东省高级人民法院二审认为，根据《中华人民共和国民事诉讼法》第147条规定，当事人不服地方人民法院第一审判决的，有权在判决书送达之日起15日内向上一级人民法院提起上诉。上诉人依法享有上诉权。同时,《中华人民共和国民事诉讼法》第 13 条也规定,当事人有权在法律规定范围内处分自己的民事权利和诉讼权利。上诉人在接到原审判决书后,通过参与法院主持的调解程序,承诺放弃对本案的上诉。原审法院经合法的司法调解程序做出了民事调解书,该调解书经送达已经发生法律效力,没有正当理由和经过审判监督程序不得推翻。而且,上诉人放弃上诉,是依法对自己拥有的诉讼权利的处分,该处分行为已经发生法律后果。因此,二审法院认定上诉人基于(1999)广海法事字第 56 号民事调解书已经丧失了对五星海运提起上诉的权利。

　　该案中不上诉协议是作为人民法院民事调解书中的一个条款而存在,因此广东省高级人民法院直接适用了法院地法即我国《民事诉讼法》认可了该不上诉条款的效力。广东省高级人民法院依据《民事诉讼法》第 13 条认定当事人可以协议处分自己的民事权利和诉讼权利,并据此认定本案上诉人通过民事调解书处分自己上诉权的行为合法有效,结论是正确的。由于人民法院主持的调解程序属于解决民事争端的法定程序,按照该程序做出的民事调解书具有与法院判决书同等的法律效力,因此本案上诉人在人民法院主持的调解程序中放弃上诉权利,毫无疑问属于《民事诉讼法》第 13 条规定的"在法律规定的范围内"处分自己的诉讼权利,因此笔者认同广东省高级人民法院的上述结论。但是如果涉外民事关系当事人在正式提起诉讼之前订立书面协议,约定一方当事人不得就他们之间已经产生或者将来可能产生的合同或侵权争议向任何国家的法院提起诉讼,亦不得向任何国家的法院提起上诉,以换取另一方当事人(例如在价格方面)的某些让步,这种通过协议处分起诉权、上诉权的方式是否属于我国《民事诉讼法》第 13 条规定的"在法律规定的范围内"处分自己的诉讼权利,值得怀疑。

　　依据我国现行国际私法规定,同时综合我国内地人民法院在上述两个案例中对涉案不起诉条款和不上诉条款的效力认定,笔者认为可以得出下述两个结论:其一,我国法院在司法实践中认定具有涉外因素的程序合同的效力,原则上适用法院地法,我国《法律适用法》第

18条允许适用外国法认定仲裁协议的效力,是我国司法实践中对程序合同适用法院地法原则的唯一例外;其二,虽然我国现行法律对多数程序合同的合法性问题没有明确规定,但是无论对于不起诉协议,还是不上诉协议,司法实践中我国内地人民法院一般都依据我国《民事诉讼法》第13条,认可该类以处分诉讼权利为内容的程序合同的合法性。

第三节 管辖权协议

一、管辖权协议的性质和效力

管辖权协议,或称为法院选择协议,无论是以合同中的管辖权条款还是以单独的法院选择协议出现,性质上都是独立于主合同的协议,我国《合同法》第57条关于合同无效、被撤销或者终止均不影响合同中争端解决条款效力的规定,即是我国立法者对管辖权条款性质上属于独立协议的正式认可。我国现行《民事诉讼法》第34条[1]和2012年修订之前的《民事诉讼法》第242条[2]都明确规定选择法院应采取"协议选择"而不是当事人一方主张或者要求的形式,亦表明无论管辖权条款还是管辖权协议,按照我国法律性质上都属于协议。一切协议都是两个或者两个以上法律关系主体真实意思表示一致的产物,管辖权协议亦不例外。既然管辖权协议是法律关系主体意思表示一致的产物,本质上属于协议,法院在认定该协议效力时自然就应当解决该协议成立和生效的要件以及该协议成立和效力的准据法问题。遗憾的是,

---

[1] 合同或者其他财产权益纠纷的当事人可以书面协议选择被告住所地、合同履行地、合同签订地、原告住所地、标的物所在地等与争议有实际联系的地点的人民法院管辖,但不得违反本法对级别管辖和专属管辖的规定。

[2] 涉外合同或者涉外财产权益纠纷的当事人,可以用书面协议选择与争议有实际联系的地点的法院管辖。选择中华人民共和国人民法院管辖的,不得违反本法关于级别管辖和专属管辖的规定。

由于我国《民事诉讼法》和国际私法立法对前述问题都没有明确规定，加之我国学界对该问题没有给予足够的重视，导致我国司法实践中管辖权协议的法律效力以及该协议效力准据法问题的解决主要取决于审案法官的自由裁量权，总体上看比较混乱。

我国司法实践中对管辖权条款的协议性质及其法律效力问题认定结果正确、说理论证充分的典型案例是最高人民法院终审的上诉人德国亚欧交流有限责任公司（简称德国亚欧公司）与被上诉人绥芬河市青云经贸有限公司（简称青云公司）合作协议纠纷一案。[①]该案中，青云公司于2005年10月27日向一审法院黑龙江省高级人民法院提起诉讼，请求解除其与德国亚欧公司之间签订的《"德国科隆中国商品批发市场D座"合作协议》，并请求判令德国亚欧公司返还进场费22 400 735.37元人民币、赔偿项目运作费用220 482.94元人民币。德国亚欧公司对管辖权提出异议，认为本案系涉外案件，争议协议的履行地、被告住所地、争议涉及的不动产所在地及协议约定的管辖地均不在黑龙江省，依据我国《民事诉讼法》第243条规定[②]，原审法院对本案没有管辖权，请求将本案移送有管辖权的法院审理或驳回起诉。

一审法院黑龙江省高级人民法院认为：根据《中华人民共和国民事诉讼法》第244条规定[③]："涉外合同或者涉外财产权益纠纷的当事人，可以用书面协议选择与争议有实际联系的地点的法院管辖。"本案纠纷所涉合作协议中，双方约定："如因本协议及本协议涉及项目产生纠纷，……由协议签署地法院管辖仲裁。"该约定为双方当事人对协议管辖的真实意思表示，不违反中华人民共和国法律规定，合法有效。因此，因合作协议产生的纠纷应由该协议签署地法院管辖。本案双方

---

① 一审裁定书：黑龙江省高级人民法院民事裁定书（2005）黑高商外初字第1号；二审裁定书：最高人民法院民事裁定书（2006）民四终字第8号。

② 1991年《中华人民共和国民事诉讼法》第243条：因合同纠纷或者其他财产权益纠纷，对在中华人民共和国领域内没有住所的被告提起的诉讼，如果合同在中华人民共和国领域内签订或者履行，或者诉讼标的物在中华人民共和国领域内，或者被告在中华人民共和国领域内有可供扣押的财产，或者被告在中华人民共和国领域内设有代表机构，可以由合同签订地、合同履行地、诉讼标的物所在地、可供扣押财产所在地、侵权行为地或者代表机构住所地人民法院管辖。

③ 指1991年《中华人民共和国民事诉讼法》。

当事人在山东省青岛市签订合作协议后,又在黑龙江省绥芬河市签订合作协议的补充协议,该补充协议属于合作协议的组成部分,故青岛市和绥芬河市均属于合作协议的签署地。因此,对本案纠纷黑龙江省人民法院有管辖权。[1]基于前述理由,一审法院裁定驳回德国亚欧公司的管辖异议。

德国亚欧公司不服原审裁定,向最高人民法院提起上诉称:"原审裁定认定事实不清,合作协议的签署地为青岛市,但合作协议的补充协议的签署地并不在绥芬河市。2004年11月3日,双方当事人的法定代表人在上海市就合作协议的起止时间等问题签订了补充协议(一),该补充协议(一)的签署地为上海市。2005年1月24日,双方当事人在绥芬河市就进场费等问题进行了协商并达成一致,由于夏烟未带公章,遂于1月26日夏烟返回北京时,将由青云公司起草并签字盖章的补充协议(二)带回北京,签字盖章后转给青云公司。根据中国相关法律规定,合同双方签字盖章不在同一地点的,最后签字或者盖章的地点为合同成立的地点。故补充协议(二)的签署地应为北京市。……双方的真实意思是指由主合同签署地法院管辖,并不包括补充协议的签署地,更何况补充协议的签署地也不在黑龙江省。"[2]请求驳回青云公司的起诉或将本案移交有管辖权的法院审理。

最高人民法院二审认为,本案纠纷为管辖权异议,属于程序问题,解决案件的程序问题应适用法院地法即《中华人民共和国民事诉讼法》。青云公司据以起诉的《"德国科隆中国商品批发商场D座"合作协议》第8条第4项约定:"如因本协议及本协议涉及项目产生纠纷,……由协议签署地法院管辖仲裁。""本案并不是当事人之间签订的《'德国科隆中国商品批发市场D座'合作协议》存在多个签字地点应如何认定协议签订地的问题,而应该是当事人选择了管辖法院后该管辖条款是否有效以及当事人是否变更了管辖条款的问题。本案双方当事人签订合作协议时,明确选择了该协议的签订地法院作为合作

---

[1] 黑龙江省高级人民法院民事裁定书(2005)黑高商外初字第1号。
[2] 最高人民法院民事裁定书(2006)民四终字第8号。

纠纷的管辖法院,实际上,在当事人之间已经明确选择了青岛市的人民法院为管辖法院。虽然以后当事人之间又在其他地点对合作协议进行了补充,但补充协议并没有就管辖条款进行任何修改。因此,合作协议中的管辖条款对本案双方当事人具有约束力。在合作协议选择管辖法院条款有效的情况下,原审法院依据所谓补充协议的签订地对合作协议纠纷行使管辖权没有事实和法律依据。德国亚欧公司关于原审法院对本案纠纷没有管辖权的上诉理由成立,原审裁定应予撤销。"[1]

因为合同条款发生法律效力的前提条件是合同合法有效,最高人民法院在上述裁定书中既没有分析涉案合作协议的准据法,也没有分析该合作协议的法律效力,即直接适用我国《民事诉讼法》认定"合作协议中的管辖条款对本案双方当事人具有约束力",据此可以推定,最高人民法院是将涉案管辖权条款作为独立于合作协议之外的程序性合同,即选择法院协议,处理的。在将涉案管辖权条款定性为独立于主合同的程序协议的前提下,因为程序问题适用法院地法律,所以最高人民法院直接适用我国《民事诉讼法》认定该协议的效力不仅符合逻辑、理由充分,而且也不需要首先分析涉案主合同即合作协议的准据法及其效力问题。由于涉案管辖权条款是独立于当事人之间合作协议的一种特殊协议,即选择法院协议,当事人双方对该协议内容,即所选择的法院,达成真实意思表示一致之时,该选择法院协议即依法成立。涉案合作协议的正式签署,表明当事人双方对合作协议的各个条款,包括管辖权条款,达成了意思表示的一致,故涉案合作协议签署之时,该选择法院协议亦正式成立。该选择法院协议的内容是当事人之间关于合作协议的争议由协议签署地法院管辖,该选择法院协议成立之时,合作协议的签署地已经产生并且确定,即山东省青岛市,故应当认定该选择法院协议的内容是当事人之间关于合作协议的争议由山东省青岛市的法院管辖。该选择法院协议成立之时,该内容即已经确定,当事人选择山东省青岛市法院管辖的意思表示真实,该内容符合我国民事诉讼法规定,故当事人选择山东省青岛市法院管辖的涉

---

[1] 最高人民法院民事裁定书(2006)民四终字第8号。

案选择法院协议合法有效,对当事人双方均有法律拘束力,非经当事人双方协商一致,不得变更。本案证据表明,当事人双方在后来订立的补充协议中都没有修改该选择法院协议的内容,故当事人双方均应当受该协议选择的法院拘束。一审法院黑龙江省高级人民法院不是当事人协议选择的法院,因此一审法院对本案没有管辖权。

综上分析可以看出,最高人民法院二审裁定书虽然没有使用选择法院协议的概念,但实际上正式承认了管辖权条款的协议性质,并且明确指出该协议属于程序性协议,应当适用法院地法律作为协议效力的准据法。[1]总起来看,该裁判文书逻辑严密,说理论证充分,充分体现了审案法官相当扎实的专业理论功底和娴熟高超的审判说理技巧,堪为同类裁判文书的示范。

但是我国司法实践中也存在一些说理论证明显不充分的裁判文书。管辖权协议作为我国《民事诉讼法》明文规定的一种程序合同,只要生效,自然应当产生一些法律效果,例如赋予被选择法院对当事人之间争议的司法管辖权和排除其他法院对该争议的司法管辖权。因此在当事人之间存在管辖权协议的情况下,一方当事人向被选择法院之外的法院起诉,该法院只有在通过说理论证说明其管辖权没有被当事人之间的管辖权协议排除的情况下,才能对涉案争议行使管辖权。但是司法实践中一些法院裁判文书对前述问题的处理明显存在缺陷和不足。在保定市保华调味品有限公司与保定市天鹏进出口集团有限公司(简称天鹏公司)诉马沙利奥(香港)有限公司(Merzario Hong Kong LTD,简称马沙利奥)与瑞士地中海航运公司(Mediterranean Shipping Company S.A., Geneve,简称地中海公司)海上货物运输合同无正本提单放货纠纷案[2]中,两原告先后五次将货物交被告马沙利奥并委托被告将货物由天津新港运往美国洛杉矶,被告马沙利奥将货物装上另一被告地中海公司所有或经营的船舶承运。被告马沙利奥作为承运人向原告天鹏公司签发了 TJNLAX112002、JNLAX112003、TJNLAX112013、

---

[1] 最高人民法院裁定书明确写明:"本案纠纷为管辖权异议,属于程序问题,解决案件的程序问题应适用法院地法即《中华人民共和国民事诉讼法》"。

[2] 天津海事法院民事判决书(2003)海商初字第68-72号。

TJNLAX112023、TJNLAX203004号五份正本提单。货到目的港后，买方拒绝付款赎单，五份正本提单退回到两原告手中。但五份提单项下的货物，已被两被告无正本提单放货。为此，两原告在天津海事法院起诉两被告，请求法院依据《中华人民共和国海商法》判令两被告连带赔偿货款损失94 155美元及相应利息。

原告提起诉讼后，被告马沙利奥在答辩期内提出管辖权异议，认为根据提单背面条款约定，本案应由香港法院管辖并适用香港法律，请求一审法院驳回原告的起诉。一审法院认为，涉案争议货物的启运港为天津新港，且两被告均在天津设有办事机构，天津是与本案最为密切的地点。根据《中华人民共和国民事诉讼法》第38条规定①本院对本案具有管辖权。据此，裁定驳回了被告的管辖权异议。

被告马沙利奥不服本院裁定，向天津市高级人民法院提出上诉。天津市高级人民法院认为，本案所涉提单约定香港法院管辖，但香港仅是被告马沙利奥的注册地，与本案争议并无实际联系。而天津同时作为争议产生地与履行地，与本案有实际联系。同时，本案两被告均在天津设有办事机构，便于诉讼当事人参加诉讼，查清案件事实。因此，驳回了被告马沙利奥的上诉。

该案一审法院裁定驳回管辖权异议的理由是"涉案争议货物的启运港为天津新港，且两被告均在天津设有办事机构，天津是与本案最为密切的地点。"该说理存在两点明显缺陷：其一，我国1991年《民事诉讼法》和现行的2012年《民事诉讼法》都没有规定法院可以根据最密切联系原则确定管辖权，因此一审法院的说理缺乏法律依据；其二，由于提单背面条款约定了争议由香港法院管辖，因此天津海事法院作为一审法院即使依据我国《民事诉讼法》对涉案争议享有法定管辖权，该法院也必须首先论证其法定管辖权没有被当事人之间的管辖权协议排除，其才能对涉案争议合法行使管辖权。而一审法院驳回管辖权异议的理由全部都是论证该法院基于最密切联系原则对案件拥有

---

① 1991年《民事诉讼法》第38条人民法院受理案件后，当事人对管辖权有异议的，应当在提交答辩状期间提出。人民法院对当事人提出的异议，应当审查。异议成立，裁定将案件移送有管辖权的人民法院；异议不成立，裁定驳回。

管辖权,对于当事人之间的管辖权协议是否发生法律效力以及是否排除了一审法院法定管辖权的问题则只字未提,表明该法院忽视了管辖权协议的法律效力问题或者至少对该问题没有给予应有的重视。

天津市高级人民法院基于当事人约定的香港法院仅是被告马沙利奥的注册地,与本案争议并无实际联系,天津作为争议产生地与履行地与本案有实际联系且便于诉讼当事人参加诉讼和查清案件事实的理由维持了一审法院对自身管辖权的认定。该理由比一审法院的说理充分一些,但天津市高级人民法院同样没有通过说理论证明确回答当事人之间的管辖权协议是否有效以及一审法院的法定管辖权是否被该管辖权协议排除的问题,而且该案中当事人选择的香港法院同时是被告马沙利奥的注册地和住所地,因此天津市高级人民法院认定香港法院与本案争议无实际联系的理由并不充分。

上述案例中,法院认定的证据证明当事人对涉案争议约定了管辖权协议,并且一方当事人基于该管辖权协议对一审法院的管辖权提出了异议,但是两级人民法院专门关于管辖权问题的裁定都没有对涉案管辖权协议的法律效力问题做出明确认定,足见这一问题在司法实践中被忽视的程度。

二、管辖权协议成立和效力的准据法

认定管辖权协议的效力应当适用何国法律,是我国司法实践中在认定司法管辖权方面另外一个值得重视的问题。我国关于该问题没有任何法律规定,学界关于该问题亦缺乏深入研究,导致司法实践中审案法官在解决该问题时自由裁量权过大,而且说理简单或者没有说理,损害了人民法院裁判文书的质量和我国法制的统一。原告中国沈阳矿山机械(集团)进出口公司(简称原告)与被告韩国现代商船有限公司(简称韩国现代)、被告中国大连保税区万通物流总公司(简称万通物流)海上货物运输合同货损赔偿纠纷管辖权异议上诉案[①]中,原告

---

① 辽宁省高级人民法院民事裁定书(1997)辽经一终字第 45 号;具体案情详见大连海事法院民事判决书(2001)大海法商初字第 246 号。

作为买方与德国威克公司订立买卖合同,货名为两套二手磨齿机。被告韩国现代作为承运人,1995年11月23日在法兰克福签发的正本提单载明:托运人为德国威克公司,收货人凭托运人指示,通知方为原告,承运船为"现代挑战者"号,收货地为荷兰鹿特丹集装箱堆场,交货地为中国大连集装箱堆场,运费到付。原告合法取得提单,系提单的合法持有人。货物到达大连港后,被告万通物流接受被告韩国现代委托,将提单项下HDMU740142—9号集装箱内的磨齿机自码头前沿运至堆场,由于卡车司机的疏忽,导致集装箱与码头出入口检查桥相撞,造成原告货物损失485 000德国马克和关税、检验费等损失人民币545 277.11元。原告向大连海事法院起诉,请求法院判令被告韩国现代及万通物流连带赔偿原告的货物损失485 000德国马克、关税人民币383 223.61元、检验费人民币15 500元、港杂费人民币113 477.5元。被告韩国现代以涉案提单第30条载明"有关提单项下的所有争议应提交韩国汉城①地区法院解决"为理由提出管辖权异议。

辽宁省高级人民法院认为:"中华人民共和国与韩国间尚无相互承认提单选择诉讼管辖的国际条约,双方也未签订共同承诺遵守的有关司法协议。本案中,上诉人韩国现代商船有限公司提供的有关韩国法院承认提单中约定中国法院管辖权的判例内容中并无韩国法院承认提单约定的中国法院管辖条款效力之说,且存在多处矛盾点。该案例提单关系人身份、选择管辖发生争议的问题与本案也不相同。上诉人以此案例主张按对等原则承认本案提单管辖权条款的证据不充分。"②基于前述理由,该法院维持了一审法院驳回管辖权异议的裁定。

从上述二审法院裁定书内容可以看出,辽宁省高级人民法院显然将国际条约作为了认定管辖权协议效力的准据法。在没有可以适用的国际条约的情况下,按照该法院的观点,我国人民法院应当按照对等原则,即互惠原则,判断管辖权条款的效力。按照该法院裁定书中的观点,人民法院对于选择外国法院管辖的管辖权协议,在我国和被选

---

① 韩国首都,其名称的中文翻译已于2005年1月正式更改为"首尔"。
② 辽宁省高级人民法院民事裁定书(1997)辽经一终字第45号。

择法院所属国家之间既无国际条约又不存在互惠的情况下,应当认定该管辖权协议无效。但是众所周知,从1982年《中华人民共和国民事诉讼法(试行)》到现行的2012年《中华人民共和国民事诉讼法》,我国民事诉讼立法从来就没有规定过人民法院应当按照国际条约或者互惠原则判定管辖权协议的效力。

山东聚丰网络有限公司(简称聚丰网络公司)与韩国酷人国(Mgame)公司(Mgame Corporation,简称 Mgame 公司)、天津风云网络技术有限公司(简称风云网络公司)网络游戏代理及许可合同纠纷管辖权异议一案[①]中,原告聚丰网络公司以 Mgame 公司为被告、以风云网络公司为第三人,于2008年7月30日向山东省高级人民法院提起诉讼,请求判令:被告继续履行双方于2005年3月10日签订的《独家游戏代理及许可协议》;被告赔偿原告33 498 272.41元的经济损失并承担本案全部诉讼费用。

山东省高级人民法院受理本案后,被告 Mgame 公司在提交答辩状期间提出管辖权异议,理由是:涉案《游戏许可协议》第21条约定:"本协议应当受中国法律管辖并根据中国法律解释。由本协议产生或与本协议相关的所有的争议应当在新加坡最终解决,且所有本协议产生的争议应当接受新加坡的司法管辖。"因此,被告认为本案应由新加坡有管辖权的法院审理,山东省高级人民法院对本案没有管辖权,请求驳回聚丰网络公司的起诉。

山东省高级人民法院认为,虽然原告聚丰网络公司与被告 Mgame 公司签订的《游戏许可协议》第21条约定产生的争议应当接受新加坡的司法管辖,但是双方同时约定"本协议应当受中国法律管辖并根据中国法律解释","双方在协议适用法律上选择中国法律为准据法。因此,双方协议管辖条款也必须符合选择的准据法即中国法律的有关规定。"[②]《中华人民共和国民事诉讼法》第242条规定:"涉外合同或者涉外财产权益纠纷的当事人,可以用书面协议选择与争议有实际联

[①] 山东省高级人民法院民事裁定书 (2008)鲁民三初字第1号;最高人民法院民事裁定书(2009)民三终字第4号。

[②] 最高人民法院民事裁定书(2009)民三终字第4号。

系的地点的法院管辖。""据此,当事人选择的管辖法院应限定在与争议案件有实际联系的范围内。而本案聚丰网络公司与 Mgame 公司协议约定的管辖地为新加坡,既不是双方当事人的住所地,也不是本案游戏许可协议的签订地、履行地、争议发生地,所以与本案争议无任何联系,其约定超出了与争议有实际联系的限定范围,该约定管辖应属无效。山东省高级人民法院为原告聚丰网络公司住所地法院,与本案有实际联系,在双方协议约定管辖无效的情况下,对本案行使管辖权,并无不当,符合我国法律。"[①]基于前述理由,山东省高级人民法院裁定驳回了韩国 Mgame 公司的管辖权异议。

从上述最高人民法院(2009)民三终字第 4 号民事裁定书中写明的山东省高级人民法院认定管辖权协议无效的理由来看,山东省高级人民法院是将当事人协议选择的《游戏许可协议》的准据法,即主合同的准据法,认定为当事人之间管辖权条款或协议的准据法。

山东省高级人民法院关于管辖权协议效力应当适用主合同准据法的观点没有得到最高人民法院的认可。最高人民法院在该案上诉裁定书中写道:"《中华人民共和国民法通则》第 145 条规定:涉外合同的当事人可以选择处理合同争议所适用的法律,法律另有规定的除外。涉外合同的当事人没有选择的,适用与合同有最密切联系的国家的法律。《中华人民共和国民事诉讼法》第 242 条规定:涉外合同或者涉外财产权益纠纷的当事人,可以用书面协议选择与争议有实际联系的地点的法院管辖。选择中华人民共和国人民法院管辖的,不得违反本法关于级别管辖和专属管辖的规定。最高人民法院《关于审理涉外民事或商事合同纠纷案件法律适用若干问题的规定》第 1 条规定:涉外民事或商事合同应适用的法律,是指有关国家或地区的实体法,不包括冲突法和程序法。根据上述法律规定,协议选择适用法律与协议选择管辖法院是两个截然不同的法律行为,应当根据相关法律规定分别判断其效力。对协议选择管辖法院条款的效力,应当依据法院地法进行判断;原审法院有关协议管辖条款必须符合选择的准据法所属国有关

---

① 最高人民法院民事裁定书(2009)民三终字第 4 号。

法律规定的裁定理由有误。根据上述法律规定特别是《中华人民共和国民事诉讼法》第242条的规定,涉外合同当事人协议选择管辖法院应当选择与争议有实际联系的地点的法院,而本案当事人协议指向的新加坡,既非当事人住所地,又非合同履行地、合同签订地、标的物所在地,同时本案当事人协议选择适用的法律也并非新加坡法律,上诉人也未能证明新加坡与本案争议有其他实际联系。因此,应当认为新加坡与本案争议没有实际联系。相应地,涉案合同第21条关于争议管辖的约定应属无效约定,不能作为确定本案管辖的依据。"[①]

比较山东省高级人民法院和最高人民法院裁定书的内容可以看出,虽然两审法院都认为当事人只能协议选择与争议有实际联系的地点的法院管辖,并且都基于涉案管辖权协议选择的新加坡法院与本案没有实际联系的原因认定涉案管辖权协议无效。但是在管辖权协议应当适用何国法律作为准据法的问题上,两审法院观点截然不同:山东省高级人民法院认为管辖权协议应当适用当事人协议选择的主合同准据法;最高人民法院认为管辖权协议应当适用法院地法律作为准据法。

我国司法实践在解决管辖权协议准据法问题方面的混乱现状通过上述案例可见一斑。如前所述,管辖权协议虽然以解决诉讼程序问题为内容,但性质上亦属于协议,而不是诉讼行为。与诉讼行为必须适用法院地法律不同,管辖权协议作为一种当事人双方或者多方真实意思表示一致的产物,在当事人意思表示是否真实、是否达成了一致以及意思表示瑕疵的法律后果等实体法问题上,和买卖合同等典型的实体法合同并没有本质区别。因此,对于管辖权协议当事人意思表示是否真实、是否一致以及意思表示瑕疵的法律后果问题,可以而且也应当适用与实体法协议相同的冲突规范,即当事人自治原则和最密切联系原则。因此笔者认为,如果当事人专门为管辖权协议选择了应当适用的法律,那么法院应当适用该法律作为管辖权协议成立和效力的准据法;当然在没有充分证据的情况下,不能认定当事人协议选择的主合同准据法同时作为当事人为管辖权协议选择的法律。在当事人没

[①] 最高人民法院民事裁定书(2009)民三终字第4号。

有专门为管辖权协议选择法律的情况下，一方面，由于管辖权协议的内容是所选择法院是否对案件有管辖权的问题，另一方面，因为当事人双方都在协议选择的法院起诉和应诉，即是管辖权协议的履行，因此，法院应当认定管辖权协议与被选择法院所属国家有最密切联系，故当事人没有专门为管辖权协议选择法律的情况下，管辖权协议的成立和效力应当适用被选择法院所属国家的法律。

管辖权协议依据当事人选择的法律或者被选择法院所属国家的法律成立和生效之后，只是表明当事人协议选择法院的意思表示是真实的，并且各方意思表示达成了一致，这种各方当事人意思表示的合意能否产生以及在何种条件下产生程序法效力，即通过当事人各方真实意思表示的一致赋予被选择的法院以合法的司法管辖权，属于典型的诉讼程序问题，无论依据国际社会惯常做法还是依据我国《民事诉讼法》第4条，该问题都应当适用受理案件的法院所属国家的法律。

综上，本书认为，管辖权协议的成立和效力问题，属于实体法问题，应当适用与实体法合同相同的冲突规范，即我国《法律适用法》第41条规定的当事人自治原则和最密切联系原则。但是，已经成立和生效的管辖权协议在何种条件下发生程序法效力，即使得被选择的法院取得合法管辖权，应当适用受理案件的法院所属国家的法律。我国《民事诉讼法》第34条规定的是管辖权协议欲发生程序法效力所必须具备的条件，包括书面形式要件、实际联系要件等，但对于管辖权协议的成立和效力及其准据法问题，该条款没有做出任何规定。

对案件拥有合法管辖权是法院受理案件和审理案件的前提条件，因此，管辖权协议的效力及其准据法问题属于法院依职权审查的事项，无论当事人是否提出管辖权异议，受案法院都有义务审查涉案管辖权协议或者管辖权条款的效力问题。根据笔者掌握的资料，我国人民法院在司法实践中对这一问题的处理方式不尽如人意。原告台湾群翊公司与被告台湾雅新公司、雅新线路板公司买卖合同返还财产纠纷案[①]即是一个典型例证。该案中，台湾雅新公司与台湾群翊公司签订了六

[①] 江苏省苏州市中级人民法院民事判决书（2007）苏中民三初字第0094号。

份订购合约书,分别约定雅新公司向群翊公司订购自动滚轮涂布烘烤线5套和自动夹式输送炉2套等设备,上述设备应于2006年12月31日之前在雅新公司苏州工厂交货。合同附则约定"遇有争执,买方同意卖方指定之第一审法院为合意管辖法院"。合同签订后,群翊公司在苏州履行了交货义务,但雅新公司未能支付所购设备余款新台币6 396.88万元,群翊公司遂向苏州市中级人民法院提起诉讼,请求取回机器设备。法院认为,原告群翊公司与被告雅新公司系台湾公司,故本案买卖合同纠纷应参照涉外民事案件确定管辖。根据《中华人民共和国民事诉讼法》第242条的规定,涉外合同或者涉外财产权益纠纷的当事人,可以用书面协议选择与争议有实际联系的地点的法院管辖。群翊公司与雅新公司签订的六份订购合约书中明确约定,遇有争执,买方同意卖方指定的一审法院为合意管辖法院。本院作为卖方群翊公司提起诉讼地有涉外商事案件管辖权的法院,有权对本案行使管辖权。

上述案例中,涉案管辖权协议选择的是卖方指定的任何第一审法院,该管辖权协议赋予合同一方当事人单方面决定管辖法院的权利,这种管辖权协议是否符合我国《民事诉讼法》第34条(原第242条)的要求,该协议的成立和效力应当适用何国法律作为准据法;在我国法律作为管辖权协议效力准据法的情况下,该协议的内容是否符合我国《合同法》对合同内容确定性的要求;这些都是该管辖权协议效力涉及的重要法律问题。遗憾的是,审案法院对这些问题都没有分析论述。该案中卖方指定的法院是苏州市中级人民法院,卖方在苏州交货,苏州是涉案购销合同履行地,与争议存在实际联系,因此就本案而言,法院虽然没有具体分析管辖权协议的效力问题,对管辖权的认定结果却是正确的。但是如果本案中卖方在天津市中级人民法院起诉,天津与涉案合同没有任何实际联系,但是却是卖方指定的一审法院,在这种情况下,天津市中级人民法院如果不首先对管辖权协议的效力问题进行分析,就无法确定自身的管辖权是否正当合法。可见,对管辖权协议效力的分析并非法院判决书中可有可无的问题,而是高质量法院判决书必不可少的组成部分。

第三章 我国涉外民事诉讼管辖的特殊问题

第一节 不动产合同纠纷应否适用专属管辖

《民事诉讼法》第33条规定，因不动产纠纷提起的诉讼，由不动产所在地人民法院专属管辖。由于该条款没有明确不动产纠纷的具体含义，司法实践中对该条款的理解很不一致。不少法院认为不动产合同纠纷也属于该条款规定的不动产纠纷，因此应适用专属管辖原则；而另外一些法院则认为，《民事诉讼法》第33条规定的不动产纠纷仅指不动产物权纠纷，不动产合同纠纷应依据《民事诉讼法》第21条、第34条和第265条规定确定地域管辖权，对不动产合同纠纷不应适用专属管辖原则。《民事诉讼法》第21条、34条和第265条规定了涉外合同纠纷的地域管辖权，第33条规定了不动产纠纷的管辖权。这些条文都没有明确规定不动产合同纠纷的管辖权确定问题，因此，对涉外不动产买卖合同、租赁合同等合同纠纷是适用《民事诉讼法》第33条规定的专属管辖制度，还是适用《民事诉讼法》第34条中的协议管辖和第265条规定的特殊地域管辖制度，便成为国际私法理论和实务界人士均无法回避的重要现实问题。

笔者认为，对不动产纠纷实行专属管辖，主要是基于维护国家主权和法院判决执行方面的考虑。由于不动产尤其土地是主权国家存在的前提条件，因此允许外国法院对我国的土地所有权归属进行判决，不仅可能损害我国国家主权，该法院判决的执行也肯定会产生问题。由于这些现实原因，将不动产物权纠纷划归不动产所在地法院专属管辖，不仅是我国现行立法规定，也是国际社会的惯例，绝大多数国家都规定了不动产物权纠纷由不动产所在地法院专属管辖的制度。但是绝大多数国家的民事诉讼管辖权制度都没有对不动产合同纠纷实行专属管辖。不动产物权之外的不动产纠纷，例如不动产合同纠纷，涉及不动产的婚姻财产关系纠纷，主要涉及合同当事人或者夫妻双方的私人利益，很少涉及或者基本上不涉及不动产所在地国家的国家利益和社会公共利益；而且合同诉讼或者婚姻财产关系诉讼判决一般都可以以金钱赔偿方式强制执行或者替代执行，因此这类法院判决的执行问题也不要求由不动产所在地国家法院对该类诉讼实行专属管辖。综上笔者认为，对我国《民事诉讼法》第33条中的不动产纠纷应做出狭义解释，即仅仅包括不动产物权纠纷，这种解释也与绝大多数国家尤其是大陆法系国家的做法相一致。涉外不动产合同纠纷，包括婚姻财产关系纠纷，应当属于《民事诉讼法》第34条和第265条的调整范围。这一理解也有利于保护我国当事人的利益。因为我国国民在海外拥有不动产的现象越来越多，如果认为所有涉及不动产的诉讼都应当由不动产所在地法院专属管辖，那么越来越多的在海外拥有房产的中国夫妇，即使他们经常居所在我国境内，我国法院也无法受理他们之间的婚姻财产分割诉讼或者涉及分割海外房产的离婚诉讼。例如演员王宝强于2016年8月在北京朝阳区法院提起的离婚诉讼就涉及对位于美国的房产的分割问题，如果认为涉及不动产的婚姻财产关系纠纷亦属于《民事诉讼法》第33条第1款规定的不动产纠纷，那么中华人民共和国的所有法院都将无权受理王宝强和马蓉关于分割美国房产的婚姻财产诉讼，这一结论显然不利于维护我国公民的正当权益。因此，将《民事诉讼法》第33条中的不动产纠纷限定为不动产物权纠纷，不仅符合国际社会惯常做法，也有利于保护那些在海外拥有不动产的中国公民的正当权益。

上诉人日本公民赤间森（AKAMA MORI）与被上诉人张翠敏房屋租赁合同纠纷一案①是司法实践中支持本书上述观点的典型案例。

---

① 一审判决书：北京市第一中级人民法院民事判决书（2008）一中民初字第9681号；二审判决书：中华人民共和国北京市高级人民法院民事判决书（2009）高民终字第9号。

该案系日本公民承租位于北京的房产引发的房屋租赁合同纠纷，属于典型的涉外不动产合同纠纷。关于该案管辖权问题，一审法院判决认定："《中华人民共和国民事诉讼法》规定在我国领域内进行民事诉讼，必须适用我国民事诉讼法。赤间森系日本国人，故本案属于涉外纠纷案件。《中华人民共和国民事诉讼法》关于涉外民事诉讼程序的特别规定的一般原则规定，涉外民事诉讼程序的特别规定没有规定的，适用我国民事诉讼法的其他规定。本案不存在我国民事诉讼法关于涉外民事诉讼程序的特别规定中关于管辖规定的情形，故应依法适用我国民事诉讼法的其他规定。我国民事诉讼法在地域管辖方面规定，对公民提起的民事诉讼，由被告住所地人民法院管辖；被告住所地与经常居住地不一致的由经常居住地人民法院管辖。张翠敏的经常居住地为北京市大兴区，属北京市第一中级人民法院管辖区域，故一审法院依法对该案具有管辖权。"[1]因为专属管辖案件当然地排除一般地域管辖权和特殊地域管辖权，所以从一审法院判决书依据《民事诉讼法》第21条规定的被告住所地原则确定该案地域管辖权的事实，我们即可明确得出一审法院没有将该案归属于专属管辖案件的结论。一审法院判决书还特别指出涉外案件管辖权应当优先适用涉外民事诉讼程序的特别规定，关于本案管辖权问题不存在涉外民事诉讼程序的特别规定，因此应当适用我国民事诉讼法中的一般地域管辖原则（《民事诉讼法》第21条），这些补充说明亦体现了审案法官扎实的专业理论功底。除了没有明确引用《民事诉讼法》的法条序号这一白璧微瑕之外，一审判决书关于管辖权问题的处理结论正确、合法合理、说理充分，可以作为管辖权说理方面我国各级法院判决书的示范。二审法院判决书明确支持一审法院的观点，认为一审法院"以被告张翠敏的经常居住地确认本案管辖权及依据双方当事人在一审庭审中选择适用的中华人民共和国法律作为本案准据法正确，且双方当事人对此均未提出异议，故本院予以确认"。实际上，由于一审法院对管辖权问题的裁判结论不仅事实认定和法律适用正确，而且说理充分，因此即使当事人提出异议，

---

[1] 北京市第一中级人民法院民事判决书（2008）一中民初字第9681号。

该异议也应该被驳回。

上诉人（原审原告）香港国源投资有限公司与被上诉人（原审被告）诚信置业有限公司股权转让合同纠纷管辖权异议案[①]亦是我国司法实践中涉及不动产纠纷管辖问题的一宗值得推荐的案例。该案诉讼当事人双方均为香港法人，案涉三份协议均约定香港法院管辖，协议内容包括双方约定的股权转让条款和商品房买卖条款两部分，其中股权转让部分已经履行完毕，双方争议商品房买卖部分的协议条款履行发生争议。原告向厦门市中级人民法院提起诉讼，被告诚信置业有限公司提出管辖权异议，认为涉案协议约定了香港法院管辖，中国内地法院没有管辖权，一审法院裁定管辖权异议成立，驳回原告起诉。上诉人香港国源投资有限公司不服厦门市中级人民法院（2009）厦民初字第309号民事裁定，向福建省高级人民法院提起上诉称：本案为不动产纠纷，由于我国法律对于不动产纠纷实行专属管辖，不容许当事人自行约定管辖法院，因此案涉三份协议关于香港法院管辖的约定应认定无效，由该三份协议所产生的商品房买卖纠纷应由不动产所在地法院即原审法院厦门市中级人民法院管辖。福建省高级人民法院认为，案涉三份协议属于股权转让合同，合同中关于"买方须向卖方支付本协议书项下的总转让价款6 672 700美元及在项目大楼获得出售许可证后7天内，将项目大楼的地铺、约定楼层及三个车位，以800 000美元的代价转让给卖方或其指定的公司，并按第2.05条款规定时间交付使用"的约定作为受让方受让股权的对价，属于股权转让合同权利义务的范畴。由此所引起的纠纷属于股权转让合同纠纷，而非不动产纠纷。依据《中华人民共和国民事诉讼法》第242条规定，[②]上诉人和被上诉人均属于香港特别行政区的法人，可以在案涉合同中选择香港法院管辖。涉案管辖权协议合法有效，原审法院鉴于案涉合同管辖权条款已经明确排除中华人民共和国内地法院管辖，以内地法院没有管辖权为由驳回上诉人起诉，并无不当。该案两审人民法院均认为，涉

[①] 福建省高级人民法院民事裁定书（2010）闽民终字第163号。

[②] 涉外合同的当事人可以用书面协议选择与争议有实际联系的地点的法院管辖，选择中华人民共和国法院管辖的，不得违反有关级别管辖和专属管辖的规定。

及不动产的股权转让合同和商品房买卖合同当事人均可以协议选择管辖法院,基于该两种合同产生的纠纷不属于《民事诉讼法》第33条规定的不动产纠纷,因此不适用专属管辖。笔者认为,该法院的观点合理,说理充分,值得肯定。

香港居民贺惇与江西省吉安市新干县大洋洲镇人民政府土地使用权转让合同纠纷[①]一案中,一审法院认定:"贺惇系香港居民,本案属涉港民事纠纷。本协议在江西省新干县签订,根据涉外案件集中管辖的规定,该院对本案具有管辖权。"[②] 二审法院认为:"贺惇为香港居民,其诉请大洋洲镇政府继续履行《土地有偿使用合同》,本案为涉港土地使用权转让合同纠纷,双方当事人对一审法院行使管辖权并适用中华人民共和国内地法律处理本案争议无异议,依法予以确认。"[③] 涉案合同属于典型的不动产合同,一审法院依据合同订立地确定地域管辖权,二审法院予以确认,虽然两审法院判决书都没有援引我国管辖权条文,也没有结合案情展开说理,但法院对案件的定性和对管辖权的认定结果正确,完全符合法律规定,分析问题的思路清晰,除了说理不够充分这一缺陷之外,总起来看该案判决书仍不失为一份审判专业、质量较高的裁判文书。

但是在如何理解不动产纠纷问题上,我国司法实践中也存在法律适用和管辖权认定结果都明显错误的案例。上诉人香港居民董文韬与被上诉人郭胜强、王琦、海口尚典房地产经纪有限公司、原审被告香港居民陈恭房屋买卖合同纠纷一案[④]即是其中之一。该案中,一审被告陈恭和二审上诉人董文韬均系香港居民,案件涉外因素明显,两审法院均将本案案由明确定性为房屋买卖合同纠纷,但二审法院却在判决书中明确写道:"关于本案的管辖和准据法选择问题。本案上诉人董

[①] 一审法院判决书:江西省吉安市中级人民法院民事判决书(2010)吉中民二初字第32号;二审法院判决书:江西省高级人民法院民事判决书(2013)赣民四终字第5号。
[②] 江西省吉安市中级人民法院民事判决书(2010)吉中民二初字第32号。
[③] 江西省高级人民法院民事判决书(2013)赣民四终字第5号。
[④] 海南省海口市美兰区人民法院民事判决书(2013)美民一初字第794号;海南省海口市中级人民法院民事判决书(2014)海中法民三终字第4号。

文韬与原审被告陈恭系香港特别行政区居民，应参照涉外案件处理。因涉案不动产位于海南省海口市，根据我国《民事诉讼法》第33条第(1)项'因不动产纠纷提起的诉讼，由不动产所在地人民法院管辖'的规定，本院对本案有管辖权。根据《中华人民共和国涉外民事关系法律适用法》第36条的规定：'不动产物权，适用不动产所在地法律。'"[1]前引判决书内容表明，二审法院法官明显混淆了不动产合同和不动产物权的区别，案由明确写明是房屋买卖合同纠纷，该法院却不仅按照不动产物权纠纷认定管辖权，而且依据不动产物权法律关系确定准据法。在准据法认定方面，其判决明显违背了我国《法律适用法》第36条的规定。

上诉人佰富集团有限公司（简称佰富集团公司，住所地为香港特别行政区告士打道47-50号马来西亚大厦）与被上诉人中航技房地产开发有限公司（简称中航技公司，住所地为北京市朝阳区）、重庆中航万科峻景置业有限公司（简称重庆峻景公司）、重庆万滨置业有限公司（简称重庆万滨公司）、重庆中航万科云岭置业有限公司（简称重庆云岭公司）以及一审被告重庆佰富实业有限公司（简称重庆佰富公司）、佰富投资（中国）有限公司（简称佰富投资公司，住所地为香港特别行政区告士打道47-50号马来西亚大厦）房地产开发经营合同纠纷管辖权异议一案[2]中，佰富集团公司以其住所地在香港特别行政区，本案应由其住所地香港法院管辖为由提出管辖权异议。一审法院重庆市高级人民法院认为，根据中航技公司与佰富集团公司、重庆佰富公司和佰富投资公司签订的《重庆"佰富高尔夫及其配套住宅"项目合作协议》及其补充协议、《重庆"佰富高尔夫别墅"三期项目收购协议》及其补充协议以及《重庆"佰富高尔夫球场"委托经营管理协议》，本案系房地产开发经营合同纠纷。房地产开发经营合同的标的为房地产，属于不动产，依照《中华人民共和国民事诉讼法》第33条第1款第(1)项规定，应由房地产所在地人民法院专属管辖。本案开发的房地产位

---

[1] 海南省海口市中级人民法院民事判决书(2014)海中法民三终字第4号。
[2] 一审裁定书：重庆市高级人民法院民事裁定书(2013)渝高法民管异初字第00003号；二审裁定书：最高人民法院民事裁定书(2013)民四终字第34号。

于重庆市江北区，且本案争议金额7亿余元，依照《重庆市高级人民法院关于调整全市各级人民法院管辖第一审民商事案件标准的规定》第一条规定，重庆市高级人民法院依法对本案具有专属管辖权，遂裁定驳回佰富集团公司对本案管辖权提出的异议。

佰富集团公司向最高人民法院提起上诉，最高人民法院认为：本案的诉讼标的物涉及不动产，该不动产所在地位于重庆市境内，中航技公司、重庆峻景公司、重庆万滨公司和重庆云岭公司提出了交付地块和移交高尔夫球场经营管理权等诉讼请求，故重庆市高级人民法院认定本案纠纷系不动产纠纷并由其专属管辖并无不当。《中华人民共和国民事诉讼法》第34条规定："合同或者其他财产权益纠纷的当事人可以书面协议选择被告住所地、合同履行地、合同签订地、原告住所地、标的物所在地等与争议有实际联系的地点的人民法院管辖，但不得违反本法对级别管辖和专属管辖的规定。"虽然本案当事人在案涉合同中约定了北京法院管辖条款，但是根据上述法律规定，该约定亦不能违反专属管辖的规定，故本案纠纷应由重庆市高级人民法院专属管辖。遂裁定驳回上诉，维持原裁定。

该案中，最高人民法院以一方当事人提出了交付地块和移交高尔夫球场经营管理权的诉讼请求为由认定该案属于《民事诉讼法》第33条第1款第（1）项规定的专属管辖案件，并进而认定管辖权协议无效，有一定的道理。但在一审法院和二审法院都将该案识别为涉外房地产开发经营合同纠纷的情况下，最高人民法院不进行说理论证，便将该案归属于《民事诉讼法》第33条而非第34条之下，未免有些武断。该案应识别为不动产物权纠纷还是不动产合同纠纷，属于识别问题，不属于本节讨论范围。但是在两审人民法院都已经将该案明确识别为房地产开发经营合同纠纷之后，不加分析说理，便认定涉案合同纠纷应属于《民事诉讼法》第33条规定的涉外不动产纠纷，而不属于《民事诉讼法》第34条规定的涉外合同纠纷，显然理由牵强，作为我国最高司法机关的裁判文书，这种对争议问题的处理方式总体上看弊大于利，并不合理。

2015年《最高人民法院关于适用〈中华人民共和国民事诉讼法〉

的解释》①第 28 条第 1 款规定:"民事诉讼法第 33 条第(1)项规定的不动产纠纷是指因不动产的权利确认、分割、相邻关系等引起的物权纠纷。"该条款对我国《民事诉讼法》第 33 条中的不动产纠纷做了狭义解释,将专属管辖案件中的不动产纠纷限定于不动产物权纠纷,将以不动产为标的物的买卖合同纠纷和婚姻财产纠纷等排除在专属管辖之外,符合国际社会的惯常做法和国际民事诉讼法的基本理论,是值得肯定的。②该司法解释第 34 条明确规定当事人因同居或者在解除婚姻、收养关系后发生的财产争议可以适用民事诉讼法第 34 条规定的协议管辖,将一些涉及不动产的婚姻财产分割纠纷明确排除于专属管辖案件之外,有利于我国国际民事诉讼管辖权制度的进一步完善和在更大程度上维护国际民商事法律关系当事人的正当权益,该司法解释第 34 条和第 28 条第 1 款一起构成了该司法解释的一个亮点,值得肯定和欢迎。

第二节 不方便法院原则

不方便法院原则是指受理案件的法院对其受理的案件本享有法定管辖权,但是由于案件本身的特殊因素,法院行使管辖权明显不方便,而且存在一个审理该案件更为方便的法院,受理该案件的法院因而拒绝行使管辖权的一种制度。不方便法院原则源于英美法系,目前也主要适用于英美法系国家。我国学界虽然有不少关于不方便法院原则的讨论,③但是我国司法实践中鲜有人民法院适用不方便法院原则拒

---

① 法释(2015)5 号,2014 年 12 月 18 日由最高人民法院审判委员会第 1636 次会议通过,自 2015 年 2 月 4 日起施行。

② 该司法解释第 28 条第 2 款规定对房屋租赁合同纠纷实行专属管辖,仍然有混淆不动产租赁合同和不动产使用权的嫌疑,笔者认为是该司法解释的一个遗憾。

③ 徐伟功:《述评〈示范法〉中的不方便法院条款》,武汉大学学报(哲学社会科学版),2004年第 3 期;张茂:《国际民事诉讼中的不方便法院原则》,法制与社会发展,1996 年第 5 期;宋建立:《不便管辖原则本土化问题》,人民法院报,2012 年 9 月 26 日第 7 版;刘晓红,周祺:《协议管辖制度中的实际联系原则与不方便法院原则》,法学,2014 年第 12 期。

绝管辖的案例。根据笔者掌握的资料，国华商业银行香港分行（住所在香港）与汕头宏业（集团）股份有限公司（简称宏业公司）、汕头经济特区新业发展有限公司（简称新业公司）担保合同纠纷管辖权异议案[①]是我国罕见的人民法院正式适用了不方便法院原则的一个典型案件。该案中，我国内地的宏业公司和新业公司（住所均在汕头）为香港达利丰集团有限公司（Grand Empire Holdings Limited，简称达利丰公司，住所在香港）向香港国华银行贷款提供担保，两个内地公司分别于1997年11月28日和1998年4月17日向香港国华银行出具了《不可撤销担保契约》，两份《不可撤销担保契约》的第20条都约定："香港法律为本担保契约之适用法律，同时，香港法庭对本担保契约项下一切争议拥有非专属管辖权。"1999年10月达利丰公司因拖欠香港汇丰银行欠款被申请清盘，香港特别行政区原诉讼法庭于2000年1月2日颁发了清盘令。经香港署理破产管理处审核，达利丰公司共拖欠香港国华银行的贷款为44 082 157.07元港币和25 771 093.15美元及其利息。为此，香港国华银行向广东省高级人民法院提起诉讼，请求判令宏业公司和新业公司对达利丰公司拖欠的欠款承担连带赔偿责任。广东省高级人民法院认为，本案系因不可撤销担保契约发生纠纷而提起的诉讼。香港国华银行与宏业公司、新业公司均约定了接受香港法院的非专属管辖。涉案《不可撤销担保契约》所依从的主合同的签订地、履行地均在香港，主债权已由香港国华银行根据香港特别行政区原诉讼法庭的清盘公告提出申请，香港署理破产管理处已经依据香港法律程序对主债做出确认。因此，依照本案当事人的约定和方便诉讼的原则，香港国华银行与宏业公司、新业公司之间的担保契约纠纷，由香港特别行政区法院管辖更为适宜。基于上述理由，一审法院广东省高级人民法院裁定驳回香港国华银行的起诉。

香港国华银行不服广东省高级人民法院的裁定，向最高人民法院提起上诉。

最高人民法院认为，本案系香港国华银行就其与宏业公司、新业

[①] 最高人民法院民事裁定书（2000）经终字第177号。

公司之间的不可撤销担保契约所提起的诉讼。宏业公司、新业公司向香港国华银行提交的不可撤销担保契约中明确约定香港法庭对争议享有的是非专属管辖权，因此，香港法庭的管辖权并不排除内地法院的法定管辖权。本案原告向广东省高级人民法院提起诉讼，两被告住所均位于广东省高级人民法院的管辖辖区内，广东省高级人民法院对本案享有法定管辖权。而且，本案担保契约所依从的主合同债权已由香港署理破产管理处依香港法律做出确认，并不存在主合同债权不明的情况。另外，宏业公司和新业公司均为内地公司，其财产也在内地，内地法院受理本案更便于案件的审理和法院判决的执行。因此，本案不存在应当适用不方便法院原则的情形，广东省高级人民法院不应拒绝审理。据此，最高人民法院于 2000 年 10 月 23 日裁定撤销广东省高级人民法院（2000）粤法经二初字第 5 号民事裁定，案件发由广东省高级人民法院审理。

该案中，广东省高级人民法院和最高人民法院都对是否应适用不方便法院原则的问题做了比较深入的分析，但却得出了截然相反的结论。由于当时我国法律法规和司法解释都没有关于不方便法院原则的明确规定，因此上述两级人民法院的分析哪一种更为合理合法，我们无法依据当时的法律做出判断。

郭叶律师行诉福建省厦门华洋彩色印刷有限公司代理合同纠纷管辖权异议案[①]是我国司法实践中关于不方便法院原则的另一典型案例。该案中，原告香港郭叶律师行（住所地位于香港特别行政区中环）与被告福建省厦门华洋彩色印刷有限公司（住所地位于厦门市海沧新阳工业区）于 2000 年 11 月 29 日签订"聘任书"，约定由原告担任被告公司在香港上市的保荐人和承销商的律师，为被告提供法律服务，由被告支付法律专业服务费用。原告依约完成了提供法律服务的义务，被告却拒绝支付费用，理由是其上市失败。原告认为上市失败是被告自身原因造成的，于 2003 年 7 月 7 日向福建省厦门市中级人民法院对

---

① 沈德咏主编：《最高人民法院公报案例大全》（下卷），北京：人民法院出版社，2009 年版，第 1753-1755 页。

被告提起诉讼，请求法院判令被告支付拖欠的法律专业服务费用港币1 444 882元。被告于2003年7月22日提出管辖权异议，理由是厦门市中级人民法院审理本案存在诸多不便。例如，本案在香港有较大影响，涉及虚假上市问题、香港中介机构问题，可能还涉嫌刑事犯罪，法院调查事实困难；涉案合同约定了适用香港法律，法院查明并适用香港法律特别是香港判例法困难；涉案的杰威国际控股有限公司注册地点在百慕大，在我国没有住所地，法院追加其为本案当事人困难，等等。故被告认为本案应由香港法院适用香港法律审理为妥，申请将本案移交香港法院管辖。

福建省厦门市中级人民法院认为，本案原告郭叶律师行以厦门华洋彩色印刷有限公司为被告，在厦门市中级人民法院提起委托代理合同纠纷诉讼，是涉港民事诉讼。涉外民事诉讼中的不方便法院原则是指受案法院依照本国法律或国际条约对某一国际民事诉讼享有管辖权，但该管辖权的实际行使，将给当事人和法院的工作带来种种不便，无法保障司法公正和案件迅速有效的解决，当其他国家法院对这一诉讼同样享有管辖权时，受案法院即可以自身属不方便法院为由，依职权或者根据被告请求，裁定拒绝行使管辖权。受案法院能否以自身是不方便法院为由拒绝行使管辖权，通常考虑的因素有：原告选择在该法院起诉的理由；被告到该法院应诉是否方便；争议行为或交易的发生地位于何处；证据可否取得；准据法的查明是否方便；可否完成对所有当事人的送达；法院判决可否执行；语言交流是否方便；本院案件积压情况；等等。受案法院是否采纳被告以"不方便法院"为由提出的管辖权抗辩，应当由受案法院根据案件具体情况，从及时、有效和最大限度地保护当事人合法权益出发，自由裁量。本案被告厦门华洋彩色印刷有限公司的住所地在厦门，原告郭叶律师行以厦门华洋彩色印刷有限公司为被告，在厦门市中级人民法院提起代理合同纠纷诉讼，厦门市中级人民法院依据我国《民事诉讼法》有权管辖。本案合同履行地在香港，双方当事人在合同中约定了适用香港法律并由香港法院行使非排他性的管辖权，香港法院当然也有权管辖。本案是代理合同纠纷之诉，若由香港法院审理本案，一旦判决厦门华洋彩色印刷有限公司承担义务,由于厦门华洋彩色印刷有限公司的住所和财产均在内地,当事人只有在内地重新诉讼,才有可能使生效判决得到执行。为避免当事人重复诉讼,及时有效地保障当事人的合法权益,本案由厦门市中级人民法院审理最为合适。

基于上述理由,厦门市中级人民法院于 2003 年 8 月 13 日裁定,驳回被告厦门华洋彩色印刷有限公司对本案管辖权提出的异议。

2015 年 2 月 4 日施行的《最高人民法院关于适用〈中华人民共和国民事诉讼法〉的解释》第 532 条规定:"涉外民事案件同时符合下列情形的,人民法院可以裁定驳回原告的起诉,告知其向更方便的外国法院提起诉讼:(一)被告提出案件应由更方便外国法院管辖的请求,或者提出管辖异议;(二)当事人之间不存在选择中华人民共和国法院管辖的协议;(三)案件不属于中华人民共和国法院专属管辖;(四)案件不涉及中华人民共和国国家、公民、法人或者其他组织的利益;(五)案件争议的主要事实不是发生在中华人民共和国境内,且案件不适用中华人民共和国法律,人民法院审理案件在认定事实和适用法律方面存在重大困难;(六)外国法院对案件享有管辖权,且审理该案件更加方便。"

该条款是我国立法史上首次以最高人民法院司法解释形式对不方便法院原则的适用条件做出明确规定,是我国最高司法机关首次对该原则的正式承认。依据该条款来审核前述两个关于不方便法院原则的涉外案例,结论显然是该两个案件均不具备不方便法院原则的适用条件。因为第 532 条第(4)项要求案件不涉及中华人民共和国国家、公民、法人或者其他组织的利益,而香港国华银行担保案中两个被告宏业公司和新业公司都是我国内地法人,郭叶律师行诉福建省厦门华洋彩色印刷有限公司代理合同纠纷案的被告亦属于我国内地法人,因此即使我们对于涉港案件参照适用第 532 条,上述两个案件也都不具备适用不方便法院原则的前提条件,故两个案件的终审裁定都是符合我国最新的民事诉讼立法和司法解释的。

第四章 准据法的适用范围

准据法的适用范围问题，包括特定案件中每一具体的法律问题应受何种法律关系准据法支配的问题，即不同法律关系准据法，例如合同准据法和侵权行为准据法之间适用范围的界限划分问题；也包括准据法自身包含的法律规范的范围，例如物权准据法是否包含侵权损害赔偿方面的法律规范的问题；还包括准据法适用的地域范围，例如当事人协议选择的德国民法典是否能调整在中国发生的合同关系的问题，等等。根据笔者搜集到的案例，我国涉外民商事审判实践对准据法的适用范围问题总体上处理结果是适当的，也符合我国现行国际私法法律法规和司法解释的要求；但是少数案例中也出现了对准据法适用范围存在认识误区的现象。本章将这些少数案例反映出的人民法院对准据法适用范围认识和理解方面的问题归纳为三个方面，分三节予以论述。

第一节 合同准据法的适用范围

司法实践中，法院无论根据当事人自治原则，还是依据最密切联系原则，确定了合同准据法之后，都面临应当适用该准据法解决哪些法律问题的问题，即合同准据法的具体适用范围问题。我国《民法通则》《合同法》和《涉外民事关系法律适用法》以及 2013 年《最高人民法院关于适用〈中华人民共和国涉外民事关系法律适用法〉若干问题的解释（一）》[本书中简称《法律适用法司法解释（一）》]①都未具体规定合同准据法的适用范围问题。按照国际社会影响最为广泛的合同冲突法成文立法即2008年6月17日《欧洲议会和欧盟理事会关于合同债权关系准据法的第593/2008号条例》（简称《罗马第一条例》）②第10条和第12条的规定，合同准据法主要适用于下列事项：③

（1）合同的成立和实质有效性

要约和承诺的存在及其效力，要约或者承诺是否可以撤回或者撤销，由于邮局的原因承诺信件在邮递过程中丢失或迟延时合同是否有效成立，要约人对于改变要约主要内容的承诺没有表示接受时合同是否成立，等等，这些问题均受合同准据法支配。没有完全订立的合同能否通过后续行为而成立和生效的问题，亦适用合同的准据法。

合同及其任何条款的效力，如合法性问题、对价问题等；合同特殊条款的效力，如排除条款、限制竞争条款、免责条款等；合同是否因错误、欺诈、隐匿事实或不正当施压而无效的问题；合同是否因违反一国强制性规则或公共政策而无效的问题；④均适用合同的准据法。

（2）合同的解释

合同的解释是指通过对合同条款的解释来探求当事人真实的意思表示，包括在合同条款对相关问题没有做出明确约定的情况下，由相关法律规则进行补充的问题；也包括合同打印条款和手写条款不一致时，何种条款具有优先效力的问题；以及在合同条款有多重含义的情况下，应当依据哪一含义确定当事人权利义务的问题。这些问题均应适用合同的准据法。

（3）合同的履行

合同的履行问题作为典型的合同问题，无疑受合同准据法的支

---

① 法释〔2012〕24号，2012年12月10日由最高人民法院审判委员会第1563次会议通过，自2013年1月7日起施行。
② 载于：《欧盟官方公报》2008年第L 177号，第6页（Amtsblatt der Europaeischen Union, 2008 Nr. L177, S. 6.）。
③ 秦瑞亭主编：《国际私法》（第二版），天津：南开大学出版社，2014年版，第214页。
④ 是否启动公共秩序保留制度，由法院地的冲突法决定。

配，但是合同的履行在很大程度上受履行地国家法律的影响和制约。因此欧盟《罗马第一条例》第12条第2款明确规定，法院适用合同准据法审理合同履行方面的法律问题时，对于履行合同义务的方式方法，以及瑕疵履行情况下债权人可以采取的救济措施，应同时考虑履行地国家的法律规定。对于合同履行中的一些细节问题，例如办公时间、公共假日等，应适用履行地的法律，但是影响合同实质性义务的事项除外。

另外，不履行或者部分履行合同的后果，包括法院在诉讼程序法规定的权限范围内依法进行的损失的计算；债务消灭的各种方法，诉讼时效以及基于一定期间届满导致的权利丧失；合同无效的后果；均适用合同的准据法。

从我国司法实践中的涉外民商事案例来看，虽然绝大多数涉外民商事判决书对合同准据法适用范围问题的处理结果值得肯定，但是从判决书关于冲突法问题的分析说理来看，一些法院并没有明确意识到合同准据法的适用范围问题，因此也出现了个别对合同准据法适用范围问题处理明显错误的案例。

原告台湾群翊公司与被告台湾雅新公司、雅新线路板公司买卖合同返还财产纠纷[①]一案中，原告群翊公司与第一被告台湾雅新公司签订了六份订购合约书，约定雅新公司向群翊公司订购自动滚轮涂布烘烤线等设备，当事人约定所有涉案设备均应于2006年12月31日之前在雅新公司苏州工厂交货。根据六份合约的规定，群翊公司交付了所有设备，并在第二被告雅新线路板公司对涉案设备安装调试完毕。但二被告没有按照合约书的约定支付货款，至今尚欠原告货款新台币6 396.88万元。六份合约书均约定，在买受方未付清货款之前，货物所有权仍然归卖方所有，群翊公司可以随时取回货物或者代物清偿。原告向苏州市中级人民法院起诉，请求法院判令两被告返还原告已经交付的前述设备并承担运输费用人民币35万元。

苏州市中级人民法院将案件定性为买卖合同纠纷，由于原告群翊

---

① 江苏省苏州市中级人民法院民事判决书（2007）苏中民三初字第0094号。

公司与第一被告雅新公司均系台湾公司，案件具有涉台因素，该法院首先适用了《中华人民共和国合同法》第126条确定合同准据法。该法院认为，根据《中华人民共和国合同法》第126条，涉外合同当事人没有选择法律的，应当适用与合同有最密切联系国家的法律。本案买卖合同双方未约定法律适用，通常情况下买卖合同的最密切联系地是卖方住所地，但因本案合同卖方群翊公司并未主张买方雅新公司支付货款，而是请求从标的物所在地即设立于中国内地的雅新线路板公司取回机器设备，因此，标的物所在地与本案纠纷存在最密切的联系，故处理本案纠纷应当适用中华人民共和国大陆地区法律。

应当承认，上述法院判决书关于认定中国内地法律是合同准据法的说理论证是比较充分的，该法院得出的合同准据法是中国内地法律的结论也有充分的法律和事实依据。但令人遗憾的是，由于涉案争议焦点问题并非买卖合同的成立和效力问题，而是本案第二被告是否善意取得了涉案设备的所有权的问题，因此法院依据前述分析认定中国内地法律是合同准据法之后，直接适用了《中华人民共和国物权法》第106条对第二被告是否善意取得了设备所有权的问题进行了判决。法院判决书写道："根据《中华人民共和国物权法》第106条规定，无处分权人将动产转让的，受让人受让时是善意的、支付了合理的价格并且依照法律规定不需要登记的已经交付给受让人即取得财产所有权。在此情况下，第三人善意、有偿取得财产所有权的，财产所有权已发生转移，原始权利人无权行使取回权。本案中，雅新线路板公司与创新公司签订买卖合同后依法办理了货物进口报关，实际占有了涉案争议设备，并向合同卖方创新公司支付了合理的价款。如创新公司系交易设备的合法财产所有权人，雅新线路板公司受让取得涉案设备所有权自无争议；如创新公司系无权处分他人财产，此时应当考虑雅新线路板公司受让财产是否善意，因涉案财产原所有权人群翊公司在设定所有权保留时未依法进行登记，亦未通过其他方式向合同外第三人进行公示，合同外第三人雅新线路板公司不可能知晓设备出让人系无权处分，其受让财产应属善意。因此，雅新线路板公司依法取得涉案设备合法财产所有权。"①

上述法院判决书没有说明适用我国《物权法》的冲突法依据,结合该判决书对合同准据法问题的分析,受案法院直接适用我国《物权法》的原因很可能是其认为我国《合同法》第126条援引的合同准据法可以用来解决案件中的所有法律问题,包括涉案机器设备所有权的善意取得问题。这显然是对合同准据法的重大误解。因此在这里有必要予以澄清:第一,如前所述,合同准据法是法院处理合同争议所适用的法律,其不能被用来解决不属于合同争议的问题,例如上述案例中的所有权善意取得问题,显然不属于合同争议问题,因此就不能适用《合同法》第126条援引的合同准据法,而应当适用动产物权的准据法;第二,合同准据法仅仅包括关于合同问题的法律规范,在认定我国内地法律是合同准据法的情况下,该合同准据法当然包括我国《合同法》,也包括我国《民法通则》《海商法》和《民用航空法》中的合同法律条文,但是该合同准据法显然不包括我国《物权法》第106条。因此受案法院基于我国法律是合同准据法的理由适用我国《物权法》第106条判决案件,属于法律适用错误。

我国司法实践中提出的另外一个问题是,合同关系是否存在,应当适用法院地法还是合同准据法?

原告山东省威海船厂诉被告塞浦路斯舍勒(Schoeller)控股有限公司确认无船舶买卖合同关系一案②中,1995年12月22日,湖北省机械设备进出口公司(简称湖北机械公司)与塞浦路斯舍勒(Schoeller)控股有限公司签订关于CZ006、CZ007船舶的CMEC HB 9605、CMEC HB 9606号两份船舶购买合同。两份合同均载明:当事方为湖北机械公司(卖方)、山东省威海船厂(建造方,亦与前者为联合卖方)、塞浦路斯舍勒(Schoeller)控股有限公司(买方)。当事方同意依照合同规定的条件,由建造方建造,卖方出售且交付给买方,买方购买、支付价款、接受和提取合同定义的船舶。合同第12条"适用法律及管辖"

---

① 江苏省苏州市中级人民法院民事判决书(2007)苏中民三初字第0094号。
② 载于涉外律师网:http://www.shewailawyer.com/article/html/article_2149.html,2016-10-31。

规定:"对于建造方/卖方和买方之间的争议,依照伦敦海事仲裁员协会(LMAA)规则在伦敦仲裁。适用英国法律。"山东省威海船厂在合同上既没有签字也没有盖章。

2000年11月27日,英国黑尔·泰勒·迪克森律师事务所(Hill Taylor Dickinson)律师罗素·加德纳(Russell Gardner)根据2000年11月21日英国高等法院王座司商务庭做出的命令,以被告为申请人、湖北机械公司和原告为被申请人,申请该法院指定一名独任仲裁员仲裁申请人与被申请人之间因1999年12月22日签订的CMEC HB 9605、CMEC HB 9606号合同产生的争议,并称根据该两份合同,被申请人同意建造并向申请人出售船体编号分别为CZ006、CZ007的两艘船舶。该法庭于2000年11月30日认可了被告律师准备的"仲裁索赔表格"(Arbitration Claim Form)。被告在其"仲裁索赔表格"中认为,依据其在1995年12月22日与湖北省机械设备进出口公司之间签订的合同编号分别为CMEC HB 9605、CMEC HB 9606,船舶建造编号分别为CZ006、CZ007两份船舶购买合同,其有权基于上述两艘船舶的缺陷对原告提起仲裁。原告以其根本不知编号为CMEC HB 9605、CMEC HB 9606的两份船舶购买合同何时签订,也不知道该两份合同中将原告列为共同卖方,原告也从未委托或答应过湖北省机械设备进出口公司以原告的名义签订船舶买卖协议为由,向青岛海事法院提起买卖合同关系确认之诉,请求法院依法判决原告与被告之间不存在编号为CMEC HB 9605、CMEC HB 9606船舶购买合同的合同关系,也不存在仲裁协议,判令被告承担本案的诉讼费。

青岛海事法院经审理认为,本案系因涉外船舶建造、买卖合同纠纷产生的争议,涉外合同当事人可以选择处理合同争议所适用的法律,应当是指双方当事人共同明确选定的合同发生争议时所应适用的实体法。本案争议本身就是原、被告之间是否存在合同法律关系。虽然被告与案外人湖北机械公司签署的合同中将原告列为合同一方并有"适用英国法律"的条款,但原告认为其没有签字盖章,并非合同一方当事人。此种情形下,应视为原、被告双方对适用法律没有选择,根据《中华人民共和国民法通则》第145条规定,应适用与合同有最密切联系的国家的法律,即中华人民共和国法律。

本案争议所涉及的两份合同,即 1995 年 12 月 22 日的 CMEC HB 9605 和 CMEC HB 9606 号船舶购买合同,合同列明的当事人系湖北机械公司及原告作为卖方,塞浦路斯舍勒(Schoeller)控股有限公司作为买方,该合同以书面形式达成。该合同签订之时适用的《中华人民共和国涉外经济合同法》第 7 条规定:"当事人就合同条款以书面形式达成协议并签字,即为合同成立。"而本案中原告方并未在书面协议上签字,亦没有证据证明代表湖北机械设备公司签字的韩建欧已得到原告方的授权。本案中,没有证据表明原被告之间就 CMEC HB 9605 和 CMEC HB 9606 号合同有过任何的要约与承诺。因此,原告实际上并未成为该合同的一方当事人,因而该合同中的仲裁条款对原告没有约束力。该法院于 2002 年 9 月 9 日判决:原告与被告之间不存在编号为 CMEC HB 9605 和 CMEC HB 9606 的船舶购买合同关系。

上述案例中,涉案两份合同约定了仲裁条款和适用英国法律作为准据法,但该合同既没有原告方签字,也没有原告的公章,原告向中国内地法院提起确认无合同关系之诉。法院是直接适用法院地法,即我国法律,还是首先依据我国冲突规范确定合同准据法,适用该合同准据法,判断合同关系是否存在,便成为无法回避的冲突法问题。审理本案的青岛海事法院虽然明知争议问题是合同是否存在的问题,仍然首先依据我国《民法通则》第 145 条确定了系争合同的准据法是我国法律,然后依据我国当时生效的《中华人民共和国涉外经济合同法》认定系争的两份合同在原被告之间没有成立,因此原被告之间不存在合同关系。该法院判决书以我国生效裁判文书的形式,明确肯定了合同是否存在的问题应当适用合同准据法的观点,说理和论证比较充分,对我国合同冲突法理论的发展做出了重要贡献。

第二节 准据法适用的地域范围

准据法适用范围涉及的第二个方面的问题,是准据法应该调整哪个地域范围内的法律关系的问题。我国司法实践中关于这一问题的典型案例是江苏省纺织品进出口集团股份有限公司诉美商海陆联运（中国）有限公司海上货物运输合同案[①]。该案中，1997年5月至6月间，原告江苏省纺织品进出口集团股份有限公司（简称江苏纺织公司）委托被告美商海陆联运（中国）有限公司（简称美商海陆公司）将价值分别为74 507.20美元和35 550美元的两个集装箱的全棉绒布从上海运往洪都拉斯科尔特斯港。被告于1997年5月26日和6月2日先后签发了两套正本已装船提单。提单载明托运人为原告，收货人为洪都拉斯玛克里斯（Makress Honduras），船名航次分别为SLLIBERATOR174E和SL INNOVATOR V166E。1997年9月，银行将两票货物的全套正本提单退还原告，同年10月31日，被告通知原告，确认两票货物均已放给收货人。原告凭提单不能提到货物，货、款两失，因此请求法院判令被告赔偿货款损失109 557.20美元、其他损失5 420美元和利息损失。

被告美商海陆公司辩称：根据提单背面条款，本案应适用美国《1916年联邦提单法》和《1936年海上货物运输法》；根据前述美国法律，被告将货物交给记名提单上的记名收货人没有过错，请求法院驳回原告起诉。

一审法院认为：涉外合同当事人可以协议选择处理合同争议适用的法律，被告主张本案纠纷应适用美国《1916年联邦提单法》和《1936年海上货物运输法》，于法有据。但被告未提供有法律效力的该两部法律文本，本院亦无法查明，故本案应适用《中华人民共和国海商法》。《中华人民共和国海商法》没有规定记名提单可以无单放货，故被告辩称将货交与记名收货人没有过错的理由不能成立。一审法院遂依照《中华人民共和国海商法》判决被告向原告赔偿货款损失109 557.20美元及利息损失。[②]

[①] 一审判决书：上海海事法院（1997）沪海法商字第488号；二审判决书：上海市高级人民法院（1998）沪高经终字第376号。

[②] 张海棠主编：《上海法院30年经典案例（1978-2008）》（上卷），上海：上海人民出版社，2009年版，第461页。

被告美商海陆公司不服，提起上诉，认为：根据提单背面条款内容，本案纠纷应适用美国《1916年联邦提单法》和《1936年海上货物运输法》；承运人根据美国法律将货物交付记名收货人并无过错；请求二审法院撤销原判，驳回被上诉人的诉讼请求。

二审法院认为：涉案提单背面虽有受制于美国《1936年海上货物运输法》的条款，但上诉人提供的法律文本明确规定仅适用于来往美国港口的货物运输，显然不能适用于中国至洪都拉斯港口之间的海上货物运输合同纠纷，故上诉人以该法为本案准据法的上诉请求没有依据。二审法院判决：驳回上诉，维持原判。①

二审法院判决书的上述观点，是我国一些国际私法理论和实务界人士在准据法地域适用范围问题上的典型认识误区。美国《1936年海上货物运输法》关于适用于来往美国港口的货物运输的规定，属于该法关于地域适用范围的规定。实体法的地域适用范围应当由冲突法决定而非由该实体法自己决定，这已经是各国法学界的共识，因此二审法院的理由显然不能成立。如果实体法关于地域适用范围的规定能够排除冲突规则的适用，那么，依据我国《民法通则》第8条"中华人民共和国领域内的民事活动适用中华人民共和国法律"的规定，在中国领域内缔结的婚姻、订立的合同都必须适用中国法律作为准据法，而这一结论将会导致我国《法律适用法》第21条和第41条形同虚设，丧失其存在的价值和意义。因此，正确的结论应当是：美国《1936年海上货物运输法》适用于哪些国家和哪些港口之间的海上货物运输，不是由该法自身，而是由法院地国家的冲突法决定。本案中法院地是中国，我国《海商法》第269条明确规定海上货物运输合同当事人可以协议选择合同准据法，本案当事人协议选择了美国《1936年海上货物运输法》作为他们之间海上货物运输合同的准据法，因此只要该法律选择依据我国国际私法规则合法有效，法院就应当适用当事人选择的美国《1936年海上货物运输法》作为涉案海上货物运输合同的准据

---

① 张海棠主编：《上海法院30年经典案例（1978-2008）》（上卷），上海：上海人民出版社，2009年版，第462页。

法。该法是否适用于记名提单的问题,属于该法适用的事项范围,由该法自身决定;但该法是否适用于中国和洪都拉斯之间的海上货物运输的问题,属于该法适用的地域范围,应当而且只能由法院地国家的冲突法决定。否则的话,冲突法将在相当程度上丧失其存在的价值和意义。

为了进一步说明准据法适用的地域范围和事项范围的区别,可以1924年海牙规则为例。1924年海牙规则作为海上货物运输领域影响最大的一个国际公约,①是实践中提单背面法律选择条款选择最多的法律之一。只要审案法官依据法院地的冲突法认为该法律选择条款合法有效,海牙规则即适用于涉案提单所证明的海上货物运输合同,无论涉案海上货物运输是从何国港口至何国港口。因此,1924年海牙规则可以适用于哪些地域范围内的海上货物运输,完全由法院地的冲突法决定。但是,1924年海牙规则第一条明确规定,该规则仅适用于与具有物权凭证效力的运输单证相关的运输合同,该条款即属于对海牙规则自身适用的事项范围的规定,依据该条款,海牙规则只调整空白提单和指示提单法律关系,不调整记名提单法律关系。因此关于记名提单当事人之间的法律关系,即使当事人明确协议选择了海牙规则,海牙规则也无法适用,因为该公约根本没有任何关于记名提单当事人权利义务的规定。故准据法适用的具体事项范围,只能由该准据法自身的内容决定。

第三节 真假民事行为识别的准据法

准据法适用范围涉及的第三个方面的问题,本书称之为真假民事行为的识别问题。当事人出于规避法律的某些强制性规定或者节约交易成本的目的,以一种虚假民事行为的形式来掩盖其欲进行的真实的民事行为,是国内外都存在的一种社会现象,我国国内存在的夫妻为

---

① 该规则目前对我国内地尚未生效。

了享受"首套房"政策而进行的离婚行为,就是典型的虚假民事行为,虚假离婚的当事人实施的真实民事行为是以单身者身份购买商品房,以便在订立和履行商品房买卖合同时能享受对自己最为有利的国家政策。纯国内案件中,因为真实民事行为和虚假民事行为都是在中国法律的管辖范围内发生、变更和终止的,所以真假民事行为的识别问题和效力问题都受中国法律支配,这一点在理论上和司法实践中都没有争议。但是在涉外民商事交往中发生的以虚假民事行为掩盖真实民事行为的案件,由于案件与不同国家的法律相联系,适用何国法律对真假民事行为进行识别和定性,便成为国际私法理论和实务界人士无法回避的现实法律问题。

国际私法中涉及真假民事行为识别问题的最为经典的案例当属中国公民宋菊茹和日本公民渡边睦义结婚一案。[①]该案中,中国天津居民宋菊茹,丧偶,两个女儿都长期在日本生活。宋菊茹的次女于恩英委托经营婚姻介绍业务的东京都丰岛区长城集团事务所为宋菊茹介绍一位日本老伴。经长城集团事务所联系,日本公民渡边睦义于1994年4月3日携带本人日本国户籍证明书及其无配偶证明、在职证明书等证件,赴天津市与宋菊茹会面。次日,双方亲自前往宋菊茹户籍所在地的天津市人民政府涉外婚姻登记处申请结婚登记。渡边睦义和宋菊茹均向婚姻登记机关递交了申请结婚的相关证件,共同填写了《婚姻登记申请书》并盖章捺印。1994年4月6日,天津市婚姻登记机关经审查,认为渡边睦义与宋菊茹申请结婚符合我国婚姻法规定,准予登记结婚并发给结婚证。当日当事人持结婚证书在天津市公证处办理了婚姻关系公证手续。

1994年7月25日,渡边睦义于宋菊茹赴日之前,向日本国静冈县清水市役所申请协议离婚,独自填写离婚登记表并冒签宋菊茹的姓名、盖印后获批准。1995年5月24日,渡边睦义又持日本国户籍证明书、在职证明书及其与前妻渡边弘子离婚的证明书赴我国上海市,与邹秋红共同向邹秋红户籍所在地的上海市民政局婚姻登记处申请结

[①] 上海市第一中级人民法院刑事判决书(1998)沪一中刑初字第123号。

婚登记。上海市民政局婚姻登记处审查了渡边睦义与邹秋红各自的相关证件后,于同年5月31日准予登记并颁发结婚证。

1994年8月26日,宋菊茹以渡边睦义配偶身份赴日本。宋菊茹赴日本后,因渡边睦义之前在日本国静冈县清水市役所冒签宋菊茹的姓名、盖印申请协议离婚并获批准,导致宋菊茹以日本公民配偶身份赴日的行为触犯了日本出入境方面的刑事法律法规,宋菊茹因虚假结婚和公证文书文本不实记载和使用罪被日本静冈地方法院判处有期徒刑一年六个月,缓刑三年。

渡边睦义在我国上海因涉嫌犯重婚罪被提起公诉。上海市中级人民法院认为,被告人渡边睦义与宋菊茹双方自愿并亲自到我国天津市婚姻登记机关进行结婚登记,登记机关予以登记并发给结婚证,双方夫妻关系确立。渡边睦义冒签宋菊茹的姓名欺骗日本国有关部门单方解除与宋菊茹的婚姻关系后在上海市与他人登记结婚的行为,已构成重婚罪,依法应予处罚,判决渡边睦义犯重婚罪,判处拘役三个月,并驱逐出境。

上述案例中,日本公民渡边睦义和中国公民宋菊茹双方亲自前往宋菊茹户籍所在地的天津市人民政府涉外婚姻登记处申请结婚登记,渡边睦义和宋菊茹均向婚姻登记机关递交申请结婚的相关证件,共同填写了《婚姻登记申请书》并盖章捺印。天津市婚姻登记机关审查后准予登记结婚并发给结婚证,当事人取得结婚证后又在天津市公证处办理了婚姻关系公证手续。结婚当事人双方都是成年人,结婚手续和证件齐全,该婚姻依据中国法律是完全合法有效的真实婚姻,没有任何瑕疵。上海市中级人民法院正是以这一婚姻合法有效为主要事实依据,认定渡边睦义后来与上海女子邹秋红的结婚行为构成了重婚罪,并对渡边睦义判处刑事处罚。但是对于渡边睦义和宋菊茹依据中国法律在天津结婚并办理婚姻公证的上述合法行为,日本静冈地方法院依据日本法律进行定性和识别,却认定两人的结婚行为系"假结婚",宋菊茹以虚假结婚掩盖骗取赴日签证的真正目的,触犯了日本刑事法律,宋菊茹因虚假结婚和公证文书文本不实记载和使用罪被判处有期徒刑一年六个月,缓刑三年。渡边睦义、宋菊茹的次女于恩英和东京婚姻中介长城集团负责人均因共谋"假结婚"被日本法院判处有期徒刑。中日两国法院对该案截然不同的判决结果表明,对宋菊茹和渡边睦义两人结婚行为应适用中国法律还是日本法律进行识别,直接决定着该结婚行为到底是真实的涉外婚姻还是刑事犯罪。因此对该问题进行深入分析,具有非常重要的现实意义。

该案的事实构成并不复杂:日本公民渡边睦义和中国公民宋菊茹在天津市婚姻登记机关登记结婚,在天津市公证处进行了涉外婚姻公证,之后宋菊茹以日本公民配偶身份赴日,由于渡边睦义盗用宋菊茹名义并假冒宋菊茹签字在日本户籍机关与宋菊茹协议离婚并且进行了离婚登记,宋菊茹的结婚证书和结婚公证证书的真实性因此受到质疑。无论按照国际社会国际私法学界主流理论还是按照我国长期以来的司法实践,对涉外民事关系的定性都适用法院地法,因此对上述本案事实构成的定性即应当适用法院地法律。但是本案的特殊性在于,对中国公民宋菊茹和日本公民渡边睦义在天津结婚并以渡边睦义配偶身份赴日,之后发现渡边睦义在日本盗用宋菊茹名义和签字单方面解除了婚姻这同一个事实,中国法院依据中国法律进行识别得出了婚姻合法有效的结论,日本法院按照日本法律进行定性却得出该结婚系以"假结婚"掩盖真实刑事犯罪的违法犯罪活动的结论。中日两国法院均适用法院地法律对案件进行识别,虽然符合两国的国际私法理论和现行立法,但日本法院适用日本法律得出的识别结果对于当事人一方宋菊茹来说显失公平,并进一步导致了对中日两国关系造成了不利影响的跨国冤假错案。该案中,中国公民宋菊茹身份合法,证件合法,按照中国法律和渡边睦义合法登记结婚,获得天津市婚姻登记机关正式颁发的合法结婚证书,并在天津市公证处进行了涉外婚姻公证,然后凭这些证件以渡边睦义配偶身份获得赴日签证并赴日生活,其结婚行为和赴日签证行为的主观方面和客观方面都真实合法,但却因为日本公民渡边睦义实施的非法协议离婚行为,被日本警方逮捕,并被日本法院认定实施了"假结婚"的犯罪行为,在日本遭受牢狱之灾。如果我们考虑到宋菊茹本人即是日本公民渡边睦义实施的非法协议离婚行为的最大受害者,这一冤假错案的不合理性就更加明显。由此可见,对涉外民事关系适用法院地法进行定性的法院地法识别理论,虽然简单易行,但存在先天缺陷,宋菊茹悲剧的发生,是法院地法理论先天缺陷的爆发式体现。

笔者认为,上述案件的关键问题是宋菊茹和渡边睦义之间结婚行为系真结婚还是假结婚的问题,即真假民事行为的问题。中日两国法院在本案中都不否认宋菊茹和渡边睦义在天津缔结了婚姻并进行了婚姻公证,两国法院之间的观点分歧在于当事人实施的结婚和婚姻公证行为是"真结婚"还是"假结婚"。两国法院各自依据其本国法律,即法院地国家的法律,进行识别,得出了完全相反的结论。一项民事行为是真实还是虚假的问题,在纯粹国内案件中,主要是证据问题,因为案件不具有涉外因素,因此纯粹国内因素的民事行为是真实还是虚假的问题,完全适用法院地法律进行回答,是可行的,也是合理的。但是在案件涉及不同国家法律的情况下,对同一民事行为,两个国家法院都依据自己的法律进行识别,就可能得出完全相反的结论,结果对当事人来说就可能显失公平,甚至是"宋菊茹"式的"合法悲剧"。因此,在涉外民商事交往中对于真假民事行为的识别问题,不能适用传统的识别理论,应当另辟蹊径,寻求新的解决方案。

真实的民事行为,如果具备了法律的构成要件,即发生法律效力,否则即产生法律效力方面的瑕疵,包括民事行为无效、可撤销以及不生效,等等。虚假民事行为不受法律保护,因此无论表面上是否具备法律规定的构成要件,都不会发生法律效力,严重情况下当事人还可能因为实施该虚假行为而受到刑事制裁,例如上述宋菊茹和渡边睦义结婚一案。由于按照大部分国家的民事法律,民事行为当事人的意思表示是否真实都是判断该民事行为是否真实的最重要的标准,而民事行为当事人意思表示的真实性和法律效力按照国内外国际私法理论都应当依据该民事行为的准据法来判断,因此,判断一项民事行为是真实行为还是虚假行为,亦应当适用该民事行为的准据法,而不是法院地法。所以在上述宋菊茹和渡边睦义结婚案例中,该两方当事人结婚行为是真实结婚还是刑事犯罪的问题,应当依据该婚姻的准据法来判断。

在世界各国国际私法还没有统一的现实条件下，法院确定民事行为的准据法都是依据法院地的国际私法。上述案例中宋菊茹和渡边睦义的结婚行为是否发生法律效力的问题，依据我国当时的国际私法，即《民法通则》第147条，应当适用婚姻缔结地即我国内地的婚姻法；依据当时日本国际私法，应当适用最密切联系原则，本案中结婚一方当事人的国籍国、住所地和经常居所地都是中华人民共和国，婚姻也是依据中国婚姻法在中国缔结，因此该婚姻应当认定与中国存在最密切联系，故依据日本当时的国际私法本案结婚准据法亦应是中国内地法律。

综上所述，我国《法律适用法》第8条和识别应当适用法院地法的国际私法理论，有其存在的必要性和合理性，但是该条款和理论不应当适用于真假民事行为的识别问题。真假民事行为的识别和判断，应当适用该民事行为本身的准据法。前述宋菊茹和渡边睦义结婚案例中，由于宋菊茹和渡边睦义两人实施的结婚行为依据中日两国当时的国际私法都应当适用我国内地法律作为准据法，因此该结婚行为是真实婚姻还是虚假结婚的问题，无论是中国法院还是日本法院受理案件，都应当适用我国内地法律来判断。

原告香港昆利发展有限公司（简称昆利公司）、香港晶泽有限公司（简称晶泽公司）与被告中华人民共和国湛江海关、第三人陈大陆（越南社会主义共和国义静省海河运输公司"蓝江04号"轮船长）和第三人香港宗进国际发展有限公司（简称宗进公司）不服行政处罚决定案[①]，是我国司法实践中涉及真假民事行为定性问题的又一典型案例。该案中，第三人陈大陆于1991年7月14日驾驶"蓝江04号"轮在我国领海运输"三菱"牌空调机等我国限制进口的货物，被被告湛江海关查获。1991年8月12日，被告湛江海关做出（91）湛关查字076号处罚通知书，认定陈大陆运输的上述货物无合法证明，其行为已构成《中华人民共和国海关法》（简称《海关法》）第49条第2款规

---

① 最高人民法院公报编辑部编：《最高人民法院公报典型案例全集（1985.1-1999.2）》，北京：警官教育出版社，1999年版，第885-891页。

定的走私行为,决定全部没收上述走私物品。

原告和第三人主张涉案货物属于原告和宗进公司所有,系运往越南海防,因此涉案运输货物行为系合法运输行为,不构成走私。湛江市中级人民法院一审认为,被告湛江海关认为第三人陈大陆在我国领海运输这批货物无合法证明,有悖事实;认定以运往越南海防为名,实际运往广西北海和广西钦州沙井交货,无事实依据;认定陈大陆的海上货物运输行为构成《海关法》第49条第2款和《海关法实施细则》第4条第(2)项的走私,证据不足。原告昆利公司和晶泽公司持有提单,提单是证明货物所有权的有效凭证,原告认为被告湛江海关的具体行政行为侵犯了原告的所有权,依照《中华人民共和国行政诉讼法》第2条规定,有权向人民法院提起诉讼。被告湛江海关提出原告与被诉具体行政行为没有直接的法律关系,与事实不符,请求无理,予以驳回。据此,该院判决撤销被告湛江海关(91)湛关查字第076号处罚通知书;依据该通知书所没收的货物全部退还给原告和第三人宗进公司。[1]

湛江海关不服湛江市中级人民法院一审判决,向广东省高级人民法院提出上诉。广东省高级人民法院二审认为,"蓝江04号"轮随船的三份正本提单、一份载货清单、二份装运单,不具有合法的证明效力,其中三份正本提单均与原本单证不相符,不是真实、有效的单证。上诉人湛江海关根据检查"蓝江04号"轮时,该船对所载货物没有提交出合法证明的事实,依法做出处罚决定,认定事实清楚,证据确凿充分,适用法律法规正确,程序合法,应当予以维持。一审判决认定事实有错误,应当改判。于1993年9月1日判决撤销一审判决,维持湛江海关(91)湛关查字第076号处罚通知书。[2]

上述案例中,对于涉案第三人陈大陆驾驶"蓝江04号"轮在我国领海运输涉案货物的行为,一审法院认定属于合法的海上货物运输

---

[1] 最高人民法院公报编辑部编:《最高人民法院公报典型案例全集(1985.1-1999.2)》,北京:警官教育出版社,1999年版,第889页。
[2] 最高人民法院公报编辑部编:《最高人民法院公报典型案例全集(1985.1-1999.2)》,北京:警官教育出版社,1999年版,第890-891页。

行为,二审法院认定构成走私。两审人民法院对同一行为人的同一行为定性结果迥异的主要原因在于对涉案提单真实性的认定结果不同。一审法院认定涉案提单合法有效,该提单证明第三人陈大陆运输涉案货物行为系履行海上货物运输合同的合法行为,因此其行为不构成走私。二审法院则认为涉案三份正本提单均系虚假提单,不具有合法证明效力,因此认定第三人陈大陆运输涉案货物行为构成我国《海关法》规定的走私。两审法院在认定涉案提单真实性时依据的均是我国法律,得出的结论完全相反,这在一定程度上说明了我国相关法律法规的不完善,对这一问题本书不做深入分析。本书的观点是:因为本案具有明显的涉外因素,而且涉案提单的真假问题又决定着涉案第三人的行为是否构成我国《海关法》意义上的走私,因此从冲突法角度分析,审案法院应首先论证认定涉案提单的真假应当适用何国法律,然后再依据该国法律认定涉案提单的真实性。海关稽查部门认定是否构成走私时不考虑外国法情有可原,但是人民法院审理案件时完全不考虑国际私法,则明显有失公正,特殊情况下甚至可能会造成"宋菊茹"式的"合法冤假错案"。

上诉人加拿大绿谷公司与被上诉人香港绿谷公司以及原审被告上海鑫达实业总公司(简称鑫达公司)、郝晓荧股权纠纷一案[1],是我国涉外民商事审判实践中关于真假公司识别问题的一个典型案例,基本案情如下:

1991年2月12日,原上海假日别墅有限公司经工商部门名称变更登记,更名为上海绿谷别墅有限公司(简称上海绿谷公司),合资主体和出资比例为:中方上海华申娱乐服务公司出资200万美元,外方加拿大英明公司出资250万美元,外方香港凯怡公司出资550万美元。1991年7月18日,香港绿谷公司在香港公司注册登记总处登记成立。1992年1月5日,香港绿谷公司与香港凯怡公司签订一份《股权转让协议书》,约定香港凯怡公司在上海绿谷公司中的全部股份(550万美

---

[1] 上海市高级人民法院民事判决书(1998)沪高民初字第10号;最高人民法院民事裁定书(2002)民四终字第14号。

元，占55%）转让给香港绿谷公司，相关法律手续责成吕嘉东、黄耀林办理。同日，香港凯怡公司致函上海绿谷公司，称"因我公司香港业务全面调整，经董事会研究，现决定公司名称更改为香港绿谷公司，请协助办理更换批准证书、工商登记等相关法律手续"。1992年3月4日，上海市外国投资工作委员会沪外资委协字〔92〕第158号《关于上海绿谷公司港方投资者更名的批复》称："由于上海绿谷公司港方投资者——香港凯怡公司更名为香港绿谷公司，故同意上海绿谷公司合同、章程有关条款做相应修改。"3月23日，上海市人民政府向上海绿谷公司颁发外经贸沪字[1987]005号《中华人民共和国中外合资经营企业批准证书》，载明合资者为上海华申文化娱乐服务公司、加拿大英明公司、香港绿谷公司。

1992年4月6日，由香港绿谷公司全体董事出席的会议做出决议，香港绿谷公司股份重新分配为黄耀林、黄光明、刘建国、郝晓荧、吕嘉东各占20%，后刘建国将其股份转让给刘欣然。

1994年6月1日，加拿大绿谷公司在加拿大注册成立，董事为郝晓荧、吕嘉东。

1995年9月16日，加拿大绿谷公司和该公司董事长郝晓荧出具"关于香港绿谷公司更名为加拿大绿谷公司的说明"，载明："上海绿谷公司丙方投资方为香港绿谷公司，现因本公司迁移至加拿大，公司注册于加拿大，因此原香港绿谷公司更名为加拿大绿谷公司，法人董事长未有变动，上海绿谷公司的丙方投资方的股权不变"。1995年10月11日，上海市长宁区人民政府长府外经发（1995）225号《关于同意上海绿谷公司股权转让的批复》称："一、同意上海绿谷公司原投资甲方上海华申文化娱乐服务公司全部股权转让给鑫达公司；二、同意原投资丙方香港绿谷公司，因改在加拿大注册，故变更为加拿大绿谷公司；三、上述调整后上海绿谷公司的投资三方为：甲方鑫达公司（中方）、乙方加拿大英明公司、丙方加拿大绿谷公司。各方投资比例及利润分配比例不变。"之后上海绿谷公司向上海市工商行政管理局申请变更登记，11月23日，上海市工商行政管理局同意变更登记。1998年5月25日，上海市人民政府向上海绿谷公司颁发的外经贸沪合资字

(1997) 0005 号《中华人民共和国外商投资企业批准证书》载明,合资企业的投资者为鑫达公司、加拿大英明公司、加拿大绿谷公司三方。

1998年5月2日,香港绿谷公司在香港召开特别股东大会,五位股东中的三位出席会议,郝晓荧、吕嘉东缺席,会议决议授权上海明立律师事务所两律师在该公司投资的上海绿谷公司项目中所产生的纠纷一案作为代理人,授权黄光明、黄耀林代表公司全权处理上述诉讼案件的有关事项。5月18日,由黄光明、黄耀林出席的董事会做出决议,授权黄光明代表香港绿谷公司签署有关上海绿谷公司项目纠纷一案的《民事起诉状》。同日,香港绿谷公司以鑫达公司、加拿大英明公司、加拿大绿谷公司、郝晓荧为被告,诉至上海市高级人民法院,认为加拿大绿谷公司侵占了香港绿谷公司在上海绿谷公司中55％的股权;鑫达公司、加拿大英明公司作为投资方,未及时阻止加拿大绿谷公司和郝晓荧的侵占行为,侵害了其合法权益,应承担相应的责任;上海绿谷公司于1994年至1997年的年度税后利润额分别为人民币245万元、2 287万元、5 413万元,而香港绿谷公司始终未能得到其所占55％股份额应分配的利润。请求判令:(1)被告停止侵占其投资款550万美元的侵权行为;(2)被告立即向工商机构办理变更归还其在上海绿谷公司中55％的股权,即550万美元;(3)被告支付1994年-1997年上海绿谷公司经营以来其应分得的利润;(4)被告承担诉讼费用。后香港绿谷公司以已与加拿大英明公司达成谅解为由,申请撤销对加拿大英明公司的起诉并获得法院准许。

2000年3月1日,由郝晓荧、吕嘉东、赵晶晶出席的香港绿谷公司董事会做出决议:黄光明等董事未经全体董事讨论并达成决议,擅自以公司名义对鑫达公司、加拿大英明公司、加拿大绿谷公司和郝晓荧向上海市高级人民法院起诉无效,决定以香港绿谷公司的名义申请撤诉。同日,三人向上海市高级人民法院发出盖有香港绿谷公司公章的《撤诉申请书》,申请撤回起诉。

2000年4月3日,由黄光明、黄耀林、刘欣然参加的香港绿谷公司董事会做出决议:(1)对加拿大绿谷公司及郝晓荧的法律诉讼是由黄光明、刘欣然、黄耀林等董事依法做出,郝晓荧等人无权推翻;(2)

上述决议已于1998年5月2日获占已发行股份60%的股东出席的特别股东大会的确认通过,郝晓荧等董事无权推翻或反对。

2001年11月8日,郝晓荧、吕嘉东以黄光明、黄耀林、刘欣然、香港绿谷公司为被告,向香港特别行政区高等法院原诉法庭起诉,请求确认香港绿谷公司于1998年5月2日召开的特别股东大会是否有效。2002年8月21日,香港特别行政区高等法院原诉法庭做出2001年第5905号判决,认为虽然该股东特别大会的通知并未有效送达原告,但由于不构成对少数股东的欺诈且该决议是为了公司的利益,故认定该股东会议有效。

一审法院查明:香港绿谷公司于1991年7月18日在香港依据公司条例注册成立,1996年后的公司股东为黄耀林、黄光明、刘欣然、郝晓荧、吕嘉东,现任董事为黄耀林、黄光明、刘欣然。

加拿大绿谷公司于1994年6月1日在加拿大注册成立,董事为郝晓荧、吕嘉东。

加拿大英明公司于1980年9月29日在加拿大成立,史美煊为该公司董事。

郝晓荧、吕嘉东、刘建国、赵晶晶为香港绿谷公司派驻上海绿谷公司的董事;上海绿谷公司现任董事长为郝晓荧,总经理为吕嘉东。

上海市高级人民法院一审认为:1995年9月16日之前,上海绿谷公司的投资人由鑫达公司、加拿大英明公司、香港绿谷公司三方组成,其中中方资金200万美元、加拿大英明公司资金250万美元、香港绿谷公司资金550万美元。关于9月16日之后香港绿谷公司是否更名为加拿大绿谷公司、是否迁址至加拿大的事实,现有证据可以充分证明,香港绿谷公司从未更名为加拿大绿谷公司,亦未迁址至加拿大,在法律上也不存在不同国籍公司之间的更名和迁址问题。香港绿谷公司从1991年7月18日成立至今,一直在香港营业,加拿大绿谷公司对这一事实亦予以认可。加拿大绿谷公司以谎称香港绿谷公司更名方式获取上海绿谷公司股东地位没有事实依据,违背法律规定,其行为侵害了香港绿谷公司的权益。现有证据证明,香港绿谷公司的起诉行为经公司三位占60%股权的股东同意,符合公司章程,应为有效。加拿大绿谷公司提供的以香港绿谷公司名义提出的撤诉申请，未经香港绿谷公司股东成员的多数同意，故对该撤诉申请不予采纳。关于本案是否应当从行政途径解决的问题，由于原告的诉讼请求是确认权利、停止侵害，法院审查的亦是原告是否为权利主体及权利是否被侵害的事实，法院当然可以对平等民事主体间的权利予以确认。故该院可依法对事实予以认定并做出判决。香港绿谷公司与加拿大绿谷公司、郝晓荧对上海绿谷公司原股东香港凯怡公司变更为香港绿谷公司这一事实均无异议，故香港绿谷公司是上海绿谷公司的股东，亦当然是相应股权的所有人。加拿大绿谷公司认为其是实际出资人，缺乏相应证据予以佐证，不予采信。郝晓荧作为加拿大绿谷公司的董事长，其所实施的行为是代表公司的行为，依法应当由公司承担相应的法律责任。一审法院依照《中华人民共和国民法通则》第5条、第106第2款、第134条第1款第（1）项、第（4）项规定，判决：确认上海绿谷公司的股东之一是香港绿谷公司，共计投资550万美元；加拿大绿谷公司应停止侵害，并自判决生效之日起十日内办理相应工商变更登记手续，确认投资主体和投资款归属香港绿谷公司；香港绿谷公司的其余诉讼请求不予支持。

加拿大绿谷公司不服上述判决，向最高人民法院提起上诉。

最高人民法院二审认为：本案纠纷实质是香港绿谷公司与加拿大绿谷公司之间就上海绿谷公司55%的股权归属发生的争议。香港绿谷公司认为，加拿大绿谷公司虚假报告"上海绿谷公司丙方投资方为香港绿谷公司，因本公司迁移至加拿大，公司注册于加拿大，因此原香港绿谷公司更名为加拿大绿谷公司"，上海市长宁区人民政府认可"原投资丙方香港绿谷公司，因改在加拿大注册，故变更为加拿大绿谷公司"，并予批准，相应的工商登记亦将"香港绿谷公司"变更为"加拿大绿谷公司"，使加拿大绿谷公司成为上海绿谷公司的投资方，占有了55%的股权，而香港绿谷公司并未迁移至加拿大，香港绿谷公司仍然是上海绿谷公司55%股权的所有者，故向人民法院请求判令加拿大绿谷公司停止侵权，并向工商部门办理变更登记归还其在上海绿谷公司55%的股权即550万美元。而加拿大绿谷公司认为，其合法取得了上海绿谷公司55％的股权,办理变更手续时以香港绿谷公司"迁移至加拿大"为由是为了简化手续,且此前香港绿谷公司从香港凯怡公司取得上海绿谷公司55％的股权时,也是以香港凯怡公司"更名为香港绿谷公司"为由办理的。综上,本案争议焦点问题是加拿大绿谷公司是否合法享有上海绿谷公司55％的股权以及本案中香港绿谷公司提起诉讼是否合法的问题。

香港绿谷公司系在香港依据公司条例成立的有限责任公司,郝晓荧、吕嘉东和黄耀林、黄光明、刘欣然均系该公司占20％股份的股东,黄耀林、黄光明、刘欣然能否通过所谓"特别股东大会"决议提起本案诉讼?这涉及的是法人的民事行为能力问题。参照最高人民法院《关于贯彻执行〈中华人民共和国民法通则〉若干问题的意见(试行)》第184条规定,"法人的民事行为能力依其本国法确定","外国法人以其注册登记地国家的法律为其本国法"。本案应当根据香港法来认定占公司60％股份的黄耀林、黄光明、刘欣然三股东能否在郝晓荧、吕嘉东未参加的情况下通过股东大会决议代表香港绿谷公司提起诉讼。根据香港公司法的规定,公司重大事项的决议、股东大会或者特别股东大会的召开等均应当根据公司章程的规定进行。本案中,由黄耀林、黄光明出席的特别股东大会决议提起本案诉讼,其中黄耀林亦代表刘欣然,也就是说占公司60％股份和60％多数的股东出席了该次特别股东大会并通过了提起本案诉讼的决议。根据香港绿谷公司章程的规定,全体股东均应当获得此类会议的通知,郝晓荧、吕嘉东并未获得该次会议的有效通知,不符合公司章程规定。但是,1998年5月12日的特别股东大会决议是为了维护香港绿谷公司的利益,而且并不构成对郝晓荧、吕嘉东少数股东的欺诈,根据香港判例法确立的原则,该特别股东大会合法有效。因此,根据香港绿谷公司1998年5月12日的特别股东大会决议提起的本案诉讼是有效的。亦因此,2000年3月1日郝晓荧、吕嘉东、赵晶晶出席的香港绿谷公司董事会决议以香港绿谷公司的名义撤回本案诉讼是无效的。

本案系涉外、涉港案件,根据冲突法惯例,程序问题应当适用法院地国法。因此,本案的程序性问题应适用我国内地法律。本案系确权之诉。一般来讲,确权纠纷可以通过民事诉讼解决。然而,本案涉及的是中外合资经营企业的股权变更问题。上海绿谷公司系中外合资经营企业,根据我国中外合资经营企业法规定,有关行政主管部门的审批构成该企业股权变更的实质性要件,未经审批的变更行为当然归于无效。本案中加拿大绿谷公司在上海绿谷公司55%的股权已经有关主管部门审批,并办理了相应登记手续,符合法律规定的有效要件。现香港绿谷公司主张上海绿谷公司55%的股权应归其所有,认为当时将香港绿谷公司在上海绿谷公司55%的股权变更为加拿大绿谷公司所有不当。虽然香港绿谷公司系以加拿大绿谷公司为被告,以股权纠纷为由向人民法院提起民事诉讼,但究其实质,是要否定上海市长宁区人民政府的批复、上海市工商行政管理局的登记、上海市政府颁发的外商投资企业批准证书等行为,即否定有关行政部门做出的具体行政行为。实质性的行政行为,如本案所涉的审批行为,是我国法律赋予有关行政主管部门的特有的权力,不能通过民事诉讼程序和民事判决予以变更。即使审批不当,也只能通过行政复议程序或者行政诉讼程序予以纠正。因此,本案香港绿谷公司请求确认其在中外合资经营企业中的股权的主张只能通过行政复议或者行政诉讼途径加以解决,原审法院通过民事诉讼程序直接做出变更具体行政行为的民事判决不当,应予纠正。综上,二审法院根据《中华人民共和国民事诉讼法》第111条、最高人民法院《关于适用〈中华人民共和国民事诉讼法〉若干问题的意见》第186条规定,于2003年8月11日裁定:撤销上海市高级人民法院(1998)沪高民初字第10号民事判决;驳回香港绿谷公司的起诉。

上述案例中,由于香港绿谷公司五位股东内部发生纠纷,郝晓荧和吕嘉东两位股东在加拿大注册成立加拿大绿谷公司,并利用其担任上海绿谷公司董事长和总经理的便利,使上海绿谷公司以香港绿谷公司迁至加拿大并更名为加拿大绿谷公司为由,成功向政府有关审批部门申请将原股东香港绿谷公司变更为加拿大绿谷公司,导致香港绿谷公司在上海绿谷公司合法享有的一切股东权益都被加拿大绿谷公司以"合法形式"侵占,香港绿谷公司因此对加拿大绿谷公司提起诉讼,请求法院确认其为上海绿谷公司的股东,并判令加拿大绿谷公司停止侵权,赔偿损失。该案涉及许多法律问题,但关键问题是原告香港绿谷公司和被告加拿大绿谷公司中哪一个是真正的香港绿谷公司的问题。诉讼当事人各方都承认香港绿谷公司是上海绿谷公司的股东,分歧在于:原告认为其一直没有更名和迁址,因此仍然是上海绿谷公司的股东;被告认为原来的香港绿谷公司已经迁址和更名,因此现在的加拿大绿谷公司才是真正的香港绿谷公司。由此可见,依据何种法律判断真假香港绿谷公司的问题,才是本案的关键问题。根据本书前文提出的观点,真假公司的判断标准,应当适用该公司的准据法。本案中真正的香港绿谷公司注册设立于香港,其属人法是香港法律,因此该公司是否迁址,是否更名,应当依据香港公司法,而不是我国内地法律,来判断和认定。

香港刚毅集团有限公司(简称香港刚毅公司)诉新疆宏景投资有限责任公司(简称新疆宏景公司)、香港耀冠集团有限公司(简称香港耀冠公司)和新疆福长市场开发有限公司(简称新疆福长公司)支付股权转让金一案①,是笔者搜集到的关于真假民事行为识别的另一典型案例。该案中,2001年,为了在乌鲁木齐市开发经营"大巴扎"商贸市场项目,香港刚毅公司经乌鲁木齐市计划委员会、乌鲁木齐市对外经济贸易合作局等部门批准,2001年11月取得《中华人民共和国台港澳侨投资企业批准证书》,获批设立港商独资企业新疆福长市场开发有限公司,2001年11月获得企业法人营业执照,执照载明注册资本5 600万港元,企业类型为港资独资企业,但是香港刚毅公司一直没有向该公司注入资金。2002年5月31日,香港刚毅公司与新疆宏景公司、香港耀冠公司签订两份《股权转让协议》和《合同书》,约定香港刚毅公司将新疆福长公司75%和25%的股权分别转让给新疆宏景公司和香港耀冠公司,新疆宏景公司和香港耀冠公司分批支付香港刚毅公司1 000万元人民币顾问费,新疆福长公司对1 000万元顾问费的支付承担连带保证责任。香港耀冠公司和新疆宏景公司仅支付了200

---

① 《人民法院案例选》2005年第3辑,第258-264页。

万元顾问费，香港刚毅公司索要剩余款项未果，向乌鲁木齐市中级人民法院提起偿还股权转让金之诉。香港耀冠公司和新疆宏景公司答辩称，由于原告设立的新疆福长公司并没有实际出资，因此原告转让的股权并不存在，被告以顾问费名义支付的 200 万元系补偿原告在"大巴扎"项目前期与政府沟通方面的努力，请求驳回原告的诉讼请求。

一审法院乌鲁木齐市中级人民法院认为，原告并没有向其设立的新疆福长公司实际注入任何资金，因此原告并不享有真实合法的公司股份权益。原被告之间的股权转让合同，没有真实的股份交易内容，实质是倒卖建设开发项目的开发权，违反了国家关于港资企业建设项目管理方面的强制性法律法规，因此股权转让合同无效，驳回原告的诉讼请求。

原告香港刚毅公司提起上诉。二审法院新疆维吾尔自治区高级人民法院认为，本案系涉港民事纠纷，因为案件涉及的投资和转让等行为均发生在我国内地，故本案应适用中华人民共和国法律作为准据法。原告设立的新疆福长公司虽然取得《中华人民共和国台港澳侨投资企业批准证书》和《企业法人营业执照》，但是由于原告一直没有实际注入资金，按照《中华人民共和国外资企业法实施细则》第 30 条第 2款，该批准证书已经自动失效，新疆福长公司应当主动办理企业注销登记手续，缴销营业执照；未主动办理的，该营业执照应予以吊销。由于原告设立的新疆福长公司自设立时起就没有形成法人财产，故原告香港刚毅公司在新疆福长公司中的股权实际上并不存在。原被告之间就实际上并不存在的股权进行转让，该转让行为违背我国法律法规的强制性规定，应确认无效。由于被告系在明知原告没有实际出资的情况下订立的股权转让协议，该协议也是当事人各方真实的意思表示，因此对于造成股权转让协议无效，原被告均负有责任，鉴于当事人并没有对股权转让行为无效造成的经济损失提出赔偿请求，本院对当事人各方应承担的具体责任不予确定。由于股权转让行为无效，依据我国《担保法》关于主合同无效从合同亦无效的规定，关于 1 000 万元顾问费（转让费）的担保合同亦无效。二审法院基于上述理由，驳回被告的上诉，维持原判。①

上述案例中，由于原告对其设立的独资企业新疆福长公司没有实际投入任何资金，并没有形成任何法人财产，因此作为股东的原告对该法人的财产权益也就不可能产生，因此两审人民法院都认定原告并不享有真实的股权，故该股权转让实际上并不存在，即该股权转让是虚假的股权转让，最后认定该股权转让无效。依据我国法律，本案判决结果是正确的，说理也是充分的。但是从涉外民商事案件角度分析，由于涉及法律冲突问题，如果法院判决书中论述清楚认定股权转让是虚假交易应当适用什么法律作为准据法，判决书的说理会更为充分一些。二审法院以案件系涉港民事纠纷、涉案投资和转让行为发生在我国内地为由认定本案应适用我国内地法律，结论虽然正确，但说理并不充分，因为"民事纠纷"的外延太广泛，我国整部《涉外民事关系法律适用法》调整的都是具有涉外因素的民事纠纷，因此将案件定性为"民事纠纷"并没有真正解决案件的定性问题，所以也就没有办法确定应当适用的冲突规范，这大概也是本案两审人民法院在判决书中都没有援引任何冲突规则的原因。实际上，本案争议焦点系中外合资经营企业股权转让协议的效力问题，案件发生时已经生效的我国《合同法》第126条第2款规定，在中国境内履行的中外合资经营企业合同纠纷，适用中华人民共和国法律。基于我国当时国际私法立法漏洞较多的现实，法院可以依据《合同法》第126条第2款规定的立法精神，通过说理论证在我国境内履行的中外合资经营企业股权转让纠纷也应当适用我国法律。或者，法院也可以适用《合同法》第126条第1款规定的最密切联系原则，结合案情分析与本案股权转让协议联系的各种因素，进一步确定股权转让协议的准据法。考虑到我国对中外合资经营企业合同股权转让实行审批制度的现状和《合同法》第126条第2款规定的单边冲突规范，认定本案股权转让协议适用我国内地法

---

① 《人民法院案例选》2005年第3辑，第258-264页。

律作为准据法是符合我国立法政策和精神的。①由于本案股权转让的准据法是中国内地法律，因此认定该股权转让是真实的股权转让还是虚假的民事行为，也应当适用我国内地法律。在前述说理论证基础上法院适用我国内地法律认定本案股权转让是虚假的民事行为，因而无效，说理论证会更加充分。从另一方面分析，由于目前不少国家允许设立注册资本很低甚至只有一元钱的公司，如果依据外国法律或者香港法律，本案原告设立的公司不一定是虚假公司，一些国家法律也可能承认这种空壳公司的股东权，只不过这种空壳公司和股东权的价值很低而已。因此，如果不首先论述清楚应当依据何种法律认定本案股权转让是真实转让还是虚假交易的问题，就直接依据我国《外资企业法实施细则》第30条第2款认定股权和股权交易都是虚假的，对本案原告也不公平。

大连羽田钢管有限公司（简称大连羽田公司）与大连保税区弘丰钢铁工贸有限公司（简称弘丰公司）、日本株式会社羽田钢管制造所（简称羽田株式会社，住所地为日本东京）、大连高新技术产业园区龙王塘街道办事处（简称龙王塘办事处）物权确认纠纷一案，是我国司法实践中关于真假合同的典型涉外民事案例。该案从一审法院立案受理至最高人民法院做出再审判决，历经三年之久，在涉案真假合同和合同当事人的认定结果与认定理由方面，三级人民法院的判决各不相同，充分说明了真假合同认定及其准据法问题在我国涉外民商事审判实践中的重要性。该案具体案情及审理情况如下②：

大连市中级人民法院一审查明：

（1）2002年5月8日同一天在同一场合，本案四方当事人分别签订了以下三份合同书：①羽田株式会社与弘丰公司签订了《转让合同》

---

① 2007年合同冲突法司法解释明确规定中外合资经营企业合同股权转让适用中华人民共和国法律，但该司法解释已经废止。

② 大连市中级人民法院民事判决书（2008）大民二初字第63号；辽宁省高级人民法院民事判决书（2010）辽民三终字第28号；最高人民法院民事判决书（2011）民提字第29号。最高人民法院办公厅编：《中华人民共和国最高人民法院公报》2012年卷，北京：人民法院出版社，2013年版，第308-324页。

（简称《转让合同》A）。②由龙王塘办事处与弘丰公司签订了《转让合同》（简称《转让合同》B）。③由当时尚是羽田株式会社与中方合资成立的大连羽田公司与弘丰公司签订了《租赁合同》。

羽田株式会社与弘丰公司订立的《转让合同》A 主文如下：羽田株式会社决定购买龙王塘办事处所属龙王塘特种轧钢厂（简称特轧厂）的土地使用权、房屋及其附属设施，由于羽田株式会社作为外国法人无法办理相关土地、房产手续，故以弘丰公司名义签订《转让合同》，该转让合同中弘丰公司的权利义务均由羽田株式会社实际承担，弘丰公司如因此遭受经济损失应由羽田株式会社予以赔偿。弘丰公司承诺受让的资产所有权、处分权均归羽田株式会社所有，弘丰公司取得土地使用证和房屋产权证时立即将正本交给羽田株式会社收执保管。弘丰公司同意羽田株式会社在中国大连注册成立独资企业后立即无条件协助羽田株式会社办理土地使用证和房屋所有权证过户手续。

龙王塘办事处与弘丰公司订立的《转让合同》B 主要内容是：龙王塘办事处同意将原特轧厂厂区所属场地的国有土地使用权，连同房屋、仓库、变电所、职工宿舍、办公楼等全部地面建筑物、地下物的所有权及附属设施设备，转让给弘丰公司。弘丰公司向龙王塘办事处支付上述转让资产的转让费共计人民币 1 200 万元。弘丰公司分期支付转让费，每年支付人民币 100 万元，十二年支付完毕。首期支付时间为 2002 年 5 月 20 日，以后每年转让费的支付时间为当年 5 月 20 日之前。龙王塘办事处应在弘丰公司首期转让费支付之日起三个月内将建筑物产权证及土地使用权证（土地使用权 50 年）变更登记至弘丰公司名下。龙王塘办事处同意弘丰公司可将其在本合同中的权利义务转让给其他企业。

大连羽田公司与弘丰公司订立的《租赁合同》主要内容是：弘丰公司同意将原特轧厂厂区所属场地，连同房屋、仓库、变电所、职工宿舍、办公楼等全部地面建筑物租赁给大连羽田公司。租赁期限自本合同签订之日起至 2006 年 11 月 25 日。大连羽田公司每年支付租金人民币 100 万元，不包括各种费用。首期支付时间为 2002 年 5 月 15 日，以后每一年租金支付时间为 5 月 25 日之前。大连羽田公司支付第一年租金之同时，弘丰公司应将租赁资产移交给大连羽田公司。

（2）2002年5月22日，大连羽田公司以还款名义向龙王塘办事处支付了人民币100万元。龙王塘办事处也向大连羽田公司移交了《转让合同》A、B项下的资产。大连羽田公司将生产经营房屋移至该处占有使用该资产至今。

（3）龙王塘办事处自2002年5月8日到场参加和见证了上述三份合同签订时始，即已知道上述资产的真正受让人是羽田株式会社，而非弘丰公司。2002年8月8日，龙王塘办事处向旅顺口区人民政府呈报《关于征用原特轧厂土地及变更房屋所有权证等有关事宜的请示》，该文件称："自2001年1月，羽田株式会社董事长野口广委托其全权代表和大连羽田公司时任厂长就购买前述资产事宜，分别与龙王塘办事处进行了长达一年零四个月的谈判。经中日双方共同努力，野口广购买特轧厂房屋及土地合同终于于2002年5月8日正式签订。……我们最终决定以1 200万元出售，并分十二年支付完毕，每年支付给我们100万元。"

（4）2003年7月31日，上述转让资产包含的土地办理了使用权人为弘丰公司的国有土地使用权登记，登记机关颁发了地块不同的两个弘丰公司名下的国有土地使用权证书。2003年9月3日、9月5日和9月26日，上述转让资产包含的房屋办理了所有权人为弘丰公司的房屋所有权登记，登记机关颁发了弘丰公司名下的13处房屋所有权证书。

（5）2008年7月，大连市人民政府和大连市工商行政管理局分别颁发了确认大连羽田公司为羽田株式会社独资设立的《中华人民共和国外商投资企业批准证书》和《企业法人营业执照》。之后，大连羽田公司根据《转让合同》A要求弘丰公司协助将转让资产由弘丰公司名下变更登记在大连羽田公司名下，遭到拒绝。

大连羽田公司向辽宁省大连市中级人民法院起诉称：2002年5月8日，羽田株式会社以弘丰公司名义与龙王塘办事处签订了转让合同，同时，羽田株式会社与弘丰公司签订了另一份转让合同。根据上述两份合同的约定，弘丰公司应当将涉案资产过户到羽田株式会社设立的独资企业大连羽田公司名下。请求：①确认羽田株式会社将其以弘丰公司名义与龙王塘办事处签订的转让合同中的权利义务转让给大连羽田公司的行为有效；②确认龙王塘办事处下属原龙王塘特轧厂厂区所属场地的国有土地使用权和厂房、仓库、变电所、职工宿舍、办公楼等全部地面建筑物、构筑物及其附属设施所有权归属大连羽田公司；③判令弘丰公司协助将上述的2块国有土地使用权和13处房屋所有权办理过户到大连羽田公司名下。

大连市中级人民法院一审认为，本案争议焦点有两个：一是，龙王塘办事处实际是向谁转让原旅顺龙王塘特种轧钢厂的国有土地使用权和其他物的所有权，是羽田株式会社，还是弘丰公司；二是，实际受让人的权利取得是否违反中国法律。该院认为，涉案租赁合同是一个假合同，而相对应的转让合同A应认定为是真实的。理由有二：一是，租赁合同与转让合同A是一个相互排斥的关系。两份合同书不可能都是真实的，必有一真一假。对此，不仅有利益关系的大连羽田公司和羽田株式会社坚称转让合同A是真，租赁合同是假，处于中立地位的龙王塘办事处在诉讼前和诉讼中也一直坚持认为，其是向羽田株式会社转让涉案资产，实际履行转让合同的受让人是羽田株式会社，而且，弘丰公司在诉讼前的2004年6月3日给大连羽田公司和羽田株式会社的致函已明确自认该资产的实际受让人是羽田株式会社，不是弘丰公司。该自认有效。二是，受让人履行转让合同最基本的义务是向转让人支付转让费。大连羽田公司按照羽田株式会社的意愿向转让人即龙王塘办事处支付了六年转让费共计600万元，而弘丰公司却分文未付。因此，转让合同B的真正受让人是羽田株式会社。

既然租赁合同是假合同，那么，也就不涉及对其是否有效进行法律适用和判断的问题。两份转让合同则涉及是否有效的法律适用和判断问题。该两份转让合同的结合方能形成一个资产转让法律关系，转让人是龙王塘办事处，受让人是羽田株式会社。弘丰公司关于龙王塘办事处向羽田株式会社转让涉案资产属于规避中国法律的主张不能成立，因为，经审查，没有发现哪部中国法律或行政法规禁止或不允许将涉案资产在龙王塘办事处和羽田株式会社之间进行转让和受让。根据法不禁止即可为，应当确认，该转让和受让行为合法有效。转让合同A已约定，在羽田株式会社在中国注册成立其独资企业后，弘丰公司立即无条件协助办理受让的国有土地使用权和房屋所有权的过户手续。羽田株式会社已成立了其独资的大连羽田公司，合同约定条件已成就，弘丰公司应按其承诺无条件地协助办理上述物权的过户手续，其拒绝履行该义务，构成了违约。

综上所述，一审法院依据我国《合同法》第8条、第60条、第107条和《物权法》第15条、第33条，判决：（1）证号为旅顺口国用（2003）字第0413199号和0413204号《中华人民共和国国有土地使用证》项下的土地使用权归属大连羽田公司；证号为旅顺村房字第09000921号、09000922号、09000539号、09000540号、09000541号、09000542号、09000543号、09000544号、09000545号、09000546号、09000547号、09000548号、09000549号《房屋所有权证》项下的房屋所有权归属大连羽田公司；龙王塘办事处与弘丰公司于2002年5月8日签订的转让合同涉及的除地下物所有权之外的其他物的所有权归属大连羽田公司；（2）弘丰公司应于判决发生法律效力后10日内协助大连羽田公司将前项物权证书办到大连羽田公司名下。

辽宁省高级人民法院二审查明：2002年2月10日，大连羽田公司法律顾问陈文卿给大连羽田公司和羽田株式会社董事长野口广就本案涉及的资产购买事宜提出《法律意见书》，内容是，根据中国法律规定，羽田株式会社作为外国法人，不能作为受让方，受让方必须为在中国注册的法人。

辽宁省高级人民法院二审认为，本案争议焦点问题是：（1）涉案房产所有权及土地使用权的真正受让人是羽田株式会社还是弘丰公司；（2）羽田株式会社购买龙王塘办事处的土地使用权是否违反法律规定。该院认为，涉案资产的真正受让人是弘丰公司而非羽田株式会社，一审法院对此认定有误。关于羽田株式会社受让国有土地使用权是否违反法律规定的问题，由于本案诉争标的是国有土地使用权和房屋所有权，本案又系涉外案件，根据物权法定原则，对物权的取得没有法律规定的就是法律所禁止的。羽田株式会社是日本企业，其受让中国土地使用权没有法律依据，因此羽田株式会社受让国有土地使用权违反我国法律规定。据此，辽宁高院二审判决撤销一审判决；驳回大连羽田公司的诉讼请求。

最高人民法院查明：大连羽田公司以租金或还款的名义向龙王塘办事处支付了2002年至2008年的转让款共计700万元。

最高人民法院再审认为，羽田株式会社系于日本注册的公司，本案系涉外物权确认纠纷。涉案不动产及其附属动产位于中华人民共和国境内，根据《中华人民共和国民法通则》第144条规定，本案应适用中华人民共和国法律审理。

关于涉案资产的真正受让人是弘丰公司还是羽田株式会社的问题，最高人民法院认为，综合本案证据，能够证明《转让合同》A是真实存在的，而且《转让合同》A、《转让合同》B和《租赁合同》是相互关联的三份合同。根据三份关联合同的约定和实际履行情况，《租赁合同》并不是当事人的真实意思表示，不发生法律效力。《转让合同》A和《转让合同》B系当事人真实意思表示，不违反我国法律法规的禁止性规定，合法有效。

虽然《转让合同》B约定涉案资产的出让人是龙王塘办事处，受让人是弘丰公司。但是，《中华人民共和国合同法》第402条规定："受托人以自己的名义，在委托人的授权范围内与第三人订立的合同，第三人在订立合同时知道受托人与委托人之间的代理关系的，该合同直接约束委托人和第三人，但有确切证据证明该合同只约束受托人和第三人的除外。"根据该条款规定，《转让合同》B直接约束龙王塘办事处和羽田株式会社，因此，龙王塘办事处是涉案资产的出让人，羽田株式会社是涉案资产的真正受让人。

关于羽田株式会社受让涉案资产是否违反我国法律法规的问题，最高人民法院认为，《转让合同》B约定的转让资产包括涉案国有土地使用权和地上建筑物、构筑物、地下物及附属设施设备的所有权，争议焦点在于羽田株式会社作为境外法人受让涉案国有土地使用权是否违反我国法律法规。根据《中华人民共和国土地管理法》《中华人民共和国城市房地产管理法》《中华人民共和国城镇国有土地使用权出让和转让暂行条例》等法律法规的规定，我国土地管理实行的是按用途管制而非按用地主体进行限制，原则上境内外法人均享有相同的待遇，均可依法取得国有土地使用权，进行土地开发利用。除另有特殊规定外，现行土地管理法律法规对境外法人在我国购买、取得国有土地使用权没有禁止性或者限制性规定。因此，羽田株式会社受让涉案国有土地使用权并未违反我国现有法律法规，合法有效。

基于上述理由，最高人民法院再审判决撤销了辽宁省高级人民法院（2010）辽民三终字第28号民事判决和辽宁省大连市中级人民法院（2008）大民二初字第63号民事判决；并确认日本株式会社羽田钢管制造所以大连保税区弘丰钢铁工贸有限公司名义与大连市旅顺口区龙王塘街道办事处签订的转让合同中的附属设施设备的所有权属于大连羽田钢管有限公司；同时判令大连保税区弘丰钢铁工贸有限公司将本案涉案国有土地使用权和涉案房屋所有权过户登记至大连羽田钢管有限公司名下。

纵览上述三审人民法院的判决书，判决结果各不相同，导致三审法院判决结果不同的原因有许多，其中最重要的原因是三审法院对涉案《租赁合同》真实性的认定结论不同。一审法院认为，《租赁合同》与《转让合同》A是一个相互排斥的关系，两份合同书不可能都是真实的，必有一真一假。之后依据庭审证据和说理论证，认定涉案《租赁合同》是假合同，其他两份《转让合同》是真实合同。

二审法院则认为，羽田株式会社是日本企业，其受让中国土地使用权没有法律依据，违反我国法律规定，因此涉案《租赁合同》是真实合同，涉案资产的真正受让人是弘丰公司而非羽田株式会社。

最高人民法院再审认为，《租赁合同》并不是当事人的真实意思表示，不发生法律效力。《转让合同》A和《转让合同》B系当事人真实意思表示，不违反我国法律法规的禁止性规定，合法有效。

分析三审法院判决书对涉案《租赁合同》真实性认定结果差异的原因我们会发现，对依据我国法律外国法人是否可以取得我国国有土地使用权这一问题的认识不同，是导致三审法院判决书对涉案《租赁合同》真实性认定结果差异的主要原因。一审法院和再审法院都认为日本羽田株式会社作为外国法人亦可以成为我国国有土地使用权的主体,在这一前提条件下,涉案《租赁合同》和《转让合同》A 不可能同时存在,必有一真一假,最后一审法院和再审法院都认定涉案《租赁合同》是假合同。二审法院则认为,外国法人取得我国国有土地使用权没有法律依据,因此日本羽田株式会社作为外国法人不可能成为我国国有土地使用权的主体,在这一前提条件下,涉案《租赁合同》和两份《转让合同》可以同时存在,其结论必然是涉案《租赁合同》真实有效,出租人即大连保税区弘丰钢铁工贸有限公司是涉案资产的真正受让人。

受本章讨论的主题限制,笔者在此不准备对上述三审人民法院判决书的是非对错进行分析。笔者想强调指出的是:上述案例中,三审法院对日本羽田株式会社作为外国法人是否可以成为我国国有土地使用权的主体这一问题的认识不同,直接导致了三审人民法院对涉案《租赁合同》真假的认定结果不同。而日本羽田株式会社作为外国法人是否可以成为我国国有土地使用权的主体,则取决于涉案争议法律关系的准据法。因此,上述案例中三审人民法院判决结果的差异在一定程度上证实了本章观点的合理性:认定涉外合同是真合同还是假合同,应当适用该合同本身的准据法。

属于真假民事行为识别问题的还有提单合法性的认定问题。在日本国日欧集装箱运输公司与福建省宁德地区经济技术协作公司预借提单侵权损害赔偿纠纷[①]一案中,承运人日本国日欧集装箱运输公司1985 年7 月25 日在日本东京向托运人签发了 WO15CO97 号联运提单,该提单载明承运人为日欧集装箱运输公司,启运港为日本横滨的集装箱堆集场地,到达港为中国福州的集装箱堆集场地。承运人在该提单"PLACE AND DATE OF ISSUE"(签署的时间和地点)栏内签署了"日本东京 1985 年 7 月 25 日",又在"THIS IS SHIPPED ON BOARD B/L WHEN VALIDATED"(本提单生效后为装船提单)栏内签署了"1985

---

① 最高人民法院公报编辑部编:《最高人民法院公报典型案例全集(1985.1-1999.2)》,北京:警官教育出版社,1999 年版,第 782-789 页。上海海事法院 1988 年 10 月 24 日(86)沪海法商字第 13 号民事判决。

年7月25日"。该提单项下货物于1985年8月20日在日本横滨港装船完毕,轮船次日起航,于1985年8月28日到达目的港中国福州。收货人福建省宁德地区经济技术协作公司没有能够按照预期于1985年8月20日前收到货物,被其下手买方索赔,遭受损失,之后对承运人日本国日欧集装箱运输公司提起预借提单侵权损害赔偿诉讼。当事人之间争议焦点是涉案争议提单是合法待运提单还是非法的预借提单。承运人日欧集装箱运输公司主张,依照日本国和中国对集装箱收货的惯常作法,涉案提单虽然写明"THIS IS SHIPPED ON BOARD B/L WHEN VALIDATED",承运人也在该栏目内签署了日期,但并不能说明该提单是"已装船提单",该提单应属于"待运提单",只有货物实际装船完毕之后,该提单才成为"已装船提单"。福建省宁德地区经济技术协作公司则认为该提单属于已装船提单,承运人在货物没有装船情况下签发已装船提单,构成预借提单的侵权行为。

上海海事法院一审认为涉案提单属于已装船提单,承运人在货物装船前签发已装船提单,构成了预借提单的侵权行为,但没有具体说明认定该提单属于已装船提单的理由。

上海高级人民法院二审认为,涉案 WO15CO97 号提单的性质,"参照 1924 年《统一提单的若干法律规定的国际公约》第 3 条第 7 款的规定,并注意到日本国 1957 年《国际海上货物运输法》第 6 条、第 7 条的规定,应确认为已装船提单。"并据此认定承运人在货物尚未装船前签发已装船提单,实施了预借提单的侵权行为,因此应当为其签发预借提单的侵权行为承担损害赔偿责任。

该案发生在 1985 年,原告福建省宁德地区经济技术协作公司于 1986 年 3 月 17 日向上海海事法院提起诉讼,当时我国《民法通则》还没有生效,《海商法》还没有制定,因此一审法院和二审法院都没有对如何确定涉案提单准据法的问题进行分析说理,是可以理解的。二审法院"参照 1924 年《统一提单的若干法律规定的国际公约》第 3 条第 7 款的规定,并注意到日本国 1957 年《国际海上货物运输法》

第6条、第7条的规定",①将涉案提单定性为货物装船前签发的已装船提单,进而认定承运人实施了预借提单的侵权行为,最后"依照《中华人民共和国经济合同法》第38条第1款第(1)项、《中华人民共和国工矿产品购销合同条例》第35条第(1)项、《中华人民共和国民事诉讼法(试行)》第149条、第151条第1款第(3)项规定,并参照国际惯例"②做出了终审判决。从前引判决书的内容来看,二审法院适用的准据法是中国法律和国际惯例,其中国际惯例主要是1924年海牙规则这一对我国尚未生效的国际公约。由于当时我国法律缺乏关于提单的明确规定,二审法院将国际社会广泛采用的1924年海牙规则作为准据法来判断提单当事人的权利义务,是正确的,也是合理的。二审法院的创新之处在于:其不仅按照1924年海牙规则来判断提单法律关系当事人的权利义务,而且依据1924年海牙规则来判断涉案提单是否属于已装船提单,即适用提单法律关系的准据法来解决合法提单和非法提单的识别问题,这是该法院在适用何国法律作为真假提单识别的准据法问题上进行的有益探索,考虑到本案发生在我国国际私法理论刚刚起步的年代,二审法院的这种探索尤其难能可贵。

---

① 最高人民法院公报编辑部编:《最高人民法院公报典型案例全集(1985.1—1999.2)》,北京:警官教育出版社,1999年版,第786页。
② 最高人民法院公报编辑部编:《最高人民法院公报典型案例全集(1985.1—1999.2)》,北京:警官教育出版社,1999年版,第788页。

第五章　国际公约和国际惯例作为准据法的问题

第一节　国际公约

《中华人民共和国民法通则》第142条第2款规定："中华人民共和国缔结或者参加的国际条约同中华人民共和国民事法律有不同规定的，适用国际条约的规定，但中华人民共和国声明保留的条款除外。"依据该条款规定，国际公约不仅可以作为人民法院判决案件的依据，而且优先于我国国内法律，因此在我国涉外民商事审判实践中对我国生效的国际公约可以作为人民法院判决涉外民商事案件的法律依据，对此我国国际私法学界和司法实践都不存在争议。

理论上存在争议的是，国际公约是否可以成为我国国际私法理论所定义的"准据法"。按照我国国际私法理论，作为法院判决依据的法律必须具备一些构成要件，才能成为国际私法理论中的准据法，其中国际私法学界公认的一个构成要件是准据法必须是经过冲突规范指引的实体法律。按照这个构成要件，人民法院即使将某项具体国际条约，例如1980年的《联合国国际货物买卖合同公约》，作为了法院判决依据，如果审案法官没有首先援引我国国际私法中的冲突规范，而是直接适用的该国际条约，那么该国际公约将由于缺乏"经过冲突规范指引"这一要件而无法成为我国国际私法理论所定义的"准据法"，因而我国《法律适用法》关于准据法的一些规定，例如准据法查明制度、反致制度和公共秩序保留制度等，就无法适用于该国际公约。在这个意义上，分析研究我国司法实践中人民法院适用国际公约判决案件时是否将该国际公约作为解决涉外民事关系的"准据法"，便具有了一定的理论价值和现实意义。

黑龙江省东宁县华埠经济贸易公司（简称华埠公司）与中国外运山东威海公司（简称威海外运）、威海经济技术开发区腾达工业有限公司（简称原木材公司）、第三人烟台市拆船工业公司（以下简称拆船公司）船舶进口代理合同、废钢船买卖合同纠纷一案[①]中，受案法院既没有援引我国《民法通则》第 142 条，也没有援引我国的任何冲突规范，直接适用了对我国生效的国际条约。在认定域外证据的效力时，法院认为："依据中华人民共和国和俄罗斯联邦共和国的《中华人民共和国和俄罗斯联邦关于民事和刑事司法协助的条约》第 29 条的规定，在俄罗斯境内制作的官方文件、经俄罗斯法院或者主管机关制作或证明的文书，只要经过签署和正式盖章即为有效。本案俄罗斯航海船舶登记局签署的文件和公证人签署证明的文件，本院认定作为证据使用。"[②]

在判断涉案船舶所有权的转移问题时，法院判决书写道："俄方出具的经过公证的文件证实与华埠公司签订并履行的是易货贸易合同，'尼古拉'号离开俄罗斯港口开往中国大连港交船时，已向俄罗斯船舶登记局注销了船舶所有权，依据中俄双边贸易协定的规定，该船舶所有权已经转移给华埠公司。"[③]

上述案件中，审案法院直接依据《中华人民共和国和俄罗斯联邦关于民事和刑事司法协助的条约》采信了俄罗斯方面出具的相关证据，直接适用《中俄双边贸易协定》对涉案船舶所有权问题做出了判决，但是法院在判决书中并没有说明适用该两项国际条约的具体理由。从审案法院直接将国际公约作为判决依据这一点分析，我们可以认为审案法官是将涉案国际条约作为准据法对待的。但是由于法院判决书中

[①] 青岛海事法院民事判决书（1995）青海法海事重字第 1 号；山东省高级人民法院民事判决书（1997）鲁经终字第 236 号；最高人民法院民事裁定书（2000）交提字第 3 号。
[②] 最高人民法院民事裁定书（2000）交提字第 3 号。
[③] 最高人民法院民事裁定书（2000）交提字第 3 号。

没有提及任何适用该国际条约的理由，因此我们无法判断，审案法官是否有意识地将涉案国际条约认定为涉案争议法律关系的准据法。法院在判决书中直接适用国际公约，不说明任何适用该公约的理由，这种处理国际公约的方式在我国司法实践中具有相当程度的普遍性。

原告斯达迪船务有限公司（简称斯达迪公司）与被告中海发展股份有限公司（简称中海公司）船舶无接触碰撞损害赔偿纠纷案[①]中，上海海事法院认为，本案是无接触船舶碰撞损害赔偿纠纷。《1972年国际海上避碰规则》第8条第（1）项规定："为避免碰撞所采取的任何行动，如当时环境许可，应是积极地，并应及早地进行和注意运用良好的船艺。"原告斯达迪公司所属的"吉米尼"轮违反了《1972年国际海上避碰规则》的上述规定，其不当的驾驶措施是造成本次碰撞的主要原因。斯达迪公司应当对此次事故承担70%的责任。《1972年国际海上避碰规则》第6条第（1）款规定："第一船舶在任何时候均应用安全航速行驶，以便能采取适当而有效的避碰行动，并能在适合当时环境和情况的距离以内把船停住。"被告中海公司所属的"振兴"轮违反了《1972年国际海上避碰规则》的上述规定，中海公司应当对此次事故承担30%的责任。该案中，审案法院直接适用了《1972年国际海上避碰规则》，对于适用该公约的具体理由则只字未提。

钦州市钦南区水运三公司、李国庆、陈保生与蓝庆强、罗文辉、姜洪帮船舶碰撞损害赔偿纠纷上诉案[②]中，北海海事法院一审认为，本案系船舶碰撞损害赔偿纠纷。原告所属"桂北渔16311"号渔船违反了《1972年国际海上避碰规则》第5条、第19条、第26条和第35条的规定。被告所属"海龙1"号船舶违反了《1972年国际海上避碰规则》第5条、第6条、第7条、第19条的规定。原被告船舶对碰撞事故的发生互有过失，而又以被告所属"海龙1"号船舶的过失为大，应负本次事故65%的责任；原告所属"桂北渔16311"号渔船的过失

[①] 沈德咏主编：《最高人民法院公报案例大全》（下卷），北京：人民法院出版社，2009年版，第1311-1315页。

[②] 一审判决书：北海海事法院民事判决书（2003）海事初字第016号；二审判决书：广西自治区高级人民法院民事判决书（2003）桂民四终字第17号。

为次,应负本次事故35%的责任。与上述案件相似,本案判决书没有说明任何理由,即直接适用了《1972年国际海上避碰规则》。

俞小洪与巴拿马古德尔航运股份有限公司海上人身损害赔偿纠纷案[1]中,宁波海事法院一审认为,由于被告巴拿马古德尔航运股份有限公司没有尽到《1974年国际人命安全公约》第5章第17条规定的义务,对引航员登船安全防范措施没有尽到谨慎处理,致使原告俞小洪因被告所属的"春天商人"轮的引航软梯的断裂而遭受严重伤害,且被告不能证明原告对引航软梯断裂及自身受伤害有过错,故被告应对原告所遭受的损害承担赔偿责任。浙江省高级人民法院二审认为,"供引航员登离船使用的所有装置均应有效地达到使引航员安全登船和离船"是《1974年国际人命安全公约》规定的上诉人的法定义务,故上诉人在本案中构成侵权,应承担相应的民事赔偿责任,判决驳回上诉,维持原判。本案一审法院和二审法院都直接适用了《1974年国际人命安全公约》,均没有说明适用理由。

上述三个案例中,审案法院都没有进行任何冲突法说理,甚至没有分析涉案争议法律问题是否属于涉案国际公约的适用范围,便直接适用了《1972年国际海上避碰规则》和《1974年国际人命安全公约》两个国际公约。类似的案件还有许多,审案法官不说明任何理由便直接适用国际公约对案件进行判决,与我国立法没有明确国际公约在我国法律体系中的地位有关,也在一定程度上反映了我国司法实践对冲突法理论的冷落和忽视。

原告阿卜杜勒·瓦希德(简称阿卜杜勒)与被告中国东方航空股份有限公司(简称东方航空公司)国际航空旅客运输合同纠纷一案[2]中,上海市浦东新区人民法院一审认为,原告阿卜杜勒是巴基斯坦国公民,所购买机票的出发地为我国上海,目的地为巴基斯坦卡拉奇。《中华人民共和国民法通则》第142条规定:涉外民事关系的法律适用,依照本章的规定确定。中华人民共和国缔结或者参加的国际条约同中

---

[1] 一审判决书:宁波海事法院民事判决书(1999)甬海事初字第55号;二审判决书:浙江省高级人民法院民事判决书(2001)浙经二终字第96号。

[2] 《最高人民法院公报》2006年第10期。

华人民共和国的民事法律有不同规定的，适用国际条约的规定，但中华人民共和国声明保留的条款除外。"我国和巴基斯坦都是《经1955年海牙议定书修订的1929年华沙统一国际航空运输一些规则的公约》（以下简称《1955年在海牙修改的华沙公约》）和1961年《统一非订约承运人所办国际航空运输某些规则以补充华沙公约的公约》（以下简称《瓜达拉哈拉公约》）的缔约国，故这两个国际公约对本案适用。"①该案判决书没有对其认为应当适用的国际条约和中国法律的内容进行比较，也没有使用"准据法"这一专门的国际私法概念，但是从该判决书明确援引我国《民法通则》第142条并进一步得出"故这两个国际公约对本案适用"的结论这一推理过程，我们似乎可以认为：审案法院明确将我国《民法通则》第142条第2款作为其适用涉案两个国际航空运输公约的理由，涉案国际公约经过了《民法通则》第142条第2款的援引，也就满足了"准据法"这一概念的构成要件，因此审案法官应当是有意识将涉案国际公约作为"准据法"适用的。

原告上海振华港口机械有限公司因与被告美国联合包裹运送服务公司国际航空物资运输合同标书快递延误赔偿纠纷一案②中，原告上海振华港口机械有限公司（简称振华有限公司）为参与也门共和国港务局岸边集装箱起重件投标业务，于1993年7月21日上午委托被告美国联合包裹运送服务公司（住所地为美国佐治亚州格兰雷克帕街）办理标书快递，因被告经办人的疏忽，致使标书在沪滞留两天，同月27日下午才到达指定地点，超过了26日投标截止日期，使原告失去投标机会，蒙受较大经济损失。原告请求法院判令被告退还所收运费人民币1 432元，赔偿直接经济损失10 360美元，并承担诉讼费用。

上海市静安区人民法院认为，《中华人民共和国民法通则》第142条第2款规定："中华人民共和国缔结或者参加的国际条约同中华人民共和国民事法律有不同规定的，适用国际条约的规定，但中华人民共和国声明保留的条款除外。""华沙公约"和它的"修改议定书"，我国

---

① 沈德咏主编：《最高人民法院公报案例大全》（上卷），北京：人民法院出版社，2009年版，第745页。

② 《最高人民法院公报》1996年第1期。

政府均已加入和批准。该公约修改议定书第 11 条第（2）项关于"在运载登记行李和载运货物时，承运人的责任以每公斤二百五十法郎为限"和"行李、货物中的任何物件发生遗失、损坏或延误，用于决定承运人责任限额的重量，仅为该一包件或该数包件的总重量"的规定，在被告运单背面书写明确，故应视为原告和被告双方均接受上述规定，最后该法院适用海牙议定书的前述规定做出了判决。[①]在适用该公约的具体理由方面，该法院判决书一方面援引了《中华人民共和国民法通则》第 142 条第 2 款；另一方面认为是由于运单背面明确写明了该公约的相关条款。《民法通则》第 142 条第 2 款规定的是国际条约优先原则，运单背面的约定属于当事人协议选择法律，两者在性质上是相互排斥的。如果华沙公约和海牙议定书基于国际条约优先原则在我国法院中被适用，那么运单当事人就无权协议选择法律，包括协议选择该条约本身；如果法院依据当事人之间的法律选择协议确定准据法，那么国际条约优先原则就不应被适用，因为这种情况下法院优先考虑的是当事人双方的主观合意。因此法院认定华沙公约和海牙议定书作为准据法的理由是《民法通则》第 142 条第 2 款还是运单背面的约定，判决书没有论述清楚，这是该案判决书的一个不足之处。但是另一方面，由于该案判决书不仅明确援引了我国《民法通则》第 142 条，而且完全按照前述国际公约确定承运人应承担的最高赔偿责任限额和计算原告的具体损失，因此可以看出，审案法官明确意识到了适用国际公约的理由问题，是有意识地将华沙公约和海牙议定书作为该案准据法适用的，这是该案判决书值得肯定之处。

美国宝得利股份有限公司诉中国电子进出口广东公司国际货物买卖合同违约损害赔偿纠纷[②]一案，是我国司法实践中审案法官明确否定了国际公约的准据法性质的一个典型案例。该案中，美国宝得利股份有限公司（简称宝得利公司，住所地为美国纽约州纽约市）为买方、中国电子进出口广东公司（简称电子进出口公司）为卖方于 2000

[①] 沈德咏主编：《最高人民法院公报案例大全》（下卷），北京：人民法院出版社，2009 年版，第 1260 页。

[②] 广东省广州市中级人民法院民事判决书（2004）穗中法民三初字第 297 号。

年11月16日签订一份《售货合同》，约定：电子进出口公司向宝得利公司出售生姜一批，总价款为美金16 579.2元，目的口岸为纽约，FOB（Free On Board，离岸价）广州；装运期限为第一个货柜于2000年11月底出货，第一个货柜出货后一个星期出第二个货柜；签订合同之后，宝得利公司先预付总货款30%订金，货到验收后，七天内付清余款；电子进出口公司提供提单、装箱单和发票等装运单据；质量要求：鲜姜要保证符合食品卫生标准，不烂、不碎、不发芽，姜块要大，每块最小要求在100克以上。宝得利公司提供的《售货合同》文本第10条质量要求条款是手写添加于合同文本印刷字体后，内容为："卖方保证买方该批生姜到达目的地口岸，符合美国食品卫生标准，姜块在100克以上，不烂、不碎、不发芽、不发酶"。双方系通过传真形式协商合同条款，其中电子进出口公司提供的几份传真文件中，亦有手写的有关质量要求的条款，与电子进出口公司提供的最终合同文本上的质量条款内容一致。

合同签订后，宝得利公司于2000年11月16日和12月3日分别支付了货款总额30%的订金人民币20 550元和人民币20 541.6元，电子进出口公司相应开具了两份发票。2000年11月28日，电子进出口公司送检的两批生姜经中华人民共和国出入境检验检疫局检验合格，取得编号NO.441800200001573-1、NO.441800200001573-2的植物检疫证书，这两批生姜分别在2000年12月6日和12月13日，在广州黄埔港装运，运往美国纽约。2001年1月1日，宝得利公司向美国农业部申请对第一批生姜进行检验，检验结论是早期软腐烂0～33%，干腐烂15～90%，大部分集装箱货物可看见根部长有小芽和/或表面有白色霉。2001年1月17日，宝得利公司向美国农业部申请对第二批生姜进行检验，检验结论为：箱内所有货物潮湿，且大部分生姜上长有绒毛状的白色至蓝色或绿色至黑色霉。之后，宝得利公司将该批生姜作为垃圾处理，支付了垃圾处理费等相关费用。

2003年8月5日，宝得利公司的律师向电子进出口公司发出律师函认为电子进出口公司交付的生姜不符合合同约定，要求电子进出口公司承担违约责任。之后宝得利公司作为原告向广州市中级人民法院提起诉讼，请求法院判令：被告电子进出口公司返还货款本金美金 16 579.2 元及其利息约 2 400 元；被告赔偿原告损失美金共计 13 236 元及其利息美金约 2 000 元；被告支付纽约州认证委托书费用 250 美元及 625 美元、认证律师费 250 美元、税费、报关费和美国农业部检验费等费用共计 2 493.36 美元。

被告电子进出口公司辩称：原告并没有支付货款美金 16 579.2 元，原告仅支付货款 30% 的合同订金，故被告反诉请求原告支付除订金外的其余货款。被告已尽合同义务，被告装运出口的生姜完全符合我国出境检验检疫要求。根据 2000 年《国际贸易术语解释通则》，在装运港货物风险已转移到买方，卖方已不需要承担任何责任。本案中原告称生姜有质量问题，但原告没有在收货的两年内根据《联合国国际货物销售合同公约》第 39 条规定向被告主张质量问题。因此，原告的索赔已超过时效，依法不受保护。

电子进出口公司反诉称，2001 年 11 月，反诉人电子进出口公司与被反诉人宝得利公司签订《售货合同》一份。反诉人依约提供价值美金 16 579.20 元的鲜姜并依约提供装运单据。货到美国纽约后，被反诉人无故拒付剩余 70% 货款即美金 11 605.44 元。请求人民法院判令被反诉人支付反诉人货款美金 11 605.44 元。

宝得利公司辩称：被反诉人已经实际支付了全部货款；反诉人请求被反诉人支付货款已超过诉讼时效。

审案法院广州市中级人民法院认为，本案是国际货物买卖合同纠纷。原告和被告对处理合同争议所适用的法律未做选择，依照最密切联系原则，被告住所地和合同履行地的中华人民共和国内地法律应作为解决本案争议的准据法。鉴于原告营业所的所在地为美国、被告营业所的所在地为中国，均是《联合国国际货物销售合同公约》的缔约国，原被告双方之间的货物销售合同关系不属于《联合国国际货物销售合同公约》第 2 条、第 3 条排除适用的范围，而我国国内法对国际货物买卖合同没有明确规定，根据《中华人民共和国民法通则》第 142 条第 2 款规定"中华人民共和国缔结或者参加的国际条约同中华人民共和国的民事法律有不同规定的，适用国际条约的规定"的精神，故本案应考虑适用《联合国国际货物销售合同公约》的有关规定。

宝得利公司和电子进出口公司之间的国际货物买卖合同是当事人双方真实意思表示，未违反我国法律和行政法规的强制性规定，合法有效。宝得利公司于2001年1月1日和1月17日已实际收到本案合同项下的两批生姜并取得美国农业部出具的检验报告，但宝得利公司提交的证据显示直到2003年8月5日宝得利公司才委托律师就货物质量问题向电子进出口公司发出律师函，根据《联合国国际货物销售合同公约》第39条"买方对货物不符合同，必须在发现或理应发现不符情形后一段合理时间内通知卖方，说明不符合同情形的性质，否则就丧失声称货物不符合同的权利。无论如何，如果买方不在实际收到货物之日起两年内将货物不符合同情形通知卖方，他就丧失声称货物不符合同的权利，除非这一时限与合同规定的保证期限不符"的规定，宝得利公司没有在实际收到本案两批货物之日起两年之内向电子进出口公司通知和主张货物质量问题，在2003年1月1日和1月17日之后宝得利公司已经分别丧失声称两批货物质量不符合同的权利，视为其已接受了符合合同的货物。综上，宝得利公司要求电子进出口公司退还货款和赔偿损失的本诉请求于法无据，本院不予支持。

关于反诉，双方当事人在合同中约定的付款方式是"宝得利公司在签订合同后先预付总货款30%的订金，待货到验收后，七天内付清余款"，电子进出口公司确认宝得利公司已支付货款30%的订金美金4973.76元，宝得利公司没有提供充分证据证明其确实支付了剩余的70%货款给电子进出口公司，故电子进出口公司反诉请求宝得利公司支付剩余货款美金11605.44元的主张于法有据，本院予以支持。宝得利公司认为电子进出口公司的反诉超过诉讼时效的抗辩，因双方约定的付款时间为货到验收后7日内，本案中宝得利公司收货后检验日期是2001年1月1日和1月17日，故付款期限应为2001年1月8日和1月25日，依照《中华人民共和国合同法》第129条规定，国际货物买卖合同纠纷的诉讼时效为四年，本案电子进出口公司于2005年1月8日提出反诉，并未超过诉讼时效，故宝得利公司有关诉讼时效的抗辩不成立，本院不予支持。依照《联合国国际货物销售合同公约》

第 39 条,《中华人民共和国合同法》第 109 条、第 129 条、第 126 条第 1 款、第 159 条,《中华人民共和国民事诉讼法》第 24 条的规定,判决:宝得利股份有限公司向中国电子进出口广东公司清偿货款美元 11 605.44 元;驳回宝得利股份有限公司的诉讼请求。[①]

上述案例中,涉案争议系国际货物买卖合同纠纷,合同当事人双方营业地所处国家中美两国均为《联合国国际货物销售合同公约》的缔约国,涉案货物生姜不属于该公约排除的货物,因此,该国际货物买卖合同纠纷毫无疑问应当适用《联合国国际货物销售合同公约》。审案法院广州市中级人民法院不仅注意到了前述问题并对该问题进行了较为详细的分析,而且进一步分析了该公约和中国法律对于本案合同存在不同规定:我国国内法对国际货物买卖合同没有明确规定,而该国际公约有明确规定。在此基础上根据我国《民法通则》第 142 条第 2 款规定的精神,审案法院得出"本案应考虑适用《联合国国际货物销售合同公约》的有关规定"的结论。一方面,审案法院对于《联合国国际货物销售合同公约》是否可以适用、适用的具体理由以及适用的冲突法依据(《民法通则》第 142 条第 2 款)分析得细致入微,可谓面面俱到;但同时措辞非常谨慎,不仅没有使用"确认公约作为本案准据法"的明确表述,而且有意避免"适用国际公约"这种可以使人理解为将公约作为准据法的字眼,非常谨慎地将公约在本案中的地位和作用表述为"本案应考虑适用《联合国国际货物销售合同公约》的有关规定"。另一方面,关于中国法律在本案中的地位和作用问题,该法院判决书非常明确地表述为"中华人民共和国内地法律作为解决本案争议的准据法"。将审案法院对公约和中国法律的不同表述方式进行比较,可以发现审案法院在国际公约是否可以作为准据法的问题上观点和立场非常明确:准据法只能是具体国家的法律,国际公约可以作为判决依据,但不能成为国际私法中的准据法。

广州市中级人民法院通过在判决书中对国际公约和中国法律在

[①] 详见秦瑞亭主编:《国际私法案例精析》,天津:南开大学出版社,2011 年版,第 85-92 页。

该案具体诉讼中地位和作用的明确而谨慎的区分，明确表达了该院认为国际公约不能作为准据法的观点，在这一点上该案判决书非常成功；但关于国际公约不能成为准据法的原因或理由，该法院在判决书中没有进行任何分析，这又是该判决书令人遗憾之处。

笔者认为，虽然世界各国立法都没有也不可能对准据法应当包括哪些法律做出具体规定，但是考虑到准据法是各国国际私法学者为了解决国际民商事法律冲突而专门创造的一个法律概念，我们可以认为，能够满足涉外民事关系当事人在具体案件中解决法律冲突的实际需要，应是准据法内容方面必须具备的属性。具体涉外民商事案件中，无论涉外合同还是涉外侵权行为或者其他任何性质的涉外民事法律关系，当事人需要解决的争议都有可能会涉及一个以上的法律问题，例如上述案例中买卖合同当事人可能对合同履行和诉讼时效等问题都发生争议，侵权关系当事人可能同时要求法院解决侵权责任能力、损害赔偿数额以及免责条款法律效力的问题。由于国际公约是不同缔约国利益妥协的产物，而不同缔约国利益妥协的领域和妥协的程度具有很大的局限性，因此现有的任何民商事国际公约解决的法律问题都非常有限，能够解决所有合同法律问题或者一切侵权问题的国际公约现在不存在，在可以预见的将来也不会出现，《联合国国际货物销售合同公约》适用范围的局限性即是证明。因此在这个意义上，现有的任何国际公约在内容方面都不具备"满足涉外民事关系当事人在具体案件中解决法律冲突的实际需要"的属性。上述案例中《联合国国际货物销售合同公约》解决了本诉的诉讼时效问题，却无法解决反诉的诉讼时效问题，因此法院为了解决反诉的诉讼时效问题，不得不依据最密切联系原则专门确定解决合同争议的准据法，即充分说明了这一点。

基于上述理由，本书认为，现阶段世界各国成功缔结的所有民商事国际公约的内容都具有很大的局限性，无法满足涉外民事关系当事人在具体案件中解决法律冲突的实际需要，因此国际公约不具备准据法必须具备的内容方面的属性，所以国际公约虽然可以作为法院判决涉外民商事案件的依据，但不能成为国际私法理论所定义的"准据法"。

第二节 国际惯例

我国《民法通则》第142条规定，对于涉外民事关系，在我国参加、缔结的国际条约和我国法律都没有规定的情况下，可以适用国际惯例。依据该条款，国际惯例显然可以作为准据法，只是需要具备一定的前提条件：我国法律和对我国生效的国际条约对涉案争议都没有规定。除此之外，如前文所述，我国学界还要求准据法必须具备一些特征，例如要求准据法必须是经冲突规范援引的实体法。虽然我国学界至今没有为这一观点提供充分的理由，但该观点一直以来在我国国际私法理论界占据着绝对统治地位，迄今几乎没有受到过任何质疑。① 按照该观点，国际惯例欲成为准据法，不仅需要满足《民法通则》第142条规定的前提条件，而且必须为某一冲突规范所援引，否则即不具备成为准据法的"资格"。我国现行冲突规范大多以经常居所地、行为地、物之所在地、注册登记地、船旗国、国籍等客观因素作为连结点，这类连结点只能指向某一具体国家或者地区的法律，不可能指向某一具体的国际惯例，因此在法院依据这类客观连结点确定案件准据法的情况下，国际惯例不可能成为准据法。我国《法律适用法》第37条、第41条和第44条以及《民法通则》第145条和《海商法》第269条等冲突规范允许当事人协议选择涉外民事关系的准据法，将当事人双方或者多方的主观合意明确规定为确定准据法的连结点，由于当事人主观合意这种主观连结点本身的特点，其可以指向某一具体国际惯例或者国际条约。由此可见，按照我国学界主流观点对准据法的定义，国际惯例只有在当事人协议选择法律的情况下才有可能成为准据法。

国际惯例欲成为准据法，还需要跨越另外一个理论障碍。如前所述，我国《法律适用法》第37条、第41条和第44条以及《民法通则》

---

① 韩德培主编：《国际私法》，北京：高等教育出版社、北京大学出版社，2000年版，第105-107页；张潇剑主编：《国际私法论》，北京：北京大学出版社，2004年版，第148页；陈卫佐主编：《比较国际私法》，北京：法律出版社，2012年版，第159页。

第 145 条和《海商法》第 269 条等冲突规范都允许当事人协议选择涉外民事关系准据法，但前述法条无一例外都将涉外民事关系当事人协议选择的对象限定为"法律"，因此这里又产生了国际惯例能否被定性为前述法律条款中的"法律"的问题。主权国家立法机构通过法定立法程序制定并由相应司法机关予以适用的行为规范，例如中国法、美国法、德国法和日本法等，都属于合同当事人可以协议选择的"法律"，对此国内外学者均无异议。但是，国际惯例，例如国际商会制定的《跟单信用证统一惯例》和国际统一私法协会制定的《国际商事合同通则》，虽然在实践中被国际贸易商广泛援引，其影响力甚至在某些领域超过主权国家制定的成文法典，但国际惯例本身却不具有法律拘束力，因此国际惯例是否属于合同当事人可以选择的"法律"，理论上存在争议。

欧美国家国际私法理论一般将上述国际惯例，还有一些本身尚未生效或尚未对法院地国家生效的国际条约和国际示范法，例如 2008 年第 63 届联合国大会通过的《联合国全程或者部分国际海上货物运输公约》（简称《鹿特丹规则》），统称为"非国家法"（non-state law），因为这些规则的共同特征是其均非由主权国家立法者制定，但在国际商事交往中却起着类似主权国家法律的作用。[①]目前学者关于"非国家法"可否作为准据法的问题讨论主要局限在合同领域，因为非合同领域还没有产生有影响的"非国家法"。关于合同当事人是否可以选择"非国家法"作为合同准据法的问题，国内外学界主要有三种观点：

第一种观点认为，"非国家法"是独立于各主权国家法律体系之外、由国际贸易商自发创制的一个自足的法律体系，"非国家法"不仅可以作为涉外合同准据法，而且，当事人如果协议选择了"非国家法"作为合同准据法，则同时排除了所有主权国家法律的适用，即选择"非国家法"的法律选择协议同时具有排除所有国家法律适用的法律效力。在这个意义上，"非国家法"同时也是"超国家法"（supra-national law）。

---

① Peter Nygh, Autonomy in International Contracts, Oxford: Clarendon Press, 1999, p.14.

这种观点的代表性人物是古德曼教授。①

第二种观点认为,"非国家法"是独立于各国法律体系之外的一种法律,可以用来作为审理案件的准据法,但是"非国家法"不能排除国家法律,因为"非国家法"不是一个完整体系,对于"非国家法"没有规定的问题,例如合同当事人缔约能力问题、诉讼时效问题等,仍应适用冲突法援引的国家法律作为补充。这种观点的主要代表人物是罗温菲尔德教授。②

第三种观点认为,"非国家法"不是冲突法意义上的法律,因此即使当事人在合同中约定了适用"非国家法","非国家法"也不能成为合同准据法。因为各国国际私法允许合同当事人协议选择的"法律"是指某一国家或地区的法律,而"非国家法"性质上不属于"法律"。按照这种观点,合同中约定适用"非国家法"的条款不是冲突法意义上的法律选择协议,而属于实体法意义上的"并入条款"(incorporated clause),合同中约定的"非国家法"基于该并入条款而成为合同内容的一部分,该部分内容和合同中其他条款一样,均不得违背国际私法援引的合同准据法中的强制性规定。这一观点的代表人物是克拉格、帕克和保尔森三位教授。③

与学者对待"非国家法"的态度不同,世界绝大多数国家国际私法立法者都拒绝承认"非国家法"可以作为合同当事人协议选择的"法律"。按照杜克大学米歇尔教授的统计,目前世界各国冲突法成文立法中明确允许合同当事人选择非国家法作为合同准据法的立法只有一个,即美国俄勒冈州的冲突法。④

---

① Berthold Goldman, The Applicable Law: General Principles of Law—the Lex Mercatoria, in: Julian DM Lew (ed.), Contemporary Problems in International Arbitration, London: Martinus Nijhoff Publishers, 1986, p.116.

② Andreas F. Lowenfeld, Lex Mercatoria: An Arbitrator's View, in: Thomas E. Carbonneau (ed.), Lex Mercatoria and Arbitration, New York: Transnational Juris Publications, 1990, p.50.

③ W. Laurence Craig, William W. Park, Jan Paulsson, International Chamber of Commerce Arbitration, New York: Oceana Publications, 1990, p.618.

④ Ralf Michaels. Non-State Law in the Hague Principles on Choice of Law in International Contracts. Available at SSRN: http://ssrn.com/abstract=2386186, 2014-01-27.

五矿东方贸易进出口公司诉罗马尼亚班轮公司海上货物运输损害赔偿案①中两审人民法院的判决,体现了我国司法实践在国际惯例可否作为准据法问题上两种截然不同的典型观点。该案诉讼当事人协议选择了 1924 年《海牙规则》,广州海事法院一审认为:原被告一致同意《海牙规则》作为解决本案纠纷的法律。原被告双方选择法律适用的意思表示不违反中国法律,应确认其效力。但是,该公约对于违约损失的计算没有明确规定,因此,有关赔偿范围及损失的计算应适用中华人民共和国法律。该院依照《海牙规则》第 3 条和《中华人民共和国民法通则》做出了一审判决。

二审庭审期间,当事人双方仍然明确向法院表示同意以《海牙规则》作为解决本案纠纷的法律。广东省高级人民法院认为:本案是运输合同纠纷。本案的目的港、卸货港、被上诉人住所地以及被上诉人主张的损失的产生等因素均在我国境内,依最密切联系原则,本案应适用中华人民共和国法律处理。本案所涉提单载明将《海牙规则》并入使之成为提单条款一部分,此项约定不违反我国法律规定,应为有效。②

涉案当事人一审和二审中都明确表示同意适用 1924 年《海牙规则》作为涉案争议的准据法,一审法院不仅认为该法律选择合法有效,而且明确将该国际惯例援引作为判决依据,因此该法院显然认为国际惯例可以作为准据法。二审法院的观点则截然相反:当事人协议选择的《海牙规则》被并入提单后只能作为合同的一般条款,涉案合同准据法依据最密切联系原则应当是我国法律,因此当事人选择的《海牙规则》性质上属于"合同并入条款(incorporated clause)",只有在不违背合同准据法,本案中即我国法律的前提下,才能作为判定当事人实体权利义务的依据。

我国《法律适用法司法解释(一)》第 9 条规定:"当事人在合同

---

① 一审判决书:广州海事法院民事判决书(1993)广海法商字第 119 号。二审判决书:广东省高级人民法院民事判决书(1996)粤法经二上字第 49 号。

② 中国高级法官培训中心、中国人民大学法学院编:《中国审判案例要览(1997 年经济审判暨行政审判案例卷)》,北京:中国人民大学出版社,1998 年版,第 324-325 页。

中援引尚未对中华人民共和国生效的国际条约的,人民法院可以根据该国际条约的内容确定当事人之间的权利义务,但违反中华人民共和国社会公共利益或中华人民共和国法律、行政法规强制性规定的除外。"由于当事人选择外国法律作为合同准据法的法律后果之一即是排除了我国法律中任意性和国内强制性法规的适用,[①]而第9条规定合同当事人选择的国际条约不得违背我国法律和行政法规的强制性规定。因此严格按照逻辑推理,笔者认为第9条实质上系将当事人援引尚未对我国生效的国际条约的合同条款视为实体法意义上的合同并入条款,即当事人选择的尚未对我国生效的国际条约性质上属于合同的一般条款,而非具有"法律"性质的准据法。最高人民法院民四庭负责人在就《法律适用法司法解释(一)》答记者问时将该司法解释第9条的适用范围扩大到包括国际惯例在内的所有"非国家法"。[②]换言之,依据该司法解释第9条进行逻辑推理,我们似乎能够得出该司法解释认为国际惯例不是"法律"因而无法成为准据法的结论,该结论与上述广东省高级人民法院的观点也是一致的。但考察我国人民法院司法实践中更多的涉外民商事案例,我们又有充分论据对该结论提出质疑。

在我国法律和我国参加、缔结的国际公约对涉案争议都没有规定的情况下,即使当事人没有协议选择国际惯例,人民法院仍然适用国际惯例作为判决依据的现象,在我国司法实践中并不罕见。

早在1986年上海海事法院审理的申请人利比里亚共和国海洋航运有限公司申请扣押被申请人土耳其共和国玛迪租船公司货物诉讼保全案[③]中,申请人以被申请人拖欠运费、滞期费等费用为由申请法院扣押轮船装载的属于被申请人的钢材,上海海事法院便在1986年12月20日做出的裁定书中清楚写明,"参照国际习惯做法",准予申请人海洋航运有限公司提出的诉讼前扣货申请,扣留"贡诺森"轮卸于上

[①] 我国公共秩序法规和干涉性法规的适用不受合同准据法的影响。
[②] "最高人民法院民四庭负责人就《关于适用〈中华人民共和国涉外民事关系法律适用法〉若干问题的解释(一)》[简称《法律适用法司法解释(一)》]答记者问",载万鄂湘主编:《涉外商事海事审判指导》,2012年第2辑,北京:人民法院出版社,2013年版,第60页。
[③] 《最高人民法院公报》1988年第2期。

海港的1 000吨钢材。①由于上海海事法院在该裁定书中没有援引"国际习惯做法"之外的任何法律法规条文，因此虽然该裁定书没有写明国际习惯做法的具体内容，但上海海事法院实际上是将国际惯例作为了其裁判案件所依据的法律，即"准据法"。

原告马来西亚统一（KUB）电力公司（住所地为马来西亚吉隆坡市）诉被告中国光大银行股份有限公司沈阳分行（住所地为中华人民共和国辽宁省沈阳市）担保合同纠纷一案②中，一审法院在判决书中明确写道："本院认为，独立性保函是指一种独立于基础合同，仅以保函自身条款为付款责任确定依据的保函，而从属性保函是指将保函项下义务的履行取决于相应的基础商业合同。由于我国没有有关涉外独立性银行保函的具体法律规定，而且我国缔结或者参加的国际条约也没有相关规定，所以依据《中华人民共和国民法通则》的相关规定适用有关的国际惯例，即国际商会1992年正式公布的第458号出版物《见索即付独立保证统一规则》（*Uniform Rules for Demand Guarantees*）对此进行判定。……综上，依据《中华人民共和国民法通则》第135条、第140条、第142条，《中华人民共和国合同法》第107条，《中华人民共和国担保法》第19条，最高人民法院《关于适用〈中华人民共和国担保法〉若干问题的解释》第34条、第35条，国际商会1992年正式公布的第458号出版物《见索即付独立保证统一规则》（*Uniform Rules for Demand Guarantees*）第2条之规定，判决如下：……"③该案中，法院明确写明将国际商会1992年正式公布的第458号出版物《见索即付独立保证统一规则》作为判决依据，无疑表明，该国际惯例在该案中是被作为准据法适用的。

上述案例表明，无论是我国《民法通则》第142条生效实施以前还是之后，在我国法律和对我国生效的国际公约对涉案争议问题都没有规定的情况下，即使当事人没有协议选择国际惯例，人民法院也并

---

① 沈德咏主编：《最高人民法院公报案例大全》（下卷），北京：人民法院出版社，2009年版，第1229页。

② 沈阳市中级人民法院民事判决书[2004]沈中民（4）外初字第12号。

③ 沈阳市中级人民法院民事判决书[2004]沈中民（4）外初字第12号。

没有犹豫将国际惯例直接作为判决依据。虽然按照国际私法理论，实体法只有经过冲突规范援引才可以成为准据法，前述案例中涉及的国际惯例都没有经过冲突规范援引，因此认定国际惯例属于准据法似乎冲突法理由不足，①但是这丝毫没有减少我国内地法官直接依据国际惯例判决案件的勇气。

人民法院基于当事人协议选择适用国际惯例作为判决依据，长期以来一直是我国司法实践中非常普遍的现象。

上诉人江苏国泰国际集团国贸股份有限公司（简称江苏国泰）与被上诉人加铝国际中国有限公司（原名为普基公司，简称加铝公司，住所地为香港特别行政区铜锣湾告士打道 311 号）、交通银行股份有限公司苏州分行（简称苏州交行）买卖合同及信用证纠纷一案②中，一审法院认为：因当事人在 LCB531 信用证中明确约定该信用证应遵守 UCP500〔《跟单信用证统一惯例》（1993 年修订本）第 500 号出版物〕第 500 号出版物，该约定合法有效，故 UCP500 应作为处理本案纠纷的准据法。对于买卖合同纠纷，因普基公司（加铝公司的前身，二审期间普基公司更名为加铝公司）系香港公司，本案应参照涉外民商事纠纷确定法律适用，本案当事人在协议中未约定准据法，而与合同有最密切联系的合同履行地在内地，故应适用与合同有最密切联系的地区的法律，即中国内地法律。据此，该院依照《中华人民共和国民法通则》第 142 条第 1 款、第 3 款、第 145 条第 1 款，《中华人民共和国合同法》第 52 条，《跟单信用证统一惯例》（1993 年修订本）第 500 号出版物第 3 条，《最高人民法院关于审理信用证纠纷案件若干问题的规定》第 8 条、第 10 条之规定，判决驳回江苏国泰的诉讼请求。③

---

① 我国《民法通则》第 142 条是否属于冲突规范，学界有不同观点。如果将该条款作为冲突规范，那么原告马来西亚 KUB 电力公司（KUB Power Sdn. Bhd.）诉被告中国光大银行股份有限公司沈阳分行担保合同纠纷一案中将国际惯例作为准据法有充分的冲突法理由。

② 一审判决书：江苏省苏州市中级人民法院民事判决书（2005）苏中民三初字第 0105 号；二审判决书：江苏省高级人民法院民事判决书（2007）苏民三终字第 0046 号。

③ 江苏省苏州市中级人民法院民事判决书（2005）苏中民三初字第 0105 号。

二审法院认为：关于买卖合同纠纷，双方在合同中未约定准据法，一审法院根据合同最密切联系原则适用我国内地法律做出判决后，各方当事人未就法律适用问题提出异议，故本案买卖合同纠纷适用我国内地法律。关于信用证交易纠纷，因双方当事人在LCB531信用证中明确适用UCP500，故本案信用证纠纷应当以UCP500作为准据法确定各方当事人的权利义务。关于信用证欺诈及法律救济问题，UCP500并未涉及，江苏国泰主张普基公司和金意亿公司、凯利公司（普基公司和金意亿公司订有电解铜买卖合同，金意亿公司是卖方，凯利公司是金意亿公司的关联公司）串通提交假单据，没有真实的基础交易，而金意亿公司、凯利公司均在我国内地注册，故我国内地是侵权行为地，根据《民法通则》第146条第1款规定，侵权行为发生的争议应适用侵权行为地法律，因此，本案关于信用证欺诈及法律救济问题应适用我国内地法律。①

该案两审人民法院判决书都明确写明涉案信用证纠纷应当以当事人协议选择的UCP500作为准据法确定各方当事人的权利义务，因此该案两审法官显然都是将该国际惯例作为准据法适用的。

香港粤海电子有限公司（简称粤海公司）诉香港招商局仓码运输有限公司（简称仓码公司）海上货物运输无单放货纠纷案和香港仓码公司诉中国深圳外轮代理公司（简称外代公司）、深圳经济特区发展公司（简称特发公司）、珠海市海岛开发贸易公司（简称海岛公司）、香港华港发展公司（简称华港公司）无正本提单代理放货、提货纠纷案②中，粤海公司作为托运人请求承运人仓码公司承担无单放货损害赔偿责任，涉案记名提单背面条款规定，有关本提单的一切纠纷依中国法律在中华人民共和国法院解决；有关承运人的责任、权利义务、免责等，应适用1924年《海牙规则》。广东省高级人民法院二审认为，本案是涉港民事侵权损害赔偿纠纷，侵权行为地在我国境内，依照《中华人民共和国民法通则》第146条应当适用侵权行为地法律，即中华

---

① 江苏省高级人民法院民事判决书（2007）苏民三终字第0046号。
② 沈德咏主编：《最高人民法院公报案例大全》（下卷），北京：人民法院出版社，2009年版，第1260-1264页。

人民共和国法律作为准据法。该法院通过将案件定性为侵权损害赔偿纠纷直接否定了提单背面法律选择条款的效力。

最高人民法院再审判决则认为，本案系粤海公司凭正本提单起诉仓码公司海上货物运输合同无单放货以及仓码公司诉特发公司、海岛公司、华港公司、外代公司无正本提单代理放货、提货纠纷。由于涉案提单背面法律选择条款规定承运人的责任问题适用1924年《海牙规则》，《海牙规则》规定的诉讼时效为一年，"粤海公司在货物到港后未凭正本提单向承运人提出请求，而是在1990年7月9日才向法院提起诉讼，已经超过《海牙规则》规定的诉讼时效。"①

上述案例中，涉案提单背面法律选择条款属于典型的复合法律选择条款：关于承运人的责任问题适用1924年《海牙规则》；关于承运人责任问题之外的有关涉案提单的纠纷，适用中华人民共和国法律。最高人民法院再审判决书明确以当事人选择的《海牙规则》中的诉讼时效作为判决依据，是我国司法实践认可国际惯例可以作为"准据法"的典型例证。

原告杉杉集团有限公司与被告南洋商业银行有限公司信用证拒付纠纷一案②中，涉案信用证明示遵循国际商会第500号出版物——《跟单信用证统一惯例》（1993年修订本）（简称UCP500）。审案法院认为，"本案受益人与开证行之间的信用证项下货款拒付纠纷，双方当事人均同意本案所涉信用证适用UCP500，故本案以该惯例为依据调整当事人之间的权利义务关系。……依照《跟单信用证统一惯例》（1993年修订本）第13条第1款a项、第15条、第33条第1款a项之规定，判决如下……"③

该案二审法院完全同意一审法院的观点，二审判决书写道："本案系受益人即上诉人杉杉集团与开证行即被上诉人南洋商业银行有限公司之间的信用证项下货款拒付纠纷。双方当事人均同意本案所涉信

---

① 沈德咏主编：《最高人民法院公报案例大全》（下卷），北京：人民法院出版社，2009年版，第1264页。
② 浙江省宁波市海曙区人民法院民事判决书（1998）甬海经初字第431号。
③ 浙江省宁波市海曙区人民法院民事判决书（1998）甬海经初字第431号。

用证适用 UCP500，该约定有效，故本案以该惯例及对该惯例若干条款做出的解释即《立场声明》第 4 号为依据调整当事人之间的权利义务关系。"①

上海申达股份有限公司诉香港汇丰银行股份有限公司上海分行委托合同纠纷案中，当事人协议选择了国际商会第 522 号《托收统一规则》（简称 522 规则），一审法院上海市浦东新区人民法院判决书对该国际惯例是否可以作为准据法的问题没有分析，直接适用《中华人民共和国合同法》第 396 条做出了判决②。二审法院上海市第一中级人民法院认为："本案双方当事人约定托收按 522 规则办理，由于该规则未就托收行对委托人之责任承担有规定，故还应适用我国的相关法律。"之后依据 522 规则第 4 条和我国《合同法》第 406 条做出了二审判决。③

上诉人花旗银行与被上诉人上海兰生股份有限公司（简称兰生公司）及被上诉人华侨银行有限公司上海分行（简称华侨银行）国际托收纠纷一案④中，涉案托收指示书载明："……凡适用处，均按国际商会第 322 号出版物（1978 年修订本）《托收统一规则》办理。"在本案应适用的准据法问题上，被上诉人认为，由于托收指示书明确载明适用《托收统一规则》，故该规则应作为本案的准据法。上诉人花旗银行则认为，托收指示书只是华侨银行向其做出，因而其与兰生公司并无直接的法律关系，故本案不具备适用上述法律的基础。本案应根据《中华人民共和国票据法》（简称票据法）的冲突规范，适用《美国统一商法典》。《托收统一规则》与《美国统一商法典》在过失问题上的规定有冲突，根据国际惯例的效力不得高于当地法律的原则，应适用当地法律。

一审法院认为，根据我国《民法通则》中的冲突法规范，涉外合同的当事人可以选择处理争议所适用的准据法。由于兰生公司和华侨

---

① 浙江省宁波市中级人民法院民事判决书（2000）甬经终字第 410 号。
② 上海市浦东新区人民法院民事判决书（2000）浦经初字第 3831 号。
③ 上海市第一中级人民法院民事判决书（2001）沪一中经终字第 1066 号。
④ 上海市高级人民法院民事判决书（2000）沪高经终字第 335 号。

银行就系争法律关系适用《托收统一规则》没有争议,而托收指示中亦明确载明适用该规则,花旗银行接收该指示后并无拒绝办理的意思表示,故本案所适用的准据法应为《托收统一规则》,而不是《美国统一商法典》。最后根据《中华人民共和国民法通则》第137条、第140条、第142条第1款和第3款、第145条以及《托收统一规则》(国际商会第322号出版物)第1条、第3条、第10条、第13条、第20条做出了一审判决。

花旗银行不服一审判决,提起上诉,该行在上诉理由中明确指出:"(1)《托收统一规则》仅是一项国际惯例,而不是准据法。……(3)托收应按《中华人民共和国票据法》第99条规定的冲突规范来确定准据法,即票据的承兑、付款等行为适用票据行为地法律,即美国纽约州法律。"

二审法院认为:"本案虽然涉及汇票的承兑和付款,但票据行为本身并非本案的争议问题。本案系国际托收纠纷,各方当事人争议的焦点在于托收行和代收行是否违反了托收指令。鉴于托收行为从本质上看属于当事人依合意而产生的特定条件下的委托代理行为,而非单纯的票据行为,故本案应按债法冲突规范确定准据法,亦即应按我国《民法通则》之规定确定冲突规范。上诉人关于本案应按票据法确定冲突规范的主张不能成立。……本院认为,准据法可以是内国法,也可以是外国法,还可以是国际条约或国际惯例,这是国际私法界的共识。《民法通则》第150条……恰恰反映了国际惯例依我国法律可以成为准据法。……故原审法院就本案适用《托收统一规则》是正确的。"[1]

从以上我国司法实践中的涉外民商事判决书内容可以看出,虽然国内外国际私法理论均对国际惯例是否可以作为涉外民商事法律关系的准据法存在争议,但是在当事人协议选择了某一具体国际惯例的情况下,我国人民法院的司法实践几乎无一例外都将该国际惯例作为判决依据。多数法院判决书都对国际惯例为什么可以作为判决依据以及该国际惯例是否涉案准据法的问题避而不谈。在上诉人花旗银行与被

---

[1] 上海市高级人民法院民事判决书(2000)沪高经终字第335号。

上诉人上海兰生股份有限公司及被上诉人华侨银行有限公司上海分行国际托收纠纷案中,上诉人在上诉状中明确主张《托收统一规则》仅是一项国际惯例,而不是准据法。该主张使得人民法院无法再回避国际惯例能否成为准据法的问题。二审法院对该问题给出了完全肯定的回答:"准据法可以是内国法,也可以是外国法,还可以是国际条约或国际惯例,这是国际私法界的共识。"二审法院判决书以"这是国际私法界的共识"为理由,回避了对国际惯例是否属于法律这一重要国际私法理论问题的分析,令笔者颇感遗憾,但该案二审法院判决书对"国际惯例能否成为准据法"问题的直率态度和明确回答,对于我们了解和分析我国内地涉外民商事司法实践对国际惯例性质的认识,显然具有不可低估的资料价值和理论意义。

第六章 部分问题和先决问题

第一节 基本概念

一、先决问题和部分问题

法院受理了某一国际私法案件,经过识别确定的当事人之间的争诉问题,即称为案件的"主要问题"。主要问题的解决适用主要问题的准据法。主要问题准据法可能直接解决该问题,也可能将另外一个问题的解决规定为解决"主要问题"的先决条件。在后一种情况下,该另外一个问题在国际私法中称为"先决问题"(Vorfrage)。可见,先决问题是主要问题准据法适用过程中的一个问题,以法官已经确定了主要问题的准据法为前提。在主要问题准据法还没有确定的情况下,不产生主要问题准据法的适用问题,因此也就不会产生先决问题。

示例[①]:

英国影星章某和中国男子张某在北京结婚,婚后惯常居住于英国伦敦。章某参加德国柏林电影节期间,结识在德国洪堡大学学习法律的天津男子范某。电影节结束后,范某驾驶其刚购买的汽车载章某观光德国城市,因疲劳驾驶,在法兰克福发生交通事故,范某和章某均受重伤。范某经医院抢救痊愈,章某经医院抢救无效死亡。章某的丈夫张某委托中国律师在天津高级人民法院对范某提起侵权损害赔偿诉讼,要求范某赔偿抚养费用、丧葬费用、精神损害补偿、往来英中德

[①] 秦瑞亭主编:《国际私法》(第二版),天津:南开大学出版社,2014年版,第139-140页。

三国的交通费用、取证费用、律师费用和诉讼费用共计数千万英镑。

法院查明，范某户籍所在地是天津，在天津拥有住所，已经在德国留学三年，每年暑假回国探亲一个月。

假设天津市高级人民法院受理了该案，被告范某未提出管辖权异议并出庭应诉。由于原告起诉要求侵权损害赔偿，天津市高级人民法院首先依据我国法律应将该案识别为侵权损害赔偿纠纷，本案的主要问题即是涉外侵权损害赔偿问题，该主要问题的准据法应当按照我国《法律适用法》第44条确定。第44条规定涉外侵权损害赔偿问题首先适用当事人共同经常居所地法律，其次适用侵权行为地法律。由于张某和范某没有共同经常居所地，法院应当认定适用侵权行为地法律，即德国法律，作为侵权损害赔偿的准据法。由于《法律适用法》拒绝反致，因此本案主要问题的准据法应当是德国实体法，即《德国民法典》。《德国民法典》第844条规定："在侵害他人致死的情况下，承担被害人丧葬义务的人，有权要求加害人赔偿丧葬费用。如果侵权行为发生时被害人与第三人之间存在某种法律关系，基于该法律关系，被害人对第三人已经或者将来负有抚养义务，且该第三人的抚养权利因为被害人死亡而被剥夺，那么该第三人对于因抚养权利被剥夺而遭受的损失，有权要求加害人赔偿。该损害赔偿请求权同样适用于在侵权行为发生时尚未出生的胎儿。"依据该条规定，被害人章某对本案原告张某负有法定抚养义务，是原告张某成功从加害人范某处获得侵权损害赔偿的前提条件。本案的特殊性在于，按照法院地法即我国法律，由于案件主要问题和主要问题的准据法都已经确定，法院不需要审理抚养义务是否存在的问题。但是主要问题的准据法即《德国民法典》却规定被害人对张某负有抚养义务是张某获得侵权损害赔偿的前提条件。这样，被害人和张某之间是否存在抚养关系的问题，便成了本案的先决问题。简言之，如果按照主要问题的准据法，主要问题的解决以另外一个法律关系的存在或者不存在为前提，那么该另外一个法律关系的存在问题便称为"先决问题"。

通过上述示例可以看出，并非所有需要法院在判决主要问题之前先行解决的问题都属于国际私法中的先决问题。一般认为，国际私法

上的先决问题,须同时具备下述三个要件①:

(1)主要问题依法院地国冲突规范必须以外国法为准据法。若主要问题的准据法为内国法,则先决问题与主要问题均依据内国冲突规范确定其准据法,此时法院地国家冲突法和主要问题准据法所属国家的冲突法相同,不会产生对先决问题应适用何国冲突规范的问题。

(2)先决问题能够作为一个单独的问题向法院提出,并且有自己的冲突规范可供援引。

(3)在确定先决问题准据法时,适用法院地国的冲突规范和适用主要问题准据法所属国的冲突规范会导致不同国家实体法的适用,并最终导致不同的判决结果。研究先决问题的主要目的在于确定对先决问题应适用法院地国的冲突规范还是适用主要问题准据法所属国的冲突规范。若适用法院地国和主要问题准据法所属国的冲突规则导致相同的判决结果,那么法院就不需要解决先决问题应适用何国冲突规范的问题。

在比较复杂的涉外民商事案件中,法院在对涉外法律关系当事人之间的争议问题(主要问题)做出最终判决之前,有可能需要先行解决许多相关法律问题。与主要问题相对应,我们可以将这些相关法律问题称为"部分问题"(Teilfragen)。先决问题与部分问题之间并非总是泾渭分明,在我国尤其如此,因为我国关于先决问题的研究总体上看尚处于对国外学说的介绍阶段。简单说,我国内地法院受理了一宗具体涉外民商事案件之后,首先依据我国《法律适用法》第8条并结合原告诉讼请求对案件的事实构成进行识别,得出的识别结论即是案件的主要问题。除了主要问题之外,法院为了对主要问题做出判决结果需要解决的所有相关法律问题中,具备上述先决问题三个构成要件的问题即属于国际私法中的先决问题,其他需要先行解决,但不具备先决问题构成要件的法律问题都属于国际私法中的"部分问题"。对于部分问题一般均存在一个与主要问题不同的特殊冲突规范,这也是国际私法需要研究部分问题的主要原因。根据多数国家立法和司法实践,

---

① 秦瑞亭主编:《国际私法》(第二版),天津:南开大学出版社,2014年版,第140-141页。

在合同法律关系中,当事人的缔约能力问题、合同形式问题和代理权问题均属于部分问题,这些部分问题不受合同准据法支配,而是依专门冲突规范确定应予适用的法律。但这些问题都不属于国际私法中的先决问题,因为其不具备先决问题的构成要件。

二、先决问题和部分问题准据法的确定

先决问题和部分问题都是独立于主要问题的特殊问题,而且各国国际私法立法中一般都有与之相对应的特殊冲突规范,因此在确定这些问题的准据法时,应适用法院地的冲突规范还是适用主要问题准据法所属国的冲突规范,便成为法院无法回避的一个现实问题。

部分问题是从主要问题准据法适用范围中分离出来的,需要由法院适用特殊冲突规范专门为之确定准据法的主要问题的一部分,这一概念本身便说明了法院对于部分问题均适用法院地的冲突规范确定准据法,实践中各国法院确定部分问题准据法时,亦均适用法院地国家的冲突规范。

先决问题的构成要件已经表明,关于先决问题的法律适用,理论上存在争议。各国实践中亦存在不同做法。由于先决问题主要涉及主要问题准据法所属国法律规定的某一法律状态是否存在,因此适用主要问题准据法所属国法律(冲突法)来确定先决问题的准据法,应视为一种合理的解决方案,这种解决方案称为"准据法理论"(lex causae)。但另一方面,由于先决问题是一个独立的法律问题,法院地法中也有与之相适应的专门的冲突规范,人们也可依法院地法(冲突法)确定先决问题的准据法,这种理论称为"法院地法理论"。[①]

从国外司法实践来看,英、美、加拿大、澳大利亚等英美法系国家的判例多采用准据法理论确定先决问题的准据法。[②] 德国、瑞士等大陆法系国家则多倾向于采用"法院地法理论"。[③]

---

① 秦瑞亭主编:《国际私法》(第二版),天津:南开大学出版社,2014年版,第141页。

② 韩德培主编:《国际私法》,北京:高等教育出版社、北京大学出版社,2000年版,第131-132页。

③ Kegel/Schurig: Internationales Privatrecht. 9. Aufl., Muenchen, 2004, S. 381.

两种理论各有优点和不足：其一，准据法理论有利于各国法院判决的一致，法院地法理论则有利于维护内国法制的统一和内国不同法院判决的一致，因为对以先决问题形式出现的问题和没有以先决问题形式出现的相同问题适用不同国家的冲突规范——前者适用准据法所属国的冲突法，后者适用法院地国的冲突规范，显然会破坏内国法制的统一和内国法院判决的一致性；其二，准据法理论顾及了在具体案件中主要问题和先决问题之间的联系，先决问题适用主要问题准据法所属国冲突规范，有一定的合理性，但在法院地国拒绝反致的场合下，法院地国冲突规范所指引的外国法仅包括其实体法，此时准据法理论便无法解决对先决问题应适用何国冲突规范的问题，因准据法所属国家的冲突法自始便没有被法院地国国际私法援引。法院地法理论在冲突法上平等对待主要问题和先决问题，对二者均适用法院地的冲突规范，则不会产生上述困难。从这个意义上讲，似乎法院地法理论的说服力更强一些。但是如果一律适用法院地的冲突规范确定先决问题的准据法，在准据法确定问题上，先决问题和部分问题之间的区别便完全消失，研究先决问题的意义以及先决问题概念本身存在的必要性将受到质疑，这又是法院地法理论固有的重大缺陷。[①]

第二节 我国关于先决问题和部分问题的立法与司法实践

一、《法律适用法司法解释（一）》第 12、13 条[②]

我国《民法通则》和《法律适用法》都没有关于先决问题和部分问题的规定，2013 年 1 月 7 日施行的《法律适用法司法解释（一）》结束了我国先决问题立法空白的历史，在我国冲突法立法史上首次规定了国际私法中的先决问题和部分问题。该司法解释第 12 条规定："涉

[①] 秦瑞亭主编：《国际私法》（第二版），天津：南开大学出版社，2014 年版，第 142 页。
[②] 本部分主要引自秦瑞亭主编：《国际私法》（第二版），天津：南开大学出版社，2014 年版，第 142-143 页。

外民事争议的解决须以另一涉外民事关系的确认为前提时,人民法院应当根据该先决问题自身的性质确定其应当适用的法律。"第13条规定:"案件涉及两个或者两个以上的涉外民事关系时,人民法院应当分别确定应当适用的法律。"

从比较法来看,立法对先决问题做出明确规定的国家比较少见。先决问题在英美冲突法学界被喻为"德国学术温室里培育出的一朵学术之花"①,这一比喻形象说明了先决问题在司法实践中的罕见程度。由于该问题在司法实践中极少发生,英美法系和大陆法系的多数法治发达国家,包括先决问题的发源地德国,在其国际私法现行立法中都没有对先决问题做出明确规定。《法律适用法司法解释(一)》专门对先决问题的定义和法律适用问题做出规定,说明了我国最高司法机关对这一冲突法问题的高度重视,这一点无疑值得肯定。但令人遗憾的是,《法律适用法司法解释(一)》第12条虽然语言简洁,通俗易懂,却存在明显的不足之处:

其一,依据国内外国际私法学界主流观点,国际私法中的先决问题有一定的构成要件,其中之一是该问题依据法院地的冲突规范和依据主要问题准据法所属国家的冲突规范应当适用不同的法律,并且导致不同的判决结果。《法律适用法司法解释(一)》第12条将所有作为解决主要问题先决条件的涉外民事关系的存在问题均规定为先决问题,显然忽视了先决问题的构成要件。如前所述,国际私法中,需要先行解决但不具备先决问题构成要件的问题一般称为部分问题。部分问题和先决问题的主要区别是:前者一律依据法院地的冲突规范确定准据法,后者则可能导致适用主要问题准据法所属国家的冲突规范。②《法律适用法司法解释(一)》第12条规定的是先决问题,第13条规定的是部分问题。但是该司法解释第12条将作为解决主要问题前提条

---

① F. K. Juenger, "General Course on Private International Law", in: Recueil des cours: collected courses of the Hague Academy of International Law, Volume 193 (1985-IV), edited by Hague Academy of International Law, Martinus Nijhoff Publishers, Leiden, The Netherlands, 1986, P. 196.

② 关于先决问题和部分问题的区分,参见秦瑞亭主编:《冲突法的理论与实务》,北京:对外经济贸易大学出版社,2007年版,第121—126页。

件的部分问题亦规定为先决问题,这就导致了第 12 条和第 13 条在调整对象方面的部分重合。

其二,先决问题之所以成为国际私法中的一个特殊问题,主要是由于先决问题的准据法是否应当依据法院地国家的冲突规范确定在理论上存在争议。因此任何关于先决问题的立法都应当明确规定,是适用法院地国家的冲突规范,还是适用主要问题准据法所属国家的冲突规范,或者适用依据某一标准确定的第三国的冲突规范,来确定先决问题的准据法。但是《法律适用法司法解释(一)》第 12 条却对这一关键问题语焉不详、含糊其词,这显然是这一专门解决先决问题的冲突规则的令人遗憾之处。

二、我国关于先决问题和部分问题的司法实践

与国外情况相似,我国司法实践中关于先决问题的涉外民商事案例非常罕见。真正属于国际私法中先决问题的涉外民商事案例,笔者目前仅仅搜集到我国台湾地区法院判决的一个侵权案件,[①]我国大陆法院判决的真正具备先决问题构成要件的涉外民商事案例,笔者还没有搜集到任何一例。审案法官认为属于国际私法中先决问题的案例,我国司法实践中有时会出现,陈惠钿等诉梁健敏合同无效和不当得利纠纷[②]案即是其中一例。

该案中,2000 年 2 月 15 日,香港永久居民苏宇宙和不具有律师执业资格的内地居民梁健敏(经常居住地为广东省韶关市)签订《委托代理合同》,约定梁健敏接受苏宇宙委托,担任苏宇宙诉深圳市建设(集团)公司珠海西区工区等借款合同纠纷案中苏宇宙的委托代理人,履行代理合同所需所有费用由梁健敏垫付,苏宇宙胜诉后苏宇宙按判决书总标的支付 50%作为梁健敏的代理费。

[①] 我国台湾地区最高法院判决的香港居民谭嘉茵侵权损害赔偿案。
[②] 一审判决书:广东省韶关市中级人民法院民事判决书(2009)韶中法民三初字第 22 号;二审判决书:广东省高级人民法院民事判决书(2010)粤高法民四终字第 62 号。转引自:吴思颖:《域外债权人死亡后其继承人起诉的涉外商事合同纠纷中先决问题的解决》,载于贺荣主编:《涉外商事海事审判指导》,北京:人民法院出版社,2015 年版,2014 年第 2 辑,第 151-155 页。

梁健敏依约实施了诉讼代理行为，苏宇宙胜诉，梁健敏于 2000 年获得代理费 875 万元。2007 年，苏宇宙在香港死亡，其妻子陈惠钿、女儿苏秀敏和苏敏仪、儿子苏冠城（该四人均为香港居民）、其母亲张顺（内地居民）以委托代理合同违反我国律师法第 14 条①的强制性规定因而无效为由，向广东省韶关市中级人民法院起诉梁健敏，要求梁健敏返还 875 万元代理费及其利息。

该案一审法院广东省韶关市中级人民法院以"苏宇宙本人作为委托代理合同当事人生前没有提起合同无效诉讼，苏宇宙死后，原告作为苏宇宙的继承人不能超越苏宇宙的意思表示主张合同无效"为由，判决驳回了陈惠钿等五人的诉讼请求。五原告不服一审判决，向广东省高级人民法院提起上诉。

广东省高级人民法院二审认为，陈惠钿等五人以委托代理合同无效为由提起诉讼，其中四人为香港居民，故本案属于涉港委托合同纠纷，应比照涉外案件处理。陈惠钿等五人作为苏宇宙继承人起诉梁健敏主张委托合同无效并请求返还不当得利，该五人是否适格原告，对涉诉债权是否有合法继承权，是解决本案的先决问题。《民法通则》第 149 条规定，动产法定继承适用被继承人死亡时住所地法律，被继承人苏宇宙死亡时住所在香港，故对作为先决问题的动产法定继承问题应适用香港特别行政区法律。广东省高级人民法院通过香港律政司双语法例资料系统网上查到了《香港法例》第 10 章《遗嘱认证及遗产管理条例》，该条例对位于香港域外的遗产管理问题没有规定，广东省高级人民法院据此认定香港法律无法查明。依据我国《法律适用法》第 10 条，外国法律没有规定的，适用中华人民共和国法律，二审法院因此确认适用我国内地法律作为继承准据法。根据我国继承法，陈惠钿等五人作为苏宇宙的法定继承人对涉案合同债权享有继承权，是适格原告。

《委托代理合同》没有明确约定应当适用的法律。在本案一审二

---

① 1996 年《律师法》第 14 条规定：没有取得律师执业证书的人员，不得以律师名义执业，不得为牟取经济利益从事诉讼代理或者辩护业务。

审过程中，双方当事人均援引中国内地法律作为解决本案实体争议的准据法，依据我国《民法通则》第145条和《最高人民法院关于涉外民事或商事合同纠纷案件法律适用若干问题的规定》第4条，应当视为当事人双方已经选择了我国内地法律作为合同争议应适用的法律。1996年《律师法》第14条规定："没有取得律师执业证书的人员，不得以律师名义执业，不得为牟取经济利益从事诉讼代理或者辩护业务。"由于梁健敏不具有律师职业资格，因此《委托代理合同》违背了该条强制性规定，应属无效。故二审改判梁健敏将其基于《委托代理合同》所得利益返还陈惠钿等五人。[①]

一方面，该案二审法院判决书中明确写明提起诉讼的五人是否适格原告和对涉诉债权是否有合法继承权的问题是解决本案的先决问题；另一方面，该案二审法院的吴思颖法官专门就该案写了一篇题目为《域外债权人死亡后其继承人起诉的涉外商事合同纠纷中先决问题的解决》的文章，在最高人民法院主办的知名刊物上发表。[②]基于这两方面的原因可以认为，该案二审法院和最高人民法院都是将该案视为关于先决问题的典型国际私法案例的。但是笔者认为，根据国际私法学界主流观点关于先决问题的定义和构成要件，该案中法官需要先行解决的涉外动产法定继承问题显然不属于国际私法中的先决问题，因为该案一审法院和二审法院都认定案件主要问题（委托代理合同效力问题）的准据法是法院地法即中国法律，根本不具备国际私法中先决问题的第一个构成要件。故该案实际上只是一个涉及国际私法中当事人适格问题和部分问题的典型涉外案例。

我国司法实践中涉及国际私法中部分问题的涉外民商事案例很多，可以说，只要涉外民商事案件涉及两种或者两种以上民事关系，

[①] 吴思颖：《域外债权人死亡后其继承人起诉的涉外商事合同纠纷中先决问题的解决》，载于贺荣主编：《涉外商事海事审判指导》，北京：人民法院出版社，2015年版，2014年第2辑，第151-155页。

[②] 吴思颖：《域外债权人死亡后其继承人起诉的涉外商事合同纠纷中先决问题的解决》，载于贺荣主编：《涉外商事海事审判指导》，北京：人民法院出版社，2015年版，2014年第2辑，第151-155页。

法院就需要援引我国相关冲突规范分别为这些民事关系确定准据法，我国最高人民法院《法律适用法司法解释（一）》第13条对此做了明确规定，因此该类案件中主要问题之外的那些需要确定准据法的民事关系和法律问题都属于国际私法中的部分问题。我国司法实践中关于部分问题的典型案例是原告台湾阳明海运股份有限公司（简称阳明公司，住所地为台湾基隆市七堵区明德一路271号）诉被告香港美达船务有限公司（简称美达公司，住所地为香港干诺道中200号）、英国维尔京群岛大诺控股有限公司（简称大诺公司，住所地为不列颠维尔京群岛套托拉区道路镇离岸公司中心第957号邮箱）海上货物运输合同纠纷一案[①]。

该案中，原告阳明公司是经营集装箱运输的国际班轮公司。2005年7月，原告将所承揽的一批集装箱货物（原告对相关货主签发了全程提单）从福州到高雄区段的运输任务委托给船舶经营人美达公司。美达公司签发了提单，货物实际由大诺公司所有的"景云"轮负责承运。但该轮在高雄外海遭遇"海棠"台风，造成集装箱落海，原告作为全程承运人遭到货方的索赔，产生的损失和费用共计388 749.74美元。原告认为，原告是相关货物的全程承运人，在对货损承担了赔偿责任后，有权向负责区段运输的承运人即本案被告美达公司和大诺公司追偿，故向厦门海事法院起诉，请求法院判令两被告承担连带责任，全额赔偿其损失388 749.74美元及利息，并承担本案诉讼费用。

事故发生后，船舶所有人大诺公司申请设立977 618计算单位及相应利息的海事赔偿责任限制基金，法院裁定准许，并确定基金数额为责任限制总额11 876 910.98元。本案起诉前，阳明公司曾于2005年8月30日请求法院扣押"景云"轮，一审法院裁定准许并对该轮实施了扣押。

厦门海事法院一审认为，"由于美达公司是香港的企业法人，依最高人民法院《关于审理涉外民事或商事合同纠纷案件法律适用若干问题的规定》第11条规定，涉港合同的法律适用参照涉外合同执行。

---

① 厦门海事法院民事判决书（2005）厦海法商初字第380号。

按《中华人民共和国海商法》第 269 条的规定，涉外合同的当事人可以选择合同适用的法律，鉴于原告与美达公司均同意适用中国法解决纠纷，应以中国法作为合同的准据法。被告大诺公司系外国法人，作为实际承运人，原告对其提起的诉讼属于侵权之诉。根据《中华人民共和国民法通则》第 146 条第 1 款的规定，涉外侵权行为的损害赔偿，适用侵权行为地法律。由于本案的侵权行为地在中国，故亦以中国法为准据法。此外，有关海事赔偿责任限制的问题，依照《中华人民共和国海商法》第 275 条的规定，应适用受理案件的法院所在地法即中国法处理。"[1]

由于本案原告将契约承运人和实际承运人都作为被告起诉到法院，依据原告的诉讼请求和法院的识别结论，原告和契约承运人之间的争议属于合同纠纷，原告和实际承运人之间的争议则属于侵权纠纷，实际承运人申请海事赔偿责任限制的问题，又属于合同和侵权关系之外的另一种法律问题。因此一审法院分别依据我国《海商法》第 269 条、《民法通则》第 146 条和《海商法》第 275 条的规定，对前述合同之诉、侵权之诉和海事赔偿责任限制问题确定了各自的准据法。从该案的案由"台湾阳明海运股份有限公司诉香港美达船务有限公司、英国大诺控股有限公司海上货物运输合同货损赔偿纠纷"来看，一审法院应当是将合同诉讼作为本案的主要问题的。如果将合同诉讼认定为本案主要问题的观点能够成立，那么，本案中的侵权问题和海事赔偿责任限制问题都属于国际私法中的部分问题，依据《法律适用法司法解释（一）》第 13 条，应当适用相应的冲突规范分别确定准据法。前引厦门海事法院判决书的内容表明，厦门海事法院对案件中不同法律关系和法律问题的处理完全符合《法律适用法司法解释（一）》第 13 条的规定，虽然该判决书做出之时（2007 年 9 月 19 日），《法律适用法司法解释（一）》还没有制定颁布。基于前述分析，笔者认为，该法院判决书堪称一份关于解决国际私法中如何为"部分问题"确定准据法的优秀判决书。

---

[1] 厦门海事法院民事判决书（2005）厦海法商初字第 380 号。

第七章 干涉性法规[①]

第一节 概 述

顾名思义,"干涉性法规"指基于其自身特殊性质,具有优于法院地国冲突法援引的准据法的效力,要求"干涉性"地适用于特定涉外案件的法律规则。"干涉性法规"理论的产生是国家干涉主义取代传统私法自治原则的结果。20世纪尤其是第二次世界大战以来,随着国家经济职能的增强,契约神圣原则逐渐被放弃,各国开始运用法律手段管理和调控经济发展,由此导致了一类特殊法律规则的出现。这类规则的共同之处是其无须传统冲突规则的指引,便可直接适用于特定涉外案件。由于这类规则基于自身性质无须冲突规则指引便可直接适用于涉外案件,德语国家给这类规则起了一个非常形象的名字,即"干涉性法规"[②]。

目前多数国家均已承认了"干涉性法规"的存在,但在这类规则的名称和识别标准等问题上,各国理论和司法实践尚未达成一致。英语国家一般称这类规则为"强制性规则"(Mandatory Rules),[③]法语国

[①] 本章系在秦瑞亭主编的《国际私法》(第二版)(南开大学出版社2014年版)第八章第二节基础上扩充而成,增加了较多案例内容。本章部分内容以德文发表于德国国际私法期刊《国际私法和诉讼程序法实践》2011年第6期(IPRax 2011, Heft 6)。

[②] Eingriffsnormen,亦可译为侵略性规则。

[③] Michal Wojewoda: Mandatory Rules in Private International Law, MJ 7 [2000], 183-213.

家一般称之为"直接适用的法（Lois d'application immédiate）"，①由于文献来源和语言翻译的不同，这类特殊规则在我国有"直接适用的法""强制性规则""干涉性法规""侵略性规则""空间受调节的规范（Specially Conditioned Rules）""自我限定规则（Selflimiting Rules）"和"警察法（Lois de Police）"等诸多名称。②

现行立法中，晚近的国际私法立法一般都正式承认了这类规则的存在并对其做了专门规定。如《韩国 2001 年国际私法》第 7 条规定："基于立法目的，无论准据法是什么，即使在本法指定外国法为应适用的准据法的情况下，大韩民国的强制规定也可适用于相关的法律关系。"③2004 年《比利时国际私法法典》第 20 条规定："本法的规定不影响比利时法律中的强制性规定或公共政策的适用。根据法律或其特殊目的，强制性规定或公共政策旨在规制国际事项而不考虑根据冲突规则指定的法律。当根据本法适用一个国家的法律时，可以适用与案件有密切联系的另一国家法律中的强制性规定或公共政策，并且只要根据该另一国家的法律，这些规则应予以适用而不考虑其他法律的适用。在决定是否适用这些强制性规则时，应对强制性规则的性质、目的以及适用或不适用的结果加以考虑。"④该条款不仅详细规定了"干涉性法规"的适用问题，而且以立法形式明确了该类规则的含义：根据法律或其特殊目的，旨在规制国际事项而不考虑根据冲突规则指定的准据法的强制性规定。因此该条款可视为关于"干涉性法规"的国内立法典范。《比利时国际私法法典》第 20 条同时也明确了"干涉性法规"与"公共秩序法规"之间的一个重要区别：该条款要求法院不仅适用法院地国的"干涉性法规"，而且适用法院地国和准据法所属国之外的第三国的"干涉性法规"，内国法院在司法实践中却从来不会主

---

① Phocion Francescakis: Lois d'application immédiate et règles de conflit, Rev.dir.int.pr.proc. 1967, 691~698; Phocion Francescakis: Quelques precisions sur les "Lois d'application immediate" et leurs rapports avec les règles de conflits de lios, Rev.crit.d.i.p. 1966, 1-18.

② 肖永平、胡永庆：《论"直接适用的法"》，《法制与社会发展》，1997 年第 5 期。

③ 《韩国 2001 年国际私法》，沈涓译，《中国国际私法与比较法年刊》第六卷。

④ 《比利时国际私法法典》，梁敏、单海玲译，《中国国际私法与比较法年刊》第八卷。

动保护法院地国之外的其他国家的公共秩序。另外《韩国2001年国际私法》第10条和《比利时国际私法法典》第21条都专门规定了公共秩序保留制度,这种对公共秩序和"干涉性法规"分别在不同条款中规定的立法形式亦说明了二者之间的重要区别。

目前国内外学者关于"干涉性法规"的识别问题尚未达成一致。我们认为,一项法律规则首先必须具备两个条件方有可能在实践中被法院认定为"干涉性法规":第一,该法律规则必须具有干涉意图;第二,该法律规则必须有干涉的范围和条件,即该法律规则的适用范围。法律规则的干涉意图是指立法者在立法说明或者其他正式文件中表达出来的要求该法律规则不经冲突规则指引而干涉性地适用于特定涉外案件的意思表示,因此法律规则的干涉意图实质上是该法律规则制定者的干涉意图。干涉意图是"干涉性法规"的必备要素之一,如果一项法律规则本身不愿意"干涉"涉外民商事案件,法院却硬认定其为"干涉性法规"并将其适用于涉外案件,则法院的这种做法无异于"强人所难"。如果一项法律规则具有强烈的干涉意图,但缺乏明确的干涉范围和条件,其亦不能被认定为"干涉性法规",原因显而易见:如果仅具备干涉意图便可成为"干涉性法规",那么立法者不仅可随意将其制定的任何法律宣布为"干涉性法规",而且还可以使该规则不顾冲突规则指引无条件干涉一切涉外案件,这不仅无法为任何一个国家的冲突法所接受,而且为国际公法基本原则所不容。

综上所述,本书对"干涉性法规"定义如下:"干涉性法规"是指体现立法者的特定政策和立法目的,具有明确的干涉意图和干涉范围,能够不经一般冲突规则指引而"干涉性"地适用于涉外民商事案件的强制性法律规则。

第二节 我国的干涉性法规和干涉性法规直接适用制度

《法律适用法》第4条规定:"中华人民共和国法律对涉外民事关系有强制性规定的,直接适用该强制性规定。"

因为《法律适用法》第5条明确规定了公共秩序保留制度,所以可以肯定,《法律适用法》第4条规定的并不是公共秩序保留问题。第4条中的强制性规定显然也不是指与任意性规范相对应的一般意义上的强制性规范,因为如果立法要求中国法院在准据法是外国法的情况下仍然强制适用中国法律中的一般强制性规定,则明显违背国际私法的基本理论和常识。因此,《法律适用法》第4条虽然没有明确使用"干涉性法规"的概念,但毫无疑问,该条规定的强制性规定应是指国际强制性规定,即干涉性法规。随着2011年4月1日《法律适用法》的生效实施,我国国际私法中一种全新的法律适用制度——干涉性法规直接适用制度正式诞生。

我国法学文献中并不乏关于干涉性法规问题的讨论,[①]但对于我国现行法律中是否有干涉性法规,以及如果有,哪些法律法规属于干涉性法规的问题,我国迄今鲜有文章著作论述。《法律适用法》第4条正式规定了目前已为多数法治发达国家冲突法立法承认的干涉性法规直接适用制度,但该条款仅规定了中华人民共和国法律对涉外民事关系的强制性规定应当直接适用,对于我国法律中有哪些此类强制性规定、此类强制性规定的特征和认定标准等诸多重要问题均没有规定,因此,《法律适用法》第4条的可行性颇成问题。

由于上述原因,最高人民法院经过一年多的调研,于2012年12月28日正式公布了《法律适用法司法解释(一)》。《法律适用法司法解释(一)》第10条规定:"有下列情形之一,涉及中华人民共和国社会公共利益、当事人不能通过约定排除适用、无须通过冲突规范指引而直接适用于涉外民事关系的法律、行政法规的规定,人民法院应当认定为涉外民事关系法律适用法第4条规定的强制性规定:

(一)涉及劳动者权益保护的;

(二)涉及食品或公共卫生安全的;

[①] 例如,徐冬根主编:《国际私法趋势论》,北京:北京大学出版社,2005年版,第392页;肖永平:《论直接适用的法》,《法制与社会发展》,1997年第5期,第46页;刘仁山、胡炜:《"直接适用的法"若干问题》,《当代法学》,2002年第8期,第93页;胡永庆:《论公法规范在国际私法中的地位——"直接适用的法"问题的展开》,《法律科学》,1999年第4期,第90页。

（三）涉及环境安全的；
（四）涉及外汇管制等金融安全的；
（五）涉及反垄断、反倾销的；
（六）应当认定为强制性规定的其他情形。"

上述条款系对《法律适用法》第4条的解释，该司法解释明确列举了人民法院应当认定为干涉性法规的具体情形，增强了《法律适用法》第4条的可操作性，这一点无疑具有积极意义。但是，该司法解释既没有明确干涉性法规的定义，也没有规定识别干涉性法规的可行性标准。《法律适用法司法解释（一）》第10条中"当事人不能通过约定排除适用、无须通过冲突规范指引而直接适用于涉外民事关系"这些看似明确的干涉性法规的特征，仅仅用另一种表述方式强调了干涉性法规可以不经冲突规范援引而直接"干涉"涉外民事关系这一事实，亦无法作为识别某一法规是否是干涉性法规的可行性标准。因此人民法院在依据该第10条判断我国某一具体法律法规是否属于干涉性法规时，仍然无所适从。不仅如此，《法律适用法司法解释（一）》第10条将涉及劳动者权益保护的法规定性为《法律适用法》第4条意义上的干涉性法规，有失妥当。试举例说明：

2013年10月，德国某公司（简称德国公司，在德国和中国均有营业所）和住所于北京的北京人孝某订立劳动合同，约定孝某在德国柏林从事技术工作，合同期限十年。2016年1月，孝某向德国公司提出春节期间回国休假的要求，德国公司以春节在德国不是法定节日为由拒绝了孝某的要求。孝某于2016年春节期间擅自回国一周，德国公司因此遭受损失。德国公司在北京市中级人民法院起诉孝某，认为孝某擅自回国构成违约，要求法院判决孝某支付违约损害赔偿。孝某辩称，我国春节休假的规定属于《法律适用法》第4条规定的干涉性法规，在涉外劳动合同中应当直接适用。因此其春节休假回国符合法律规定，不构成违约。

本案属于涉外劳动合同纠纷，依据我国《法律适用法》第43条，应当适用劳动者工作地法律。孝某在德国柏林工作，因此本案劳动合同应当适用德国法律作为合同准据法。依据德国法律，春节不是法定节日,因此孝某春节期间擅自回国行为违背了劳动合同,构成违约。但本案由我国北京市中级人民法院受理,春节休假的规定属于我国的强制性规定。如果春节休假的强制性规定直接适用于本案劳动合同,那么孝某春节休假回国行为便由于该强制性规定的适用而成为合法行为,德国公司的诉讼请求便缺乏法律依据。因此本案的关键问题是:我国春节休假的规定是否属于《法律适用法》第4条意义上的干涉性法规?

作为对《法律适用法》第4条的解释,《法律适用法司法解释(一)》第10条应当适用于本案劳动合同纠纷。该司法解释第10条将我国涉及劳动者权益保护的法律和行政法规明确规定为《法律适用法》第4条意义上的干涉性法规,只是要求这些法律行政法规"涉及中华人民共和国社会公共利益、当事人不能通过约定排除适用、无须通过冲突规范指引而直接适用于涉外民事关系"。我国2008年1月1日施行的国务院《全国年节及纪念日放假办法》①明确规定春节放假三天(农历除夕至正月初二),该规定属于我国行政法规的强制性规定;考虑到春节在我国传统文化中的重要地位,也可认为该规定涉及我国社会公共利益;该规定亦不允许当事人通过约定排除适用。《法律适用法司法解释(一)》第10条没有规定据以判断某法规是否可以"无须通过冲突规范指引而直接适用于涉外民事关系"的标准,但是该条款将涉及劳动者权益保护的法规置于所列举的各项强制性规定之首,春节休假的规定显然涉及劳动者权益保护。因此,受理案件的人民法院如果将《全国年节及纪念日放假办法》认定为《法律适用法》第4条意义上的干涉性法规进而将其直接适用于涉案劳动合同,似乎并不违背《法律适用法司法解释(一)》第10条。而在上述假设案例中,由于劳动合同准据法是德国法律,孝某在德国工作,已经享受了德国法律规定的节假日休假。因此如果北京市中级人民法院基于前述分析判决孝某可以依据我国国务院《全国年节及纪念日放假办法》行使春节休假权利,则该判决结果显然对用人单位一方当事人有失公平,也不合理。

上述假设案例说明,将春节休假的规定定性为干涉性法规,可能

---

① 2007年12月14日国务院令第513号修订公布,2008年1月1日起施行。

导致显失公平的判决结果。其他涉及劳动者权益保护的法规亦存在类似情况。因为在劳动者保护已经成为国际社会共识的今天，各国法律中都有保护劳动者权益的强制性规定，但这些规定的内容各不相同。在我国法律和劳动者工作地法律都保护劳动者但保护重点和角度不同的情况下，并行适用我国劳动者保护法规和作为准据法的劳动者工作地法律可能导致显失公平的结果。例如我国法律要求用人单位为劳动者缴纳五险一金；劳动者工作地法律没有关于五险一金的规定，但要求用人单位为劳动者提供免费医疗服务，而且规定了高出我国工资水平数倍的最低工资。如果将我国关于五险一金的规定定性为干涉性法规，那么，依据《法律适用法》第43条，用人单位和劳动者之间的劳动合同应当适用劳动者工作地法律作为准据法，所以用人单位必须支付劳动者高出我国工资水平数倍的工资，同时为劳动者提供免费医疗服务；依据《法律适用法司法解释（一）》第10条，我国关于五险一金的规定直接适用于该劳动合同，因此用人单位还必须为劳动者缴纳五险一金。这一结论显然对用人单位有失公平，对于劳动者来说则属于过度保护，亦有失合理。而且要求国外公司为在国外工作的中国公民缴纳我国法律规定的五险一金，可行性也值得怀疑。

由此可见，《法律适用法司法解释（一）》第10条将劳动者权益保护法规规定为《法律适用法》第4条意义上的干涉性法规在司法实践中可能导致对劳动者过度保护、对用人单位显失公平的结果，既不合理，亦无必要，建议最高人民法院将来通过案例指导制度对该条款中劳动者权益保护法规的定性标准从严解释，有效防止该条款在司法实践中可能导致的不利后果。

实际上，无论是关于干涉性法规的定义，还是关于干涉性法规的识别标准，国外都有成熟的立法和理论可资借鉴。作为当今世界最为发达的合同冲突法成文立法，《罗马第一条例》[①]第9条第1款明文规定了干涉性法规的定义："干涉性法规是这样一种强制性法规，该法规

---

① 2008年6月17日《欧洲议会和欧洲理事会关于合同债权关系准据法的第593/2008号条例》《罗马第一条例》，载于：《欧盟官方公报》，2008年，第L177号，第6页（Amtsblatt der Europaeischen Union, 2008, Nr. L177, S. 6.）。

制定国认为，遵守该法规对于维护该国公共利益，尤其是维护该国政治、社会和经济组织的运行，具有如此决定性的意义，以至于该法规必须适用于其调整范围内的所有案件，而无论依据本条例规定合同的准据法是何国法律。"《罗马第一条例》目前已经在除丹麦之外的26个欧盟成员国生效实施，[①]因此上述关于干涉性法规的定义作为欧盟范围内关于干涉性法规的法定定义，已经成为欧盟成员国的共识。根据该定义，一条法规欲成为干涉性法规，必须具备两个前提条件：第一，该法规必须具有调整国际性案件的干涉意图；第二，该法规必须以维护公共利益作为主要目的。依据该定义来分析前述关于孝某春节休假是否构成违约的案例，我们会发现，我国关于春节休假的规定，即2008年《全国年节及纪念日放假办法》，虽然属于强制性规定，但是该办法显然不具有调整国际性案件的干涉意图，即不属于我国法律行政法规对涉外民事关系的强制性规定。如果认为该办法具有调整国际性案件的干涉意图，则实质上无异于依据我国法律法规强行要求国外用人单位或者我国用人单位在外国的营业所违背该外国关于休假的法律法规。这不仅违背不同国家法律平等的国际私法基本原则，而且既不合理，也不可行。因此正确的结论是：我国国务院制定颁布的《全国年节及纪念日放假办法》不是《法律适用法》第4条意义上的干涉性法规，它适用于我国国内劳动合同和准据法是我国法律的涉外劳动合同，但不适用于准据法是外国法律的涉外劳动合同。前述假设案例中的涉外劳动合同准据法是德国法律，因此孝某无权依据我国节假日放假办法要求春节休假。

依据《罗马第一条例》规定的干涉性法规的定义和识别标准，同时结合我国《法律适用法》第4条和《法律适用法司法解释（一）》第10条，本书认为，《法律适用法》第4条意义上的干涉性法规在我国现行法律法规体系中是存在的，具体来说，主要存在于我国外汇管理法律法规之中。众所周知，我国是目前世界上仍实行外汇管制制度的

[①] 目前《罗马第一条例》对英国仍然生效，英国完成脱离欧盟的法律程序之后，是否会正式退出该条例，目前还无法预测。

少数国家之一。我国现行实体法律法规和司法解释中有不少条款,其主要目的是保证外汇管制制度的实施:

依据1996年制定、2008年修订的《中华人民共和国外汇管理条例》[①](简称《外汇管理条例》)第18条,国家对外债实行规模管理,借用外债应当在外汇管理机关办理外债登记。按照《外汇管理条例》第20条,我国境内银行向境外提供商业贷款,亦需要依据外汇管理部门规定办理登记手续。

依据《外汇管理条例》第19条,提供对外担保,应当向外汇管理机关提出申请,只有该申请获得批准之后,申请人方可签订对外担保合同。对外担保合同订立之后,申请人仍然须到外汇管理机关办理对外担保登记。

依据2000年《最高人民法院关于适用〈中华人民共和国担保法〉若干问题的解释》第6条[②],未经批准或者登记提供对外担保的,对外担保合同无效。

按照《外汇管理条例》第39~51条,违背上述外汇管理法规或者违背上述关于对外担保审批登记的规定,将导致民事责任、行政责任甚至刑事责任的产生。对违反上述外汇管理法规的境内机构,外汇管理机关有权处违法金额30%以下的罚款;情节严重的,可处违法金额30%以上等值以下的罚款。对该境内机构的负责人和其他直接责任人员亦可处以罚款,甚至追究刑事责任。

由于所有上述法规和司法解释均明确规定以外汇管理和对外担保为调整对象,因此这些法规具有明确的干涉意图,即其意欲适用于国际性的(外汇管理和对外担保)法律关系。换言之,具有干涉意图是这类法规的固有特征。另外从下述两点我们还可以看出,这些法规的主要目的均在于维护中华人民共和国的公共利益:其一是《外汇管理条例》规定的所有措施均直接处于外汇管理部门这一政府机关的监

---

① 中华人民共和国国务院令第532号:《中华人民共和国外汇管理条例》,载于《中华人民共和国国务院公报》,2008年,第23号,第15页。

② 法释(2000)第44号,2000年12月13日施行,载于《中华人民共和国常用法律大全》,北京:法律出版社,2004年版,第243页。

管之下；其二是对上述法规的违反将不仅导致私法后果，而且会导致行政责任甚至刑事责任等公法上的后果。这两点说明这些法规的目的主要是维护社会公共利益。

综上所述，上述我国外汇管理法律法规均具有明确的干涉意图，都主要维护我国公共利益，都要求不顾冲突法规定而干涉性地适用于涉外案件，因此这些法规均属于我国的干涉性法规。将上述法规识别为干涉性法规，亦完全符合《法律适用法》第4条：其一，《外汇管理条例》属于"中华人民共和国法律（广义）对涉外民事关系的规定；其二，《外汇管理条例》毫无疑问属于强制性规定。

在中华人民共和国境内履行的中外合资经营企业合同、中外合作经营企业合同、中外合作勘探开发自然资源合同，依据《中华人民共和国合同法》（简称《合同法》）第126条第2款，不适用当事人自治原则和最密切联系原则，而是一概强制性适用中华人民共和国法律。因此，受理此类案件的人民法院无权适用当事人协议选择的法律，也不能适用最密切联系原则确定合同准据法，而必须对上述合同无条件适用中华人民共和国法律。这就提出了一个问题：支配上述合同的中国实体法律是否属于干涉性法规？答案应是否定的。虽然调整上述合同的中国实体法中的某些规则也可能以维护中国公共利益为目的，但由于这些实体法规毕竟都属于合同法范畴，因此绝大部分情况下，其主要目的应是保护和平衡合同当事人的私人利益；而且按照契约自由原则，合同法领域的法律规范一般不具有强制性。另外这些实体法律规则均未规定行政或者刑事责任问题。对这些法律的违反正常情况下仅导致私法后果，严重情况下也仅导致相关合同的不生效或者无效。因此，这些法律规则不具备干涉性法规必须具备的构成要件。正确结论是：《合同法》第126条第2款属于单边冲突规范，单边冲突规范的存在本身，无论如何都不足以使其援引的实体规范成为干涉性法规。

第三节　我国关于干涉性法规的司法实践

干涉性法规的强行适用主要是基于其"干涉性质",虽然我国学界关于这种"干涉性质"的判断标准至今存在争议,虽然我国《法律适用法》第4条和《法律适用法司法解释(一)》第10条都没有将这种"干涉性质"规定为干涉性法规的识别标准,但每个国家法律中都有具有这种"干涉性质"的一些法律法规,是一个客观事实。国际社会"直接适用的法"理论的提出和我国《法律适用法》第4条和《法律适用法司法解释(一)》第10条的制定,仅仅是我国立法者和最高司法机关对这种客观事实的"发现"和正式承认。由于"干涉性"是"干涉性法规"的固有特征,对于法律正义感特别强的法官来说,即使他们没有学习过国际私法,也没有听说过"直接适用的法"或者"干涉性法规"理论,他们也能感觉到某些法规所具有的这种"干涉性",从而在涉外案件中对具备这种性质的法规直接适用。因此早在我国还没有关于"干涉性法规"直接适用制度的任何立法和理论的20世纪80年代,我国已经有了将某些具有"干涉性"的法律法规直接适用于涉外民商事案件的司法实践,1984年7月14日深圳市中级人民法院判决的深圳市蛇口区环境监测站与香港凯达企业有限公司环境污染案[①]便是其中典型一例。该案中,被告香港凯达企业有限公司从1982年开始在蛇口工业区独资建厂生产各种塑料玩具,产品畅销国际市场。但是浇模车间产生恶臭和有毒气体,未经处理,即向大气排放,呛人喉鼻,使人呼吸困难;居民纷纷向监测站反映,要求政府严肃处理。深圳市蛇口区环境监测站作为原告于1983年12月向深圳市中级人民法院提起诉讼,要求被告对上述噪声和废气进行彻底治理,达到国家规定标准,并支付聘请环保科技人员前来勘测时的有关费用。

---

① 沈德咏主编:《最高人民法院公报案例大全》(上卷),北京:人民法院出版社,2009年版,第767-768页。

该案被告是香港企业,具有明显涉外因素,但深圳市中级人民法院在该案中直接适用了《中华人民共和国环境保护法(试行)》第6条、第16条和第32条规定,于1984年7月14日对案件做出了实体判决。① 由于当时我国既没有关于"干涉性法规直接适用"的任何立法,相关理论在我国学界也没有介绍和论述,因此,我们也无法要求当时的法官在判决书中写明直接适用《中华人民共和国环境保护法(试行)》的冲突法理由,但是按照30多年后我国现在的国际私法立法和理论来分析,该案法官当时直接适用我国环境保护法的做法无疑是正确的。笔者认为,当时审理该案的法官直接适用我国环境保护法的原因很可能是一种正义感觉,因为《中华人民共和国环境保护法(试行)》本身具有的"干涉性"要求强行适用于该涉外案件,法官如果基于案件的涉外因素不适用该法,就会感觉到一种法律适用方面的"非正义",而法官无疑不愿也不会做出明显违背自己正义感的判决,因此法官虽然无法为直接适用该法找到一个合理理由,但还是凭抽象的正义感直接将该法适用于明显具有涉外因素的案件。该案在一定程度上进一步证明"干涉性"是所有"干涉性法规"的固有性质,也是识别"干涉性法规"的重要标准。

由于我国关于干涉性法规的国际私法立法长期缺位和我国在该领域理论研究的落后,总体来看,我国内地人民法院关于干涉性法规的司法实践,尤其是《法律适用法》生效实施以前的司法实践,不足之处较多,远非合法合理。

在原告江苏省纺织品进出口集团股份有限公司与被告华夏货运有限公司等海上货物运输合同无单放货赔偿纠纷案②中,作为托运人和卖方的原告委托被告托运货物,与作为承运人的被告订立海上货物运输合同,被告向原告签发了一式三份正本记名提单,提单载明收货人为买方,目的港为美国拉雷多港。被告在目的地无单放货,之后买

---

① 沈德咏主编:《最高人民法院公报案例大全》(上卷),北京:人民法院出版社,2009年版,第768页。

② 一审判决书:上海海事法院民事判决书(2003)沪海法商初字第299号。二审判决书:上海市高级人民法院民事判决书(2004)沪高民四(海)终字第87号。

方拒绝向原告支付货款。仍然持有全套正本提单的原告因此对被告提起损害赔偿诉讼。被告辩称，提单背面条款选择了1936年《美国海上货物运输法》，依据该法，承运人可以在未收回正本提单情况下将货物交给记名提单的记名收货人，因此被告无单放货行为符合当事人约定的美国法，是履行海上货物运输合同义务的合法行为。一审法院上海海事法院认为，由于被告未能证明原告同意了提单背面的法律选择条款，因此当事人之间并未达成法律选择协议，故本案应依据最密切联系原则确定准据法。上海海事法院认定涉案运输合同与中国有最密切的联系，因此适用了我国《海商法》作为运输合同准据法。由于我国《海商法》禁止无单放货，一审法院认定被告无单放货违背了其应尽的法定义务，而且存在过错，判决被告向原告支付损害赔偿。[①]被告不服一审法院判决，向上海市高级人民法院提起上诉。

上海市高级人民法院认为，本案提单系承运人应托运人要求而签发，托运人自愿接受，基于这一事实可以认定，托运人同意了提单背面的法律选择条款。因此当事人双方之间的法律选择协议成立，该协议选择了美国海上货物运输法作为准据法。如前所述，当事人选择的美国法律允许承运人在记名提单情况下无单放货，但美国法律的这一规定与中国《海商法》第4章规定明显冲突。由于中国《海商法》第4章规定属于强制性规定，当事人之间的法律选择违背了该强制性规定，因此当事人之间的法律选择协议无效。基于这一分析，二审法院上海市高级人民法院仍然适用了我国《海商法》作为准据法，判决被告无单放货存在过错，应当向原告支付损害赔偿。[②]

在笔者搜集到的涉外民商事案例中，上述案例是法院明确将我国某一具体法律（该案中指《中华人民共和国海商法》第4章）作为干涉性法规适用的为数很少的案例之一。在我国内地人民法院判决的绝大多数涉及干涉性法规的案例中，法院并不是在承认当事人选择的法律的同时直接适用我国的干涉性法规，而是认定当事人双方的法律选

---

① 上海海事法院民事判决书（2003）沪海法商初字第299号。
② 上海市高级人民法院民事判决书（2004）沪高民四（海）终字第87号。

择行为构成了法律规避，进而判决该法律选择无效。在这个意义上，上海市高级人民法院的判决是我国内地人民法院在确立干涉性法规直接适用制度方面向正确方向努力的一次大胆尝试。但由于该案件的事实构成并不涉及真正的干涉性法规，因此该判决也存在明显的不足之处。上海市高级人民法院在该案判决书中既未使用"干涉性法规"，也未使用"直接适用的法"等其他类似的概念。但是毋庸置疑的是，上海市高级人民法院在该案中将我国《海商法》第 4 章认定为了干涉性法规，因为法院地国家法律中一般意义上的强制性规定根本不具有使当事人之间的法律选择协议成为无效的法律效力。①

在北京京皇国际大厦有限公司诉中国人寿保险（海外）股份有限公司香港分公司贷款合同纠纷一案②中，诉讼当事人双方订立了贷款协议，协议明确约定适用香港法律。最高人民法院在判决书中认定，当事人之间的贷款为境外贷款，依据中国法律，该贷款合同必须在外汇管理部门登记。当事人通过选择香港法律，规避了中国法律关于外债必须登记的规定。依据 1988 年 1 月 26 日《最高人民法院关于贯彻执行〈中华人民共和国民法通则〉若干问题的意见（试行）》第 194 条规定，当事人基于规避法律目的选择外国法律的行为，不发生适用外国法的效力，该法律选择应属无效。该条规定亦准用于区际私法案件。依据该条规定，最高人民法院认定该案中当事人双方的法律选择构成了法律规避，进而认定该法律选择无效，适用了我国内地法律作为准据法。依据我国法律，涉案贷款合同明显违背了我国外汇管理法规，因而被最高人民法院判决无效。

在汕头宏业（集团）股份有限公司（简称宏业公司）与中国银行（香港）股份有限公司（简称香港银行）、汕头经济特区新业发展有限公司（简称新业公司）担保合同纠纷一案③中，广东汕头的宏业公司

---

① 因为《中华人民共和国民法通则》第 150 条明文规定了公共秩序保留制度，二审法院在判决书中对该条款只字未提，因此，二审法院通过公共秩序保留制度适用中国《海商法》第 4 章的可能性基本上可以排除。
② 最高人民法院民事判决书（2005）民四终字第 7 号。
③ 最高人民法院民事判决书（2002）民四终字第 6 号。

和香港银行订立了担保合同，担保合同明确约定香港法律为担保合同准据法。最高人民法院认为，由于债权人是一家香港银行，本案担保属于对外担保，中国内地关于对外担保的法律规定应强制适用于本案。如果对本案担保合同适用当事人协议选择的香港法律，将会导致中国内地关于对外担保的法律法规被规避。《最高人民法院关于贯彻执行〈中华人民共和国民法通则〉若干问题的意见（试行）》第194条禁止合同当事人规避中国的强制性或者禁止性法律规范，因此本案当事人协议选择的香港法律依据该条规定应属无效，本案应适用中国内地法律作为担保合同准据法。

在星花投资服务有限公司（简称星花公司）、杭州金马房地产有限公司、杭州未来世界游乐有限公司（简称未来世界公司）债务及担保合同纠纷一案①中，涉案担保合同明确约定该合同应按照香港法律解释并受香港法律管辖。一审法院判决没有说明任何理由，便直接适用了中国内地的实体法审理案件。最高人民法院终审判决书认为，因为我国实行外汇管制制度，作为中国法人的未来世界公司为外国公司星花公司提供的担保属于对外担保，必须经外汇管理部门登记。星花公司与未来世界公司约定担保合同适用香港法律，规避了我国内地法律中的对外担保登记制度。依据《最高人民法院关于贯彻执行〈中华人民共和国民法通则〉若干问题的意见（试行）》第194条，当事人选择香港法律的协议无效，该担保合同应适用中国内地法律作为准据法。

在中国银行（香港）有限公司诉中国长城工业总公司担保合同纠纷一案②中，当事人约定外汇担保合同受香港法律管辖并根据香港法律解释。最高人民法院在判决书中认为，依据中国内地法律，中国长城工业总公司提供的担保属于对外担保，必须经外汇管理部门审批登记。该外汇担保合同当事人选择了香港法律作为准据法，没有履行审批登记手续。该法律选择违反了我国内地法律的强制性规定。与前述数个案件一样，最高人民法院仍然将《最高人民法院关于贯彻执行〈中

---

① 最高人民法院民事判决书（2004）民四终字第21号。
② 最高人民法院民事判决书（2001）民四终字第16号。

华人民共和国民法通则〉若干问题的意见（试行）》第194条作为决定合同准据法的主要依据，而且在该案判决书中明确写明，对于当事人协议选择香港法律的案件，准用前述第194条的规定。由于本案中当事人选择适用香港法律的行为规避了我国内地法律中的强制性规定，最高人民法院依据该第194条规定认定当事人选择香港法律的约定无效，最后适用了我国内地法律作为涉案外汇担保合同的准据法。

在上述司法实践基础上，最高人民法院于2007年7月23日正式公布了《最高人民法院关于审理涉外民事或商事合同纠纷案件若干问题的规定》[①]，其第6条明确规定："当事人规避中华人民共和国法律、行政法规的强制性规定的行为，不发生适用外国法律的效力，该合同争议应当适用中华人民共和国法律。"

综合前文论述，我们可以得出两点结论：一是我国现行实体法中存在干涉性法规；二是我国内地人民法院关于干涉性法规的司法实践存在不足之处。明确将中国具体法律规范作为干涉性法规进行识别和适用的法院判决书迄今为止很少，其中之一即是前文述及的上海高级人民法院对江苏纺织与华夏货运无单放货赔偿案做出的二审判决书。[②] 该案中，作为上诉法院的上海市高级人民法院错误地将我国《海商法》第4章中的一般强制性规范定性为法院地国家的干涉性法规并且直接适用。《海商法》第4章的标题是"海上货物运输合同"，关于提单和海上货物运输合同的具体法律问题都是规定在该章之中。如果该章的法律规范都属于干涉性法规，那么我国内地法院受理的所有提单纠纷和海上货物运输合同纠纷必然都只能强制适用中国《海商法》，而这一结论将导致《海商法》第269条规定的当事人自治原则和最密切联系原则的名存实亡。由于《海商法》第269条的目的是最大限度地维护合同当事人的自治权利，将《海商法》第4章定性为干涉性法规，也违背《海商法》第269条的立法目的，甚至与该条的立法目的背道而驰。另外《海商法》第4章首先维护的并不是我国的公共利益。海上

---

① 法释〔2007〕14号，该司法解释已经废止。
② 上海市高级人民法院民事判决书（2004）沪高民四（海）终字第87号。

货物运输法的主要目的在于平衡作为私法主体的海上货物运输合同当事人之间的利益，外国海商法如此，中国《海商法》亦是如此。

与上海市高级人民法院错误地将一般强制性法规作为干涉性法规适用不同，最高人民法院在上述一系列涉外担保案件中将我国现行法律法规中真正的干涉性法规——对外担保和境外贷款必须审批登记的规定——适用于当事人协议选择香港法的涉外案件。但令人遗憾的是，最高人民法院虽然适用了该类法规，但并没有意识到该类法规的干涉性法规性质，因此也并没有将该类法规真正作为干涉性法规适用，而是通过禁止法律规避的迂回途径适用了本应直接适用的干涉性法规。按照最高人民法院的观点，无论合同当事人选择任何国家或者地区的法律，只要该法律内容违背中国外汇管理规定，该法律选择行为即被认定为构成了国际私法中的法律规避，因此该法律选择协议即被认定无效，所选择的法律自然也就被排除适用，进而中国内地法律，包括其中的干涉性法规，作为替代法律而被适用于涉案合同。实质上这意味着，对外担保和涉外贷款合同当事人选择中国大陆之外的任何法律都将构成法律规避，因为中国大陆之外的任何法律都不会规定，合同应由中国外汇管理机关审批或者登记。笔者认为，最高人民法院选择的前述迂回途径虽然可行，但既不合理也不必要，对于我国国际私法的发展来说弊大于利，具体原因如下：

首先应当说明，由于前文分析的最高人民法院的判例，基本上都不具有外国因素，仅具有涉港因素，因此严格说来，前述案件的准据法应当按照中国区际私法确定。但目前我国内地并没有关于区际冲突法的任何立法规定。对于区际法律冲突，最高人民法院司法解释明确规定可以参照适用我国国际私法的规定。最高人民法院在前述案例中适用的冲突规范，尤其是作为多数案件判决书重要依据的《最高人民法院关于贯彻执行〈中华人民共和国民法通则〉若干问题的意见（试行）》第194条，虽然其实是国际私法规范，但最高人民法院将其类推适用于我国区际私法案件，不仅符合最高人民法院自己颁布的司法解释，也符合地方各级人民法院的司法实践。而且，虽然前述案例多数属于区际私法案件，但我们没有理由认为，如果该案件中的域外法因素变成真正的外国因素的话,审理该案件的我国内地人民法院会做出不同的判决。因此,前述案例虽然主要属于涉港澳台案例,但对于解释和分析我国国际私法,并不失其价值。

《中华人民共和国法律适用法》第41条规定:"当事人可以协议选择合同适用的法律。当事人没有选择的,适用履行义务最能体现该合同特征的一方当事人经常居所地法律或者其他与该合同有最密切联系的法律。"

《中华人民共和国民法通则》第145条规定:"涉外合同的当事人可以选择处理合同争议所适用的法律,法律另有规定的除外。涉外合同的当事人没有选择的,适用与合同有最密切联系的国家的法律。"

《中华人民共和国合同法》第126条规定:"涉外合同的当事人可以选择处理合同争议所适用的法律,但法律另有规定的除外。涉外合同的当事人没有选择的,适用与合同有最密切联系的国家的法律。

在中华人民共和国境内履行的中外合资经营企业合同、中外合作经营企业合同、中外合作勘探开发自然资源合同,适用中华人民共和国法律。"

可见,无论《中华人民共和国法律适用法》第41条,还是《中华人民共和国民法通则》第145条,还是《中华人民共和国合同法》第126条,都明确允许涉外合同当事人自由选择合同准据法,没有任何条文将法律选择限制在某些特定国家法律的范围内。[①]另外,除了《中

---

① 《民法通则》第145条和《合同法》第126条没有使用"合同关系",而使用了"合同争议"的概念,似乎表明该条款只允许事后法律选择,即该条款只允许当事人在争议发生后做出的法律选择。但是,这种解释不仅不符合合同当事人的利益,而且据笔者了解,我国法学文献中没有任何学者支持这种解释。另外,笔者了解的我国人民法院涉外民商事判决书中,没有任何一份判决书仅仅因为法律选择系于合同争议发生之前做出而认定该法律选择无效。笔者搜集到的我国内地法院做出的涉及法律选择问题的涉外民商事判决书,全部允许合同当事人于合同争议发生之前在该合同中约定法律选择条款,例如:最高人民法院(1998)交提字第3号判决书;佛山市中级人民法院民事判决书(2005)佛中法民四初字第188号;广州市中级人民法院民事判决书(2007)惠中法民四初字第20号;广州市中级人民法院民事判决书(2007)惠中法民四初字第15号;厦门市中级人民法院民事判决书(2007)厦民初字第255号;厦门市中级人民法院民事判决书(2007)厦民初字第291号;苏州市中级人民法院民事判决书(2008)苏中民三初字第0003号。

华人民共和国法律适用法》第42～43条规定的消费者合同和劳动合同之外，我国现行合同冲突法中没有任何条文规定特定国家或者地区的法律不能被选择，因此必然的逻辑结论是：依据我国现行合同冲突法，中国法律，包括港澳台法律，以及外国法律，都是合同当事人可以协议选择的法律。

基于上述分析，在所有前述案例中，合同当事人选择香港法作为合同准据法都符合中国现行合同冲突法规定，因而都是合法有效的。前述案例中合同当事人选择的香港法均与涉案合同有比较密切的联系，进一步增强了该法律选择的合法性和合理性。而且，法律选择协议本身作为一种冲突法合同，既不可能违反香港法，也不可能违背中国内地法律，即法院地法，因为中国内地和香港的冲突法都允许合同当事人自由选择合同准据法。另外，如果一方面明确允许合同当事人自由选择合同准据法；另一方面又将被允许的法律选择视为法律规避行为（当事人选择的都是与合同有较密切联系的法律），进而以法律规避为由认定该法律选择无效，也明显不符合逻辑甚至不可思议。实际上在绝大多数合同当事人协议选择外国法的案件中，当事人都至少具有排除法院地法或者排除法院地法中某些规定适用的动机，否则当事人就没有选择外国法律的必要。如果立法允许人们对国际私法中的法律规避概念做如此广泛的解释，以至于当法律选择导致法院地法中任何一项强制性法规被排除时，即可认定构成法律规避，那么，当事人选择任何外国法或者域外法的行为都将被视为法律规避行为，这将导致冲突法中当事人自治原则的名存实亡。

基于上述原因，本书认为，在上述一系列案件中，中国内地的外汇管理法规应当适用于涉案贷款合同或者担保合同，但并非由于当事人双方的法律选择协议构成了法律规避因而无效。恰恰相反，前述案例中的法律选择协议均合法有效，当事人选择的外国法/域外法应当被认定为涉案合同的准据法。但由于受理案件的法院是中国内地的法院，我国外汇管理法规属于法院地国家的干涉性法规，因此，即使合同准据法是外国法/域外法，法院仍应将我国外汇管理法规干涉性地适用于涉案贷款或者担保合同。其结果是：如果涉案贷款或者担保合同依据我国外汇管理法规必须经审批登记才能生效，那么，即使作为合同准据法的外国法/域外法没有规定审批登记手续，在我国内地法院审理案件的情况下，经我国外汇管理机关审批登记仍然是涉案贷款或者担保合同生效的前提条件。

前已述及，2011年4月1日生效的《中华人民共和国涉外民事关系法律适用法》第4条正式规定了干涉性法规直接适用制度，依据该条规定，我国内地外汇管理法规作为中华人民共和国法律中对涉外贷款合同和担保合同的强制性规定，应当直接适用于前述案件中的贷款合同或者担保合同。这些法规干涉性适用的结果将导致涉案贷款或者担保合同因为未经批准登记而无效，但我国干涉性法规直接适用的结果并不必然导致案件本应适用的合同准据法全部被排除。因此，假设《法律适用法》适用于前述案例，那么，尽管涉案贷款或者担保合同无效，合同准据法仍然是当事人协议选择的香港法律。换言之，在涉案贷款或者担保合同由于《法律适用法》第4条规定的干涉性法规的直接适用而无效的情况下，该合同无效引起的法律后果，例如，贷款合同无效后借款人是否仍然须向贷款人支付本金和利息；担保合同无效后担保人是否以及在何种范围内对主债务的本金利息以及债权人遭受的损失承担赔偿责任，等等，仍然应由合同准据法，即当事人选择的香港法律，而不是我国内地法律决定。

应当提及的是，前述《外汇管理条例》第19条并非对一切对外担保合同都强制性干涉，该条款仅仅适用于具备特定条件的对外担保合同。虽然该条款没有对于其意欲干涉的对外担保合同进行明确定义，但是根据《外汇管理条例》的立法精神和我国内地人民法院的司法实践，《外汇管理条例》第19条规定的对外担保合同仅仅限于其履行将会导致一定数额的外汇从我国境内流向境外或者从我国内地流向港澳台地区的担保合同，这是该条款自身适用的事项范围。如果涉案担保合同的履行既不会导致外汇从我国境内流向境外，也不会导致外汇从我国内地流向港澳台地区，那么，这种担保合同的履行不会导致我国境内的外汇减少，《外汇管理条例》第19条就没有强行干涉的必要，因此这种担保合同不属于该条款适用的事项范围。例如在广州市中级人民法院审理的香港美达多公司诉香港瑞昌公司、香港聚龙公司、香港居民黎君刚、香港居民温美娟担保合同纠纷一案[①]中,债权人香港美达多公司系香港法人,担保人聚龙公司系香港法人,担保人黎君刚和温美娟均系住所在香港的香港居民,担保合同订立地、履行地均在香港,案件具有明显涉外因素,担保合同约定适用香港法律作为准据法。广州市中级人民法院在判决书中直接适用当事人约定的香港法律认定涉案担保合同合法有效,只字未提该担保合同没有按照我国内地《外汇管理条例》规定进行审批登记的问题。由于该案中债权人、债务人和担保人均系香港法人和香港居民,住所都在香港,担保合同的履行也不会导致我国内地的外汇流向境外或者流向港澳台地区,因此,要求该担保合同在我国内地外汇管理机关进行审批登记,不仅缺乏正当理由,也很难具体操作。因此,广州市中级人民法院对涉案担保合同没有适用《外汇管理条例》第 19 条规定是正确的,也是合理的。

在合理协调和规范自由法律选择与禁止法律规避行为两种冲突法制度之间的潜在冲突方面,2004 年 10 月 1 日生效的《比利时国际私法法典》为我们提供了一个良好立法范例,该法第 18 条规定:"在当事人不能自由处分其权利的事项中,对于当事人仅为规避本法指定的法律而造成的事实和做出的行为,在确定准据法时不予考虑。"

由于合同当事人原则上有权也有能力自由处分其合同权利,因此依上述条款,在涉外债权合同领域,法律规避行为的出现即使不是完全不可能,也属于罕见的例外。这一结论不仅符合逻辑,而且也符合法治发达国家的国际私法司法实践。因此《比利时国际私法法典》第 18 条这一"他山之石",也许可以用于雕刻我国国际私法这一将来的"中国之玉"。

[①] 美达多公司在香港胜诉并获执行后诉瑞昌公司等以在内地的财产清偿债务案,载《人民法院案例选》2002 年第 40 辑,第 300-303 页。

第四节 特殊交易的主体资格问题

我国内地法院司法实践中提出的与干涉性法规有关的另一问题是，我国关于一些特殊交易主体资格的限制性或者禁止性规定，是否属于我国《法律适用法》第4条意义上的干涉性法规？例如《中华人民共和国证券法》第166条第2款规定："投资者申请开立账户，必须持有证明中国公民身份或者中国法人资格的合法证件。国家另有规定的除外。"在外国公民在我国境内进行证券交易的情况下，该外国公民的缔约能力问题应适用我国《证券法》第166条第2款还是适用《法律适用法》第12条规定的准据法，便成为审案法官无法回避的现实问题。

荷兰公民邱玉琴与巨田证券有限责任公司深圳人民南路证券营业部（简称深圳南路营业部）、巨田证券有限责任公司（简称巨田证券）、孙雅兰侵权纠纷一案[①]中，2000年8月荷兰公民邱玉琴用其出国以前深圳的身份证在深圳南路营业部开立了股东卡和股票账户，11月邱玉琴将自己股票交易密码告诉了孙雅兰，委托孙雅兰在其出国期间对其股票进行照看和操作，约定若超过成本叁拾贰万元之外，由孙雅兰抛出和买进的股票，孙雅兰可提取利润的20%。2001年5月24日，孙雅兰为了股票操作方便，利用邱玉琴交给她的长沙身份证和股东卡以及委托书，将邱玉琴的全部股票从深圳南路营业部转到大鹏证券有限责任公司深圳红岭中路证券营业部（简称大鹏证券），并更改了交易密码，但未从邱玉琴股票账户内支取现金。2001年9月27日邱玉琴回国后，孙雅兰将转托管和更改的交易密码告诉了邱玉琴，邱玉琴将其在深圳南路营业部股票账户的剩余保证金人民币378.24元取出。之后，孙雅兰继续对邱玉琴的股票进行操作和交易。2003年3月21日，邱

[①] 一审判决书：广东省深圳市中级人民法院民事判决书（2003）深中法民四初字第305号；二审判决书：广东省高级人民法院民事判决书（2004）粤高法民四终字第2号。

玉琴更改了自己的股票交易密码,终止了孙雅兰对其股票的操作。2003年4月,邱玉琴在深圳市中级人民法院起诉巨田证券、深圳南路营业部和孙雅兰,请求法院判令三被告赔偿因被告未经原告同意擅自转出原告全部股票而对原告造成的损失共计人民币16万元。

一审法院认为,由于邱玉琴具有荷兰国籍,本案为涉外民事侵权纠纷。双方当事人未约定适用的法律,根据侵权纠纷适用侵权行为地法的规定,本案侵权行为地在中国,故本案应适用中华人民共和国法律。本案中邱玉琴委托孙雅兰对其股票进行操作和交易,孙雅兰为操作股票方便办理了转托管,但孙雅兰并未在转托管时提取现金,进而谋取私利,而邱玉琴在知道转托管之事后,仍然同意孙雅兰对其股票进行操作和交易;巨田证券与深圳南路营业部在办理转托管时也没有谋取任何利益。孙雅兰和巨田证券、深圳南路营业部没有过错,转托管与邱玉琴股票市值的减少没有必然联系,所以,邱玉琴的诉讼请求没有证据和事实证实,不予支持。一审法院据此判决驳回邱玉琴对巨田证券、深圳南路营业部和孙雅兰的诉讼请求。①

二审法院查明,邱玉琴于1997年10月31日加入荷兰国籍,不再具有中国公民身份。该院认为,本案属于涉外侵权纠纷。由于邱玉琴是对中国的公民和法人以及其他诉讼主体提起诉讼,因此中国法院对本案有管辖权。由于邱玉琴主张的侵权行为发生在中国,根据《中华人民共和国民法通则》关于涉外民事关系的法律适用规定,本案应适用中国法律作为准据法。根据《中华人民共和国证券法》第138条第2款②,只有具有中国公民身份或法人身份的客户才能开立从事股票买卖的证券账户和资金账户。邱玉琴成为荷兰国民后,不再具备中国公民所享有的从事中国人民币A股交易的民事权利能力和行为能力,其实际从事A股交易的行为无效,其与深圳南路营业部之间的委托代理合同无效。事实表明,邱玉琴和孙雅兰之间存在代为进行股票交易的委托代理合同关系。但由于委托人不具备从事该行为的民事权

---

① 广东省深圳市中级人民法院民事判决书(2003)深中法民四初字第305号。
② 2014年修订后的《证券法》第166条第2款。

利能力和行为能力，该委托代理合同也无效。据此，二审法院于2004年4月8日终审判决驳回上诉，维持原判。①

上述案例中，一审法院没有分析涉案证券交易行为的效力问题，以缺乏事实依据为由驳回了原告的诉讼请求。二审法院依据我国证券法禁止外国公民在我国境内开立从事股票买卖的证券账户和资金账户的规定，判决涉案股票交易行为和委托代理合同均无效。二审法院判决书明确认定邱玉琴成为荷兰国民后不再具备从事中国人民币A股交易的民事权利能力和行为能力，由于我国当时国际私法缺乏关于外国人民事行为能力的规定，因此二审法院也没有分析邱玉琴民事行为能力的准据法问题，这一点是可以理解的。但是该案提出的问题是：现行《中华人民共和国证券法》第166条第2款仍然明确规定"投资者申请开立账户，必须持有证明中国公民身份或者中国法人资格的合法证件"；而我国《法律适用法》第11、12条规定自然人民事权利能力和民事行为能力适用其经常居所地法律。依据我国今天的证券法和国际私法立法来分析上述案例，假设邱玉琴已经定居荷兰，其经常居所地为荷兰，因此其民事权利能力和民事行为能力依据我国《法律适用法》第11、12条应当适用荷兰法律，那么这种情况下，我国《证券法》第166条第2款的规定是否仍然应当适用？其适用的冲突法依据是什么？

将我国《证券法》第166条第2款定性为我国《法律适用法》第4条意义上的干涉性法规，是解决上述问题的最简单、也是最容易想到的方案。依据该方案，无论哪一国家的公民或者法人在我国进行证券交易或者委托我国国民代理进行证券交易，只要我国内地法院受理案件，法院即可依据《法律适用法》第4条将我国《证券法》第166条第2款适用于涉案证券交易合同和委托代理合同，进而认定两份合同均无效。

但是深入分析我们会发现，前述简单化的解决方案虽然可行，但说服力并不充分，因此并不是理想方案。《法律适用法》第4条明确规

---

① 广东省高级人民法院民事判决书（2004）粤高法民四终字第2号。

定:"中华人民共和国法律对涉外民事关系有强制性规定的,直接适用该强制性规定。"《证券法》第 166 条第 2 款虽然属于强制性规定,但该条款显然不属于"中华人民共和国法律对涉外民事关系"的强制性规定。一方面,我国《证券法》显然不是规定涉外民事关系的法律;另一方面,从《证券法》第 166 条第 2 款中我们甚至可以得出如下结论:正是因为我国《证券法》调整的是纯粹的国内证券市场,[①]该条款才禁止外国国民进行该法规定的证券交易。由于我国《证券法》对涉外证券法律关系没有做出任何规定,因此认为《证券法》第 166 条第 2 款是我国法律对涉外证券关系的强制性规定,理由牵强。

笔者认为,无论依据《证券法》第 166 条第 2 款的内容,还是依据邱玉琴一案的二审判决书,《证券法》第 166 条第 2 款都是关于证券交易主体资格的规定,系对特殊领域民事行为能力的特殊规定,属于民事行为能力的范畴。该二审判决书明确写明根据当时的《中华人民共和国证券法》第 138 条第 2 款[②],邱玉琴在成为荷兰国民后不再具有从事中国人民币 A 股交易的民事权利能力和行为能力,亦证明了这一点。我国《法律适用法》第 12 条仅是对一般民事行为法律适用问题的规定,对于特殊领域的民事行为能力,例如结婚年龄,立遗嘱的年龄,是应当适用《法律适用法》第 12 条规定的准据法,还是适用《法律适用法》第 21 条和第 33 条援引的结婚准据法与遗嘱效力的准据法,我国学界缺乏深入讨论,笔者认为应当适用特殊法律行为的准据法,即结婚准据法和遗嘱效力的准据法。同样道理,《证券法》第 166 条第 2 款作为我国法律对证券交易行为能力的特殊规定,适用于一切准据法是我国法律的证券交易,无论交易主体是何国国籍以及经常居所位于何国。在证券交易准据法不是我国法律的情况下,我国法院不应通过《法律适用法》第 4 条将《证券法》第 166 条第 2 款强行适用于涉案证券交易。换言之,《证券法》第 166 条第 2 款作为我国法律对证券交易主体资格的限制性规定,性质上并不是我国《法律适用法》第 4

---

① 《证券法》第 2 条在中华人民共和国境内,股票、公司债券和国务院依法认定的其他证券的发行和交易,适用本法。

② 2014 年修订后的《证券法》第 166 条第 2 款。

条意义上的干涉性法规,而是属于证券交易这一特殊法律关系准据法中的一般强制性规定,其适用于准据法是我国法律的一切证券交易。但在证券交易准据法是外国法律或者港澳台法律的情况下,《证券法》第166条第2款不应予以适用。[①]

[①] 如何确定证券交易准据法的问题,不属于干涉性法规问题,因此本章不予论述。

第八章 法律选择协议

第一节 法律选择协议的成立和效力

一、概述

顾名思义,法律选择协议(choice of law contract)是指法律关系当事人为其争议选择准据法的协议,在实践中一般表现为合同当事人在合同中订立的约定该合同应适用某一国家或地区的法律作为合同准据法的条款,即法律选择条款;也可以表现为当事人在争议发生后专门为解决法律适用问题订立的法律选择协议,例如涉外侵权法律关系当事人按照我国《法律适用法》第 44 条规定在侵权事件发生后就选择某国法律作为侵权法律关系准据法达成的协议。无论是合同中的法律选择条款,还是法律关系当事人在争议发生后专门订立的法律选择协议,其法律性质都属于一种以法律选择问题为内容的特殊合同,即冲突法合同。①相对于当事人之间的实体法合同即"主合同",如买卖合同、租赁合同等,法律选择协议可视为一种"从合同"。

法律选择协议作为一种社会现象最早产生于何时何地,学界存在

---

① 欧美国家国际私法主流理论均持这种观点。See Peter Hay, Patrick J. Borchers, Symeon C. Symeonides, Conflict of Laws, 5th ed. MN: Thomso Reuters, 2010, p.1129; Ferrari/Kieninger/Mankowski/Otte/Saenger/Schulze/Staudinger, Internationales Vertragsrecht Rom I-VO·CISG·CMR·FactUE Kommentar, Muenchen: Verlag C. H. Beck, 2012, S.32.德语名称为"Rechtswahlvertrag",直译为"法律选择合同"。

争议。①考古资料表明,允许当事人协议选择解决其争议的法律的思想在托勒密时代(公元100—160年)的古埃及就已经萌芽,②可以肯定的是,早在19世纪之前,当事人的主观意图对于确定准据法的重要意义在实践中已经被承认。③根据现有研究资料,法律选择协议正式获得立法和司法实践认可,是在18世纪以后。1760年,英国著名法官曼斯费尔德勋爵在罗宾逊诉布兰德案判决中指出当事人双方缔结合同时的意图对于确定合同准据法具有决定性意义,并依据当事人双方的意图适用了英国法作为合同准据法,这可视为普通法国家关于法律选择协议的最早判例。④美国法院最早在1825年正式承认了当事人之间法律选择协议的效力。⑤欧洲大陆国家对法律选择协议的承认要晚一些。根据德国著名国际私法学者凡·巴的考证,当事人可以自己决定支配合同的法律的思想,对于19世纪的德国权威国际私法理论家来说,还是陌生的。⑥1865年意大利民法典第9条明确允许当事人协议选择合同准据法,可视为欧洲国家最早承认法律选择协议的成文立法。⑦德

---

① Franz Gamillscheg, Der Einfluss Dumoulins auf die Entwicklung des Kollisionsrechts, Tuebingen : Mohr Siebeck, 1955, S.120f..

② 一项签发于公元前118-120年的古代埃及的法令规定,用埃及语言写成的合同由埃及法院适用埃及法律审理;用希腊语言写成的合同由希腊法院适用希腊法律审理。因此依据该规定,合同当事人可以通过选择合同语言间接选择合同准据法,这可视为法律选择协议的最早萌芽。See Symeon C. Symeonides, Wendy Collins Perdue, Conflict of Laws: American, Comparative, International, 3rd ed. MN:Thomson Reuters, 2012, p.442.

③ Joachim Puels, Parteiautonomie: Die Bedeutung des Parteiwillens und die Entwicklung seiner Schranken bei Schuldvertraegen im deutschen Rechtsanwendungsrecht des 19. und 20. Jahrhunderts, Berlin : Duncker und Humblot, 1995, S.43.

④ 罗宾逊诉布兰德案,1760年,《勃洛判决录》,第2卷,第1077页,转引自马丁·沃尔夫:《国际私法》(下),李浩培、汤宗舜译,北京大学出版社,2009年版,第455-456页。

⑤ Symeon C. Symeonides, Wendy Collins Perdue, Conflict of Laws: American, Comparative, International, 3rd ed. MN: Thomson Reuters, 2012, p.442.

⑥ Christian von Bar, Peter Mankowski, Internationales Privatrecht, Band I, 2. Aufl., Muenchen: Verlag C.H. Beck, 2003, S.592.

⑦ 参见李浩培著:《李浩培文选》,法律出版社,2000年版,第201页。

国法院最早正式承认法律选择协议的效力是在 1882 年。①

21 世纪以来,当事人协议选择法律已经发展成为世界各国国际私法立法和司法实践确定法律关系准据法的主要方法。在合同领域,法律选择协议已经得到世界各国立法和司法实践的公认;在侵权、不当得利、无因管理和婚姻财产关系领域,法律选择协议也得到了包括我国和多数欧洲国家在内的众多国家的认可。

二、我国关于法律选择协议成立和效力的司法实践

我国早在 1985 年便正式允许涉外经济合同当事人协议选择合同准据法,②涉外合同案件在我国司法实践中一直占据全部涉外民商事案件的三分之一以上,③2011 年 4 月 1 日施行的《法律适用法》进一步将允许当事人协议选择法律的范围由涉外合同扩大到不动产物权之外的整个涉外债权和物权领域以及部分婚姻家庭领域,④因此法律选择协议的效力认定问题,在我国国际私法立法和司法实践中具有不容忽视的重要性。但令人遗憾的是,我国关于法律选择协议的立法至今仍存在缺陷和不足,司法实践中不少人民法院处理法律选择协议问题的说理论证明显不充分,有些过于简单和武断。在被评为 2002 年我国十大有重大影响案件之一的"美国总统轮船公司与菲达电器厂、菲利公司、长城公司无单放货纠纷案"⑤中,涉案提单背面条款约定承运人的责

---

① Christian von Bar, Peter Mankowski, Internationales Privatrecht, Band I, 2. Aufl., Muenchen: Verlag C.H. Beck, 2003, S.593.

② 《中华人民共和国涉外经济合同法》第 5 条。

③ 沈德咏主编的《最高人民法院公报案例大全》(人民法院出版社,2009 年版)收录的《最高人民法院公报》1985 年至 2008 年发布的涉外商事海事案件共 51 件,其中涉外合同案件 24 件,占全部涉外商事海事案件的 47%,涉外合同案件在我国涉外民商事审判实践中的重要意义由此可见一斑。

④ 《法律适用法》第 41 条、第 44 条、第 47 条、第 37 条和第 24 条分别在合同、侵权、不当得利、无因管理、动产物权和夫妻财产关系等多个领域明确赋予了当事人协议选择相应法律关系准据法的权利,是世界范围内对法律选择协议承认范围最为广泛的冲突法法典之一。

⑤ 《最高人民法院公报》2002 年第 5 期 175-178 页。一审判决书:广州海事法院民事判决书(1994)广海法商字第 66 号;二审判决书:广东省高级人民法院民事判决书(1996)粤法经二上字第 29 号;再审判决书:最高人民法院民事判决书(1998)交提字第 3 号。

任适用1924年海牙规则或者1936年《美国海上货物运输法》。一审法院广州海事法院认为该法律选择合法有效，但由于1924年海牙规则和1936年《美国海上货物运输法》都对涉案争议问题，即记名提单情况下无单放货是否合法的问题，没有规定，因此适用了我国《海商法》和国际惯例作为准据法。二审法院广东省高级人民法院认为该案属于涉外侵权损害赔偿纠纷，依据我国《民法通则》第146条，适用了我国《海商法》作为准据法。最高人民法院认为提单背面法律选择条款合法有效，基于1936年《美国海上货物运输法》和《美国联邦提单法》之间的内在联系，适用了1936年《美国海上货物运输法》和《美国联邦提单法》作为准据法，撤销了一审法院和二审法院的判决。该案从一审到再审，持续八年之久，虽然受理该案的三级人民法院都对法律选择条款的效力做了认定，但其中没有任何一级人民法院对当事人之间的法律选择协议是否成立、法律选择的内容、形式和方式是否合法的问题进行分析和说理，法律选择协议成立和效力问题在我国司法实践中被忽视的程度，由此可见一斑。

当事人协议选择的法律成为当事人之间法律关系准据法的前提条件是该法律选择协议合法有效。实践中人民法院在适用当事人选择的法律审理案件之前，首先需解决当事人之间的法律选择协议是否合法有效的问题。而该问题的解决又取决于另外一个问题，即法院适用何国法律判断该法律选择协议是否合法有效。由于法律选择协议以当事人选择何种法律作为准据法这一典型的冲突法问题为其内容，因此法律选择协议必须符合法院地国家的国际私法规定；但另一方面，由于法律选择协议和主合同一样在法律性质上属于合同，因此法律选择协议的有效亦以双方当事人意思表示真实一致为前提，意思表示方面的瑕疵，如胁迫、误解、诈欺，可能导致法律选择协议的无效，从而直接导致法律选择的无效，因此法律选择协议的成立和效力问题又必须适用合同法中的实体法律规范。可见，法律选择协议的成立和效力问题同时涉及国际私法规则和实体法律规范，在我国现行法律框架内探索合理解决这一问题的可行方案，具有重要的理论和实践意义。

由于法律选择协议和主合同本质上都是当事人之间的合意，两种合同的成立和效力问题本质上都是当事人意思表示是否一致和是否真实的问题，因此确定实体法合同准据法的冲突规范，即各国普遍承认的当事人协议选择法律的原则，亦应适用于法律选择协议。但实践中当事人专门为法律选择协议选择准据法的情况极其罕见。正常情况下，当事人双方为主合同选择了准据法，同时也希望该准据法能支配法律选择协议本身的成立和效力；而且对于主合同和法律选择协议适用同一个法律作为准据法，客观上能减少合同当事人遵守不同法律的困难，也有利于维护当事人自己的利益。另外从最密切联系的角度分析，由于法律选择协议的内容是法律选择本身，而且当事人对所选择法律的遵守和法院对该法律的认可本身即构成法律选择协议的履行，因此与法律选择协议本身联系最密切的法律应是当事人选择的法律本身。基于这些考虑，将当事人选择的法律作为法律选择协议本身的准据法，不仅符合当事人的正当期望，客观上也能满足最密切联系原则的要求。因此，目前这一方案已经得到国际社会的广泛认可。已经在26个欧盟成员国生效实施的2008年《欧洲议会和欧洲理事会关于合同债权关系准据法的第593/2008号条例》（简称《罗马第一条例》）第3条和第10条明确规定，法律选择协议的成立和效力受假定该协议成立和有效时将得到适用的法律支配，即当事人选择的法律本身决定该法律选择协议的成立和效力。[1]按照美国《第二次冲突法重述》，除了对虚假陈述、胁迫、不当影响和误解四种情况适用法院地法之外，关于法律选择协议成立和效力的所有其他问题，例如要约和承诺问题，缔约能力问题，法律选择协议的形式问题，均受当事人选择的法律支配。[2]

但是，将当事人选择的法律本身作为法律选择协议准据法的国际社会主流观点，并未被我国国际私法立法和司法实践所接受。我国国际私法立法至今没有明确规定法律选择协议的准据法问题，司法实践中人民法院一般都适用法院地法，即我国法律，认定法律选择协议的

---

[1] Ferrari/Kieninger/Mankowski/Otte/Saenger/Schulze/Staudinger, Internationales Vertragsrecht Rom I-VO · CISG · CMR · FactUE Kommentar, Muenchen: Verlag C.H. Beck, 2012, S.32.

[2] Peter Hay, Patrick J. Borchers, Symeon C. Symeonides, Conflict of Laws, 5th ed. MN: Thomso Reuters, 2010, p.1129.

效力。[1]适用法院地法虽然简单、易行,但法院地法对当事人来说不具有可预见性,因此适用法院地法违背当事人的正当期望,有失公平。适用与主合同联系最为密切的法律作为法律选择协议的准据法,亦不合理,因为与主合同联系最为密切的法律可能与法律选择协议没有任何联系。因此本书认为,适用当事人选择的法律本身决定法律选择协议的成立和效力,是解决法律选择协议准据法问题的最佳方案。建议最高人民法院借鉴《罗马第一条例》第3条和第10条,通过司法解释形式明确规定法律选择协议的成立和效力受假定法律选择协议成立和有效时将得到适用的法律支配,即当事人选择的法律本身决定法律选择协议的成立和效力。

主要由于我国关于法律选择协议理论研究的落后,我国司法实践中一些法院对法律选择协议的成立和效力及其准据法问题的处理方式,不太令人乐观。原告宁波文宝现代文化日用品有限公司与被告美国优联运通股份有限公司(简称美国优联)、被告上海亚轮国际货运有限公司(简称亚轮货运)海上货物运输合同无单放货赔偿纠纷一案[2]中,原告委托被告亚轮货运代理将一批塑料文具从上海运往美国。货物装船后,被告美国优联签发了自己为承运人的海运提单。货到目的港后,被告美国优联无单放货,造成原告货款损失9 370.20美元。原告于2002年6月7日起诉至上海海事法院,请求判令两被告共同赔偿原告的上述经济损失及逾期付款违约金,并承担本案诉讼费。被告美国优联、被告亚轮货运经法院合法传唤,无正当理由拒不到庭。两被告均未提交答辩状。

---

[1] 例如,"美国总统轮船公司与菲达电器厂、菲利公司、长城公司无单放货损害赔偿纠纷案",沈德咏主编:《最高人民法院公报案例大全(下卷)》,人民法院出版社,2009年版,第1332页以下。"江苏省纺织品进出口集团股份有限公司与华夏货运有限公司、北京华夏企业货运有限公司上海分公司海上货物运输合同无单放货赔偿纠纷案",一审判决书:上海海事法院民事判决书(2003)沪海法商初字第299号。二审判决书:上海市高级人民法院民事判决书(2004)沪高民四(海)终字第87号。"江苏省轻工业品进出口集团股份有限公司诉江苏环球国际货运有限公司和美国博联国际有限公司海上货物运输合同纠纷案",湖北省武汉海事法院民事判决书(1999)武海法宁商字第80号。

[2] 上海海事法院民事判决书(2002)沪海法商初字第206号。

涉案提单背面首要条款约定，因本提单项下的货物运输产生的纠纷，适用美国有关法律。

审案法院认为："本案所涉提单背面首要条款约定，因本提单而产生的争议适用美国有关法律。该约定不违反我国法律，应确认其效力。但诉讼中，原、被告双方均未提供可适用的美国有关法律，相反，原告始终适用中国法律向被告主张权利，应视为对法律适用条款的重新选择。两被告未出庭应诉，可视为默认。本案遂适用中国法律。"[1]

上述案例中，提单背面条款选择了美国法律，但是当事人双方都没有提供美国法律的内容，审案法院如果以美国法律无法查明为理由适用法院地法律即我国法律作为涉案合同的准据法，既不违背我国国际私法立法，也符合国际社会的惯常做法。但是审案法院采用了另外一种说理方式。由于原告在庭审中主张适用中国法律，被告没有出庭应诉，法院将被告未出庭应诉视为对原告法律适用主张的默示同意，并据此得出结论：当事人各方在庭审中协议变更了以前选择的美国法律，并就选择中国法律达成了新的法律选择协议，故本案应当适用中国法律。前述说理方式的缺陷显而易见：法律选择协议是当事人双方或者多方意思表示一致的产物，在被告没有出庭应诉的情况下，被告根本没有在庭审中做出任何意思表示，因此也就不可能就原告主张的法律与原告达成意思表示的一致。另外该判决书的说理也与我国关于法律选择应当采取明示方式的学界主流观点不相吻合。究其根源，笔者认为前述判决书说理缺陷是由于我国司法实践一贯忽视法律选择协议的协议性质，因此在判断法律选择效力时经常完全忽视该协议成立所需要的要约和承诺两个法律行为，所以也就不可能去分析论述法律选择协议成立和效力的准据法问题。前述判决书的说理缺陷，可视为我国司法实践长期忽视法律选择协议的协议性质所导致的弊端的一次集中爆发。

中国人民财产保险股份有限公司大连市分公司诉伊朗伊斯兰共

---

[1] 上海海事法院民事判决书（2002）沪海法商初字第206号。

和国航运公司海上货物运输合同纠纷案[①]中,被告伊朗伊斯兰共和国航运公司经法院依法传唤未到庭参加诉讼,法院依法缺席审理。审案法院认为:"本案系海上货物运输合同纠纷案件,运输的起运港为伊朗阿萨路耶港,被告系在境外注册的公司,故本案具有涉外因素。现无证据证明双方当事人曾就解决合同争议的法律选择达成合意,依照我国法律规定,涉外合同当事人没有选择适用法律的,适用与合同有最密切联系国家的法律。原告在庭审中主张适用中国法律,被告未出庭应诉,放弃选择法律适用的诉讼权利。本案的原告为中国公司,运输的目的港在中国境内,中国也是与本案具有最密切联系的国家之一,本院认定,处理本案争议的准据法为中华人民共和国法律。"[②]与前述案例相似,本案原告在庭审中单方面提出了法律适用的主张,本案被告亦没有出庭应诉,因此自然无法对原告主张的法律做出同意或者不同意的意思表示。审理本案的法院认为被告未出庭应诉,系对在庭审中协议选择准据法这一诉讼权利的放弃,并据此认定当事人双方没有协议选择法律关系准据法,依据最密切联系原则确定了涉案海运合同的准据法。我国《法律适用法》第3条赋予涉外民事关系当事人协议选择准据法的权利是否属于诉讼权利,理论上可以进行探讨。抛开这一理论问题,上海海事法院将被告未出庭应诉视为对选择准据法权利的放弃,进而适用最密切联系原则确定涉案法律关系的准据法,逻辑是严密的,说理也是充分的,结论合理、合法,值得肯定。

原告河北圣仑进出口股份有限公司(简称河北圣仑)诉被告津川国际客货航运有限公司(简称韩国津川)、被告津川国际客货航运(天津)有限公司(简称天津津川)无单放货损害赔偿纠纷案[③]中,涉案提单背面法律适用条款明确约定,"本提单所证明的合同适用韩国法",当事人各方在庭审中都没有主张变更该法律选择,但审案法院以"原、被告双方当事人均未曾向法院提出过适用法院地外法律的主张,也未

[①] 上海海事法院民事判决书(2008)沪海法商初字第638号。
[②] 上海海事法院民事判决书(2008)沪海法商初字第638号。
[③] 一审法院判决书:天津海事法院民事判决书(2002)海商初字第144号;二审法院判决书:天津市高级人民法院民事判决书(2002)津高民四终字第046号。

向法院提交过相应的法律规定"为理由，认定应适用中华人民共和国法律作为涉案合同争议的准据法。该审案法官的逻辑可能是：因为原被告双方当事人都没有向法院积极主张适用其他国家的法律，因此本案应当适用中华人民共和国法律。这显然是对法律选择协议的重大误解。笔者认为其原因亦与审案法官没有真正认识到法律选择协议的协议性质有关：没有任何法官会依据买卖双方当事人都未曾主张订立过苹果买卖合同的事实，直接得出该双方当事人之间订立了香蕉买卖合同的结论。原被告双方当事人均未曾主张过适用外国法律，并不意味着他们都同意适用中国法律。

事实上，由于涉案提单背面法律适用条款明确约定"本提单所证明的合同适用韩国法"，而法律适用问题毫无疑问属于法官应依职权审查的问题，因此审案法官应当首先依职权审查该法律选择协议是否成立，是否生效。如果法官认定该法律选择协议合法有效，即应认定该协议选择的韩国法律作为涉案海运合同的准据法；如果法官认定该法律选择协议无效，法官应当依据我国《海商法》第269条第1款第（2）项规定的最密切联系原则确定涉案合同的准据法。

原告保利科技有限公司（简称保利公司）诉被告巴拿马夏威夷航运有限公司（简称夏威夷公司，住所地为巴拿马共和国巴拿马城第五十三街和塞缪尔刘易斯大街）、日本达通航运有限公司（简称达通公司，住所地为日本国爱媛县今治市）、中国再保险（集团）公司海上货物运输合同货差纠纷一案[①]中，广州海事法院一审认为，"本案系一宗涉外海上货物运输合同货差纠纷，合同当事人可以选择处理合同争议所适用的法律。原告代理律师在书面代理意见中多次引用本院的判决以支持其观点，到庭被告的代理律师明确表示本案处理适用中国法律，但因被告之一中国再保险（集团）公司未到庭，因而不能认定各当事人根据意思自治原则选择适用中国法律处理本案。因涉案运输合同的一方当事人在中国，而货物运输的目的港在中国境内，有关的纠纷与中国有密切联系，故根据最密切联系原则，本案的实体处理应适用中华

---

① 广州海事法院民事判决书（2005）广海法初字第274号。

人民共和国法律。"①该判决书内容表明,审案法院明确意识到了法律选择协议的协议性质,是值得肯定的。法律选择的生效以当事人各方对所选择的法律达成意思表示的一致为前提,没有出庭应诉的当事人不可能和出庭应诉的当事人在庭审中就法律选择问题达成意思表示的一致,因此原告也就不可能在庭审中和没有出庭应诉的被告协议选择任何法律。

最后应当指出的是,法律选择协议成立和效力问题的产生,以存在法律选择协议的"表象"(Anschein)为前提。即只有案件初步证据表明当事人有可能为其法律关系选择了某一法律,法院才需要考虑法律选择协议的成立和效力问题。如果案件中没有任何证据表明当事人协议选择了法律,例如一方当事人没有任何证据便主张当事人双方曾经口头协议选择了某国法律,另一方当事人否认,此时法院应认定不存在法律选择协议的"表象",因此就不需要考虑法律选择协议的成立和效力问题。法律选择协议的"表象"是否存在,属于诉讼程序中的事实认定问题,应当适用法院地的法律。

第二节 法律选择协议的内容

法律选择协议内容的确定涉及许多法律问题,其中有些问题我国现行法律和司法解释已经有了明确规定,另一些问题至今仍然属于司法实践中审案法官自由裁量权的范围。本节主要依据笔者了解和掌握的我国涉外民商事审判实践中的现实案例,对我国司法实践中产生的、涉及法律选择协议内容确定的诸多冲突法问题进行分析论述。

一、当事人选择的法律是否包括该法律中的冲突法

《法律适用法》第9条规定:"涉外民事关系适用的外国法律,不包括该国的法律适用法。"据此,在涉外民商事关系法律适用问题上,

---

① 广州海事法院民事判决书(2005)广海法初字第274号。

我国拒绝一切形式的反致。因此，当事人协议选择的法律是指被选择法律中的实体法，不包括其冲突法。这也是目前大多数国家和地区的做法，因为将当事人选择的法律理解为包括其冲突法在内，违背当事人的正常期望。但若当事人明确约定选择某国法律中的冲突法，这一法律选择协议是否有效，包括我国在内的多数国家立法均未明文规定。[①]结合我国和其他国家的司法实践，笔者认为，我国国际私法应当禁止当事人协议选择其他国家或地区的冲突法或者程序法，因为：其一，如果当事人意欲适用某国冲突法，其可直接协议选择该国冲突法所指引的国家的实体法，允许当事人协议选择冲突法不利于提高司法效率以及提高法律适用的可预见性；其二，诉讼程序问题依据国际惯例原则上均适用法院地法律，允许当事人协议选择程序法既不符合国际惯例，也严重损害司法效率。

二、当事人选择的法律是否包括强制性法律

我国理论研究和司法实践中一直有观点认为当事人只能协议选择任意性法律，无权选择强制性法律。例如有学者指出："当事人自主选择法律只能在任意法律范围内进行，不得违背法律中的强行规定。如果根据意思自治原则而确定的自体法与法院地法或其他有关法律中的强制性法律规定相冲突，法院一般不会予以适用。"[②]陆红诉美国联合航空公司国际航空旅客运输损害赔偿纠纷案的判决书也明确指出："《中华人民共和国合同法》第126条规定：'涉外合同的当事人可以选择处理合同争议所适用的法律，但法律另有规定的除外。'……'当事人意思自治'原则是相对的、有限制的。世界各国立法都对'当事人意思自治'原则有一定程度的限制，主要体现在三个方面：……三是当事人选择的法律不违反强制性规定。当事人必须在不违反法律强制性规定的前提下，选择与他们本身或者与他们之间的合同有实质联系

[①] 《罗马第一条例》和《美国第二次冲突法重述》第187条第3款都规定当事人选择的法律是指该法律中的实体法，但如果当事人明确表示选择某一国家的冲突法，该法律选择是否合法，欧盟和美国的冲突法均无明确规定。

[②] 屈广清主编：《冲突法原理》，北京：法律出版社，2004年版，第122页。

的法律。"①

事实上，上述观点不仅与多数法治发达国家的国际私法立法和司法实践现状完全不符，同时也违背国际私法的基本理论。因为第一，契约自由属于实体法范畴，法律选择属于冲突法范畴，二者的性质、内容和界限都有明显区别，因此，从实体法中的契约自由不得违背法院地国的强制性法律规定这一众所周知的民法常识，不允许也不可能得出法律选择不得违背法院地国的强制性法律这一结论。第二，假设当事人选择的法律仅限于任意性法律，假设一家中国公司和一家美国公司依据我国《法律适用法》第41条选择了日本法律作为他们之间买卖合同的准据法，那么，该买卖合同的准据法将只包括日本法中的任意性法律。而任意性法律的性质决定了在其内容与买卖合同条款不一致的情况下，该任意性法律的适用便被排除。这样，当事人协议选择的决定买卖合同成立与效力的合同准据法，不仅无法解决买卖合同的成立与效力问题，反而很可能由于自身规定与买卖合同条款不一致而被排除适用，这显然违背当事人选择合同准据法的真正目的，也明显不符合《法律适用法》第41条的立法意图。第三，如果在当事人协议选择外国法律作为他们之间法律关系准据法的情况下，我国所有的强制性法律法规仍然适用，那么，由于我国《物权法》坚持了物权法定原则，其大部分条款均属于强制性法规，因此即使当事人按照《法律适用法》第37条协议选择了英国法律作为动产物权准据法，我国人民法院仍然必须适用我国《物权法》判决案件，无论涉案动产是否位于我国境内。而这一结论将导致《法律适用法》第37条在很大程度上丧失其存在的价值和意义。

基于上述分析，合理的结论只能是：国际私法中的法律选择协议不仅能排除法院地国的任意性法律，而且能排除法院地国的国内强制性法律。在当事人选择了外国法作为涉案法律关系准据法的情况下，原则上我国所有的任意性和国内强制性法律都被排除适用，我国法院

---

① 沈德咏主编：《最高人民法院公报案例大全》（下卷），北京：人民法院出版社，2009年版，第1338页。

只能适用该外国法确定当事人各方的权利义务。这一结论不仅是欧美国家国际私法理论界和实务界的共识,也为我国最高人民法院的司法实践所证实。在作为 2002 年我国十大案例之一的美国总统轮船公司与菲达电器厂、菲利公司、长城公司无单放货纠纷案中,承运人美国总统轮船公司在没有收回正本记名提单情况下便将货物交付给买方,后买方不再向卖方菲达电器厂支付货款,导致菲达电器厂钱货两空。涉案提单首要条款约定承运人责任适用美国 1936 年《海上货物运输法》或 1924 年《海牙规则》。依据美国法律,美国总统轮船公司在记名提单情况下无单放货是合法的,不应承担损害赔偿责任。依据法院地法,即我国《海商法》第 4 章,美国总统轮船公司无单放货构成违约,应承担损害赔偿责任。最高人民法院认定当事人选择美国法作为合同准据法合法有效,根据当事人之间的法律选择协议排除了我国《海商法》中所有强制性和任意性法规的适用,适用美国法律判决美国总统轮船公司无单放货符合法律规定,因此不承担赔偿责任,驳回了菲达电器厂的诉讼请求。①事实上,实践中海运提单明确规定承运人责任应适用《海牙规则》或者某一具体国家法律的现象非常普遍,而关于承运人责任的法律在包括我国海商法在内的多数国家法律中都属于强制性法律,因此,如果认为当事人协议选择的准据法只限于任意性法律规范的话,提单中关于承运人责任的法律选择条款都将由于违背了法院地的强制性法律而无效。而这一结论不仅明显违背我国《海商法》第 269 条,而且与多数国家的现行立法和司法实践不相符合。

当然,必须指出的是,根据我国《法律适用法》第 4 条和第 5 条,法院地国家的两种特殊性质的法规,即使在当事人协议选择了外国法作为准据法的情况下,也必须强制性适用于案件,这两种法规即"干涉性法规"和公共秩序法规。因此确切地说,在国际私法中,根据强制性效力的不同,我们应该将一个国家的私法法律法规分为四种,即任意性法规、国内强制性法规、"干涉性法规"(国际强制性法规)和

---

① 一审判决书:广州海事法院民事判决书(1994)广海法商字第 66 号;二审判决书:广东省高级人民法院民事判决书(1996)粤法经二上字第 29 号;再审判决书:最高人民法院民事判决书(1998)交提字第 3 号。

公共秩序法规。四种法规的强制性效力依次递增。在当事人协议选择外国法作为涉案法律关系准据法的情况下，法院地国的任意性法规和国内强制性法规均为准据法中的相应法规所取代，但法院地国的"干涉性法规"和公共秩序法规仍然必须强制性适用。当事人选择的准据法不仅无法排除这两类特殊法规的适用，而且不得与该两类特殊法规相冲突。在发生冲突的情况下，准据法的适用将由于该两类特殊法规的强制性适用而被排除。

三、当事人是否可以选择与涉案争议无任何联系的法律

从国际层面上来看，绝大多数国家对法律选择协议的内容不加任何限制，允许当事人自由选择任何国家或者地区的法律。欧盟成员国以及韩国、日本、泰国等多数国家立法均允许当事人选择与合同无任何客观联系的法律。1986年海牙《国际货物买卖合同法律适用公约》和2008年《罗马第一条例》对法律选择协议的内容均未进行任何限制。虽然美国《第二次冲突法重述》第187条第2款要求当事人选择的法律应当与当事人或者交易本身存在实质性联系，但该条款同时允许当事人选择与案件没有实质联系的法律，只要该法律选择本身有合理根据，例如，所选择的法律在某一领域特别发达。事实上，司法实践中美国法院单纯依据缺乏实质联系的理由认定法律选择无效的案例寥寥无几。[①]

我国现行国际私法法律法规和司法解释中没有任何条款规定合同当事人只能选择与系争涉外合同有实质联系的法律，但颇令人不解的是，认为合同当事人选择的法律必须与该合同之间存在实际联系的观点，在我国冲突法理论和司法实践中均有一定的影响。[②]例如前述陆红诉美国联合航空公司国际航空旅客运输损害赔偿纠纷案的判决书便明确指出："……当事人所选择的法律必须是与当事人或合同有实质性联系；……当事人必须在不违反法律强制性规定的前提下，选择与他

---

① Peter Hay, Patrick J. Borchers, Symeon C. Symeonides, Conflict of Laws, 5th ed. MN: Thomso Reuters, 2010, p.1093.

② 屈广清主编：《冲突法原理》，北京：法律出版社，2004年版，第122页。

们本身或者与他们之间的合同有实质联系的法律。"①

事实上，韩国、日本、德国、法国、英国、瑞士、奥地利和比利时等许多国家的现行国际私法都明确允许当事人自由选择任何国家或者地区的法律作为合同准据法，目前已经在 26 个欧盟成员国生效的《罗马第一条例》亦不要求所选择的法律与合同或者当事人有任何实质性联系。我国《民法通则》第 145 条、《海商法》第 269 条、《民用航空法》第 188 条、《合同法》第 126 条和《法律适用法》第 41 条都明确规定涉外合同当事人可以选择处理合同争议所适用的法律，都没有要求当事人选择的法律必须与合同或者当事人有任何实质性联系。因此，认为合同当事人选择的法律必须与该合同之间存在实际联系的观点，实际上是我国国际私法理论和司法实践中长期存在的一个认识误区。2013 年 1 月实施的《法律适用法司法解释（一）》第 7 条彻底消除了这一认识误区，该条明确规定："一方当事人以双方协议选择的法律与系争的涉外民事关系没有实际联系为由主张选择无效的，人民法院不予支持。"该司法解释不仅适用于涉外合同领域，同样适用于涉外侵权、无因管理、不当得利以及动产物权领域的法律选择，因为在前述领域，我国现行立法都明确规定当事人可以协议选择法律，并未要求所选择的法律与案件有任何实质性联系。但是在夫妻财产关系和协议离婚领域，《法律适用法》第 24 条第 1 款和第 26 条第 1 款明确规定当事人只能从该条款列举的几种法律中进行选择，因此如果当事人协议选择了该条款列举的法律之外的法律，那么该法律选择将由于违背《法律适用法》第 24 条第 1 款和第 26 条第 1 款而无效，当属自然。

四、当事人协议选择某国一部具体法律的情况下，该国其他相关法律是否属于被选择的内容

合同当事人协议选择一个特定国家的法律，例如合同约定合同争议适用中华人民共和国法律，此时中国法律中可以被定性为合同法律

---

① 沈德咏主编：《最高人民法院公报案例大全》（下卷），北京：人民法院出版社，2009 年版，第 1338 页。

的所有法律规范都应当被认定为法律选择协议的内容,无论该法律规范具体存在于我国《民法通则》还是《合同法》或者其他单行法律之中,对此学界和司法实践都没有争议。但是如果合同中的法律选择条款明确约定适用一个国家的某一具体的法律,争议发生之后当事人双方对于被选择国家的其他相关法律是否属于法律选择协议内容有不同意见,这种情况下法官应如何确定法律选择协议的内容,是我国现行立法和司法解释都没有提供解决方案的一个重要现实问题。司法实践中关于前述问题的典型案例是历经一审、二审和再审,前后持续八年之久的美国总统轮船公司与菲达电器厂、菲利公司、长城公司无单放货纠纷案[①]。

该案中,一审原告万宝集团广州菲达电器厂(简称菲达电器厂)向新加坡艺明灯饰公司(简称艺明公司)出口一批灯饰。买卖合同约定:原告发货后以传真形式将提单发出,艺明公司须在三天内将货款全数汇出;原告收到汇款通知副本,再将提单正本交付艺明公司;若有违法提货行为,以诈骗论。受菲达厂委托,中国长城工业广州公司(简称长城公司)、广州外资企业物资进出口公司下属企业菲利(广州)工业有限公司(简称菲利公司)分别于 1993 年 8 月 14 日和 8 月 21 日将涉案两集装箱货物在广州黄埔港装上被告美国总统轮船公司(American President Lines Limited,简称美轮公司)的轮船,一审被告美轮公司签发了两套各一式三份正本记名提单,该两套提单均记载,承运人为被告美轮公司,收货人为艺明公司,装货港为黄埔,卸货港为新加坡,运费预付。

货物运抵新加坡后,艺明公司未依协议向原告付款。在没有取得正本提单的情况下,艺明公司要求被告将涉案两集装箱货物交给其陆路承运人勇卸运输(私人)有限公司承运,并保证承担由此可能产生的任何后果。经新加坡港务当局证实,该两批货分别于 1993 年 9 月

---

① 详见《最高人民法院公报》2002 年第 5 期(第 175-178 页)刊载的"美国总统轮船公司与菲达电器厂、菲利公司、长城公司无单放货纠纷再审案"。一审判决书:广州海事法院民事判决书(1994)广海法商字第 66 号;二审判决书:广东省高级人民法院民事判决书(1996)粤法经二上字第 29 号;再审判决书:最高人民法院民事判决书(1998)交提字第 3 号。

16日、17日放行。

原告菲达电器厂仍持有上述两票货物的全套正本提单,艺明公司提取货物后没有付款,导致菲达电器厂钱货两空。菲达电器厂遂以美轮公司无单放货为由,向广州海事法院提起诉讼,请求被告赔偿原告的货款损失。长城公司、菲利公司以第三人身份参加该诉讼,表示支持菲达电器厂的诉讼请求。美轮公司没有提出管辖异议并出庭应诉。

涉案两套正本提单背面的首要条款均规定:"货物的收受、保管、运输和交付受本提单所证明的运输协议的条款调整,包括……(3)美国1936年《海上货物运输法》的条款或经1924年布鲁塞尔公约修改的1921年海牙规则生效的国家内一个具有裁判权的法院裁决因运输合同而产生争端的规定。"

广州海事法院一审认为:涉案提单首要条款约定,因本提单而产生的争议适用美国1936年《海上货物运输法》和1924年《海牙规则》。该约定是原、被告双方选择法律的真实意思表示,没有违反中国法律,应确认其效力。但是,美国1936年《海上货物运输法》和1924年《海牙规则》均未对承运人能否不凭正本提单向记名收货人交付货物做出明确规定。因此,本案应适用中国法律和有关国际航运惯例解决。依据我国《海商法》第71条、《民法通则》第106条、第117条和国际航运惯例,一审法院于1995年12月11日判决被告美国总统轮船公司赔偿原告万宝集团广州菲达电器厂货物损失98 666.148美元及其利息。

美轮公司向广东省高级人民法院提起上诉。广东省高级人民法院认为:本案为涉外经济纠纷。原告对被告提起的是侵权之诉,原被告之间因侵权行为而产生的权利义务关系,不受上诉人与被上诉人之间原有运输合同条款的约束。我国《民法通则》第146条规定,侵权行为的损害赔偿,适用侵权行为地法律。依据该条规定,对于侵权之诉,当事人无权选择适用法律,因此提单背面法律选择条款无效。被告上诉称当事人已在提单中选择适用美国1936年《海上货物运输法》,故应适用美国法的主张,违背《民法通则》第146条规定,故不予支持。最高人民法院《关于贯彻执行〈中华人民共和国民法通则〉若干问题的意见》第187条规定:"侵权行为地的法律包括侵权行为实施地法律和侵权结果发生地法律。如果两者不一致时,人民法院可以选择适用。"本案货物交付地在新加坡,侵权行为实施地即为新加坡;现菲达电器厂持有正本提单,无单放货行为侵害了其对货物的所有权,故侵权结果发生地为我国。由于侵权行为实施地和侵权结果发生地不一致,人民法院可以选择适用的法律。本案的侵权结果发生地是中华人民共和国,且原告的住所地、提单的签发地等均在中华人民共和国境内,较侵权行为实施地新加坡而言,中华人民共和国与本案具有更密切联系。因此,广州海事法院一审适用中华人民共和国法律并无不当。根据《民法通则》第142条第3款规定,中华人民共和国法律和中华人民共和国缔结或者参加的国际条约都没有规定的,才可以适用国际惯例。《中华人民共和国海商法》对记名提单情况下承运人是否应凭正本提单交付货物的问题已有规定,因此,本案应适用我国《海商法》,无须考虑适用国际惯例。广东省高级人民法院于1996年9月5日做出二审判决:驳回上诉,维持原判。①

美轮公司不服二审判决,向最高人民法院申请再审,最高人民法院裁定提审此案,再审期间中止原审判决的执行。

最高人民法院认为:对本案是国际海上货物运输合同无单放货纠纷,双方当事人没有异议,应予认定。我国《海商法》第269条规定:"合同当事人可以选择合同适用的法律,法律另有规定的除外。合同当事人没有选择的,适用与合同有最密切联系的国家的法律。"本案提单系双方当事人自愿选择使用,提单首要条款中明确约定适用美国1936年《海上货物运输法》或《海牙规则》。该法律选择是双方当事人的真实意思表示,且不违反中华人民共和国公共利益,合法有效,应当尊重。但是,由于《海牙规则》第1条规定,该规则仅适用于与具有物权凭证效力的运输单证相关的运输合同。本案提单是不可转让的记名提单,不具有物权凭证的效力。并且,《海牙规则》中对承运人如何交付记名提单项下的货物未作规定。因此解决本案海上货物运输合同纠

---

① 广东省高级人民法院民事判决书(1996)粤法经二上字第29号。

纷，不能适用《海牙规则》，只能适用美国 1936 年《海上货物运输法》。美国 1936 年《海上货物运输法》第 3 条第 4 款规定，该法中的任何规定都不得被解释为废除或限制适用美国《联邦提单法》。事实上，在适用美国 1936 年《海上货物运输法》确认涉及提单的法律关系时，只有同时适用与该法相关的美国《联邦提单法》，才能准确一致地判定当事人在提单证明的海上货物运输合同中的权利义务。因此，本案应当适用美国 1936 年《海上货物运输法》和美国《联邦提单法》。原审法院认定本案属侵权纠纷，并以侵权结果发生地在中国为由，对本案适用中国法律，不符合本案事实，是适用法律错误，应予纠正。

根据美国 1936 年《海上货物运输法》和美国《联邦提单法》第 2 条、第 9 条规定，承运人有理由将货物交付给托运人在记名提单上记名的收货人。承运人向记名提单的记名收货人交付货物时，不负有要求记名收货人出示或提交记名提单的义务。原审上诉人美轮公司作为承运人，根据记名提单的约定，将货物交给记名收货人艺明公司，或者按照艺明公司的要求将货物交付给艺明公司指定的陆路承运人，该交货行为符合上述美国法律规定，是履行海上货物运输合同中交货义务的合法行为，并无过错。菲达电器厂未能收回货款的损失，是其与艺明公司贸易中的风险，与美轮公司无关。原审判决认定美轮公司未正确履行凭正本提单交付货物的义务不当，判令美轮公司对菲达电器厂的货款损失承担赔偿责任错误，应予纠正。基于前述理由，最高人民法院于 2002 年 6 月 25 日做出再审判决，撤销了广东省高级人民法院二审民事判决和广州海事法院的一审民事判决，驳回原审被上诉人菲达电器厂对原审上诉人美轮公司的诉讼请求。①

作为我国司法实践中经过最高人民法院再审的经典国际私法案例，上述案例涉及的国际私法问题很多，例如，无单放货属于违约还是侵权的识别问题、侵权行为地的认定问题、外国法内容查明问题，等等。这里主要分析该案涉及的法律选择协议内容确定方面的一个重

---

① 沈德咏主编：《最高人民法院公报案例大全》（下卷），北京：人民法院出版社，2009 年版，第 1332-1336 页。

要问题：最高人民法院依据提单中约定适用美国 1936《海上货物运输法》的法律选择条款，适用了美国《联邦提单法》判决案件，是否适当？[①]

涉案提单背面法律选择条款明确约定的是承运人的责任适用美国 1936《海上货物运输法》，但是经过一审法院广州海事法院和再审法院最高人民法院的查明，该法并没有关于记名提单的具体规定。最高人民法院认为：由于 1936 年美国《海上货物运输法》和美国《联邦提单法》都是美国关于海上货物运输合同的法律，而且在适用美国 1936 年《海上货物运输法》确认涉及提单的法律关系时，只有同时适用与该法相关的美国《联邦提单法》，才能准确一致地判定当事人在提单证明的海上货物运输合同中的权利义务，因此，本案应当适用美国 1936 年《海上货物运输法》和美国《联邦提单法》。最后最高人民法院适用提单条款中没有明确写明的美国《联邦提单法》做出了再审判决。

对于最高人民法院的这种做法，可以做两种不同评价。其一，最高人民法院以《海牙规则》对记名提单未作规定为由，认定提单首要条款选择的《海牙规则》不应当适用；而美国 1936《海上货物运输法》同样对于记名提单没有具体规定，最高人民法院却适用了该法以及同属于美国法律、但提单背面条款没有写明的美国《联邦提单法》，最高人民法院在同样的条件下对《海牙规则》和美国《海上货物运输法》做出了完全不同的处理，有自相矛盾之嫌。其二，最高人民法院适用美国《联邦提单法》是正确的，因为只有同时适用与美国 1936《海上货物运输法》相关的美国《联邦提单法》，才能准确一致地判定当事人在提单证明的海上货物运输合同中的权利义务，本案争议焦点即是承运人是否负有凭正本提单放货的义务问题，因此只有同时适用与美国 1936《海上货物运输法》相关的美国《联邦提单法》，才是真正地适用了提单当事人协议选择的美国 1936《海上货物运输法》。

[①] 以下关于这一问题的分析，主要系依据秦瑞亭主编《国际私法案例精析》（南开大学出版社 2011 年版）第 16-17 页的相关内容修订而成。

本书认为最高人民法院适用美国《联邦提单法》的做法并无不妥。因为，国际私法之所以允许当事人自行选择解决合同争议的准据法，主要是为了保证当事人的自治权利真正得到实现，更好、更充分地维护合同当事人的正当权益。合同当事人对于法律的理解知悉程度远不如法律专业人士，因此，在已经认定合同当事人通过真实一致的意思表示选择了某国法律或者特定国家的某一部具体法律作为合同准据法的前提条件下，不能将当事人选择的准据法限定为单一、具体的某个或者某些实体法规则，而应当，至少是可以，将当事人选择的法律理解为一个活的和变动中的法律体系。换句话说，当事人协议选择某一国家的具体实体规范作为准据法时，法院为了更好地维护当事人权益，可以对当事人的意思进行扩大解释，将合同中约定适用特定国家某一具体法律的法律选择条款解释为当事人协议选择了该国法律中所有调整涉案争议法律关系的实体法律规范。本案提单首要条款写明的虽然是美国 1936《海上货物运输法》，但美国《联邦提单法》同样属于广义的美国海上货物运输法律体系的组成部分，这点是毋庸置疑。因此，在处理本案记名提单无单放货纠纷时，在提单载明的美国1936《海上货物运输法》对涉案争议问题没有明确规定的情况下，审案法官可以认定美国其他调整海上货物运输合同的法律规范，例如美国《联邦提单法》或者《美国统一商法典》，也属于涉案法律选择协议的内容。因为合同当事人协议选择法律的目的就是为了解决他们之间可能发生的合同争议，因此，认定合同法律选择条款没有明确写明的，但是和当事人选择的法律属于同一国家并且对涉案争议法律问题有明确规定的实体法律规范，属于当事人之间法律选择协议的内容，正常情况下并不违背当事人的真实意思。但这一扩大解释方法无法适用于国际条约（尤其是实体规范），国际条约虽然是某一具体的规范，但不可能构成任何一个法律体系，也无法被解释为代表某国的法律体系，因此，当当事人选择某一国际条约作为准据法，而该条约中并没有能处理涉案争议的具体规定时，只能对该公约不予适用。

综上所述，本书认为，在法律选择协议明确约定适用某一国家的某一部具体法律但是该法律对涉案争议问题没有规定的情况下，如果该国其他相关实体法律对涉案争议问题有明确规定，那么，在没有充分证据证明该国其他相关实体法律均已经被当事人协议排除适用的前提条件下，应认定该国其他相关实体法律亦属于当事人之间法律选择协议的内容。按照该观点，在前述美国总统轮船公司无单放货一案中，最高人民法院虽然在处理当事人选择的《海牙规则》和美国1936《海上货物运输法》方面的具体方法截然不同，但并不违背我国现行国际私法，而且具备一定程度上的合理性，因此，该案中最高人民法院基于提单中的法律选择条款，适用美国《联邦提单法》作为处理涉案争议的准据法并无不妥。

上诉人进洋海运有限公司（Jin Yang Shipping CO.LTD）（简称进洋公司）与崔德海港口作业人身伤害赔偿纠纷一案，[①]是我国司法实践中涉及法律选择协议内容认定问题的另一典型案例。该案中，天津市高级人民法院二审判决书写道："本院认为，上诉人与被上诉人在原审中，均明确认为应适用最高人民法院《关于审理涉外海上人身伤亡案件损害赔偿的具体规定（试行）》，二审中双方对此亦未提出异议，处理本案应适用中华人民共和国法律和最高人民法院的相关规定。"[②]依据该判决书内容，天津市高级人民法院显然是将诉讼当事人双方协议选择我国最高人民法院《关于审理涉外海上人身伤亡案件损害赔偿的具体规定（试行）》的法律选择协议扩大解释为当事人协议选择了中华人民共和国法律中所有调整涉案争议法律问题的实体法律规范。虽然该判决书的冲突法说理过于简单，而且依据该案判决做出之时的我国国际私法立法侵权法律关系当事人也无权协议选择侵权准据法，这些都是该判决书的不足之处。但是单就天津高院对庭审中当事人达成的法律选择协议的内容进行扩大解释这一点而言，基于上文已经分析的原因，本书认为，该法院对当事人双方协议选择法律的内容进行扩大解释是必要的，解释的结果也是合理的。

[①] 天津海事法院民事判决书（2002）海商初字第674-1号民事判决；天津市高级人民法院民事判决书（2003）津高民四终字第87号。
[②] 天津市高级人民法院民事判决书（2003）津高民四终字第87号。

第三节 法律选择协议的其他问题

一、复合法律选择和部分法律选择问题

复合法律选择是指合同当事人为同一合同的不同部分协议选择不同的法律；部分法律选择指合同当事人仅为合同的一部分协议选择某一国家或地区的法律。复合法律选择和部分法律选择的合法性及其效力认定问题，是国际私法立法和司法实践无法回避的重要法律问题。美国冲突法允许合同当事人为合同的不同部分协议选择适用不同国家的法律，例如在合同约定的不同义务需要在不同国家履行的情况下，合同当事人可以协议约定合同的不同义务分别适用其履行地国家的法律；合同当事人也可以仅为合同的某一部分或者某一具体问题协议选择法律，在这种情况下，合同的其他部分和其他问题适用法院依据最密切联系原则确定的合同准据法。①《罗马第一条例》第3条第1款第（3）项亦明确规定："当事人可以为整个合同或者仅为该合同的一部分协议选择法律。"按照欧盟国家国际私法学界主流理论和司法实践，当事人亦可以为合同的不同部分协议选择不同国家的法律，只要这些不同部分可以合理分开。如果合同当事人为合同中不能合理分离的不同组成部分分别选择不同国家的法律，例如当事人为同一合同的要约和承诺分别选择德国法律和英国法律，那么该法律选择会被法院认定无效，因为要约和承诺属于合同中不能合理分开的组成部分。②

我国《合同法》第126条第1款和《法律适用法》第41条第1款都明确允许当事人协议选择合同准据法，但对于当事人是否可以仅为合同的某一部分选择法律或者为合同的不同部分协议选择不同法

---

① Peter Hay, Patrick J. Borchers, Symeon C. Symeonides, Conflict of Laws, 5th ed. MN: Thomso Reuters, 2010, p.1133.

② Ferrari/Kieninger/Mankowski/Otte/Saenger/Schulze/Staudinger, Internationales Vertragsrecht Rom I-VO•CISG•CMR•FactUE Kommentar, Muenchen: Verlag C.H. Beck, 2012, S.43f..

律,我国现行国际私法没有明确规定。我国海事审判实践中经常出现提单条款仅对承运人的责任问题约定适用法律的情况,这种情况下该法律选择是否有效以及承运人责任问题之外的其他问题适用何种法律的问题,是非常重要的现实问题。由于我国现行国际私法立法对这些问题缺乏明确规定,司法实践中关于这些问题的解决方案很不一致。①

本书前文分析的美国总统轮船公司与万宝集团广州菲达电器厂无单放货纠纷一案中,涉案提单背面首要条款约定适用《海牙规则》或1936年美国《海上货物运输法》。但是对《海牙规则》和1936年美国《海上货物运输法》,二者是择其一适用还是同时适用,由此产生了该法律选择条款是否合法有效,以及,概括而言,当事人能否为同一合同协议选择多个法律作为准据法,等等多个问题,我国现行的国际私法立法,无论《法律适用法》第41条,还是《民法通则》第145条、《海商法》第269条或者《合同法》第126条,都没有做出明确规定。从该案判决结果来看,虽然最高人民法院在再审判决书中以《海牙规则》没有关于记名提单的相应规定为由对《海牙规则》不予以适用,但最高人民法院再审判决书认定涉案提单背面选择多个法律的法律选择条款合法有效的明确态度无疑表明,为了最大限度地尊重当事人自治,当事人选择两个或者两个以上法律作为合同准据法在我国最高司法机关看来是允许的,也是合法的。

香港粤海电子有限公司(简称粤海公司)诉香港招商局仓码运输有限公司(简称仓码公司)海上货物运输无单放货纠纷案和香港仓码公司诉中国深圳外轮代理公司(简称外代公司)、深圳经济特区发展公司(简称特发公司)、珠海市海岛开发贸易公司(简称海岛公司)、香港华港发展公司(简称华港公司)无正本提单代理放货、提货纠纷案是我国司法实践中涉及复合法律选择和部分法律选择问题的另一典型案例。②该案中,粤海公司作为托运人请求承运人仓码公司承担无单放

---

① 参见秦瑞亭:《提单法律选择条款探微》,载《中国海商法研究》,2013年第3期,第40-47页。

② 沈德咏主编:《最高人民法院公报案例大全》(下卷),北京:人民法院出版社,2009年版,第1260-1264页。

货损害赔偿责任,广东省高级人民法院二审认为,本案是涉港民事侵权损害赔偿纠纷,侵权行为地在我国境内,依照《中华人民共和国民法通则》第 146 条认定应当适用侵权行为地法律,即中华人民共和国法律作为准据法。

最高人民法院再审判决则认为,本案系粤海公司凭正本提单起诉仓码公司海上货物运输合同无单放货以及仓码公司诉特发公司、海岛公司、华港公司、外代公司提货、代理放货纠纷。涉案记名提单背面条款规定,有关本提单的一切纠纷依中国法律在中华人民共和国法院解决;有关承运人的责任、权利义务、免责等,应适用 1924 年《海牙规则》。该法律选择合法有效,因此本案托运人对承运人起诉的诉讼时效问题应当适用海牙规则。"粤海公司在货物到港后未凭正本提单向承运人提出请求,而是在 1990 年 7 月 9 日才向法院提起诉讼,已经超过《海牙规则》规定的诉讼时效。"①

上述案例中,涉案提单背面法律选择条款属于典型的复合法律选择条款:关于承运人的责任问题适用 1924 年《海牙规则》;关于涉案提单承运人责任问题之外的提单纠纷,适用中华人民共和国法律。本案同时涉及承运人无单放货和提货人无单提货的法律责任问题,因此依据该复合法律选择条款,承运人无单放货的法律责任问题应当适用 1924 年《海牙规则》,提货人无单提货的法律责任问题应当适用中国法律。最高人民法院再审判决书以托运人粤海公司追究承运人仓码公司的无单放货法律责任已经超过《海牙规则》规定的一年诉讼时效、仓码公司不再对托运人承担赔偿责任因而也无须再对提货人追偿为由,没有对提货人无单提货法律责任问题进行判决。从最高人民法院认定的证据来看,涉案提单复合法律选择条款是当事人双方真实意思表示,法律选择的形式和内容都符合我国法律规定,因此最高人民法院认定该法律选择有效的结论没有任何问题。本案中值得讨论的冲突法问题是:第一,1924 年《海牙规则》对我国内地并没有生效,其是

---

① 沈德咏主编:《最高人民法院公报案例大全》(下卷),北京:人民法院出版社,2009 年版,第 1264 页。

否可以作为我国内地人民法院审理案件的"准据法";第二,由于本案提单系记名提单,《海牙规则》不调整记名提单法律关系,因此《海牙规则》对本案承运人无单放货应承担的实体法律责任实际上没有明确规定。但是最高人民法院对于本案承运人无单放货的诉讼时效问题却明确适用了当事人选择的《海牙规则》。这就提出了一个重要的冲突法问题:我国国际私法是否应当允许涉外民事关系当事人协议选择诉讼时效问题的准据法。

最高人民法院在上述两个其亲自再审的无单放货案例中,都肯定了复合法律选择和部分法律选择的合法性。但是由于最高人民法院对该两个案例的再审判决书都没有对复合法律选择条款问题展开论述,笔者提出的上述问题至今在我国国际私法立法和司法实践中都没有明确答案。考虑到我国司法实践中的案例已经涉及了这些问题,笔者认为,最高人民法院有必要借鉴《罗马第一条例》的立法经验,以司法解释形式对复合法律选择和部分法律选择问题做出明确规定,以进一步统一全国各级人民法院的审判标准,同时也能促进我国国际私法的发展和完善。

二、法律选择协议的合法性问题[①]

虽然现在世界上绝大多数国家的国际私法都允许当事人协议选择法律,但各国法律规定的法律选择协议的适用领域和生效要件并不完全相同。如我国《法律适用法》第37条允许当事人协议选择动产物权适用的法律,《德国民法施行法》第45条则禁止当事人在动产物权领域订立法律选择协议。假设两个德国人因某动产所有权问题诉至天津市中级人民法院,当事人双方在庭审时协议选择德国法作为物权准据法,审案法官便面临应依据何国法律判断该法律选择协议是否合法的问题,此即法律选择协议的合法性问题。本书认为,法律选择协议本身是否合法、是否应被承认的问题,是典型的冲突法问题,应由法

---

① 本部分系在秦瑞亭主编《国际私法》第二版(南开大学出版社2014年版)第197-199页相关内容基础上修订而成,主要增加了案例分析内容。

院地法决定。因此在前述案例中法官应依据我国国际私法确定，当事人是否享有协议选择动产物权准据法的权利和自由。

与上述问题相关的另外一个问题是，在我国国际私法没有明确规定当事人可以协议选择法律的情况下，当事人为他们之间民事关系协议选择准据法的法律选择协议是否合法。由于准据法的确定属于立法者的权力，因此只有立法明确规定了当事人合意为连结点的情况下，当事人才有权协议选择法律，该法律选择协议才是合法的。所以在我国法律没有明确规定当事人可以协议选择法律的情况下，当事人无权选择法律，这一结论本应属于国际私法的常识。但长期以来，不仅理论上我国有学者认为，无论我国法律有无明确规定，法律关系当事人都有权协议选择准据法；[①]司法实践中我国一些法院亦认为，无论涉外案件的性质如何，只要当事人都同意适用某一法律（特别是当事人都同意适用中国内地法律时），法院即可以适用该法律（特别是中国内地法律）作为案件的准据法。在泰普克沥青（大众）有限公司诉伊朗伊斯兰共和国航运公司海上货物运输侵权损害赔偿纠纷案[②]、成都真锅咖啡餐饮文化有限公司与毛里求斯共和国客禧康国际有限公司侵犯注册商标专用权纠纷上诉案[③]、上诉人邱玉琴与巨田证券有限责任公司深圳人民南路证券营业部侵权纠纷上诉案[④]、进洋海运有限公司港口作业人身伤害赔偿纠纷案[⑤]、原告富运发展有限公司与被告成都新津宝珠酒业有限公司确认财产所有权属纠纷案[⑥]和贵州瓮福磷矿进出口公司与斯诺运输公司、寰宇租船公司海上货物运输不当得利纠纷案[⑦]

[①] 参见徐锦堂著：《当事人合意选法实证研究：以我国涉外审判实践为中心》，北京：人民出版社，2010年版，第272页。
[②] 上海市高级人民法院民事判决书（2003）沪高民四（海）终字第133号。
[③] 四川省高级人民法院民事判决书（2004）川民终字第162号。
[④] 广东省高级人民法院民事判决书（2004）粤高法民四终字第2号。
[⑤] 天津市高级人民法院民事判决书（2003）津高民四终字第87号。
[⑥] 四川省成都市中级人民法院民事判决书（2005）成民初字第850号。
[⑦] 广东省高级人民法院民事判决书（2004）粤高法民四终字第53号。

等诸多涉外民商事案例中,①无论是当时立法禁止当事人选择法律的侵权行为领域,还是当时立法尚属于空白的动产所有权领域和不当得利领域,当事人选择中国法律作为涉案法律关系准据法的法律选择协议都得到了受案人民法院的认可。这种现象不属于法官以判例形式发展我国冲突法或对我国冲突法立法漏洞的填补,因为,无论是通过判例修正现行法律,还是通过判例填补法律漏洞,法官都必须明确指出现行法律的不足,具体说明法律漏洞的存在。而在所有上述案例中,法官都既没有指出现行法律的不足,亦未说明法律漏洞的存在,而是在既没有援引法律依据也没有说理的情况下直接认定当事人选择中国法律的法律选择协议合法有效,进而适用了我国法律作为准据法。因此本书认为,上述案例中人民法院允许非合同债权法律关系和物权法律关系当事人选择法院地法作为法律关系准据法,属于法律适用错误,是由于一些法官对我国当时的冲突法缺乏足够了解和重视而导致的滥用法院地法现象,是我国国际私法司法实践中的认识误区。

南京华夏海运公司诉塞浦路斯澳非尔堤斯航运有限公司船舶碰撞损害赔偿纠纷案②,可视为我国司法实践中存在的上述认识误区的一个典型例证。该案中,原告所属的"华宇"轮为完成泰国曼谷至日本的航次租船合同由印度尼西亚的雅加达港空载驶往泰国曼谷港锚地,于1994年6月13日18时15分靠妥曼谷港湄南河南侧3号码头,准备装载运往日本的12 800吨散装白糖。次日22时23分,"华宇"轮受载到2 429.62吨时,被进港的被告所属的"珊瑚岛"轮的左舷艉部撞击。碰撞事故发生后,"珊瑚岛"轮没有将其船舶所有人、船籍港、船旗国等告知"华宇"轮和港口海事机构,并在曼谷港16号码头卸货后于同年6月16日离开该港。1994年7月30日"珊瑚岛"轮驶抵中国南京港,原告华夏海运公司随即申请武汉海事法院对该轮实施扣押,并向武汉海事法院提起诉讼,请求判令被告承担因碰撞事故发生的船

---

① 上述案例均发生在《法律适用法》生效以前,依据我国当时的冲突规则,只有合同当事人可以选择法律,当事人也仅可以选择合同准据法,见《合同法》第126条,《民法通则》第145条,《海商法》第269条,《民用航空法》第188条。

② 武汉海事法院(1994)武海法事字第40号民事判决书。

舶修理费、航次营运损失、船期损失、律师费、通讯费、坞检费、船龄损失、精神损失费、利息损失、差旅费、保全费等 18 项共计 1 750 970.74 美元。

关于本案法律适用问题，武汉海事法院一审认为，根据《中华人民共和国海商法》关于涉外关系的法律适用原则，本案法律适用的第一选择是《1910 年统一船舶碰撞若干法律规定的国际公约》，因该公约对我国尚未生效，故不能被选择适用；第二选择是泰国法律即侵权行为地法，但因双方当事人均不属泰国籍，又不主张适用泰国的法律，视为当事人对泰国法不举证，因此，泰国法律不能被选择适用；第三选择是法院地法，即《中华人民共和国海商法》，双方当事人亦主张适用中国法，基于双方当事人的主张和以上二种选择不成立的原因，本案应适用《中华人民共和国海商法》。

抛开上述判决书的判决结果，单就该判决书对准据法问题的分析而言，可以说该判决书存在严重的逻辑不严谨和说理不充分的问题。其一，我国《海商法》第 273 条不允许当事人协议选择船舶碰撞损害赔偿的准据法，因此法院以双方当事人主张适用中国法为理由认定中国《海商法》作为本案准据法明显违背《海商法》第 273 条；其二，法院所主张的第三选择和第二选择亦相互矛盾，因为如果法院认为当事人可以协议选择本案船舶碰撞损害赔偿问题的准据法，当事人双方在本案中亦都主张适用中国法，那么将侵权行为地泰国法律作为第二选择即缺乏理由。在法院允许本案当事人协议选择系争法律关系准据法而且当事人也协议选择了中国法律作为准据法的情况下，法院再主张涉案侵权行为地即泰国的法律应当作为第二选择，优先于当事人协议选择的法律，显然属于自相矛盾。

湖北省高级人民法院二审判决书纠正了上述认识误区，直接依据我国《海商法》第 273 条认定本案应当适用侵权行为地法律即泰国的法律，只是由于法院无法查明泰国法律，依照最高人民法院《关于贯彻执行〈中华人民共和国民法通则〉若干问题的意见（试行）》第 193 条，本案适用中华人民共和国法律作为替代法律。二审判决书的论证逻辑是严谨的，说理也是充分的，值得肯定。

《法律适用法司法解释（一）》第6条规定："中华人民共和国法律没有明确规定当事人可以选择涉外民事关系适用的法律，当事人选择适用法律的，人民法院应认定该选择无效。"最高人民法院在该条款中以非常明确的立场禁止了当事人在我国法律没有明文规定的情况下选择涉外民事关系准据法。《法律适用法司法解释（一）》第6条以司法解释形式消除了我国国际私法理论界和司法实践中存在的认识误区，是对我国国际私法理论的重大提升，将对促进我国国际私法理论和司法实践的健康发展产生深远的积极影响。

我国司法实践中关于法律选择协议合法性问题存在的另一个认识误区是，认为法律选择条款的内容应当得到我国政府相关部门的批准。福建省工艺品厦门进出口公司与香港裕利航运有限公司（简称裕利航运）、厦门裕利集装箱服务有限公司无单放货纠纷[①]一案中，涉案提单背面条款约定应当适用香港法律，涉案提单的样本也已经在我国交通部备案登记。审案法院将案件定性为海上货物运输合同无单放货纠纷，关于本案应适用何国法律的问题，该法院认为，"依照《海商法》第269条的规定，在具有涉外因素的民事纠纷案件中，当事人可合意选择所适用的法律。本案提单背面条款载明适用香港特别行政区法律，原告没有提供证据证明该条款违反了中华人民共和国的公共利益，或违反我国《海商法》或其他相关法律的排除性或禁止性或强制性规定，而裕利航运系在中国交通部办理了合法登记手续的无船承运人，其在本案中使用的提单格式也办理了必需的登记备案手续，根据《中华人民共和国国际海运条例》的规定，其合法取得在中国大陆从事无船承运人业务以及使用备案提单的资格。由于其提单格式已经备案，故相应的法律适用条款应视为已得到中国海运行政主管部门的认可，该条款的内容应属有效。"[②]依据前引判决书的内容，如果涉案提单样本没有在我国交通部备案登记，提单中的法律选择条款可能就会因为没有得到中国海运行政主管部门的认可而被法院认定为无效，这显然是对

[①] 厦门海事法院民事判决书（2004）厦海法事初字第51号。
[②] 厦门海事法院民事判决书（2004）厦海法事初字第51号。

法律选择协议合法性及其效力的重大误解。就我国法院审理的涉外民商事案件而言,当事人可以选择哪些法律,法律选择协议的内容是否合法,都是纯粹的冲突法问题,应当完全由人民法院依据我国的冲突法立法和理论来判断,与海运行政部门的认可与否没有任何关系。

三、法律选择协议的解除

法律选择协议作为一种协议,自然可以通过协议当事人双方一致的意思表示而变更或者解除,毋庸赘言。但是法律选择协议可否由于当事人双方在庭审中的行为而默示解除的问题,我国学界鲜有研究,上海海事法院的司法实践提出了这一问题。在原告浙江金纺贸易有限公司诉被告川崎汽船株式会社、被告川崎汽船(中国)有限公司海上货物运输合同无单放货赔偿纠纷案中,涉案提单背面法律适用条款载明提单项下纠纷应适用日本法,但庭审中原告浙江金纺贸易有限公司以涉案提单背面法律适用条款属于被告方格式条款且所选择的日本法律与涉案运输没有实际联系为由要求适用中国法律;被告川崎汽船株式会社要求适用卸货地即涉案运输目的地智利国家的法律。审案法院认为,虽然提单当事人协议选择了日本法律,我国《海商法》第269条也明确允许海运合同当事人协议选择合同准据法,但是当事人双方在庭审中均不再主张以日本法作为双方权利义务的准据法,因此争议双方在庭审中的主张,已经清楚表明争议双方不再选择日本法律作为确定其权利义务的准据法,故本院不再对日本法律的内容进行查明,因此本案应当依据最密切联系原则确定涉案海运合同的准据法。最后法院依据最密切联系原则认定本案适用中国法律作为涉案海运合同的准据法。[①]法院在判决书中虽然没有明确指出涉案法律选择协议因为当事人双方庭审中的不主张行为而被默示解除,也没有明确判定该法律选择协议的效力,但是从法院判决书的上述说理过程我们可以总结出审案法官确定涉案合同准据法的逻辑思路:原被告之间协议选择日本法律的法律选择协议符合我国《海商法》第269条规定,合法有效。

[①] 应新龙主编:《上海海事法院海事案例精选》,北京:法律出版社,2011年版,第48-49页。

但是由于当事人双方在庭审中均不再主张适用日本法律，[①]该法律选择协议基于当事人双方庭审中的行为被默示解除，当事人双方又没有达成新的法律选择协议，因此依据《海商法》第269条，应当依据最密切联系原则确定涉案海运合同的准据法。

　　本书认为，上海海事法院的观点值得商榷。一方面，法律适用问题属于法官应当依职权审查的法律问题，因此只要涉案证据表明当事人订立了法律选择协议，即涉案证据表明存在法律选择协议的表象，审案法官即有义务依据法院地国际私法和法律选择协议成立与效力的准据法依职权审查该法律选择是否合法、是否有效的问题，而无论当事人在庭审中是否主张或者要求适用该法律选择协议选择的法律；只要审案法官认定当事人之间的法律选择协议合法有效，法院即有义务依职权适用当事人选择的法律判定当事人的权利义务，无论该法律是中国法还是外国法，也无论庭审中当事人是否主动要求适用该法律作为准据法；只要该法律选择协议没有依法解除，当事人各方均应受该协议约束，允许当事人在庭审中违背其以前订立的法律选择协议主张适用其他法律，也不符合诚实信用原则。另一方面，法律选择协议作为以冲突法问题为内容的协议，其生效、变更和解除都应当符合法院地国际私法的规定。我国《法律适用法》第3条明确规定法律选择应当采取明示方式，除了《法律适用法司法解释（一）》第8条第2款规定的庭审中当事人双方均援引同一国家法律的情况之外，我国立法和司法实践都不承认默示法律选择。本案中提单背面条款明确载明提单纠纷适用日本法律，因此该法律选择协议显然属于明示法律选择。我国现行立法和司法解释都没有规定法律选择协议可以以默示方式解除，因此法院基于在庭审中当事人一方主张适用中国法律、另一方主张适用智利法律的行为，即判定当事人之间已经缔结的合法有效的法律选择协议被默示解除，法律依据显然不充分，也是对法律选择协议效力的不尊重。

[①] 原告要求适用中国法律，被告川崎汽船株式会社主张适用智利法律。

第九章 提单法律选择条款[①]

第一节 三起无单放货案例

一、美国总统轮船公司与菲达电器厂、菲利公司、长城公司无单放货损害赔偿纠纷案[②]

1993年7月29日,原告万宝集团广州菲达电器厂(简称菲达电器厂)与新加坡艺明灯饰公司(简称艺明公司)签订一份灯饰出口协议,约定原告发货后将提单传真给艺明公司,艺明公司须在三天内将货款全数汇出;原告收到汇款通知副本,再将提单正本交付艺明公司。被告美国总统轮船公司(简称美轮公司)承运了原告的货物,并签发了一式三份记名提单,提单记载承运人为被告美轮公司,收货人为艺明公司,装货港为黄埔,卸货港为新加坡,运费预付。货物运抵新加坡后,被告在艺明公司没有出示正本提单的情况下,将提单项下货物放行,艺明公司提走货物后不再向原告支付货款,导致原告钱货两空。

该提单背面的首要条款规定:"货物的收受、保管、运输和交付

[①] 本章系在本书作者秦瑞亭撰写的中国审判理论研究会海事海商审判理论专业委员会2013年年会论文《提单法律选择条款探微》的基础上修订而成,个别观点有修正。该论文荣获中国审判理论研究会2013年论文一等奖。

[②] 参见沈德咏主编:《最高人民法院公报案例大全(下卷)》,人民法院出版社2009年版,第1332-1336页。一审判决书:广州海事法院民事判决书(1994)广海法商字第66号;二审判决书:广东省高级人民法院民事判决书(1996)粤法经二上字第29号;再审判决书:最高人民法院民事判决书(1998)交提字第3号。

受本提单所证明的运输协议的条款调整,包括……(3)美国1936年《海上货物运输法》的条款或经1924年布鲁塞尔公约修改的1921年《海牙规则》生效的国家内一个具有裁判权的法院裁决因运输合同而产生争端的规定。"持有货物全套正本提单的菲达电器厂以美轮公司无单放货为由,向广州海事法院提起诉讼,美轮公司没有提出管辖异议并应诉。

广州海事法院根据《中华人民共和国海商法》(简称《海商法》)第71条和《中华人民共和国民法通则》第106条、第117条规定,以及国际航运惯例,于1995年12月11日判决:被告美国总统轮船公司赔偿原告万宝集团广州菲达电器厂货物损失98 666.148美元及其利息。

美轮公司不服一审判决,向广东省高级人民法院提起上诉,称本案提单首要条款约定因本提单产生的争议适用美国1936年《海上货物运输法》,按照美国法律,在记名提单情况下,承运人只需把货物交给记名提单所记载的收货人而无须收回正本提单。一审判决适用法律错误,判决结果不当,请求二审予以改判。

广东省高级人民法院认为:本案属于涉外经济贸易中产生的侵权损害赔偿纠纷,根据《中华人民共和国民法通则》第146条规定,应适用侵权行为地法律。最高人民法院《关于贯彻执行〈中华人民共和国民法通则〉若干问题的意见》第187条规定:"侵权行为地的法律包括侵权行为实施地法律和侵权结果发生地法律。如果两者不一致时,人民法院可以选择适用。"本案侵权行为实施地为新加坡;侵权结果发生地为我国。由于侵权行为实施地和侵权结果发生地不一致,人民法院可以选择适用的法律。因此,广州海事法院选择适用中华人民共和国法律并无不当。基于前述分析,广东省高级人民法院判决驳回上诉,维持原判。

美轮公司不服,向最高人民法院申请再审。最高人民法院认为:本案应认定为国际海上货物运输合同纠纷。《中华人民共和国海商法》第269条规定:"合同当事人可以选择合同适用的法律,法律另有规定的除外。合同当事人没有选择的,适用与合同有最密切联系的国家的法律。"本案提单是双方当事人自愿选择使用的,提单首要条款中明确约定适用美国 1936 年《海上货物运输法》或《海牙规则》。该法律选择是双方当事人的真实意思表示,合法有效。由于《海牙规则》对承运人如何交付记名提单项下的货物未做规定,本案应当适用美国 1936 年《海上货物运输法》和美国《联邦提单法》。根据美国 1936 年《海上货物运输法》和美国《联邦提单法》第 2 条、第 9 条(b)款的规定,承运人向记名提单的记名收货人交付货物时,不负有要求记名收货人出示或提交记名提单的义务。美轮公司的申诉有理,应予支持。2002 年 6 月 25 日,最高人民法院再审判决:撤销广东省高级人民法院的二审民事判决;撤销广州海事法院的一审民事判决;驳回原审被上诉人菲达电器厂对原审上诉人美轮公司的诉讼请求。

二、江苏省纺织品进出口集团股份有限公司与华夏货运有限公司、北京华夏企业货运有限公司上海分公司海上货物运输合同无单放货赔偿纠纷案[①]

2002 年 10 月 16 日,原告江苏省纺织品进出口集团股份有限公司(下称江苏纺织)将一集装箱纺织品交给被告华夏货运有限公司(下称华夏货运)和被告北京华夏企业货运有限公司上海分公司(下称北京华夏)从上海出运。被告华夏货运签发了正本提单,提单抬头为华夏货运,托运人为原告,收货人为拉斐尔·莫拉莱斯(Rafael Morales),装货港为中国上海港,目的地为美国拉雷多港,签单处盖有杨云和上海华夏货运有限公司[②]的印章。后来货物被无单交付,原告向上海海事法院起诉两被告,以违约为由要求两被告连带赔偿货物损失 119 098.18 美元及利息损失,并承担本案诉讼费。

华夏货运主张,根据涉案提单背面条款,本案应适用美国法律。

---

① 参见国家法官学院、中国人民大学法学院编:《中国审判案例要览(2006 年商事审判案例卷)》,北京:人民法院出版社、中国人民大学出版社,2007 年版,第 516-522 页。一审判决书:上海海事法院民事判决书(2003)沪海法商初字第 299 号。二审判决书:上海市高级人民法院民事判决书(2004)沪高民四(海)终字第 87 号。

② 经法院查明,该公司实际上并不存在。

江苏纺织不同意适用美国法律。涉案提单背面条款第33.6条为美国地区条款，该条款规定无论运输是从美国开始或者到美国的，承运人的责任必须根据美国1936年《海上货物运输法》确定。提单背面条款第36条为法律适用条款，该条规定本运输合同应根据香港法律解释。

一审法院上海海事法院认为：本案提单背面条款虽然载明承运人责任必须根据美国1936年《海上货物运输法》，但法律选择条款应是双方当事人的真实意思表示，被告华夏货运未能证明本案提单是原告自愿选择使用的，原告江苏纺织不同意适用美国法律，因此，应认定当事人没有达成选择美国法律的协议。根据最密切联系原则，本案应适用中华人民共和国法律。遂依据我国《海商法》，判决被告华夏货运应向江苏纺织承担无单放货的损害赔偿责任。华夏货运提起上诉。

二审法院上海市高级人民法院认为：本案系海上货物运输合同无单放货损害赔偿纠纷。根据我国《海商法》第269条，合同当事人可以选择合同适用的法律。涉案提单是承运人应托运人要求而签发的，应视为双方当事人自愿选择使用。在江苏纺织未举证证明提单背面条款与提单签发前订立的运输合同有不同约定的情况下，提单背面条款，包括法律选择条款，应视作双方当事人协商一致的结果。根据提单背面的法律适用条款，本案应适用香港法。根据地区条款，承运人的责任应依据美国1936年《海上货物运输法》确定。涉案货物运输涉及美国港口，符合地区条款约定的适用美国1936年《海上货物运输法》的情形，故在解决本案纠纷时，应优先适用地区条款约定的美国1936年《海上货物运输法》。但我国《海商法》第44条明确规定，海上货物运输合同和作为合同凭证的提单或者其他运输单证中的条款，违反《海商法》第四章规定的无效。依据美国1936年《海上货物运输法》及《联邦提单法》，承运人在向记名收货人交付货物时不负有要求记名收货人出示或提交记名提单的义务。但是我国《海商法》第71条则规定承运人必须凭正本提单交付货物，记名提单亦不例外。鉴于上述美国法律对本案承运人无单放货责任的规定，较之于我国《海商法》第四章的规定有所减轻，依据我国《海商法》第44条，地区条款应属无效。因此，本案承运人责任的认定问题应适用我国《海商法》，原审法院判决适用中国法律正确。原审法院判决认定事实基本清楚，处理结果正确，可予维持。

三、江苏省轻工业品进出口集团股份有限公司诉江苏环球国际货运有限公司和美国博联国际有限公司海上货物运输合同纠纷案[①]

1998 年 7 月至 12 月期间，原告江苏省轻工业品进出口集团股份有限公司（简称江苏轻工）委托被告江苏环球国际货运有限公司（简称江苏环球）向被告美国博联国际有限公司（简称美国博联）托运四票箱包产品，价格条件为 FOB（Free on Board，船上交货价）中国，货物总价 150 542.75 美元，目的港为美国迈阿密，约定的付款方式是 D/A（承兑交单）120 日或 30 日。被告江苏环球接受委托，办理了四票货物的订舱、报关、向承运人交付货物等委托事务，之后以被告美国博联名义向原告签发了四套正本记名提单。四套正本记名提单记载的托运人均为原告江苏轻工，收货人均为美国美盛公司（简称 M/S 公司）。

货物出运后，原告江苏轻工私自将付款方式改为 D/P（付款交单）并将货物的正本提单直接寄给其在美国的关联公司景胜货运国际公司（简称 JSL 国际公司），由其提示收货人付款赎单。货物运抵目的港美国迈阿密后，记名收货人 M/S 公司在向承运人美国博联出具提货保函并付清运输费用后提取了货物。原告江苏轻工以两被告无单放货造成原告无法收回货款为由，向湖北省武汉海事法院提起诉讼，诉请判令两被告连带赔偿原告的经济损失 150 542.75 美元及相应利息损失。

四票货物的正本提单背面首要条款均载明：经美国港口运输的货物的提单应适用美国 1936 年《海上货物运输法》。否则，提单应适用在货物运输国已经颁布为法律的《海牙规则》或《海牙-威斯比规则》，但在没有上述颁布的法律可以适用的情况下，应适用《海牙规则》。

武汉海事法院认为，本案属于海上货物运输合同纠纷。本案提单首要条款符合《中华人民共和国海商法》第 269 条规定，为有效约定。

[①] 湖北省武汉海事法院民事判决书（1999）武海法宁商字第 80 号。

依该约定，本案应适用美国 1936 年《海上货物运输法》。

本案所涉主要争议是承运人能否不凭正本提单向记名收货人交付货物，而美国 1936 年《海上货物运输法》对此未做出明确规定，应视为双方当事人在合同中对该项争议的处理没有选择适用的法律。因此，根据《中华人民共和国海商法》第 269 条规定，应依照最密切联系原则确定本案合同所适用的法律。由于本案合同与美国法律有最密切的联系，故应适用美国法律作为涉案争议问题的准据法。依据美国法律，承运人将货物交给了记名提单的记名收货人，是履行运输合同义务的合法行为。最后该法院依据美国法律，判决驳回了江苏轻工的诉讼请求。

三起涉外案件，都属于海事纠纷，争议都系因记名提单无单放货引起，而且都是我国境内托运人起诉境外或者国外的承运人，涉案提单背面都载明了涉及法律适用问题的条款，并且这些条款都约定适用美国 1936 年《海上货物运输法》和《海牙规则》，但是，三起无单放货案例的审案法院对这些提单背面条款的处理结果和判决理由却各不相同。这不得不使笔者认真思考这些提单背面条款涉及的冲突法问题：提单首要条款和地区条款是否属于法律选择条款？其法律效力应当如何认定？我国《海商法》第 44 条规定的运输单证条款是否包括提单背面的法律选择条款，为什么？

第二节　提单法律选择条款和合同并入条款的识别

顾名思义，法律选择条款即法律关系当事人为其争议选择准据法的条款，在实践中主要指合同当事人在合同中订立的约定该合同应适用某一国家或地区的法律作为合同准据法的条款。正常情况下，一份合同中只有一个法律选择条款，该条款一般只约定一个国家或者地区的法律作为合同准据法。各国立法允许合同当事人自由选择合同准据法的目的主要是为了使合同当事人可以事先预见支配合同成立和效力的法律，从而可以按照该法律规定履行合同、行使权利和承担义务，以便降低交易成本，更好地实现交易目的。在同一合同中订立多个涉及法律选择问题的条款将会增加合同当事人预见合同准据法的难度，导致合同效力以及合同权利义务的合法性都具有一定程度的不确定性，不符合合同当事人的自身利益。因此，一般情况下，合同中涉及法律选择问题的条款只有一个，这个条款即是法律选择条款，此时不产生合同法律选择条款的识别问题。

  海运提单是个例外。提单背面条款中主要涉及法律选择问题的就有三种，即提单首要条款、地区条款和法律适用条款，有些提单在共同海损条款中也会涉及法律选择问题，例如美国总统轮船公司提单中的共同海损条款（第 24 条）。①提单首要条款是英美法系的产物，一般规定提单应受某一国际公约（例如《海牙规则》或者《海牙-维斯比规则》）或者某一国家实施《海牙规则》的国内法（例如美国 1936 年《海上货物运输法》）支配。从海运历史上看，提单首要条款的产生是船货两方利益斗争的结果。为了维护美国货主的利益，1893 年美国国会通过的《哈特法》首次对英美普通法中的契约自由原则进行限制，明确规定了一些承运人无法通过协议排除的责任，并规定该法适用于进出美国港口的所有货物运输。但由于英国法院经常为保护英国船方利益拒绝适用《哈特法》，美国托运人便要求承运人在提单中写明提单受 1893 年 2 月 13 日美国《哈特法》支配，最终承运人接受了托运人的要求，在提单背面明确载明提单适用美国《哈特法》，此即最早出现的提单首要条款。②1924 年《海牙规则》通过之后，为了保证和扩大该公约的适用范围，防止承运人利用合同自由规避《海牙规则》，英美等缔约国以国内立法形式规定提单必须载明受制于《海牙规则》的条

---

  ① 美国总统轮船公司提单第 24 条【共同海损和救助条款】"i) General average shall be adjusted at any port or place at the option of the Carrier and subject to Clause 16. ii) In accordance with the York Antwerp Rules 1994, provided that where an adjustment is made in accordance with the law and practice of the United States of America…"

  ② Erling Selvig, The Paramount Clause, The American Journal of Comparative Law, Vol. 10, No. 3, 1961, P. 207.

款,[①]提单载明首要条款的做法由此开始在海运实践中普及。

提单中的地区条款,顾名思义,是指承运人为了适应某一特定地区特殊法律规定而在提单中拟定的一个特殊条款。由于美国法律对进出或者经由美国港口的海上货物运输有特别的强制性规定,因此实践中许多国家班轮公司的提单都载有货物进出美国港口时提单应受美国《海上货物运输法》支配的条款,即著名的美国地区条款。我国中远集装箱提单第 26 条第 2 款即是美国地区条款。[②]

与首要条款和地区条款不同,法律选择条款并不属于海商法领域的专门术语,而是冲突法特有的一个概念。由于提单条款的拟定属于契约自由范畴,基于契约自由原则,承运人可以在提单中载入任何种类和内容的条款,例如承运人免责条款、合理绕航条款、火灾条款、甲板货条款和共同海损条款等,只要托运人同意接受即可。但是,提单本身不是法律,海运合同也不是法律,海运合同是否成立,提单条款是否发生法律效力,都必须由提单适用的法律,即提单所证明的海运合同的准据法来决定。由于绝大多数国家的冲突法均允许合同当事人自由选择合同准据法,而在班轮运输方式中提单是海上货物运输合同的证明和载体,因此,在班轮运输方式下,海运合同当事人选择合同准据法的法律选择条款便自然体现为提单背面的一个特殊条款,即提单法律选择条款。

---

① Erling Selvig, The Paramount Clause, The American Journal of Comparative Law, Vol. 10, No. 3, 1961, P. 208.

② 中远集装箱[China Ocean Shipping (Group) Company,简称 COSCO]提单背面条款(中文):http://wenku.baidu.com/view/579cedd96f1aff00bed51e95.html,2012 年 8 月 20 日访问。

COSCO 提单第 26 条 法律及管辖权

第 1 款 "本提单受中华人民共和国法律管辖。本提单项下或与本提单有关的一切争议,均应根据中华人民共和国的法律加以裁定;凡是针对承运人的任何诉讼,均应提交上海海事法院或中华人民共和国其他海事法院。"

第 2 款 "虽有第 26 (1) 条的规定,当某项运输业务包含驶往或来自或经由美利坚合众国的某一港口或地点的运输时,本提单便应受美国《海上货物运输法》规定的约束,而该法应被视为已载入本提单,而本提单中所载任何内容均不得视为承运人对其根据美国海上货物运输法而享有的任何权利、豁免、除外或限制的放弃,或其义务的任何增加。除另有规定外,以上所提及的美国海上货物运输法同样适用于在货物装卸前卸后承运人掌管货物的期间。"

由于提单背面的首要条款、地区条款和法律选择条款在内容方面都涉及法律适用问题，对提单中法律选择条款的识别便成为必要。因为提单本身是否有效取决于提单的准据法，而在提单载明的所有条款中，只有法律选择条款是当事人为他们之间的提单法律关系协议选择准据法的条款，因此从这个意义上讲，提单法律选择条款是决定提单中所有其他条款（包括形式意义上的提单首要条款和地区条款）法律效力的条款，是真正的"首要条款"。

关于提单首要条款和法律选择条款的关系，我国学界已有较多研究。一些学者认为，提单首要条款就是法律选择条款，即为提单法律关系选择准据法的条款；[①]另一些学者则认为，提单首要条款与法律选择条款不同，二者之间有本质区别：首要条款是提单当事人确定承运人权利义务的实体法条款，法律选择条款是确定提单关系准据法的条款，因此，提单首要条款的效力应按照法律选择条款选择的提单准据法来认定。[②]关于提单地区条款与法律选择条款的关系，我国学界研究较少。何丽新在其专著《无单放货法律问题研究》中认为，地区条款应属于法律选择条款，[③]但在二者发生矛盾的情况下应如何处理，该著作没有涉及。在前述江苏纺织诉华夏货运无单放货纠纷一案中，上海高级人民法院认为："根据提单背面的法律适用条款，本案应适用香港法。根据地区条款，本案中承运人的责任应依据美国1936年《海上货物运输法》的规定予以确定。由于地区条款是当事人对承运人责任问题在适用法律上所做的特别约定，并且涉案货物运输涉及美国港口，符合地区条款中规定的适用美国1936年《海上货物运输法》的情形，故在解决本案纠纷时，应优先适用地区条款指向的法律。"[④]可见，我国司法实践中亦有法院认为地区条款属于法律选择条款，而且在地区

[①] 参见张丽英：《海商法》，北京：人民法院出版社，1998年版，第100页；吴焕宁主编：《海商法学》，北京：法律出版社，1996年版，第104页。

[②] 何丽新：《无单放货法律问题研究》，北京：法律出版社，2006年版，第208页。

[③] 何丽新：《无单放货法律问题研究》，北京：法律出版社，2006年版，第210页。

[④] 国家法官学院、中国人民大学法学院编：《中国审判案例要览（2006年商事审判案例卷）》，北京：人民法院出版社、中国人民大学出版社，2007年版，第519页。

条款和专门法律选择条款发生冲突的情况下,地区条款应当优先适用。

笔者认为,我国学界和司法实践对提单首要条款、地区条款和法律选择条款之间关系的研究探讨无疑具有重要意义,但试图依据提单中某一具体条款的名称得出该条款是否属于法律选择条款的结论,研究方法上似乎有重形式轻内容之嫌。如前所述,法律选择条款是当事人为提单法律关系选择准据法的条款。提单当事人(实践中主要是承运人)在提单条款中载明某一国际公约或者外国法律的名称甚至将该公约或者该外国法律的内容复制进提单中,目的可能有多种。当事人可能希望通过该条款事先确定提单准据法,以便能事先预见其交易行为的法律后果;当事人也可能是为了节省谈判时间和提高交易效率,而将该国际公约或者外国法律的内容并入提单,使其成为提单的一般条款。在前一种情况下,当事人是在选择提单准据法;在后一种情况下,当事人只是在依据契约自由原则拟定提单条款,确定运输合同的具体内容,而根本没有想到提单法律关系的准据法问题。因此只有前一种情况下当事人拟定的援引国际公约或者外国法的条款才属于法律选择条款;在后一种情况下当事人拟定的援引国际公约或者外国法的条款,无论该条款被冠以何种名称,其都不属于法律选择条款。

由此可见,认定提单中某一条款是否属于法律选择条款,主要依据应是当事人通过该条款表示出来的真实意思,而不是该条款在提单中的具体位置或者名称。而当事人的真实意思只能通过提单条款的具体措辞并结合当事人交易的具体情形才能认定。因此,法院认定提单中某一条款是否属于法律选择条款,绝不能仅仅从该条款的名称直接得出结论,而应依据提单条款的措辞并结合交易的具体情形,探究出当事人的真实意思,然后依据该真实意思判断当事人是在为提单选择准据法还是在通过并入外国法的方式确定合同的具体内容。根据这一标准,如果提单首要条款载明提单受1924年《海牙规则》支配,同一提单中的法律选择条款又明确约定提单适用中华人民共和国法律,那么,由于《海牙规则》仅规定了装货后至卸货前承运人对货物损害应承担的赔偿责任问题,对提单涉及的其他法律问题,例如货物所有权问题,缺乏规定,而且《海牙规则》对我国不具有法律拘束力,因此这种情况下应认定当事人的真实意思是将《海牙规则》作为合同条款并入提单，将中国法律约定为提单法律关系的准据法。即该提单首要条款应认定为实体法意义上的合同并入条款（incorporated clause），该提单中的法律选择条款才是冲突法意义上的法律选择条款。这一结论同样适用于当事人在提单首要条款中约定适用维斯比规则或者《汉堡规则》，又在专门的法律选择条款中选择某一国家国内法的情况。

上述结论不仅为我国最新冲突法立法和司法解释所支持，而且与国外航运发达国家的司法实践相吻合。2013年1月7日起施行的《最高人民法院关于适用〈中华人民共和国涉外民事关系法律适用法〉若干问题的解释（一）》（简称《法律适用法司法解释（一）》）第9条规定："当事人在合同中援引尚未对中华人民共和国生效的国际条约的，人民法院可以根据该国际条约的内容确定当事人之间的权利义务，但违反中华人民共和国社会公共利益或中华人民共和国法律、行政法规强制性规定的除外。"由于当事人选择法院地法之外的法律作为合同准据法的逻辑后果之一即是排除了法院地法中任意性和一般强制性法规的适用，①这也是合同当事人选择合同准据法的主要目的和意义；而前述第9条规定，合同当事人选择的国际条约不得违背我国法律和行政法规的强制性规定。因此，依据该条规定，当事人援引尚未对我国生效的国际条约的合同条款在法律性质上显然不是冲突法意义上的法律选择条款，而属于实体法意义上的合同并入条款。最高人民法院民四庭负责人在就《法律适用法司法解释（一）》答记者问②中明确指出，该司法解释第9条是将合同当事人援引的对中国尚未生效的国际条约作为该合同的组成部分，即证实了笔者上述结论的正确性。

从国外司法实践来看，早在19世纪提单首要条款产生之初，英国法院的司法实践便将提单背面载明适用美国《哈特法》的条款认定为合同一般条款，即实体法意义上的合同并入条款，否认该条款约定

---

① 法院地国家公共秩序法规和干涉性法规的适用不受合同准据法的影响。
② 最高人民法院民四庭负责人就《关于适用〈中华人民共和国涉外民事关系法律适用法〉若干问题的解释（一）》答记者问，最高人民法院网站：http://www.court.gov.cn，2013年1月12日访问。

的《哈特法》的法律性质。《海牙规则》通过之后，实践中提单首要条款愈来愈多地载明提单应适用《海牙规则》或者《海牙-维斯比规则》，关于这类首要条款的法律性质，包括英国、美国、法国、菲律宾以及斯堪的纳维亚地区国家在内的绝大多数国家法院的司法实践均认定其为实体法意义上的合同并入条款，而非法律选择条款。[1]德国法院司法实践和德国法学理论界亦一致认为该类首要条款属于实体法意义上的合同并入条款。[2]

以选择《海牙规则》《海牙-维斯比规则》或者《汉堡规则》为主要内容的提单首要条款性质上为合同并入条款，并不意味着该条款和提单中其他实体法条款的效力完全相同。一方面，提单首要条款的标题"Paramount Clause"表明，在提单首要条款和提单其他实体法条款内容相互冲突的情况下，首要条款的效力优先。例如提单首要条款约定的《海牙规则》规定承运人承担的货物损害责任为每单位100英镑，提单中的承运人责任条款约定承运人对货物损害承担的赔偿责任为每单位1000美元，首要条款和承运人责任条款的内容明显冲突，根据首要条款标题"Paramount Clause"体现出的当事人的明确意愿，首要条款的效力应当优先，因此法院应认定该提单中的承运人责任条款无效。另一方面，提单首要条款作为实体法意义上合同并入条款的性质表明，该条款和提单中其他实体法条款一样，应当遵守解释合同条款的一般原则，其中一个重要原则是以特殊方式后加入的合同条款效力优于合同中的印刷条款。因此在美国法院审理的 RALLI BROS., Limited, et al. v. ISTHMIAN S.S. CO. et al.（拉里兄弟有限公司诉伊斯特米安公司）案中，提单背面首要条款约定适用印度《海上货物运输法》，提单背面另外一条以印章方式后加入的条款约定适用美国《海上货物运输法》。依据美国《海上货物运输法》承运人赔偿责任为每单位500美元，依据首要条款约定的印度《海上货物运输法》承运人赔偿责任为每单位

---

[1] Erling Selvig, The Paramount Clause, The American Journal of Comparative Law, Vol. 10, No. 3, 1961, pp. 212-216.

[2] Reithmann/Martiny, Internationales Vertragsrecht, 6. Auflage, Verlag Dr. Otto Schmidt, Koeln, 2004, Rz. 1534, S. 1135f..

100英镑。法院判决首要条款和后加入的条款性质上均为实体法意义上的并入条款，其解释适用合同解释的一般原则，即以特殊方式添加的合同条款效力优于印刷条款，因此以印章方式添加的约定适用美国《海上货物运输法》的条款效力优先，判决承运人应承担每单位500美元的赔偿责任。①

提单地区条款的使用在海运实践中不如首要条款那么普遍，实践中的提单地区条款一般约定进出美国港口的货物运输项下的提单适用1936年美国《海上货物运输法》。关于提单地区条款性质为法律选择条款还是实体法意义上并入条款的问题，本书认为主要应依据该条款措辞表示出来的当事人的真实意愿确定。如果当事人的真实意思是将地区条款约定的美国《海上货物运输法》变成提单内容的一部分，那么地区条款和上文论述的提单首要条款一样，仅是实体法意义上的合同并入条款，而且其和首要条款内容相冲突时，首要条款效力优先。

如果提单条款措辞和当事人交易的具体情形表明，提单地区条款和另外一个或者多个条款在性质上都属于法律选择条款，此时便发生复合法律选择问题，即合同/提单当事人为同一合同/提单选择一个以上法律作为合同准据法的问题。

例如，中远集装箱提单第26条规定：

第1款"本提单受中华人民共和国法律管辖。本提单项下或与本提单有关的一切争议，均应根据中华人民共和国的法律加以裁定；凡是针对承运人的任何诉讼，均应提交上海海事法院或中华人民共和国其他海事法院。"

第2款"虽有第26（1）条的规定，当某项运输业务包含驶往或来自或经由美利坚合众国的某一港口或地点的运输时，本提单便应受美国《海上货物运输法》的规定的约束，而该法应被视为已载入本提单，而本提单中所载任何内容均不得视为承运人对其根据美国海上货物运输法而享有的任何权利、豁免、除外或限制的放弃，或其义务的

---

① RALLI BROS., Limited, et al. v. ISTHMIAN S.S. CO. et al., judgement of District court, Maryland. In: Erling Selvig, The Paramount Clause, The American Journal of Comparative Law, Vol. 10, No. 3, 1961, P. 212.

任何增加。除另有规定外，以上所提及的美国海上货物运输法同样适用于在货物装前卸后承运人掌管货物的期间。"①

如果对上述条款加上标题，第 26 条第 1 款属于法律选择条款，第 2 款属于地区条款。但根据两个条款的内容和措辞可以认定，当事人在两个条款中都是为提单选择准据法。第 1 款中的"中华人民共和国法律"表明当事人是在选择提单法律关系即海运合同的准据法；第 2 款特别强调"本提单中所载任何内容均不得视为承运人对其根据美国《海上货物运输法》而享有的任何权利、豁免、除外或限制的放弃，或其义务的任何增加"，表明当事人的真实意思是选择美国《海上货物运输法》作为提单法律关系尤其是承运人权利义务的准据法。因此，上述提单第 26 条规定的法律选择条款和美国地区条款在性质上都属于法律选择条款，这种法律选择在冲突法上称为复合法律选择，具体来说属于附条件的复合法律选择。即如果具备了美国地区条款中规定的条件（某项运输业务包含驶往或来自或经由美利坚合众国的某一港口或地点的运输），当事人即选择美国《海上货物运输法》作为提单法律关系准据法；如果不具备该条件，当事人即选择中国法律作为提单法律关系准据法。由于第 26 条明确规定了两种准据法适用的前提条件，因此这种情况下的复合法律选择在实践中具有可行性，是合法有效的。如果提单中两个条款都属于法律选择条款，而且选择完全不同的法律作为提单准据法，并且两条款要求两个准据法同时适用，例如提单首要条款明确约定提单适用《海牙规则》和美国联邦法律，法律选择条款明确规定提单受中华人民共和国法律支配。这种情况下由于提单条款选择的多个准据法相互矛盾，无法按照当事人在提单中表示出来的真实意思同时适用，法院应当认定当事人虽然约定了法律选择条款，但没有对所选择的法律达成意思表示的一致，因此法律选择协议不成立，按照我国《海商法》第 269 条规定，该提单法律关系的准据法应依据最密切联系原则确定。

---

① 中远集装箱 [China Ocean Shipping (Group) Company，简称 COSCO] 提单背面条款（中文）：http://wenku.baidu.com/view/579cedd96f1aff00bed51e95.html，2012 年 8 月 20 日访问。

我国涉外民商事审判实践中涉及法律选择条款和合同并入条款定性问题的典型案件不多，东方海外货柜航运有限公司（简称东方海外）与青岛海神食品有限公司（简称海神公司）、韩国三湖物产株式会社（简称三湖物产）海上货物运输无单放货纠纷[①]和万宝集团广州菲达电器厂与美国总统轮船公司海上货物运输无提单放货案[②]可视为我国司法实践中关于该法律问题的两宗经典案例。两个案件都是海上货物运输合同无单放货纠纷，都涉及记名提单无单放货的法律适用问题，两个案件都经历了一审、二审和再审，两个案件的再审法院都是最高人民法院，两个案件中的涉案提单背面有内容类似的选择适用 1924年《海牙规则》和 1936 年美国《海上货物运输法》的条款，但是最高人民法院在两个案件中对涉案提单法律选择条款的定性截然相反。

香港东方海外货柜航运有限公司（简称东方海外）与青岛海神食品有限公司（简称海神公司）、韩国三湖物产株式会社（简称三湖物产）海上货物运输无单放货纠纷案中，海神公司向东方海外交付了货物，东方海外签发了正本记名提单交于海神公司，该提单记载：承运人为东方海外，托运人为海神公司，记名收货人为 WEGA 公司（贵翔公司），船名为 NYK KAI032 航次，装港中国青岛，卸港俄罗斯圣彼得堡。货物抵达目的港后，东方海外在未收回正本提单的情况下将货物交给了记名提单收货人 WEGA 公司。海神公司以承运人东方海外无单放货为由，请求法院判令东方海外赔偿其货款损失。涉案提单背面条款第 23 条载明：本提单项下经由或运至美国的运输应受美国 COGSA（《海上货物运输法案》）的制约，本提单项下经由或运至加拿大的运输应受加拿大 COGWA（《海上货物运输法案》）的制约，该法案视为并入本提单。所有经由或运至其他国家的运输，除非第 29 条有相反的规定，或根据该国法律强制适用《海牙规则》或《海牙-威斯比

[①] 二审判决书：山东省高级人民法院民事判决书（2001）鲁经终字第 240 号；再审判决书：中华人民共和国最高人民法院民事判决书（2002）民四提字第 10 号。

[②] 一审判决书：广州海事法院民事判决书（1995）广海法商字第 66 号；二审判决书：广东省高级人民法院民事判决书（1996 年）广经终字第 35 号；再审判决书：《最高人民法院公报》2002年第 5 期。

规则》，或如果该国法律无此规定，适用《海牙规则》。本条规定并不意味着承运人对其根据 COGSA、COGWA 或任何其他有关国家强制性的海上货物运输法或成文法或可能适用的《海牙规则》或《海牙-威斯比规则》下的任何权利、豁免或责任限制的放弃，也不意味着增加承运人在 COGSA、COGWA 或任何其他有关国家强制性的海上货物运输法或成文法或可能适用的《海牙规则》或《海牙-威斯比规则》下的责任与义务。除非这里做出相反规定，COGSA、COGWA（或者前面提及的《海牙规则》或《海牙-威斯比规则》）根据本提单应适用于货物装船前及卸船后的期间。①

青岛海事法院一审判决没有进行任何分析和说理，直接适用我国《海商法》判决承运人东方海外无单放货违背了《海商法》第 71 条规定的凭正本提单交付货物的基本义务，应当承担损害赔偿责任。②

山东省高级人民法院二审认为，东方海外在庭审中主张对无单放货问题应适用俄罗斯法律，但双方并无此约定，因此没有支持东方海外适用俄罗斯法律的主张。之后根据最密切联系原则，基于该运输合同在我国境内签订、货物在我国境内交付给承运人的事实，认定应适用中华人民共和国法律作为涉案海上货物运输合同的准据法。二审法院根据我国法律，亦认为承运人东方海外应为其无单放货行为承担损

---

① 涉案提单第 23 条的原文："All carriage under this Bill of Lading to or from the United States of America shall have effect subject to the provisions of COGSA（or if this Bill of Lading governs carriage to or from Canada, it shall have effect subject to COGWA）which shall be deemed to be incorporated herein. All carriage to and from other States shall be governed, except as otherwise provided in Clause 29, by the law of any State making the Hague Rules or Hague-Visby compulsorily applicable to this Bill of Lading or if there be no such national law, in accordance with the Hague Rules. Nothing contained heein, Shall be deemed a surrender By the carrier of any of its rights or immunities or limitations or shall increase any of its responsibilities or liabilities under COGSA, COGWA or such other compulsory Carriage of goods by sea act or statute or the Hague Rules or Hague-Visby as may be applicable. Except as otherwise provided herein. COGSA. COGWA（or the Hague statute or Hague-Visby as herein before provided）shall govern the Goods before loading on board and after discharge from the Vessel and whilst subject to this Bill of Lading."

② 司玉琢主编：《海商法学案例教程》第 2 版，北京：知识产权出版社，2008 年版，第 55 页。

害赔偿责任，判决驳回上诉、维持原判。①

最高人民法院再审认为，本案所涉运输为中国港口至俄罗斯港口之间的国际海上货物运输，首先应当审查当事人之间是否存在适用法律的约定。同时最高人民法院也注意到了涉案提单第 23 条的约定："本提单项下经由或运至美国的运输应受美国 COGSA（《海上货物运输法案》）的制约，本提单项下经由或运至加拿大的运输应受加拿大 COGWA（《海上货物运输法案》）的制约，该法案视为并入本提单。所有经由或运至其他国家的运输，除非 29 条有相反的规定，或根据该国法律强制适用《海牙规则》或《海牙-威斯比规则》，或如果该国法律无此规定，适用《海牙规则》。……"令人遗憾的是，最高人民法院既没有分析该条款是属于选择合同准据法的法律选择条款还是属于合同并入条款，也没有分析该条款的法律效力，而是以该提单条款没有明确约定适用俄罗斯法律为理由，否定了东方海外要求适用俄罗斯法律的主张。之后便基于本案提单签发地在青岛和青岛为涉案航次起运港的事实，认定二审法院根据最密切联系原则适用中国法律作为准据法"并无不当"。②

上述案例中，虽然涉案提单条款第 23 条明确约定适用美国《海上货物运输法》、加拿大《海上货物运输法》或者《海牙规则》，但是审理该案的三级人民法院都没有提及法律选择是否有效的问题。一审法院没有进行任何说理，直接适用了我国《海商法》作为准据法。二审法院完全无视该条款的存在，直接适用最密切联系原则确定了准据法。最高人民法院作为再审法院注意到了该提单条款的存在，再审判决书也明确指出对于国际海上货物运输首先应审查当事人之间是否有选择法律的约定；但是该法院在否定了承运人要求适用俄罗斯法律的主张之后，并没有进一步分析涉案提单第 23 条选择的美国、加拿大《海上货物运输法》以及《海牙规则》是否有效的问题，便直接认定二审法院依据最密切联系原则适用中国法律"并无不当"。

---

① 司玉琢主编：《海商法学案例教程》第 2 版，北京：知识产权出版社，2008 年版，第 56 页。

② 最高人民法院民事判决书（2002）民四提字第 10 号。

该案一审判决书没有进行任何冲突法说理就直接适用我国法律，很明显属于判决书的缺陷和不足，也违背当时已经生效实施的我国《海商法》第269条，严格说来属于法律适用错误，因此该判决书也无法在法律选择条款和并入条款的识别方面给我们提供有益的启示。但是二审和再审判决书都依据最密切联系原则适用了我国法律作为涉案海运合同准据法，并且都对如何确定最密切联系地这一纯粹的冲突法问题进行了分析说理，而且再审判决书专门援引了涉案提单第23条的中英文全文，因此如果认为二审和再审法院都没有意识到涉案提单第23条的存在及其内容，显然不符合事实。对于为什么二审法院和再审法院都没有分析该条款中的法律选择问题这一问题，本书认为存在两种可能的解释：第一，因为诉讼当事人都没有提出该提单条款是法律选择条款还是合同并入条款的问题，因此法院并没有意识到该条款的性质问题，因此也就没有对该问题进行分析；第二，法院意识到了该条款的性质问题，但是想当然地认为该条款属于实体法性质的合同并入条款，根本不具有选择准据法的功能，因此二审和再审法院都直接适用最密切联系原则确定了涉案海运合同的准据法。

与上述案例形成鲜明对比的是历时八年、被评为2002年全国十大海事案例之一的万宝集团广州菲达电器厂诉美国总统轮船公司海上货物运输无单放货损害赔偿案[①]。该案中，万宝集团广州菲达电器厂委托承运人美国总统轮船公司（American President Lines Limited）将两个集装箱货物运送至新加坡，承运人签发的正本记名提单载明：承运人为美国总统轮船公司，收货人为新加坡艺明公司，装货港为黄埔，卸货港为新加坡，运费预付。货物运抵新加坡后，被告没有收回正本提单便将货物交付给了收货人新加坡艺明公司，收货人不再向卖方即托运人菲达电器厂支付货款，托运人在广州海事法院起诉承运人美国总统轮船公司，请求判令承运人向原告赔偿经济损失并承担诉讼费用。

涉案提单背面的首要条款载明："货物的收受、保管、运输和交

[①] 一审判决书：广州海事法院民事判决书（1994）广海法商字第66号；二审判决书：广东省高级人民法院民事判决书（1996）粤法经二上字第29号；再审判决书：最高人民法院民事判决书（1998）交提字第3号。

付受本提单所证明的运输协议的条款调整,包括……(3)美国1936年《海上货物运输法》的条款或经1924年布鲁塞尔公约修改的1921年《海牙规则》生效的国家内一个具有裁判权的法院裁决因运输合同而产生争端的规定。"①

广州海事法院一审认为,涉案提单首要条款规定,因本提单而产生的争议适用美国1936年《海上货物运输法》和1924年《海牙规则》。该规定是原、被告双方选择法律适用的意思表示,没有违反中国法律,应确认其效力。之后以当事人选择的法律都没有对承运人能否不凭正本提单向记名收货人交付货物问题做出明确规定为由,适用中国法律和有关国际航运惯例做出了判决。

广东省高级人民法院二审认为,原告对被告提起的是侵权之诉,侵权行为产生的权利义务关系非合同约定的权利义务关系,不受上诉人与被上诉人之间原有运输合同的约束。《中华人民共和国民法通则》(简称《民法通则》)第146条规定,侵权行为的损害赔偿,适用侵权行为地法律。可见,对于侵权之诉,当事人无权选择适用法律,提单背面选择美国《海上货物运输法》和《海牙规则》的条款违背该第146条的规定,因此无效。之后该法院依据《民法通则》第146条认定本案应当适用中华人民共和国法律,维持了一审法院的判决结果。

最高人民法院再审认为,对本案是国际海上货物运输合同无单放货纠纷,双方当事人没有异议,应予认定。我国《海商法》第269规定:"合同当事人可以选择合同适用的法律,法律另有规定的除外。合

---

① 涉案提单背面首要条款原文:6. PARAMOUNT CLAUSE

i) From loading of the Goods onto the Vessel until discharge of the Goods from the Vessel, the Carrier's responsibility shall be subject to the provisions of any legislation compulsorily applicable to this Bill of Lading:

a) which gives effect to the Hague Rules contained in the International Convention for the Unification of Certain Rules Relating to Bills of Lading, dated at Brussels, August 25, 1924, ("the Hague Rules") including adaptations thereof, such as the Carriage of Goods by Sea Act of the United States, 1936 ("US COGSA"), the provisions of which shall apply on all shipments to or from the United States whether compulsorily applicable or not,...

同当事人没有选择的,适用与合同有最密切联系的国家的法律。"本案提单首要条款中明确约定适用美国1936年《海上货物运输法》或海牙规则。对法律适用的这一选择,是双方当事人的真实意思表示,且不违反中华人民共和国的公共利益,合法有效,应当尊重。据此,最高人民法院认定本案应当适用美国1936年《海上货物运输法》和该法援引的美国《联邦提单法》,并依据该两部美国法律做出了再审判决,撤销了广州海事法院的一审判决和广东省高级人民法院的二审判决。

分析上述美国总统轮船公司无单放货案中三审人民法院判决书,虽然判决书的说理论证和判决结果存在差异,但三级人民法院都认为,涉案提单背面首要条款是为涉案运输合同选择准据法的法律选择条款,而不是实体法性质的合同并入条款。一审法院以该条款选择的法律对涉案争议问题没有明确规定因而无法适用为由适用了中国法律作为替代法律;二审法院以该法律选择条款违背了《民法通则》第146条为由认定该法律选择条款无效;[1]最高人民法院作为再审法院不仅明确认可了涉案提单首要条款选择合同准据法的功能,而且依据该条款认定当事人选择的美国《海上货物运输法》即是涉案争议的准据法,并依据该法和该法援引的美国《联邦提单法》做出了再审判决。

上述两个案例案由相同,案情相似,涉案提单都是记名提单,涉案提单法律选择条款的内容也相似,而且两个案例都由最高人民法院再审,并且最高人民法院再审的时间仅相隔两年,[2]因此最高人民法院对两个案例中涉案提单法律选择条款的性质做出截然不同的认定,不可能系出于偶然。为了便于比较分析,笔者将两个案例中涉案提单背面系争条款的内容列表如下:

---

① 《民法通则》第146条属于冲突规范,实体法性质的并入条款是不可能违背冲突规范的,因此二审法院认定涉案提单条款无效的理由同时表明了该法院认为该提单条款属于法律选择条款。

② 最高人民法院对万宝集团广州菲达电器厂诉美国总统轮船公司海上货物运输无提单放货案的再审判决于2002年6月25日做出;对香港东方海外货柜航运有限公司与青岛海神食品有限公司、韩国三湖物产株式会社海上货物运输无单放货纠纷案的再审判决于2004年4月6日做出。

涉案提单背面系争条款汇总表

	东方海外货柜公司提单第 23 条	美国总统轮船公司提单第 6 条
中文	本提单项下经由或运至美国的运输应受美国 COGSA（海上货物运输法案）的制约，本提单项下经由或运至加拿大的运输应受加拿大 COGWA（海上货物运输法案）的制约，<u>该法案视为并入本提单</u>。 所有经由或运至其他国家的运输，除非 29 条有相反的规定，或根据该国法律强制适用《海牙规则》或《海牙-威斯比规则》，或如果该国法律无此规定，适用《海牙规则》。	货物的收受、保管、运输和交付受本提单所证明的运输协议的条款调整，包括……(3) 美国 1936 年《海上货物运输法》的条款或经 1924 年布鲁塞尔公约修改的 1921 年《海牙规则》生效的国家内一个具有裁判权的法院裁决因运输合同而产生争端的规定。
英文	All carriage under this Bill of Lading to or from the United States of America shall have effect subject to the provisions of COGSA (or if this Bill of Lading governs carriage to or from Canada, it shall have effect subject to COGWA) <u>which shall be deemed to be incorporated herein</u>. All carriage to and from other States shall be governed, except as otherwise provided in Clause 29, by the law of any State making the Hague Rules or Hague-Visby Rules compulsorily applicable to this Bill of Lading or if there be no such national law, in accordance with the Hague Rules.	i) From loading of the Goods onto the Vessel until discharge of the Goods from the Vessel, the Carrier's responsibility shall be subject to the provisions of any legislation compulsorily applicable to this Bill of Lading: a) which gives effect to the Hague Rules contained in the International Convention for the Unification of Certain Rules Relating to Bills of Lading, dated at Brussels, August 25, 1924, ("the Hague Rules") including adaptations thereof, such as the Carriage of Goods by Sea Act of the United States, 1936 ("US COGSA"), the provisions of which shall apply on all shipments to or from the United States whether compulsorily applicable or not,…

通过对比上述两个案例中涉案提单系争条款的内容可以看出,东方海外货柜公司无单放货案例中,涉案提单系争条款明确写明被选择的法律视为"并入本提单"(shall be deemed to be incorporated herein),而美国总统轮船公司无单放货案中涉案提单系争条款中却没有类似的表述。在当事人通过合同条款明确表明其意图是将所选择的法律作为合同一般条款"并入提单"的情况下,如果法院认定该条款属于选择合同准据法的法律选择条款,显然违背当事人明确表述出来的真实意思,因此东方海外货柜公司无单放货案例中,三审人民法院判决书都没有认可提单系争条款的法律选择功能。美国总统轮船公司无单放货案中,由于涉案提单系争条款载明的法律是被作为实体法条款"并入提单"还是被选择作为合同准据法,从条款的表述措辞中无法看出当事人的明确意图,这种情况下法官通过行使自由裁量权来认定当事人的真实意图,只要不明显违背系争条款的措辞,就应当认为是合理的。

综上可见,上述最高人民法院再审的两个涉及法律选择条款和合同并入条款识别问题的经典案例,验证了本书前文已经得出的结论的可行性:关于提单条款性质为法律选择条款还是实体法意义上合同并入条款的问题,主要应依据该条款措辞表示出来的当事人的真实意愿确定。

第三节 提单法律选择条款的效力

一、提单法律选择条款效力的准据法

法院认定提单中某一具体条款性质上属于为涉案海运合同选择准据法的法律选择条款之后,需要首先确定该条款的法律效力。如果法院认定该法律选择条款合法有效,则法院应当认定该条款选择的法律作为提单所证明的海运合同的准据法,并依据该准据法确定该提单所有其他条款(包括性质上不属于法律选择条款的首要条款和地区条

款，但不包括管辖权条款和仲裁条款）的效力。这里产生的一个重要法律问题是：法院应如何认定法律选择条款的效力。

回答上述问题必须首先确定解决该问题的准据法。如本书第八章所述，法律选择条款虽然形式上为提单背面的一个条款，但实质上是提单当事人各方选择涉案海运合同准据法的协议，即法律选择协议，或者称为"法律选择合同"。[①]因为当事人选择法律的协议在法律性质上是一个以法律选择为内容的合同，是一种特殊的以冲突法问题为内容的合同，相对于当事人之间的实体法合同即提单所证明的海运合同（一般称为主合同）而言，法律选择合同可被称为"从合同"。与作为主合同的海运合同一样，法律选择合同的有效亦以双方当事人意思表示真实一致为前提，意思表示方面的瑕疵，如胁迫、误解、欺诈，可能导致法律选择合同的无效从而直接导致法律选择无效。法律选择协议作为一种合同，亦有自己的准据法。关于法院应适用何国法律判断法律选择合同的效力的问题，即法律选择协议成立和效力的准据法问题，我国现行立法未做规定，理论界有多种学说。欧洲多数国家国际私法理论和立法认为，当事人选择的法律本身决定法律选择合同的成

---

① 我国《涉外民事关系法律适用法》第41条、《海商法》第269条、《合同法》第126条和《民法通则》第145条都不允许合同当事人一方单方面选择合同准据法，只有合同当事人各方对所选择的法律达成意思表示一致，该法律才能成为合同当事人选择的合同准据法。因此笔者认为，我国现行冲突法和德国、瑞士等西方国家的冲突法一样，亦承认法律选择在性质上属于合同，即以冲突法为内容的合同。当事人合意选择合同准据法的行为在法律性质上是属于冲突法合同，还是属于诉讼行为或者事实行为，在我国学界尚缺乏深入研究。在德国和瑞士国际私法中，当事人合意选择法律的行为属于冲突法合同，即法律选择合同（"Rechtswahlvertrag" 或者 "Verweisungsvertrag"），已经成为学界共识。2009年生效的《欧盟关于债权合同准据法的规则》（《罗马规则 II》）第3条亦采纳了当事人合意选择法律本身应属于合同的观点。参见：Franco Ferrrari, Internationales Vertragsrecht, Verlag C.H. Beck (Muenchen，2012), S. 31 ff.; Christoph Reithmann, Dieter Martiny, Internationales Vertragsrecht, 6. Auflage, Verlag Dr. Otto Schmidt (Koeln, 2004), S. 66 ff.; David P. Henry, Kollisionsrechtliche Rechtswahl, Dike Verlag AG (Zuerich, 2009), S. 44 f.

立和效力,①这一方案充分尊重和体现了当事人意思自治原则,符合当事人的正当期望,而且客观上也能满足最密切联系原则的要求,因为法律选择合同客观上与被选择的法律之间联系最为密切。但这一国际社会普遍采用的方案未被我国内地法院司法实践所接受。司法实践中我国人民法院一般适用法院地法,即我国内地法律,认定法律选择协议的成立和效力。在本章第一节介绍的三起无单放货案例中,审理案件的法院虽然在判决书中都没有论述法律选择合同的准据法问题,实际上在认定法律选择条款的效力时都是适用的法院地法即我国内地法律。在我国现行法律法规对法律选择合同的准据法问题没有规定的情况下,适用法院地法解决法律选择合同的成立和效力问题简单易行,并不失为一种可行的解决方案。但本书认为,即使法院在认定法律选择合同的成立和效力时一律采用法院地法理论,法院在判决书中也应明确说明这一点,并对这一理论的合理性进行论证,以增强法院判决书的说服力。

由于提单法律选择条款是提单背面的一个条款,而提单背面并没有提单当事人的签字和公章,因此,法院适用我国法律认定提单法律选择条款的效力时,首先遇到的问题是:当事人之间的法律选择协议是否成立,即当事人各方对所选择的法律是否达成了意思表示的一致。由于我国《海商法》第269条并不允许合同任何一方当事人单方面选择法律,只允许合同当事人协议选择合同准据法,因此如果当事人对提单准据法问题没有达成意思表示的一致,则应认定法律选择协议不成立,该提单所证明的涉案海运合同准据法即应依据最密切联系原则确定。在江苏纺织诉华夏货运无单放货纠纷一案中,法律选择协议成立问题成了当事人之间的争议焦点之一。由于该案中提单背面法律选

---

① 2009年生效的《欧盟关于债权合同准据法的规则》(《罗马规则 II》)第3条第5款明确规定了这一方案,该规则目前已经在丹麦之外的26个欧盟成员国生效实施。关于法律选择合同成立和效力问题的国外立法和相关理论,参见:Jan Kropholler, Internationales Privatrecht, 6. Auflage, Mohr Siebeck (Tuebingen, 2006), S. 461; Franco Ferrrari, Internationales Vertragsrecht, Verlag C.H. Beck (Muenchen, 2012), S. 31 ff.; David P. Henry, Kollisionsrechtliche Rechtswahl, Dike Verlag AG (Zuerich, 2009), S. 44 f.

择条款系承运人事先拟定好的,原告称没有看到该条款,也没有同意该条款,因此主张法律选择协议不成立。一审法院上海海事法院支持原告的主张,以被告华夏货运未能证明提单是江苏纺织自愿选择适用的为由认定当事人双方没有对所选择法律达成意思表示的一致,法律选择无效。上海市高级人民法院二审则认为涉案提单系承运人自愿签发,托运人自愿接受,因此提单背面条款应视作双方当事人协商一致的结果,故认定法律选择协议成立并且有效。[①]该案提出的一个重要问题是:事先印制在合同背面的格式条款是否属于合同内容?

从国外合同法理论和司法实践来看,回答这类问题在商法和民法上应适用不同的标准。一般说来,关于合同当事人双方意思表示是否达成一致的问题,在商法领域,为追求交易的效率,更注重意思外部"表示"的一致;而在民法领域,为追求交易的公平,更注重的是当事人内在"意思"的一致。也就是说,在商法领域,更重视当事人做出意思表示的外部行为,只要从外部行为来看当事人做出了明确的意思表示,就应视为是合同当事人的真实意思。而在民法领域,必须努力探究合同当事人双方真实的意思。就该案提单背面的法律选择条款而言,华夏货运签发了提单,江苏纺织接受了提单,外部行为显然表明当事人双方就法律选择问题达成了一致。因此,如果法律选择协议的准据法是一个国家的商法典,例如《德国商法典》,那么,虽然法律选择条款位于提单背面,由于提单背面没有任何一方当事人的签字,直接依据承运人一方事先拟定的提单背面条款认定该条款内容是当事人双方真实的意思表示,证据不够充分;但是,由于法院认定的证据表明,华夏货运自愿签发了提单,江苏纺织自愿接受了提单,当事人双方都认可该提单合法有效,依据《德国商法典》应推定当事人双方就提单所有条款达成了意思表示的一致。这种情况下如果江苏纺织不能举证证明提单背面条款与提单签发前订立的运输合同内容不同之处,应认定提单中的所有条款均是双方合意的结果,因此应认定当事人双

---

① 参见国家法官学院、中国人民大学法学院编:《中国审判案例要览(2006年商事审判案例卷)》,北京:人民法院出版社、中国人民大学出版社,2007年版,第518页。

方均同意了提单背面的法律选择条款,即法律选择协议已经成立。

从江苏纺织诉华夏货运无单放货纠纷一案两审法院判决书的内容来看,两审法院都是完全适用中国法律认定涉案法律选择条款的效力的,即适用中国法律作为法律选择协议成立和效力的准据法,这也是我国人民法院一贯的司法实践。因此我们需要分析的是,在我国法律作为法律选择协议准据法的情况下,该案一审法院和二审法院的说理中,哪一种说理更为充分、正确。

本书认为,在适用我国法律作为法律选择协议成立和效力的准据法的情况下,江苏纺织诉华夏货运无单放货纠纷一案两审人民法院对涉案提单背面法律选择条款效力认定方面的说理和论证都不充分,甚至可以说说理错误,原因如下:

一审法院判决书对涉案提单背面法律选择条款的成立和效力问题完全适用我国合同法的一般规定和理论,却忽视了我国《海商法》第71条关于海上货物运输合同成立的特殊规定,由于涉案提单背面法律选择条款形式上是海上货物运输合同的一个条款,因此分析海上货物运输合同当事人是否就该条款达成了意思表示一致的问题,不能完全脱离我国《海商法》第71条的规定。

二审法院判决书认定托运人自愿接受提单的行为系对提单背面法律选择条款的默示同意,符合合同法的一般理论,但却忽视了一个问题:我国长期以来的涉外民商事审判实践以及我国现行的《法律适用法》第3条原则上都不承认默示方式的法律选择。

本书观点:在适用我国法律作为法律选择协议成立和效力的准据法的情况下,由于江苏纺织诉华夏货运无单放货纠纷一案中系争法律选择条款形式上是海运提单背面的一个条款,因此我国《海商法》作为特别法应当优先适用。《海商法》第71条明文规定,提单是海上货物运输合同的证明,因此依据该条规定,合法有效的提单本身即能证明提单托运人和承运人之间成立了以提单条款为内容的海上货物运输合同。江苏纺织诉华夏货运无单放货纠纷一案的托运人和承运人都认可提单合法有效,因此按照《海商法》第71条,法院基于合法有效的提单即可认定涉案托运人和承运人之间成立了以提单条款为内容的海上货物运输合同，进而认定托运人和承运人对提单条款，包括正面条款和背面条款，都达成了意思表示的一致。因此任何一方当事人主张其没有同意提单中的某一条款，其应当负举证责任。由于涉案提单所证明的海上货物运输合同依据《海商法》第 71 条已经被法律推定成立，托运人主张其没有同意提单背面的法律选择条款，托运人应当举证证明其对该提单条款的意思表示有瑕疵，在托运人举证不能的情况下，法院应当认定当事人双方都同意了该法律选择条款，因此以该法律选择条款为载体的法律选择协议已经成立。由于该法律选择协议的内容、形式、方式和法律选择的时间等方面都符合我国国际私法规定，因此该法律选择协议在成立之时即发生法律效力，故审案法院应当适用该法律选择协议选择的法律作为涉案海运合同争议的准据法。

二、提单法律选择条款和《海商法》第 44 条

司法实践中提出的涉及提单法律选择条款的另外一个重要问题是：提单法律选择条款的效力是否受我国《海商法》第 44 条的限制，换言之，即提单法律选择条款是否属于《海商法》第 44 条所规定的提单条款。

《中华人民共和国海商法》第 44 条　海上货物运输合同和作为合同凭证的提单或者其他运输单证中的条款，违反本章规定的，无效。此类条款的无效，不影响该合同和提单或者其他运输单证中其他条款的效力。将货物的保险利益转让给承运人的条款或者类似条款，无效。

实践中提单条款的种类很多，既包括实体法条款，也包括程序法条款，例如管辖权条款，还包括冲突法条款，例如法律选择条款。如果认为《海商法》第 44 条中的提单条款包括提单法律选择条款，那么，在提单法律选择条款约定的准据法与我国《海商法》第 4 章规定不同的情况下，该法律选择条款便很可能由于《海商法》第 44 条的规定而无效。我国海商法专家司玉琢和李志文主编的《中国海商法基本理论专题研究》一书便持这种观点，该书中写道："质言之，凡是涉外海上货物运输，均无一例外地必须适用《海商法》第 4 章的强制性规定。……我国的轮船公司无论进出口，其签发的提单理所应当适用我国法律。……如果是外国轮船公司，……假若其准据法规定低于我国《海商法》第4章承运人应负之最低责任标准，理所当然地应适用《海商法》。"①

我国司法实践中亦有类似的观点。在前述江苏纺织诉华夏货运无单放货损害赔偿纠纷一案中，上海市高级人民法院在确定了提单地区条款约定的美国1936年《海上货物运输法》作为涉案提单法律关系的准据法之后，又明确指出，由于我国《海商法》第44条规定海上货物运输合同和作为合同凭证的提单或者其他运输单证中的条款，违反《海商法》第4章规定的无效，因此，地区条款所指向的法律如在该案中适用，仍应以不违反我国法律的强制性规定为前提。该案纠纷涉及对承运人无单放货责任的认定。依据美国1936年《海上货物运输法》及美国《联邦提单法》，在向记名收货人交付货物时，承运人不负有要求记名收货人出示或提交记名提单的义务。我国《海商法》第71条则规定在记名提单和不记名提单情况下都不可以无单放货。鉴于上述美国法律对本案承运人无单放货责任的规定，较之于我国《海商法》第4章的规定有所减轻，依据我国《海商法》第44条，该地区条款应属无效。由此，本案中对承运人责任的认定应适用我国《海商法》。②

笔者认为，我国《海商法》第44条不适用于提单法律选择条款，那种认为《海商法》第44条可以排除提单准据法适用的观点值得商榷，理由如下：

首先，如前所述，提单法律选择条款的主要功能即是为提单法律关系，即提单所证明的海运合同，选择准据法。在法院已经认定地区条款为法律选择条款并进而确定了地区条款选择的美国1936年《海上货物运输法》作为提单所证明的海运合同准据法之后，决定提单中所有实体法条款的效力以及提单当事人实体权利义务的法律即是美国法律，我国《海商法》根本无法得到适用，因此也就不会产生美国1936

---

① 司玉琢、李志文主编：《中国海商法基本理论专题研究》，北京：北京大学出版社，2009年版，第291页。

② 参见国家法官学院、中国人民大学法学院编：《中国审判案例要览（2006年商事审判案例卷）》，北京：人民法院出版社、中国人民大学出版社，2007年版，第520页。

年《海上货物运输法》和《联邦提单法》违背我国《海商法》的问题。我国《海商法》第 44 条作为我国《海商法》中的一个普通条款,其适用当然以我国《海商法》本身得到适用为前提。在提单法律选择条款选择外国法作为提单所证明的海运合同准据法的情况下,只要该法律选择协议依据我国《海商法》第 269 条合法有效,当事人选择的外国法即是决定提单中所有实体权利义务条款效力的准据法,我国《海商法》本身即无法得到适用,该法第 44 条的适用也就自然丧失了冲突法依据,皮之不存,毛将焉附。

其次,我国《海商法》第 4 章是关于海上货物运输合同的规定,其标题便是海上货物运输合同。该章包括一般规定、承运人的责任、托运人的责任、运输单证、货物交付、合同的解除、航次租船合同的特别规定和多式联运合同的特别规定共八节内容,对海上货物运输合同和海运提单涉及的法律问题做了详细全面的规定。我国《海商法》第 14 章规定了涉外关系的法律适用,第 14 章第 269 条明确规定海上货物运输合同首先适用合同当事人协议选择的法律;当事人没有选择法律的,适用与合同有最密切联系的国家的法律。由于无论提单当事人选择任何外国法律作为提单准据法,该法律内容都可能在某种程度上违背我国《海商法》第 4 章的规定。因此如果认为当事人选择的提单准据法只要违背我国《海商法》第 4 章的规定就属于无效,其结果无异于以适用《海商法》第 44 条之名行废除《海商法》第 269 条之实,将导致《海商法》第 269 条规定的当事人自治原则和最密切联系原则名存实亡。这一结果毫无疑问既违背《海商法》的明文规定,也不符合《海商法》的结构体系和立法精神。由于《海商法》第 4 章的标题是海上货物运输合同,第 14 章的标题是涉外关系的法律适用,因此在案件具有涉外因素的情况下,第 14 章规定显然应当优先适用。故在提单当事人按照第 14 章第 269 条选择外国法的情况下,《海商法》第 4 章,包括其中的第 44 条,均应被排除。

再次,《海商法》第 4 章的标题是海上货物运输合同,无论从该章标题还是从该章内容来看,该章条款调整的都主要是海上货物运输合同当事人的利益,基本上不涉及国家利益和社会公共利益。因此即使法院运用公共秩序保留制度排除提单当事人协议选择的外国法律，强行适用我国《海商法》第4章，该做法也违背《海商法》的精神和第269条的明文规定，而且也缺乏法理基础。

最后，《海商法》第44条明文规定，提单中的条款违背了该法第4章规定的，无效；但是此类条款的无效，不影响提单中其他条款的效力。一方面，由于提单法律选择条款不直接确定提单当事人各方的实体权利义务，而《海商法》第4章主要规定的便是海上货物运输合同当事人各方的实体权利义务，因此，提单法律选择条款本身违背《海商法》第4章规定的情形很难想象。在江苏纺织诉华夏货运无单放货纠纷案中，违背我国《海商法》第4章的实际上是美国《联邦提单法》的具体规定，而美国《联邦提单法》的规定并不属于涉案提单中的条款，因此审案法院实际上错误理解和适用了我国《海商法》第44条。另一方面，如果依据《海商法》第44条认定提单法律选择条款无效，那么该条款无效后，法院依据我国《海商法》第269条即应根据最密切联系原则重新确定提单所证明的海运合同的准据法，海运合同准据法的改变无疑会影响作为海运合同条款的提单中其他条款的效力。因此，认为我国《海商法》第44条规定的提单条款包括提单法律选择条款，也不符合第44条自身的规定。

综上所述，我国《海商法》第44条规定的提单条款应是指实体法条款，不包括法律选择条款。依据《海商法》第44条认定提单法律选择条款无效，缺乏冲突法依据，违背《海商法》第269条和《海商法》的立法精神，也不符合《海商法》第44条自身的规定。

第十章 合同最密切联系地的确定

第一节 确定合同最密切联系地的基本理论[①]

一、特征履行理论

合同最密切联系地的确定问题是合同冲突法理论和司法实践中最为复杂的问题之一。在最密切联系原则的具体运用过程中,美国采用所谓"合同要素分析法",而大陆法系国家一般采用"特征履行理论"来确定合同的最密切联系地。"合同要素分析法"指法官通过对合同各种要素进行"量"与"质"的综合分析来确定合同的准据法。"特征履行理论"主张按照合同的特征性履行来确定合同的准据法。[②]该理论要求法院根据合同的性质,首先确定合同义务中最能体现该合同本质特征的义务,该合同义务的履行即是"特征性履行",履行该合同义务的那一方合同当事人即是合同的"特征履行方"。例如在一方承担金钱履行义务另一方承担非金钱履行义务的双务合同中,一般情况下,金钱履行的义务与非金钱履行的义务相比,金钱履行的义务较为简单,非金钱履行的义务较为复杂,也更能体现合同的本质特征,因此,该非金钱履行的义务便属于合同的"特征性义务"。按照这一方法,法院在大多数情况下能够合理地确定合同的"特征履行方",而且简单明确,

---

[①] 本节内容系在秦瑞亭主编《国际私法》(南开大学出版社 2008 年版)第十章第三节 222-224 页相关内容基础上修订而成。

[②] 最高人民法院就涉外民商事合同纠纷司法解释答记者问,载 http://www.chinacourt.org/html/article/ 200708/08/259481.shtml,访问时间:2007-8-20。

易于操作。①根据大陆法系多数国家的立法与司法实践,合同的"特征履行地"一般情况下就是"特征履行方"的住所、惯常居所地或者如果"特征履行方"是法人或者其他经济组织的话,则为主营业所所在地,因此该"特征履行方"的住所、惯常居所地或者主营业所所在地的法律,就是与该合同有最密切联系的国家或者地区的法律。

我国《民法通则》第 145 条、《合同法》第 126 条、《民用航空法》第 188 条和《海商法》第 269 条都明文规定了最密切联系原则,但对特征履行理论均未做规定。作为新中国第一部冲突法法典,2011 年 4 月 1 日生效实施的《中华人民共和国涉外民事关系法律适用法》(简称《法律适用法》)正式采纳了特征履行理论。《法律适用法》第 41 条第 2 款规定:"当事人没有选择的,适用履行义务最能体现该合同特征的一方当事人经常居所地法律或者其他与该合同有最密切联系的法律。"依据该条款的明确规定,在合同当事人没有协议选择合同准据法的情况下,法院应适用该合同特征履行方经常居所地的法律作为合同准据法。《法律适用法》第 41 条第 2 款将我国国际私法学界长期倡导的特征履行理论正式采纳为国家成文立法,反映了我国国际私法理论研究和立法实践之间的良性互动,是我国国家法治进步的明显体现。在合同最密切联系地的确定方面,该条款以合同特征履行方当事人的经常居所地作为合同的最密切联系地,与当前多数国家的合同冲突法立法和司法实践相一致,是可行的,也是合理的。②

二、特征履行方当事人的确定

如前所述,特征履行理论作为贯彻实施最密切原则并在司法实践中对最密切联系原则进行具体化的一种理论,原则上是将合同特征履行方当事人的住所地、惯常居所地、经常居所地或者主营业所所在地推定为合同的最密切联系地。因此,确定合同的特征履行方当事人,就成为在具体涉外合同案件中适用特征履行理论的关键。

---

① 最高人民法院就涉外民商事合同纠纷司法解释答记者问,载 http://www.chinacourt.org/html/article/200708/08/259481.shtml,访问时间:2007-8-20。

② 详见秦瑞亭主编《国际私法》第二版(南开大学出版社 2014 年版)第十章第三节第 204 页。

2007年7月23日《最高人民法院关于审理涉外民事或商事合同纠纷案件法律适用若干问题的规定》①主要结合国际私法学界理论，对司法实践中常见的17种合同特征履行方当事人的确定问题做了明确、具体的规定。该司法解释第五条规定：

"当事人未选择合同争议应适用的法律的，适用与合同有最密切联系的国家或者地区的法律。

人民法院根据最密切联系原则确定合同争议应适用的法律时，应根据合同的特殊性质，以及某一方当事人履行的义务最能体现合同的本质特性等因素，确定与合同有最密切联系的国家或者地区的法律作为合同的准据法。

（一）买卖合同，适用合同订立时卖方住所地法；如果合同是在买方住所地谈判并订立的，或者合同明确规定卖方须在买方住所地履行交货义务的，适用买方住所地法。

（二）来料加工、来件装配以及其他各种加工承揽合同，适用加工承揽人住所地法。

（三）成套设备供应合同，适用设备安装地法。

（四）不动产买卖、租赁或者抵押合同，适用不动产所在地法。

（五）动产租赁合同，适用出租人住所地法。

（六）动产质押合同，适用质权人住所地法。

（七）借款合同，适用贷款人住所地法。

（八）保险合同，适用保险人住所地法。

（九）融资租赁合同，适用承租人住所地法。

（十）建设工程合同，适用建设工程所在地法。

（十一）仓储、保管合同，适用仓储、保管人住所地法。

（十二）保证合同，适用保证人住所地法。

（十三）委托合同，适用受托人住所地法。

（十四）债券的发行、销售和转让合同，分别适用债券发行地法、债券销售地法和债券转让地法。

---

① 法释〔2007〕14号。

(十五)拍卖合同,适用拍卖举行地法。
(十六)行纪合同,适用行纪人住所地法。
(十七)居间合同,适用居间人住所地法。

如果上述合同明显与另一国家或者地区有更密切联系的,适用该另一国家或者地区的法律。"

根据上述内容可以看出,该司法解释主要依据合同特征履行方当事人的住所地来确定合同的最密切联系地。由于我国 2011 年 4 月 1 日生效的《法律适用法》放弃了"住所地"这一传统国际私法中的重要连结点,而将自然人和法人的"经常居所地"明确规定为确定大部分涉外民事关系准据法的基本连结点,因此,最高人民法院以上述 2007 年 7 月 23 日《最高人民法院关于审理涉外民事或商事合同纠纷案件法律适用若干问题的规定》与我国 2011 年生效的《法律适用法》相冲突为由,于 2013 年 4 月 8 日正式废止了该司法解释。[①]但是,比较该司法解释第 5 条第 2 款第 1 项"人民法院根据最密切联系原则确定合同争议应适用的法律时,应根据合同的特殊性质,以及某一方当事人履行的义务最能体现合同的本质特性等因素,确定与合同有最密切联系的国家或者地区的法律作为合同的准据法"和《法律适用法》第 41 条第 2 款第 1 项"当事人没有选择的,适用履行义务最能体现该合同特征的一方当事人经常居所地法律",我们会发现,《法律适用法》第 41 条第 2 款第 1 项和前述已经废止的司法解释第 5 条第 2 款第 1 项对合同特征履行方当事人的定义在语言表述方面基本相同:《法律适用法》第 41 条第 2 款第 1 项对特征履行方当事人的定义是"履行义务最能体现该合同特征的一方当事人";该司法解释第 5 条第 2 款第 1 项对特征履行方当事人的定义是"某一方当事人履行的义务最能体现合同的本质特性"。鉴于《法律适用法》第 41 条第 2 款第 1 项在对特征履行方当事人的定义方面与前述已经废止的司法解释第 5 条第 2 款第 1 项并没有实质性不同,因此本书认为,2007 年 7 月 23 日《最高

---

① 详见《最高人民法院关于废止 1997 年 7 月 1 日至 2011 年 12 月 31 日期间发布的部分司法解释和司法解释性质文件(第十批)的决定》,法释〔2013〕7 号,2013 年 2 月 18 日由最高人民法院审判委员会第 1569 次会议通过,自 2013 年 4 月 8 日起施行。

人民法院关于审理涉外民事或商事合同纠纷案件法律适用若干问题的规定》虽然于 2013 年 4 月 8 日之后已经失效，但是该司法解释关于对具体合同的特征履行方当事人进行确定的规定，在最高人民法院针对《法律适用法》第 41 条第 2 款出台新的司法解释之前，仍然可以在司法实践中作为判决说理的依据继续适用。

第二节 我国确定合同最密切联系地的司法实践

在《中华人民共和国涉外民事关系法律适用法》于 2011 年 4 月 1 日正式生效实施以前，最密切联系原则在我国合同冲突法中作为地位仅次于当事人自治原则的第二大基本原则，其在确定合同准据法方面的重要性没有受到过任何质疑。无论是我国最早的合同冲突法立法 1985 年《涉外经济合同法》第 5 条，还是我国《民法通则》第 145 条、《合同法》第 126 条，还是我国现行商事合同冲突规范《海商法》第 269 条与《民用航空法》第 188 条，都明确规定合同首先适用当事人协议选择的国家的法律；当事人没有协议选择法律的，合同适用与其有最密切联系的国家的法律。可见无论在一般民事合同领域，还是专门的商事合同领域，最密切联系原则作为确定合同准据法的基本原则，其地位都受到了成文立法的明确保证，不可动摇。

2011 年 4 月 1 日我国《法律适用法》生效实施以后，最密切联系原则在我国合同冲突法领域的地位受到了挑战。《法律适用法》第 41 条第 2 款将合同特征履行方经常居所地法律和与合同有最密切联系的法律规定为确定合同准据法的两个平行系属，而且将合同特征履行方经常居所地法律置于与合同有最密切联系的法律之前，因此按照《法律适用法》第 41 条，最密切联系原则是否还能作为确定合同准据法的基本原则，值得怀疑。[①]但是，无论按照我国《法律适用法》生效之前

---

① 关于这个问题的讨论，详见秦瑞亭主编：《国际私法》第二版，天津：南开大学出版社，2014 年版，第 205-209 页。

的冲突法立法,还是按照我国《法律适用法》第41条,最密切联系地在确定合同准据法时都起着至关重要的作用,这一点毋庸置疑。在《法律适用法》生效以前,最密切联系原则是确定合同准据法的基本原则,因此最密切联系地的重要性毋庸赘言。《法律适用法》第41条第2款用合同特征履行方经常居所地法律和与合同联系最密切的法律两个平行系属取代了之前的最密切联系原则,但是按照特征履行理论,合同特征履行方经常居所地实际上是合同最密切联系地的一种确定方式,即合同最密切联系地一般情况下被推定为合同特征履行方的经常居所地。《法律适用法》第41条第2款第(1)项明确规定合同适用合同特征履行方经常居所地法律,即将特征履行理论中的"推定"上升为"立法明确规定"。可见,《法律适用法》第41条第2款并没有弱化最密切联系地在合同冲突法中的作用,只是强化了特征履行方当事人经常居所地在确定合同最密切联系地方面的作用,使得最密切联系地这个抽象的连结点具有了更强的确定性和可预见性。

综上所述,无论按照我国《法律适用法》生效以前的立法状况,还是按照我国《法律适用法》第41条,合同最密切联系地的确定问题都是当事人未选择法律情况下确定合同准据法需要解决的关键问题,因此该问题在合同冲突法中的重要性无论如何强调都不会过分。如本章前文所述,无论是按照学界理论还是依据我国现行立法,合同最密切联系地都主要依据合同当事人一方的住所地或者经常居所地来确定,《法律适用法》第41条第2款第(1)项甚至明确规定合同最密切联系地即是合同特征履行方当事人的经常居所地。但是,考察我国涉外合同法律适用的司法实践我们会发现,我国各级人民法院对合同最密切联系地有着与立法和学者完全不同的理解。

美国巴润摩托车有限公司与台湾长荣海运股份有限公司海上货物运输合同纠纷案中,一审法院判决书写道:"本案系涉外、涉台海上货物运输合同纠纷,……原、被告未主张曾对法律适用做出过约定,本案货物从宁波出运,按最密切联系原则,适用中国法律审理。"[①]按

---

① 宁波海事法院民事判决书(2006)甬海法商初字第240号。

照该判决书的观点,海上货物运输合同的最密切联系地是货物出运地。

在华芳纺织股份有限公司诉崔海吉债务转移合同纠纷案中,审案法院认为:"崔海吉与华芳公司的合同关系属债务转移合同。双方对债务转移合同纠纷的准据法没有约定,根据《中华人民共和国合同法》第126条的规定,应适用与合同有最密切联系的合同签订地法律,即中国法律。"①按照该法院的观点,合同最密切联系地既不是当事人经常居所地,也不是当事人住所地,而是合同签订地。

株式会社 EAC 诉苏州雪樱汽车科技有限公司技术服务合同纠纷案中,审案法院认为:"根据《中华人民共和国合同法》第126条规定,涉外合同的当事人没有选择处理合同争议所适用的法律,应当适用与合同有最密切联系的国家的法律。本案中,因合同履行地在中国江苏省苏州市,故本案应当适用中华人民共和国法律。"②该法院的观点非常明确:合同履行地即合同的最密切联系地。

原告广东省演出公司诉被告艺中艺有限公司(Artful Winner Company Limited)委托合同纠纷一案中,法院认为:"本案被告为香港公司,故本案为涉港委托合同纠纷,依照最高人民法院的相关规定,本案应当参照涉外案件审理。……本案合同签订、履行均在广州,故依据最密切联系原则,本案应适用与案件具有最密切联系的中华人民共和国内地法律作为准据法。"③依据该判决书,合同最密切联系地即合同签订地、履行地。

原告黄红鹰诉被告谭庆文、尹忠谦、何建平、任力成、伦志澄买卖合同纠纷一案中,受案法院认为:"双方当事人未约定适用法律,应依最密切联系原则确定适用法律。鉴于讼争合同履行地在我国,故应适用我国法律作为解决双方争议的准据法。"④依据该判决书,合同最密切联系地即是合同履行地。

原告中国石油化工股份有限公司北京燕山分公司(简称中石化北

---

① 江苏省苏州市中级人民法院民事判决书(2008)苏中民三初字第0008号。
② 江苏省苏州市中级人民法院民事判决书(2008)苏中知民初字第0006号。
③ 广东省广州市中级人民法院民事判决书(2008)穗中法民四初字第214号。
④ 广东省广州市中级人民法院民事判决书(2007)穗中法民四初字第43号。

京燕山公司）诉被告轩星有限公司（简称轩星公司）进出口代理合同纠纷一案中,审案法院认为:"关于本案实体处理之准据法的适用问题,因被告轩星公司经本院传票传唤,无正当理由拒不到庭应诉,无法由当事人选择处理合同争议所适用的法律,故根据《中华人民共和国民法通则》第 142 条第 1 款和第 145 条第 2 款的规定,处理本案应适用与涉案协议书有最密切联系的国家的法律。鉴于涉案协议书的签订地和该协议书的主要义务履行地均在中华人民共和国,所以中华人民共和国属于与涉案协议书有最密切联系的国家,进而处理本案可以适用中华人民共和国法律,即本案纠纷的实体解决适用中华人民共和国法律。"[1]审案法院的观点是：合同最密切联系地即合同签订地和合同主要义务履行地。

在原告梁国能诉被告香港居民黄细妹借款合同纠纷一案中,法院判决书认为:"本案属于涉港借款合同纠纷,应比照涉外案件处理。原告据以向被告主张权利的法律事实发生在我国内地,根据最密切联系原则,本院有权对本案行使管辖权并适用我国法律解决本案争议。"[2]按照该法院的观点,最密切联系地应当是原告据以向被告主张权利的法律事实发生地。

原告上海紫江国际贸易有限公司与被告韩国纽泰克斯有限公司、江苏大望服饰有限公司企业借款纠纷一案中,法院判决书认为:"本案为涉外纠纷案件,关于本案的法律适用问题,原告在庭审中主张适用中华人民共和国法律,而被告对此未做选择。因系争款项支付行为发生在我国内地,故我国内地的法律应被视为与合同有最密切联系的法律,所以,本院确定本案适用中华人民共和国内地的相关法律。"[3]审案法院的观点很明显：合同最密切联系地应当是系争款项支付行为发生地。

原告保利科技有限公司诉被告巴拿马夏威夷航运有限公司、日本达通航运有限公司、中国再保险（集团）公司海上货物运输合同货差

---

[1] 北京市第一中级人民法院民事判决书（2009）一中民初字第 806 号。
[2] 广东省广州市中级人民法院民事判决书（2005）穗中法民三初字第 229 号。
[3] 上海市黄浦区人民法院民事判决书（2005）黄民二（商）初字第 2406 号。

纠纷一案中，一审法院判决书认为："因涉案运输合同的一方当事人在中国，而货物运输的目的港在中国境内，有关的纠纷与中国有密切联系，故根据最密切联系原则，本案的实体处理应适用中华人民共和国法律。"[①]该案一审法院将合同最密切联系地理解为一方当事人住所地和运输合同目的地。

上诉人美国矿产金属有限公司（简称美国矿产公司，住所地为美利坚合众国新泽西州）与被上诉人厦门联合发展（集团）有限公司（简称厦门联发公司）债务纠纷一案中，最高人民法院认为："本案双方当事人之间并不存在直接的法律关系，美国矿产公司是依据其与联发贸易公司之间的债权债务关系以及联发贸易公司是由厦门联发公司设立的事实对厦门联发公司提起了本案债务纠纷诉讼。根据国际私法的最密切联系原则，由于厦门联发公司是中国法人，因此本案债务纠纷应适用中华人民共和国法律进行处理。双方当事人对此无异议。"[②]按照最高人民法院在本案中的观点，一方当事人的国籍国可以被认定为债务纠纷的最密切联系地。

原告广东发展银行股份有限公司诉被告香港乐邦企业有限公司及被告广东高丰企业有限公司借款及担保合同纠纷一案中，一审法院广州市中级人民法院认为："《离岸授信合同》当事人双方未就处理合同争议适用的法律做出选择，依照《中华人民共和国合同法》第126条第1款关于'涉外合同的当事人没有选择的，适用与合同有最密切联系的国家的法律'规定，本案适用合同履行地即中华人民共和国内地的法律处理合同争议。"[③]很明显，广州市中级人民法院认为涉案合同的最密切联系地就是该合同的履行地。

台湾居民孙保霖与徐仪合作合同纠纷案中，一审法院认为："由于本案双方当事人未在涉案合同中对处理合同争议所适用的法律做出

---

① 广州海事法院民事判决书（2005）广海法初字第 274 号。
② 一审判决书：福建省高级人民法院民事判决书（2003）闽经初字第 031 号民事判决；二审判决书：法制网 http://www.legaldaily.com.cn/cpal/content/2010-01/09/content_2019759.htm?node=20811，2016 年 10 月 17 日访问。
③ 广东省广州市中级人民法院民事判决书（2004）穗中法民三初字第 124 号。

约定，根据《中华人民共和国民法通则》第145条第2款的规定，应适用与合同有最密切联系的国家的法律。本案合同履行地在中国大陆，故与中国大陆法律有最密切联系，应适用中国大陆的法律。"①

二审法院认为："由于本案双方当事人未在涉案合同中对处理合同争议所适用的法律做出约定，根据《中华人民共和国民法通则》第145条第2款的规定，应适用与合同有最密切联系的国家的法律。本案合同履行地在中国大陆，故中国大陆与本案有最密切联系，本案实体审理应适用中国大陆的法律。"②

审理该案的两级人民法院的观点都非常明确：合同最密切联系地即是合同履行地。

香港居民黎婉玲与被告李阳、广东李阳文化教育发展有限公司、第三人先驱有限责任公司（Precursor Group Limited）（简称先驱公司）、优世国际有限责任公司（Fine World International Limited）（简称优世公司）、格瑞斯帝国集团有限公司（Grace Empire Group Limited）（简称Grace公司）合作合同纠纷案中，一审法院认为，原告黎婉玲是香港居民，第三人先驱公司、优世公司、Grace公司是英属维尔京群岛企业，本案属于涉外合同纠纷。"各方当事人在五方协议中没有约定适用法律，根据《中华人民共和国合同法》第126条第1款'涉外合同当事人没有选择适用法律的，适用与合同有最密切联系的国家的法律'的规定，应适用最密切联系原则确定本案适用法律。鉴于五方协议的签订地、履行地均在我国境内，由此可确认我国与本案具有最密切联系，应适用我国法律作为解决各方当事人争议的准据法。"③审案法官的观点很明确：合同签订地和履行地即是合同的最密切联系地。

香港居民周建新诉陈华东等合伙及买卖纠纷案中，受案法院认为："双方当事人在协议中对解决争议的准据法没有约定，根据《中华人民共和国合同法》第126条的规定，本案应适用与合同有最密切联

---

① 广西壮族自治区桂林市中级人民法院于2007年11月13日做出（2006）桂市民初字第171号民事判决书。
② 广西壮族自治区高级人民法院2008年7月18日民事判决书（2008）桂民四终字第2号。
③ 广东省广州市中级人民法院民事判决书（2007）穗中法民四初字第104号。

系的合伙经营所在地法律,即中国内地法律。"①该案为合伙协议纠纷,合伙经营所在地即合伙协议的履行地,因此该案判决书实际上亦是将合同最密切联系地理解为合同履行地。

上诉人柳州市纺织控股(集团)有限公司(简称纺织控股公司)、柳州立宇集团有限公司、柳州市纺建物资贸易有限责任公司与被上诉人香港金顿发展有限公司股权转让纠纷案中,一审法院认为:"由于原、被告没有对处理合同争议所适用的法律做出选择,根据《中华人民共和国民法通则》第145条第(2)项的规定,应适用与合同有最密切联系的国家的法律。本案股权转让合同的签订地、履行地均在中国大陆,故与中国大陆法域有最密切联系,应适用中国大陆的法律。"②

二审法院认为,根据《中华人民共和国民法通则》第145条第2款的规定,涉外合同当事人对处理合同争议所使用的法律没有做出选择的,适用与合同有最密切联系的国家的法律,"本案股权转让合同的签订地、履行地、被告住所地均在中国大陆,故本案与中国大陆有最密切联系,审理本案应适用中国大陆地区的相关法律。"③

对比两审人民法院的判决书,二者都是从行为地的角度去分析确定合同的最密切联系地,都对学界主张的通过特征履行方当事人住所地确定合同最密切联系地的特征履行理论只字未提。二者不同之处仅仅在于:一审法院认为基于合同签订地和合同履行地两个连结因素在中国内地即足以认定中国内地是合同最密切联系地,二审法院在说理时增加了被告住所地的连结因素,因此说理更加充分一些。

陈学新与香港创基(商场策划)集团有限公司、深圳市永基行物业顾问有限公司居间合同纠纷一案中,一审法院认为,创基集团公司是在香港特别行政区注册成立的有限公司,本案可参照涉外案件处理。因双方当事人对处理涉案争议法律关系所适用的法律未做选择,根据《中华人民共和国民法通则》第145条第2款"涉外合同的当事人没有选择的,适用与合同有最密切联系的国家的法律"的规定,"陈学新、

---

① 江苏省苏州市中级人民法院民事判决书(2008)苏中民三初字第0036号。
② 广西壮族自治区桂林市中级人民法院民事判决书(2006)桂市民初字第3号。
③ 广西壮族自治区高级人民法院民事判决书(2008)桂民四终字第6号。

深圳永基行的住所地、合同的签订地和履行地均在我国内地，依照最密切联系原则，该院确认我国内地法律作为解决本案居间合同争议的准据法。"[1]该案为涉港居间合同纠纷，居间人和被告之一的住所地以及合同订立地、履行地均在我国内地，因此审案法院认定我国内地是合同最密切联系地，结论无疑是正确的。但是从前引该判决书的内容来看，显然法院在认定最密切联系地时并没有对居间人即特征履行方当事人的住所地予以任何特殊的考虑，仅仅是将其作为和被告住所地、合同订立地、合同履行地完全并列的因素之一。该法院所理解的合同最密切联系地，是与合同有关的各种连结因素的聚集地，而非特征履行方当事人住所地或者经常居所地。

上诉人佛山市人民政府与被上诉人交通银行香港分行担保纠纷一案中，一审法院广东省高级人民法院认为："本案当事人未约定处理合同争议所适用的法律，而被告所在地、担保合同签订地、履行地均位于中华人民共和国内地，根据《中华人民共和国民法通则》第145条的规定，依照最密切联系原则，本案适用中华人民共和国内地的法律。"[2]分析前引判决书的内容可知，该法院主要将最密切联系地理解为被告所在地和交易行为地（担保合同签订地、履行地），而非我国国际私法学者和立法者所认为的合同特征履行方当事人所在地。

美国人王伟和中国台湾居民陈辉腾返还垫付款纠纷案中，苏州市中级人民法院一审认为，本案系美国自然人王伟和台湾地区自然人陈辉腾之间因出资巧薄公司引发的纠纷，根据《中华人民共和国合同法》第126条规定："应适用与本案有最密切联系的巧薄公司住所地法律即中华人民共和国法律。"[3]本案系原告王伟因为为被告陈辉腾垫付了11.88万美元股本金而要求被告返还垫付款引起的诉讼，实质上属于借款合同纠纷，法院判决书援引的《合同法》第126条亦属于合同冲突规范，因此虽然判决书没有明确说明，但可以推定审案法院是将原被

---

[1] 一审判决书：广东省广州市番禺区人民法院民事判决书（2006）番法民四初字第51号；二审判决书：广东省广州市中级人民法院民事判决书（2008）穗中法民四终字第30号。

[2] 转引自最高人民法院民事判决书（2004）民四终字第5号关于一审判决的介绍。

[3] 江苏省苏州市中级人民法院民事判决书（2008）苏中民三初字第0053号。

告之间法律关系定性为《合同法》第126条中的合同关系。原告为被告垫付的是被告应认缴的对巧薄公司的出资，垫付行为发生在公司住所地，因此巧薄公司住所地即是原被告之间借款合同（垫付款合同）的履行地。由此可见，法院判决书之所以认为巧薄公司住所地法律是与本案有最密切联系的法律，实际上还是基于我国司法实践中长期以来形成的"合同最密切联系地即合同履行地"的观念。

上诉人东莞桥头大洲乔辉电线厂与台一江铜（广州）有限公司买卖合同纠纷一案中，一审法院认为，在法律适用方面，由于当事人没有协议选择，故应当适用合同履行地即中华人民共和国的法律审理本案。二审法院认为，本案属涉台买卖合同纠纷，应参照涉外案件处理。原审法院作为本案买卖合同的履行地人民法院管辖本案并适用合同履行地的大陆法律作为处理本案实体问题的准据法是可行的，双方当事人对此亦无异议。①两审法院判决书都没有明确说明本案应当适用合同履行地法作为合同准据法的理由，但结合判决书最后援引了《民法通则》第145条的事实，可以认为，两审法院都是将涉案买卖合同的履行地认定为《民法通则》第145条第2款规定的合同最密切联系地。

原告中国长城资产管理公司北京办事处诉被告北银集团股份有限公司、香港新华财务集团有限公司借款担保合同纠纷一案中，北京市高级人民法院在判决书中写道："本案应适用与合同有最密切联系地的法律。本案所涉合同为借款担保合同，合同的签订地、借款合同的履行地、贷款人的住所地均在中国大陆，故中国大陆与本案合同具有最密切联系，本案应适用中华人民共和国法律。"②北京市高级人民法院对合同的签订地、借款合同的履行地、贷款人的住所地等涉案因素综合分析，得出合同最密切联系地位于中国大陆地区的结论，论证说理比较充分。但尽管如此，从前引判决书内容来看，北京市高级人民法院也没有有意识地适用特征履行理论认定合同的最密切联系地，因为该判决书主要考虑的是合同订立地和履行地，而特征履行理论主要

---

① 一审判决书：广东省广州市萝岗区人民法院民事判决书（2005）穗开法民二初字第345号；二审判决书：广东省广州市中级人民法院民事判决书（2008）穗中法民四终字第4号。

② 北京市高级人民法院民事判决书（2004）高民初字第467号。

考虑当事人住所和居所地，而不是行为地。

上海市金茂律师事务所诉西班牙安赫尔·卡诺·马丁内斯公司等法律服务合同纠纷案中，一审法院判决书写道："本案系法律服务合同纠纷，由于被告马丁内斯公司系西班牙王国登记注册的公司，故本案系涉外民商事纠纷。……原告金茂所、被告马丁内斯公司、被告希奥公司未就涉案合同争议应适用的法律做出一致选择，故应根据最密切联系原则确定本案准据法。由于本案的合同履行地在我国境内，故中华人民共和国法律为本案准据法。"[1]该法院观点非常明确：合同履行地即合同最密切联系地。

原告中国工商银行股份有限公司广州番禺支行诉被告广州亿敦投资有限公司、爱多集团有限公司、香港照泰有限公司借款及担保合同纠纷一案中，受案法院认为："原告与三被告未约定适用法律，根据《中华人民共和国合同法》（以下简称《合同法》）第126条第1款的规定，应以最密切联系原则确定适用法律。鉴于原告与亿敦公司的借贷行为以及担保人爱多集团、照泰公司出具担保协议的行为均发生在广州市，可认定广州市与本案争议有最密切联系，故应适用内地法律解决本案争议。"[2]该案中，审案法院认定的合同最密切联系地是借贷行为地和出具担保协议的行为地，实际上亦是将合同最密切联系地理解为了合同履行地。

原告中国工商银行股份有限公司广州番禺支行与被告越南人张依兰、陈加军、广州华南碧桂园房地产开发有限公司借款及担保合同纠纷一案中，审案法院认为，被告张依兰为越南籍人，本案属于涉外借款及担保合同纠纷。"原、被告未约定适用法律，根据《中华人民共和国合同法》第126条第1款的规定，应以最密切联系原则确定适用法律。鉴于双方当事人借贷、担保行为发生在我国境内，故应适用我国法律作为解决本案争议的准据法。"[3]该案法院判决书亦是将合同最密切联系地理解为合同的履行地，即借贷、担保行为发生地。

---

[1] 江苏省常州市中级人民法院民事判决书（2007）常民三初字第82号。
[2] 广东省广州市中级人民法院民事判决书（2006）穗中法民四初字第351号。
[3] 广东省广州市中级人民法院民事判决书（2008）穗中法民四初字第15号。

上诉人抚州美丽华大酒店有限公司与被上诉人江西通信服务公司、被上诉人卓业国际投资集团有限公司租赁合同纠纷一案中，一审法院没有说理，直接适用了中国法律。二审法院认为，本案江西通信公司与卓业公司、美丽华大酒店并未就选择适用法律问题达成过协议，因此，本案应根据最密切联系原则确定应适用的法律。由于江西通信公司与卓业公司、美丽华大酒店之间的租赁合同是在中国境内签订，且合同的履行地、标的物所在地均在中国江西抚州境内，江西抚州与合同争议有最密切联系，根据《中华人民共和国民法通则》第145条规定，本案应适用中华人民共和国法律。[①]二审法院基于租赁合同在中国境内签订、合同履行地和标的物所在地均位于中国境内等多个连结因素，认定合同争议与中国江西有最密切联系，说理比较充分，但值得注意的是，该案法官为了确定最密切联系地列举了多个连结因素，特征履行理论最为重视的当事人住所地和经常居所地因素却没有被列举，据此可以推定：该案审案法官在确定合同最密切联系地时，亦没有适用特征履行理论。

笔者之所以在上文不厌其烦地引用大量我国内地法院司法实践中的案例判决书，主要是为了证实笔者的一个论断：起源于瑞士，过去曾经并且现在仍然统治欧盟成员国以及日韩等亚洲国家合同冲突法的特征履行理论，过去和现在都没有真正被我国内地人民法院的法官所接受。虽然我国国际私法学界主流观点过去和现在都认为合同的最密切联系地应当依据特征履行理论来确定，即合同最密切联系地原则上是合同特征履行方当事人的住所地或者经常居所地；虽然我国最高人民法院2007年8月7日发布的《最高人民法院关于审理涉外民事或商事合同纠纷案件法律适用若干问题的规定》[②]明确采纳了特征履行理论，并按照特征履行理论为日常生活中常见的共十七类合同明确规

[①] 一审判决书：江西省抚州市中级人民法院民事判决书（2006）抚民三初字第14号；二审判决书：江西省高级人民法院民事判决书（2006）赣民四终字第8号。

[②] 法释〔2007〕14号，该司法解释现已废止。

定了该合同的最密切联系地;[①] 但是,本章引用的大量我国内地人民法院对涉外合同案件的判决书表明:中国国际私法学者的"理论思维"和司法实践中我国法官的"实践思维"之间存在明显的差别与不同。特征履行理论所主张的合同最密切联系地正常情况下即合同特征履行方当事人住所地或者经常居所地的观点,不仅合理可行,而且有深厚的理论基础;考虑到2007年《最高人民法院关于审理涉外民事或商事合同纠纷案件法律适用若干问题的规定》和我国现行《法律适用法》第41条第1款对特征履行理论的正式采纳,也可以认为该理论统治了我国的合同冲突法立法。但是,在司法实践中,我国内地法官长期以来却坚持"场所支配行为"这一在我国有着广泛群众基础的朴素的国际私法正义观念,依据该观念,合同行为地,即合同订立地和履行地,与合同之间联系的密切程度正常情况下远远超过任何一方合同当事人的住所地或者经常居所地。由于我国法官"实践思维"所主张的合同最密切联系地是合同行为地的观点符合"场所支配行为"这一在我国有着广泛群众基础的朴素的国际私法正义观念,我国各级人民法院的法官在确定合同最密切联系地时,经常置国际私法学者倡导甚至最高人民法院司法解释规定的特征履行理论于不顾,坚持按照合同订立地和履行地来确定合同最密切联系地,也就可以理解了。

前已述及,我国2011年4月1日生效实施的《法律适用法》第41条将我国国际私法学者倡导的合同特征履行理论正式采纳为国家的成文立法,依据该法第41条第2款第1项,合同当事人没有选择法律时,合同原则上适用特征履行方经常居所地的法律。与我国之前的合同冲突法立法相比,该条款进一步强化了合同特征履行理论在我国合同冲突法中的作用和地位。但是如前文所分析,该条款与我国法官长期以来坚持的"场所支配行为"的朴素国际私法正义观念并不吻合,我国内地法官完全放弃"场所支配行为"的朴素国际私法正义观念,真正接受《法律适用法》第41条第2款第(1)项中的特征履行理论,

---

[①] 最高人民法院就涉外民商事合同纠纷司法解释答记者问,载 http://old.chinacourt.org/html/article/200708/08/259481.shtml,访问时间2016-10-17。

恐怕还需要时间。

原告常州市武进金陵灯具厂（简称金陵厂）与被告润峰（香港）有限公司［Technolamp（HongKong）Limited，简称香港润峰公司］买卖合同纠纷案①，是我国司法实践中超越了场所支配行为的传统国际私法思维限制，依据合同当事人住所地确定合同最密切联系地的少数案例之一。该案一审判决书认为："本案系买卖合同纠纷，卖方系原告金陵厂，买方系被告香港润峰公司，由于被告润峰公司系在香港登记注册的公司，故本案系涉港民商事纠纷，根据我国法律有关规定，本案应参照涉外民商事诉讼有关规定进行审理。根据《最高人民法院关于审理涉外民事或商事合同纠纷案件法律适用若干问题的规定》第五条之规定，买卖合同纠纷中，当事人未对法律适用做出一致选择的，根据最密切联系原则，可以确定由卖方住所地法律作为处理合同争议的准据法。本案中，原告金陵厂与被告润峰公司就涉案法律关系未做出明确的法律选择，根据最密切联系原则，本案卖方金陵厂的住所地在我国内地，故我国内地法律应为本案准据法。"②按照特征履行理论，买卖合同之所以一般情况下被认为与卖方住所地法律存在最密切联系，是因为卖方所承担的合同义务最能体现买卖合同的本质特征。本案判决书直接援引《最高人民法院关于审理涉外民事或商事合同纠纷案件法律适用若干问题的规定》第五条（目前已经被废止）认定卖方住所地法律是合同准据法，法律适用没有错误，但如果考虑到判决书的说理应该尽可能做到使当事人心服口服，本案法官如果能够结合案情阐述一下为什么本案中卖方住所地被认定为合同的最密切联系地，判决书的说理效果无疑会更好一些。

---

① 江苏省常州市中级人民法院民事判决书（2007）常民三初字第78号。
② 江苏省常州市中级人民法院民事判决书（2007）常民三初字第78号。

第十一章 侵权冲突法司法实践中的疑难问题

第一节 涉外人身侵权损害赔偿的法律适用

损害赔偿是侵权法为侵权行为受害人提供的主要救济方式,在很多情况下,获得损害赔偿也是受害人提起侵权诉讼的主要目的。因此,作为侵权法的主要内容之一,世界各国法律对于涉外侵权,尤其是涉外人身伤亡损害赔偿的具体标准都有规定,但不同国家法律规定的标准之间存在明显差异。例如美国侵权行为法承认惩罚性损害(punitive damages)赔偿;欧洲大陆国家侵权行为法原则上只承认恢复性损害赔偿,而不承认美国法中的惩罚性损害赔偿。在人身伤亡侵权诉讼中伤残赔偿金、死亡赔偿金的赔偿标准和具体数额,以及受害人是否有权要求、可以要求多少精神损害赔偿的问题,各国侵权行为实体法的规定亦各不相同。因此,在涉外侵权损害赔偿诉讼中,对于人身伤亡损害赔偿标准应当适用何国或何地法律的问题,直接影响诉讼当事人的切身利益。我国司法实践中发生的多起涉外人身伤亡损害赔偿案件,都提出了这一问题。

一、典型案例介绍

(一)香港居民黄小玲诉中山华帝燃具股份有限公司人身损害赔偿纠纷案[①]

香港居民黄小玲于 2004 年 3 月 7 日凌晨在广州市先烈中路 104

---

① 一审法院判决书:广东省广州市东山区人民法院民事判决书(2004)东法民一初字第 1436 号;二审法院判决书:广东省广州市中级人民法院民事判决书(2005)穗中法民一终字第 2247 号。

号 412 房（其弟黄强家）洗澡期间，热水器突然发生爆炸，黄小玲被烧伤，随后被送往广州市红十字会医院住院治疗。黄小玲洗澡使用的热水器是其弟黄强于 1997 年 11 月 9 日购买的由华帝公司生产的华帝牌 5.5 升燃气快速热水器。2004 年 3 月 9 日，华帝公司向黄小玲家属支付了 2000 元，并拆走了该热水器。2004 年 4 月 1 日，黄小玲出院，共住院 26 天。医院诊断：全身火焰烧伤 28% Ⅱ（18% Ⅱ深，10% Ⅱ浅）。出院医嘱：（1）双下肢、左侧腰背部创面较深，估计疤痕增生明显，注意防止疤痕过度增生及影响关节活动；（2）功能锻炼、定期门诊复查；（3）营养支持治疗。黄小玲支付了医疗费 35 460.92 元。此后双方因对黄小玲烧伤事故的原因及赔偿数额不能达成一致，黄小玲遂提起诉讼。

原广州市东山区人民法院[①]一审认为：黄小玲主张其受伤原因是华帝公司生产的热水器使用时发生爆炸，华帝公司对此否认。但华帝公司作为热水器的生产厂家在知悉事故发生后，并未对事故中的热水器进行技术鉴定，反而将热水器拆除带走并给黄小玲一定金额的赔偿。华帝公司此做法致使无法确定事故的原因，故可推定黄小玲受伤是华帝公司所生产的热水器造成。华帝公司应对黄小玲的损失承担赔偿责任。对于黄小玲的请求，其中医疗费 35 460.92 元有医院的单据为证，予以认定。误工费港币 3 000 元，仅有其妹黄小敏的证词作为证据，不予认定。护理费港币 8 500 元，黄小玲虽提供了签章为"UHL SPORT CHINA—HK LIMITED"公司的证明，但因该证明由在香港的公司所出具，没有履行相关的认证程序，不予采信。交通费 115 元，黄小玲提供了相关凭据，予以认定。住院伙食补助费 750 元符合法律的规定，予以支持。营养费 750 元没有法律依据，不予采纳。黄小玲被评定为七级伤残，其要求残疾赔偿金合法合理，但计算方法不当，应按我国内地法律规定以 2003 年度道路交通事故损害赔偿计算标准中的年人平均生活费计算为 8 988 元/年×20 年×40％＝71 904 元。依照《最高人民法院关于确定民事侵权精神损害赔偿责任若干问题的解

[①] 广州市东山区已于 2005 年 5 月经国务院批准撤销并入越秀区。

释》第9条规定，致人残疾的，精神损害抚慰金为残疾赔偿金，由于前面已经支持了黄小玲残疾赔偿金的请求，黄小玲要求华帝公司支付精神损害抚慰金32 000元的请求明显重复，不予支持。据此，东山区人民法院根据《中华人民共和国民法通则》第106条第2款、第119条、第134条第（7）项，及《最高人民法院关于审理人身损害赔偿案件适用法律若干问题的解释》第17条第1款、第19条、第22条、第24条、第25条规定，于2005年1月31日判决：被告中山华帝燃具股份有限公司赔偿原告黄小玲58 925.44元（医疗费35 460.92元，交通费115元，住院伙食补助费750元，残疾赔偿金71 904元，法医鉴定费235元，共108 464.92元的70%即75 925.44元，再扣除被告已支付的17 000元）。

黄小玲上诉称：（1）热水器被华帝公司拆走保管致使本案事故原因无法查明，本案事故原因不明系华帝公司毁灭证据所致，故华帝公司对此应承担全责；（2）原审法院计算伤残赔偿金适用计算标准不当，其是香港居民，经常居住于香港，应参照香港的人均可支配收入9 500元/月计算其残疾赔偿金。

广州市中级人民法院二审认为：根据黄小玲提供事故现场照片、保险公司勘查记录以及华帝公司与黄小玲签订的《烧伤经过和处理意见》和黄小玲烧伤事实、法医鉴定的证据证实，本院认定黄小玲的烧伤是使用华帝牌直排式热水器时因爆炸烧伤所致。根据《最高人民法院关于民事诉讼证据的若干规定》第4条第1款第（6）项，华帝公司作为热水器的生产厂家，应承担证明黄小玲使用的华帝牌热水器没有缺陷或存在其他法定免责事由的举证责任，否则就应承担举证不能的法律后果。华帝公司未能提供有效证据证明其热水器没有缺陷或存在其他法定免责事由，依据法律规定，华帝公司应承担缺陷产品致人损害的全部侵权责任。原审法院以黄小玲同意华帝公司拆走热水器致本案事故原因无法查明为由，判决黄小玲自己承担30%的损失有违举证责任的分配，本院予以纠正。由于华帝公司生产的直排式热水器存在明显缺陷已导致黄小玲身体大面积烧伤，造成七级伤残的严重后果，华帝公司应赔偿黄小玲的全部损失。黄小玲损失中的医疗费35 460.92

元、法医鉴定费 235 元、交通费 115 元以及住院伙食补助费 750 元，证据充分，原审法院予以支持正确，本院予以维持。关于残疾赔偿金问题，因黄小玲系香港特别行政区居民，其损害赔偿数额应按照国内城镇居民的相关标准计算，原审法院以广东省 2003 年度道路交通事故损害赔偿计算标准中的年人平均生活费计算黄小玲的残疾赔偿金（8 988 元/年×20 年×40％＝71 904 元）并无不当，本院予以维持。黄小玲上诉要求按照香港的人均可支配收入计算没有依据，本院不予支持。关于黄小玲上诉提出的护理费，本院酌定其护理费为 26 天×30 元/天＝780 元。关于误工费，本院确认其误工时间为 27 天，参照广东省 2003 年度道路交通事故损害赔偿计算标准中劳动力人均年纯收入的标准，黄小玲的误工费计为 27 天×17 元／天＝459 元。依据《最高人民法院关于审理人身损害赔偿案件适用法律若干问题的解释》第 31 条规定，黄小玲上诉要求赔偿精神损害抚慰金合法有据，本院予以支持。结合黄小玲的具体伤残情况，本院酌情确定华帝公司向黄小玲赔偿精神损害赔偿金 20 000 元。综上所述，二审法院判决中山华帝燃具股份有限公司一次性赔偿黄小玲医疗费 35 460.92 元、交通费 115 元、住院伙食补助费 750 元、残疾赔偿金 71 904 元、法医鉴定费 235 元、护理费 780 元、误工费 459 元、营养费 750 元，合计 110 453.92 元。

关于本案残疾赔偿金的计算标准，本案受害人黄小玲系香港居民，其在一审和二审程序中均要求参照香港的人均可支配收入 9 500 元/月计算其残疾赔偿金，两审人民法院均未支持，均参照广东省 2003 年度道路交通事故损害赔偿计算标准中的年人平均生活费计算其残疾赔偿金。

（二）江繁玉等与江西省进贤县温圳镇农机管理站等机动车交通事故涉外侵权损害赔偿纠纷[1]

本案诉讼当事人情况如下：

上诉人（原审原告）：江繁玉，加拿大籍。住所：加拿大多伦多市。

---

[1] 一审判决书：江西省南昌县人民法院民事判决书（2007）南民初字第 1352 号；二审判决书：江西省南昌市中级人民法院（2009）洪少民终字第 16 号判决书。《人民司法·案例》2012 年第 22 期。

上诉人（原审原告）：周佳，加拿大籍。住所：加拿大多伦多市。
上诉人（原审原告）：周梦瑾，加拿大籍。住所：加拿大多伦多市。
上诉人（原审原告）：周擎浩，加拿大籍。住所：加拿大多伦多市。
被上诉人（原审被告）：江西省进贤县温圳镇农机管理站。
被上诉人（原审被告）：江西省进贤县温圳镇人民政府。
原审被告：熊某。
原审被告：江西省进贤县农机管理局。
原审被告：中国人民财产保险股份有限公司进贤县支公司。

2007年7月14日16时许，被告熊某驾驶赣A73680轻型自卸车由北向南途经江西省南昌市洪城汽配城路段时，因处置不当，与由南向北正常行驶的刘春雷驾驶的赣F6510面包车相撞，造成面包车侧翻，面包车内刘春雷、周安林二人死亡的重大交通事故。南昌县公安局交通警察大队认定，被告熊某负本次事故的全部责任。死者周安林是加拿大籍华人，系周氏国际贸易有限公司总经理（公司注册地为加拿大安大略省多伦多市奥新顿街765号）。周安林生前与妻子江繁玉生有二子一女，事故发生时，长子周佳、女儿周梦瑾已成年，次子周擎浩尚未成年（1997年5月1日出生），一家人均系加拿大籍人，常住于加拿大多伦多市。赣A73680轻型自卸车的原实际车主为朱春华，该车于2007年4月1日转让给余荷花，双方未办理过户手续。熊某系余荷花聘请的司机。该车挂靠在进贤县温圳镇农机管理站，并以该站名义在中国人民财产保险股份有限公司进贤县支公司购买了交强险。温圳农机站是进贤县温圳镇人民政府的下属职能部门，但以同一名称在工商行政管理部门登记注册为企业法人，经营范围为农机管理及配件。死者周安林的妻子江繁玉和二子一女以肇事司机熊某、肇事车辆挂靠单位江西省进贤县温圳镇农机管理站、江西省进贤县温圳镇人民政府、江西省进贤县农机管理局以及中国人民财产保险股份有限公司进贤县支公司为被告，起诉至江西省南昌县人民法院，要求各被告赔偿因周安林死亡而产生的死亡赔偿金、被扶养人生活费等各项损失共计3 717 786元。

江西省南昌县人民法院一审认为，南昌县公安局交通警察大队认定被告熊某负本次事故的全部责任，因此，保险公司应在交强险死亡赔偿限额 5 万元范围内承担赔偿责任。超出部分，由被告进贤县温圳镇农机管理站承担。关于本案的赔偿标准，死者虽系加拿大籍华人，但本案侵权行为所在地在本院管辖范围内，有关赔偿标准应按照受诉法院所在地上一年度城镇居民人均支配收入或人均消费性支出额计算，各项费用总计 399 883.5 元。据此，判决被告进贤县温圳镇农机管理站对原告周安林死亡而产生的死亡赔偿金、丧葬费、交通费、误工费、住宿费、精神损害抚慰金等共计 399 883.5 元承担垫付赔偿责任，被告中国人民财产保险股份有限公司进贤县支公司在交强险死亡赔偿限额范围内先行赔偿 5 万元。

原告江繁玉等人上诉称：中国最高人民法院《关于审理人身损害赔偿案件适用法律若干问题的解释》第 30 条规定："赔偿权利人举证证明其住所地或者经常居住地城镇居民人均可支配收入或者农村居民人均纯收入高于受诉法院所在地标准的，残疾赔偿金或者死亡赔偿金可以按照其住所地或者经常居住地的相关标准计算。"本案中上诉人均生活在加拿大，因此死者周安林的死亡赔偿金和被扶养人生活费等费用应按上诉人居住地即加拿大安大略省多伦多市的标准计算。

江西省南昌市中级人民法院二审认为，上诉人依据最高人民法院《关于审理人身损害赔偿案件适用法律若干问题的解释》第 30 条规定，要求以上诉人住所地加拿大当地标准计算死亡赔偿金和被扶养人生活费，但该司法解释第 30 条所指的赔偿权利人的住所地或者经常居住地是针对中国国内不同的地域，不包括境外当事人的住所地或者经常居住地，境外当事人的住所地或者经常居住地不适用该司法解释第 30 条规定。但另一方面，考虑到本案上诉人居住地经济状况与受诉法院所在地的经济状况差距很大的实际情况，本案适用受诉法院所在地标准明显不妥。依据综合考虑优先保护受害人和均衡保护责任人的原则，本案受害人死亡赔偿金和被扶养人生活费赔偿标准可参照国内城镇最高标准来确定。根据相关统计数据，2007 年度全国城镇居民因交通事故死亡赔偿金及扶养人生活费标准最高为上海市。依据上海市统计局公布的数据计算，本案赔偿权利人应得的死亡赔偿金为 472 460 元人民币［23 623元（人均可支配收入）×20年］，被抚养人周擎浩的生活费为138 040元人民币［17 255元（人均消费性支出）×8年］。综上所述，二审法院判决被上诉人进贤县温圳镇农机管理站对上诉人江繁玉、周佳、周梦瑾、周擎浩因周安林死亡而产生的死亡赔偿金472 460元、被扶养人生活费138 040元、丧葬费9 199.98元、交通费65 000元、住宿费及误工费2万元、精神损失抚慰金5万元、公证费、邮费和翻译费12 730元等，共计人民币767 429.98元承担垫付赔偿责任，此款由原审被告中国人民财产保险股份公司进贤县支公司在交强险死亡赔偿限额范围内先行赔偿5万元人民币。

二、涉外人身侵权损害赔偿标准的准据法

上述两个案例中，赔偿权利人都主张应当按照权利人经常居所地的法律计算人身伤亡损害赔偿标准。黄小玲一案中原告主张按照香港法律规定的标准计算伤残赔偿金；江繁玉等与江西省进贤县温圳镇农机管理站交通事故损害赔偿纠纷案中，赔偿权利人在一审和二审中都主张按照其经常居所地即加拿大法律规定的赔偿标准计算死亡赔偿金和被扶养人生活费的具体数额。上述两个案例中，审案法院都拒绝了赔偿权利人关于适用境外法律规定的赔偿标准计算赔偿数额的诉讼请求，但最后采用的解决方案又有所不同。

黄小玲一案的审案法院认为，由于我国对涉外侵权案件中的损害赔偿标准问题没有明确法律规定，因此黄小玲要求按香港的人均可支配收入计算伤残赔偿金没有法律依据，最后对于受害人主张的残疾赔偿金、护理费、误工费以及精神损害抚慰金的具体赔偿数额，都适用了我国内地法律规定的赔偿标准。在我国内地不同地区规定的赔偿标准不一致的情况下，例如选取城镇居民人均可支配收入的数额的时候，采用了法院地[①]即广州市的赔偿标准。

江繁玉等与江西省进贤县温圳镇农机管理站交通事故损害赔偿纠纷案的审案法官也认为应当适用我国内地法律即法院地法律计算死

---

① 该案中同时也是侵权行为地。

亡赔偿金和被扶养人生活费的具体数额，但是在我国内地不同地区规定的赔偿标准不一致的情况下，该案二审法院考虑到赔偿权利人居住地经济状况与受诉法院所在地经济状况之间的巨大差距，认为不应适用法院地或者侵权行为地所在城市的标准，而应适用我国内地所有城市中的最高标准。该院依职权认定案发当年即2007年全国城镇居民因交通事故死亡赔偿金及被扶养人生活费标准最高的为上海市，因此依据上海市统计局公布的2007年统计数据，计算出赔偿权利人应得的死亡赔偿金为472 460元人民币［23 623元（人均可支配收入）×20年］，被抚养人周擎浩应得的抚养费为138 040元人民币［17 255元（人均消费性支出）×8年］，并据此做出了终审判决。

  从冲突法理论方面分析，涉外侵权诉讼中人身伤亡损害赔偿标准问题，主要涉及法院地法律、侵权行为地法律和侵权行为准据法三种法律之间的冲突。首先，若将损害赔偿标准的计算定性为诉讼程序问题，依据诉讼程序问题适用法院地法的原则，对人身伤亡的损害赔偿标准和计算公式都可适用法院地法律。其次，如果考虑到行为人在侵权行为地实施侵权行为和被侵权人主动将自己的权利置于侵权行为地法律环境之中这两个事实因素，可以得出侵权行为地法律是中立的法律并且正常情况下对侵权行为当事人双方都具有可预见性的结论，因此适用侵权行为地法律规定的赔偿标准符合冲突法公平和正义。最后，从实践中看，涉外侵权行为法律冲突在很多案件中都表现为损害赔偿标准和损害赔偿计算方法之间的冲突，侵权行为准据法作为专门解决侵权行为法律冲突的法律，如果无法适用于损害赔偿标准和损害赔偿的计算问题，将在一定程度上丧失存在的价值和意义。因此从这个意义上讲，适用侵权行为准据法解决损害赔偿标准和损害赔偿的计算问题，理由充分。

  上述两个案例中，法院地、侵权行为地和审案法院认定的侵权行为准据法都是我国内地法律，三种法律体系重合为中国内地法律，审案法院又没有对损害赔偿的准据法问题进行分析说理，因此从上述两个案例的法院判决书中我们无法得知，审案法院对于损害赔偿标准及其计算问题，更倾向于适用法院地法、侵权行为地法或者侵权行为准据法。本书认为,一方面考虑到涉外人身伤亡侵权损害赔偿案件中损害赔偿标准的冲突是该类案件涉及的法律冲突的主要内容;另一方面损害赔偿标准一般情况下也是该类案件当事人双方庭审争议焦点和利益冲突所在,因此对于损害赔偿标准及其计算问题适用侵权行为准据法,即是侵权行为准据法本身性质的要求,也符合侵权行为当事人双方的正当期望。如果立法者或者法官将损害赔偿标准问题强行从侵权行为准据法中剥离出去,不仅会损害当事人的正当期望,也将导致侵权行为准据法存在的意义和价值大打折扣。因此,我国内地人民法院受理的涉外侵权案件,在我国内地法律是侵权行为准据法的情况下,对于案件应当适用我国哪个省市的人身伤亡损害赔偿标准,审案法院可以拥有一定的自由裁量权;但是如果法院认定侵权行为准据法是外国法律或者我国港澳台法律,同时仍然适用我国内地法律法规司法解释规定的人身伤亡损害赔偿标准计算赔偿权利人应当获得的赔偿数额,则该法院的做法应属于适用法律错误,既违背我国国际私法立法规定和国际私法基本理论,亦损害当事人的正当期望和我国法院判决书的公平、公正。

第二节 侵权冲突法中的有利于受害人原则

顾名思义,冲突法中的有利于受害人原则是指以最有利于维护受害人的权益为标准确定涉外民事关系准据法的一项法律适用原则,侵权冲突法中的有利于受害人原则是指按照最有利于保护侵权行为受害人正当权益的标准来确定涉外侵权行为法律关系中的侵权行为地。侵权冲突法中的有利于受害人原则要求在侵权行为实施地和结果发生地相分离的情况下,适用对受害人更为有利的那个法律作为侵权行为地法律。根据这个含义,侵权行为冲突法中的有利于受害人原则实际上包含了两个原则:一是狭义的双重行为地原则,按照该原则侵权行为实施地和结果发生地均属于侵权行为地;二是狭义的有利性比较原则(Günstigkeitsprinzip),按照该原则,在存在两个以上侵权行为地的情况下,应当以实体法上对受害人更为有利的侵权行为地法律作为侵权行为准据法。①一般所说的有利于受害人原则均包含了上述两个原则,因为有利于受害人原则以双重行为地原则为前提,离开了双重行为地原则则不发生侵权行为实施地与结果发生地的分离问题,因此也就谈不上哪个侵权行为地法对受害人更为有利的问题。②

从世界范围来看,承认有利于受害人原则,已经成为侵权行为冲突法的一个国际发展趋势。③这一趋势也明显影响了我国涉外民商事审判实践。我国司法实践表明,我国一些人民法院不仅在侵权行为地的确定方面承认了有利于受害人原则,而且扩大了有利于受害人原则的适用范围,创造性地将该原则用于解决责任竞合案件的识别问题。

一、责任竞合案件识别中的有利于受害人原则

将有利于受害人原则用于解决涉外民事关系的识别问题,是我国司法实践对国际私法的重要贡献,典型案例是上海市静安区人民法院2001年一审审理的陆红诉美国联合航空公司国际航空旅客运输损害赔偿纠纷一案。④

该案中,原告陆红于1998年5月12日乘坐被告美联航的UA801班机,由美国夏威夷经日本飞往香港。该机在日本东京成田机场起飞时,飞机左翼引擎发生故障,机上乘客紧急撤离。陆红在紧急撤离过程中受伤,被送往成田红十字医院救护,经诊断为右踝骨折。之后陆红到香港伊丽莎白医院做检查,结论为右踝侧面局部发炎,不能立即进行手术。陆红征得美联航同意后,于5月16日入住安徽省立医院治疗,诊断为:陆红右侧内、外、后踝骨折伴粉碎性移位。该院先后两次对陆红进行手术治疗。1998年12月22日陆红出院,休息至1999

---

① 如果侵权行为准据法不是按照侵权行为地确定,而是依据其他连结点,例如经常居所地、国籍等确定,则不属于本节探讨的主题范围。
② 秦瑞亭主编:《国际私法》第二版,天津:南开大学出版社,2014年版,第233-234页。
③ 秦瑞亭主编:《国际私法》第二版,天津:南开大学出版社,2014年版,第234页。
④ 沈德咏主编:《最高人民法院公报案例大全》(下卷),北京:人民法院出版社,2009年版,第1336-1339页。

年3月底。陆红受伤后休息期间的工资收入是每月人民币1 255元，每月工资收入比受伤前减少人民币1 145元。陆红受伤后，美联航曾向其致函，表示事故责任在于美联航，美联航承担了陆红两次手术的医疗费用计人民币86 748.10元。因双方当事人就损害赔偿问题协商未果，陆红向上海市静安区人民法院提起诉讼，请求法院依据《统一国际航空运输某些规则的公约》（简称华沙公约）、《修订一九二九年十月十二日在华沙签订的统一国际航空运输某些规则的公约的议定书》（简称海牙议定书）以及《蒙特利尔协议》，判令被告赔偿原告伤残补助费及生活护理费计7.5万美元。诉讼中原告陆红变更诉讼请求，要求被告按照"吉隆坡协议"规定的10万特别提款权（即132 099美元）承担损害赔偿责任。

上海市静安区人民法院认为，《中华人民共和国合同法》第126条规定："涉外合同的当事人可以选择处理合同争议所适用的法律，但法律另有规定的除外。涉外合同的当事人没有选择的，适用与合同有最密切联系的国家的法律。"这是我国法律在涉外案件法律适用方面对"当事人意思自治"原则的体现，这已成为当今各国处理民商事法律关系的重要原则。本案双方当事人一致选择适用"华沙公约"。这一选择不违反我国在涉外民事案件法律适用方面的强行性规定，应当允许。"本案是涉外旅客运输合同纠纷与侵权纠纷的竞合。原告陆红因乘坐被告美联航的班机受伤致残，而向美联航索赔，索赔请求中包括精神损害赔偿。乘坐班机发生纠纷，通常是旅客运输合同纠纷，解决的是违约责任。但因乘坐班机受伤致残，违约行为同时侵犯了人身权利，就可能使违约责任与侵权责任竞合。《合同法》第122条规定：因当事人一方的违约行为，侵犯对方人身、财产权益的，受损害方有权选择依照本法要求其承担违约责任或者依照其他法律要求其承担侵权责任。由此可见，违约责任与侵权责任不能在同一民事案件中并存，二者必居其一，应由受损害方选择。陆红在请求美联航承担违约责任的同时，又请求精神损害赔偿，应视作对责任选择不明。在这种情况下，如何确定责任的选择，对受害当事人提供必要的司法救济尤为重要。违约责任与侵权责任的重要区别在于，两者的责任范围不同。合同的损害赔偿责任严格按合同的约定执行，主要是对财产损失进行赔偿；侵权的损害赔偿责任按侵权造成的损害后果确定，不仅包括财产损失的赔偿，还包括人身伤害和精神损害的赔偿。从最大程度保护受害人利益的角度出发，法院依职权为受害当事人选择适用侵权损害赔偿责任。"①

应当承认，在对冲突法问题的处理方面，上述法院判决书的说理论证并不充分，而且还存在一些不足。例如该判决书依据我国《合同法》第126条认定当事人之间的法律选择合法有效，之后又依职权为受害人选择适用侵权损害赔偿责任。法院首先依据我国《合同法》第126条为当事人之间争议确定准据法，②之后又依职权认定原告请求被告承担的是侵权损害赔偿责任，法院适用《合同法》第126条援引的合同准据法，解决被告的侵权损害赔偿责任问题，显然前后矛盾，这是该判决书的不足之处。但是必须指出的是，上海静安区人民法院在本案原告没有明确从违约责任和侵权责任中进行选择的情况下，创造性地适用了侵权冲突法中的有利于受害人原则，通过分析比较违约责任和侵权责任的责任范围，依职权为受害人选择了更有利于保护受害人正当权益的侵权损害赔偿责任，开创了我国国际私法中依据有利于受害人原则对案件进行识别的先例，这无疑是对我国国际私法理论发展做出的一大贡献。虽然我国2011年生效实施的《法律适用法》第8条并没有接受有利于受害人原则，而是明文规定涉外民事关系的定性一律适用法院地法律；而且我国国际私法教材著作也鲜有关于依据有利于受害人原则进行识别的论述；但是成文立法的僵硬和理论研究的落后都不会也不应该左右或者影响我们对司法实践创造性贡献的客观评价。无论从侵权冲突法的国际发展趋势分析，还是从促进国际民商事交往这一国际私法的目的方面考虑，将有利于受害人原则这一既能均衡不同的冲突法利益又能兼顾冲突法正义与实体法正义的冲突法原则，用于解决特定案件中涉外民事关系的识别冲突问题，都是一种合

---

① 沈德咏主编：《最高人民法院公报案例大全》（下卷），北京：人民法院出版社，2009年版，第1338-1339页。
② 该准据法显然应当是合同准据法。

理、可行、具有推广价值的创造性解决方案。

二、侵权行为地确定中的有利于受害人原则

最高人民法院《关于贯彻执行〈中华人民共和国民法通则〉若干问题的意见（试行）》第187条规定，侵权行为地法律包括侵权行为实施地法律和侵权结果发生地法律，二者不一致时，人民法院可以选择适用，但是没有具体规定选择的标准。原告甘肃省公路局诉被告日本横滨橡胶株式会社产品责任侵权纠纷一案[①]，审案法院创造性地运用了有利于受害人原则作为距离性侵权行为中确定侵权行为地法律的标准，是我国司法实践中运用有利于受害人原则确定侵权行为地的一个典型案例。

该案中，2001年8月9日，原告甘肃省公路局的司机芦恩来驾驶该局所有的甘A-05291福特越野车行驶至西安绕城高速公路（北段）时，左前轮胎突然爆破，致使车辆失控，碰撞紧急停车带防护钢板，冲出路面又碰撞通道水泥侧墙后侧翻失火，造成被害人芦恩来、张炳乾、安芝桂、许敬龙死亡、甘A-05291号福特越野车报废的特大交通事故。"8·9特大交通事故报告"和"道路交通事故责任认定书"均证实了本次事故是左轮胎爆破导致车辆失控所致。原告甘肃省公路局认为，因为轮胎爆破是造成事故发生的直接原因，爆破的轮胎是被告生产的，因而被告应承担该起事故的民事责任。故向陕西省西安市中级人民法院对被告日本横滨橡胶株式会社提起侵权损害赔偿诉讼，请求法院判令被告向原告甘肃省公路局赔偿财产损失557 000元，并承担本案全部诉讼费用。

关于本案应当适用的准据法，西安市中级人民法院一审认为：

"依照《中华人民共和国民法通则》第146条之规定，涉及涉外民事侵权行为的损害赔偿案件，适用的准据法应为侵权行为地法律。根据最高人民法院《关于贯彻执行〈中华人民共和国民法通则〉若干

[①] 一审判决书：陕西省西安市中级人民法院民事判决书（2002）西经二初字第074号；二审裁定书：陕西省高级人民法院民事裁定书（2005）陕民三终字第19号。

问题的意见（试行）》第187条，侵权行为地法律包括侵权行为实施地法律和侵权结果发生地法律，如果两者不一致时，人民法院可以选择适用。本案中，涉诉轮胎生产地为日本，涉诉的损害结果发生地在中国，本院依法既可以选择适用日本法律为审理本案的准据法，也可以选择适用中国法律为审理本案的准据法。本案原告系涉诉案件的受害人，诉讼中，其明确要求适用日本《制造物责任法》审理本案，参照国际司法救济的一般原则，在审理产品缺陷责任纠纷案件中，由于受害人处于弱势地位，尽量方便受害人对产品责任的诉讼，在法律适用上对受害人要求适当予以考虑，目的在于更好地保护受害人的合法权益，因而本院选择适用日本的《制造物责任法》作为审理本案的准据法。日本于1995年7月1日制定了《制造物责任法》，并于1996年7月1日作为日本民法的特别法开始适用。原告根据最高人民法院《关于贯彻执行〈中华人民共和国民法通则〉若干问题的意见（试行）》第193条，向本院提交了日本的《制造物责任法》日文原本及中文译本。被告对此形式要件真实性未提出质疑，故本院依法对日本的《制造物责任法》日文原本及中文译本内容予以确认。"①

在对侵权准据法的认定以及侵权准据法内容的查明方面，上述法院判决书逻辑严谨，条理清晰，说理充分，法律条文引用规范，结论明确，至少在对涉案冲突法问题的处理方面，堪为我国涉外民商事判决书的示范。该案判决书创造性地将有利于受害人原则引入我国侵权冲突法，为我国内地法院依据最高人民法院《关于贯彻执行〈中华人民共和国民法通则〉若干问题的意见（试行）》（简称《民法通则意见》）第187条选择确定侵权行为地提供了一个合理、可行的标准，为丰富和发展我国国际私法理论和司法实践做出了重要贡献。

由于2011年生效的《法律适用法》第44条仍然将侵权行为地法原则规定为确定侵权行为准据法的重要原则之一，而且《法律适用法》和《法律适用法司法解释（一）》均未对如何确定侵权行为地的问题做出明确规定，因此《法律适用法》生效以后，人民法院在不少情况下

---

① 陕西省西安市中级人民法院民事判决书（2002）西经二初字第074号。

仍然需要解决侵权行为地的确定问题。在关于《法律适用法》第 44 条的司法解释出台之前，最高人民法院《民法通则意见》第 187 条关于侵权行为实施地法律和侵权结果发生地法律两者不一致时人民法院可以选择适用的规定，仍然是我国现行侵权行为冲突法中认定侵权行为地的主要法律依据。笔者认为，上述案例中一审法院判决书提出的侵权行为地的认定标准，即在侵权行为实施地和结果发生地不一致的情况下依据有利于受害人原则选择确定侵权行为地，值得在我国涉外民商事审判实践中推广采用。因此本书作者建议最高人民法院将来通过司法解释正式采用"有利于受害人原则"，规定在侵权行为实施地法律和结果发生地法律不一致的情况下，人民法院应当选择适用对受害人更为有利的法律作为侵权行为准据法，理由如下[①]：

从冲突法利益方面分析，侵权行为实施地和侵权行为结果发生地在冲突法上是等值的。侵权行为人对于适用侵权行为实施地法拥有冲突法上的利益，因为侵权行为人正常情况下期望按照侵权行为实施地的法律对其行为承担责任，这种期望是正当的，应当受到保护。受害人对于适用侵权行为结果发生地法有冲突法上的利益，因为受害人的权益是在结果发生地受到损害的，受害人正常情况下期望能够按照结果发生地法律保护其合法权益和在该权益受到侵害时获得救济，这种期望也是正当的，亦应受到保护。因此，侵权行为冲突法原则上应同等对待侵权行为实施地和结果发生地。在侵权行为实施地和结果发生地位于不同国家的情况下，重叠适用侵权行为实施地法和结果发生地法显然会不合理地增加受害人获得损害赔偿的难度，因此根据有利于受害人原则选择适用有利于受害人的实体法，可视为冲突法上解决多个侵权行为地等值问题的唯一合理方案。当然这一方案应以侵权行为人能预见到结果发生地为前提：只要结果发生地对侵权行为人来说是可预见的，侵权行为实施地和结果发生地对侵权行为人来说便都是可预见的。在这个意义上有利于受害人原则没有给任何一方当事人造成

---

① 该理由引自秦瑞亭主编：《国际私法》第二版，天津：南开大学出版社，2014 年版，第 247 页，个别地方有改动。

不合理的困难，因而它在冲突法上是合理的。如果有利于受害人原则也将侵权行为人无法预见的结果发生地包括进去，则该原则对于侵权行为人来说有失合理性，因为侵权行为人无法预见到其行为结果在该地发生，因此要求其按照无法预见的结果发生地法律对其行为承担法律责任是不合理的，也是有失公平的。

第十二章　物权冲突法司法实践中的疑难问题

第一节　物的识别和动产与不动产的区分[①]

一、物的识别

物的识别问题，即什么是"物"的问题。对外行人而言，这似乎是一个常识性问题，无须思考即可回答：房屋、土地、山川、河流、桌椅、猫狗等自然界中除了人之外的有形存在都是"物"。但是在国际私法法领域，回答这一问题远非一般人想象得那么容易。仅举数例：

人体本身及其各个组成部分是否属于"物"，自然人的尸体是否属于"物"，人体内的血液是否属于"物"，医院血库中存放的血液是否属于"物"，人的精子和卵子是否属于"物"，女人的子宫是否属于"物"，等等。

类似的例子我们还可以举出许多。在具体涉外民商事案件中，回答上述问题有时是物权冲突法条文（例如《法律适用法》第36条和第37条）适用的前提，因此无法回避。例如，一对德国夫妇和一中国女子丽某在印度订立一份代孕协议，该德国夫妇的受精卵由印度某医院植入丽某的子宫。德国夫妇主张其已经合法租赁了丽某的子宫，因此在协议有效期内可以随时检查丽某的子宫。丽某拒绝，因而产生诉讼。如果认为子宫属于"物"，那么依据《法律适用法》第37条，本案应

[①] 本节系在秦瑞亭主编《国际私法》第二版第十二章第五节（南开大学出版社2014年版，第283-285页）的相关内容基础上修订而成。

适用法律事实发生时即代孕协议订立时子宫所在地法律，即印度法律；①而如果认为子宫不属于"物"，则本案涉及的就不是物权问题，因此《法律适用法》第36～38条的规定即无法得到适用。

动物是否属于"物"？在国际私法中，回答这一问题远非表面上看起来那么简单。现行《奥地利民法典》第285a条、《德国民法典》第90a条和《瑞士民法典》第641a条都明确规定，"动物不是物"。因此，德国巴德摩根海姆区法院审理的一宗离婚案件中，为了判决一条狗的归属，法院依职权请动物心理专家出具了专家意见，并将该条狗带到法庭上，当庭观察了狗的举动，然后依据"有利于狗的健康成长"的原则做出了法院判决。②可见，德国不仅立法上明确规定动物不是物，司法实践中也没有将动物完全视作"物"。这样，由于不同国家立法和司法实践的差异，在动物由一国进入另一国的情况下，便会产生一系列问题：一条狗由德国进入中国境内，是否便由动物变成了"物"？反之德国人将一只猫从北京带回柏林，是否这只猫便因此由"物"升格为"动物"？抑或国际私法中从有利于动物本身的角度，应当实行"一旦成为动物，便永远是动物"的原则？

上述假设案例中，如果法院认为动物也是物，那么关于涉案猫和狗的所有权问题即应按照《法律适用法》第37条适用法律事实发生时猫和狗所在地的法律；如果动物不是物，那么法院就无法适用《法律适用法》第37条，必要情况下立法者甚至需要考虑制定动物冲突法的问题。

本书认为，人体器官、人体组织以及动物是否属于"物"的问题，属于国际私法中的识别问题，依据《法律适用法》第8条，应适用法院地法律。因此，在我国人民法院受理了案件的情况下，前述案例中子宫是否属于"物"的问题，猫和狗是否属于"物"的问题，均应依据我国法律回答。

物的识别问题不仅仅是理论问题。我国司法实践中，原告西林克

---

① 按照印度法律，代孕协议合法有效。
② Amtsgericht Bad Mergentheim 19. 12. 1996, FamRZ, 1998, 1432.

(Sealink Sdn Bhd)（简称"西林克公司"，住所地为 Lot 1035 Block 4,MCLD Piasau Industrial Area Jalan Cattleya 5 CDT 139,98008 Miri Sauawak, Malaysia）、Era Surplus Bhd（简称"易拉公司"，住所地为 Lot 1035 Block 4, MCLD Piasau Industrial Area Jalan Cattleya 5 CDT 139,98008 Miri Sauawak, Malaysia）与被告绍兴天龙进出口有限公司（简称"绍兴天龙"）、浙江天龙进出口贸易有限公司（简称"浙江天龙"）船舶所有权侵权纠纷一案[①]，便提出了涉案两艘远洋拖轮是属于我国《海商法》规定的船舶还是属于我国《法律适用法》第37条中的动产的问题，即涉案两艘远洋拖轮是否属于我国《法律适用法》第37条中的"物"的问题，该问题属于典型的物的识别问题。

该案中，2004年3月22日，原告西林克公司与被告浙江天龙订立船舶建造（买卖）合同，约定：浙江天龙作为卖方，安排在惠港公司建造、装备、完成和交付给买方西林克公司两艘3200马力远洋拖轮，一旦船舶交付给买方并且买方接受船舶，船舶将悬挂马来西亚船旗并由买方自己付费将船舶在马来西亚海事当局注册；船舶交付将在签署交接备忘录时生效，这个备忘录表示买方确认交付船舶和买方接受船舶；船舶的所有权和灭失风险在交接完成后转移给买方，在交付完成前船舶和其设备的所有权和灭失风险归属卖方；如果当事人之间因为本合同或者其他规定产生争议并且不能用和谈解决，那么此争议依据新加坡法律提交新加坡仲裁，当事人还同意本合同及每一条款的效力及解释受新加坡法律支配。

由于两艘远洋拖轮刚建造完毕便发生了涉及该拖轮所有权转移问题的诉讼，该船舶还没有在任何国家登记，因此也就没有船旗国法律可以适用。诉讼当事人之间的争议问题是涉案船舶所有权的归属问题。依据我国国际私法，一般动产物权的设立变更和转让问题，按照《法律适用法》第37条，首先适用当事人协议选择的法律；但对于船舶物权的设立变更和消灭，我国《海商法》第270条禁止当事人协议选择法律，明确规定只能适用船旗国法律。由于我国立法者对动产物

[①] 宁波海事法院民事判决书（2006）甬海法事初字第5号。

权和船舶物权法律适用问题的区别对待,作为本案诉讼标的物的两艘远洋拖轮是属于一般动产还是属于《海商法》第270条中的船舶,便成为法官和当事人都无法回避的问题。

审案法官认为,由于涉案两艘远洋拖轮尚未在我国国内或国外进行正式登记,无法以船舶登记来确定其所有权归属,"在此情况下,只能根据当事人的合意来确定船舶的所有权状况。根据浙江天龙与西林克公司的船舶买卖合同,有关该合同的有效性、合同整体及合同每一条款的解释,均受新加坡法律的管辖。本院认为,该法律适用条款是合同双方的真实意思表示,不违反我国法律强制性规定,应确认有效。据此,船舶交接备忘录的效力、'SEALINK MAJU 4''SEALINK MAJU 5'两艘远洋拖轮所有权的转移时间等问题,应依照新加坡法律来认定……"[①]该案中审案法院以拖轮尚未正式注册登记因而无法以船舶登记确定其所有权归属为理由适用了当事人协议选择的新加坡法律作为涉案拖轮所有权问题的准据法,该理由并不充分,而且违背我国《海商法》第270条的规定。我国《海商法》第270条明确规定:"船舶所有权的取得、转让和消灭,适用船旗国法律。"该条款并不允许当事人协议选择船舶所有权问题的准据法。笔者认为,审理该案的法官依据涉案船舶买卖合同中的法律选择条款认定船舶所有权问题适用新加坡法律,只有在将涉案两艘远洋拖轮不视为船舶,而视为一般动产的前提下,该法院的认定结果才不违背我国《海商法》第270条的规定。因为《海商法》第270条仅适用于船舶所有权问题,对于不属于船舶的一般动产所有权问题,该条款没有规定,我国当时的国际私法法律法规和司法解释都没有明确规定,这种情况下审案法官可以依据国际私法理论学说确定一般动产物权的准据法。国内外国际私法文献著作中,一直有学者认为动产物权问题可以适用当事人协议选择的法律作

[①] 宁波海事法院民事判决书(2006)甬海法事初字第5号。

为物权准据法。[①]因此，审案法官如果首先将涉案远洋拖轮识别为一般动产，然后援引国内外一些国际私法学者的理论学说，论证在我国现行立法没有规定的情况下，对一般动产物权问题可以适用当事人协议选择的法律作为物权准据法，在此说理基础上正式确认当事人在船舶买卖合同中协议选择的新加坡法律作为涉案远洋拖轮所有权问题的准据法，则这种判决理由和判决结果不仅说理充分，而且既不违背法律，亦不失公正合理。

2011 年 4 月 1 日施行的《法律适用法》第 37 条明确规定动产物权首先适用当事人协议选择的法律，该条款进一步证实了前述学术观点的合理性。当然，在《法律适用法》生效实施之后，法官对于船舶所有权问题，如果认定该船舶不属于《海商法》规定的船舶而属于一般动产，那么法官即应当直接援引《法律适用法》第 37 条确定该船舶所有权应当适用的法律，而不应再依据学者观点来确定物权准据法。

二、动产与不动产的区分

与上述物的识别问题类似的是动产与不动产的区分问题。不同国家法律在动产和不动产的具体认定标准方面差别较大。例如，《拿破仑法典》第 524 条规定为"所有人为不动产便利而利用的下列各物，均为不动产：耕作用家畜，农业用具，供给佃农的种子，鸽舍中的鸽，兔园中的兔，池沼中的鱼类。"[②]而依据我国法律，前述各物均应属于动产。动产和不动产的区分问题，按照多数国家的冲突法，均适用物之所在地法。其原因是多数国家的冲突法均规定动产和不动产的物权

[①] Ruiting Qin: Parteiautonomie: eine rechtsvergleichende Untersuchung — Versuch zur Entwicklung einer Gerechtigkeitsjurisprudenz im IPR, Frankfurt am Main 2003, S.395 ff.; Markianos, Demetrios: Res in Transitu im deutschen internationalen Privatrecht, RabelsZ, 1958, S. 36; Meyer—Ladewig, Jens: Verschiedene Rechtsordnungen fuer Schuldvertrag und Uebereignung im internationalen kaufrecht? AWD 1963, S. 261; Schmeding, Joerg G-A: Zur Bedeutung der Rechtswahl im Kollisionsrecht, RabelsZ, 1977, S. 329; Weber, Rolf: Parteiautonomie im internationalen Sachenrecht, RabelsZ, 1980, S.510; Jayme, Erik: Transposition und Parteiwille bei grenzueberschreitenden Mobiliarsicherheiten, in: Festschrift fuer Rolf Serick, Heidelberg, 1992, S. 246.

[②] 李浩培、吴传颐、孙鸣岗译：《拿破仑法典》，北京：商务印书馆，1979 年版，第 69 页。

问题统一适用物之所在地法原则，因此，法院经过识别只要认定诉争问题属于物权问题，即可依据物之所在地法原则确定物之所在地的法律作为物权准据法，而无须事先解决争诉之物属于动产还是不动产的问题。但是，我国《法律适用法》第36条和第37条却分别对动产物权和不动产物权的法律适用问题规定了完全不同的冲突规范：第36条规定不动产物权适用不动产所在地法律；第37条规定动产物权首先适用当事人协议选择的法律，其次适用法律事实发生时物之所在地法律。因此，司法实践中我国内地人民法院在确定当事人诉争的物品属于动产还是不动产之前，根本无法决定对涉案物权问题是应当适用《法律适用法》第36条还是第37条，进而也就无法判断是当事人选择的法律还是物之所在地法应当作为物权准据法。因此，对动产和不动产的区分适用物之所在地法的理论，按照我国《法律适用法》的规定根本不具有可行性。故本书认为，由于我国《法律适用法》立法者对动产物权和不动产物权的法律适用问题分别立法，并且分别规定了不同的连结点，因此，将当事人诉争的物明确定性为动产或者不动产是适用《法律适用法》第36~38条的前提条件。因此在我国国际私法中，动产和不动产的区分应属于识别问题，按照《法律适用法》第8条，适用法院地法律，而不应适用物权准据法。故我国人民法院受理了涉外物权案件之后，应首先依据我国法律判断诉争之物是属于动产还是不动产，然后根据判断结果确定适用《法律适用法》第36条、37条或者38条中相应的冲突规范。

基于同样道理，前述原告"西林克公司""易拉公司"与被告绍兴天龙进出口有限公司、浙江天龙进出口贸易有限公司船舶所有权侵权纠纷一案中，涉案船舶是属于我国《法律适用法》第37条中的动产还是属于我国《海商法》第270条中的船舶的问题，亦属于《法律适用法》第8条规定的识别问题，应当依据法院地法律，即我国法律，来回答。该案一审法院判决书适用了我国法律认定涉案船舶不属于我国《海商法》第270条中的船舶，由于该案中我国法律既不是船旗国法律，船旗国是马来西亚；也不是当事人协议选择的法律，当事人协议选择的法律是新加坡法律；因此一审法院实际上是将我国法律作为法院地法律来适用的，只是一审法院判决书对此没有明确阐明。故该案判决书实际上采纳了本书的观点：涉案船舶是属于船舶还是属于一般动产的问题，系识别问题，应适用《法律适用法》第8条规定的法院地法律解决。

第二节 物权准据法的适用范围[①]

与物的识别和动产不动产的区分完全不同的是物权准据法的适用范围问题。物权准据法的适用范围是指审案法院按照法院地的物权冲突规则确定了物权准据法之后，审案法院适用该准据法解决的具体法律问题的范围。具体到我国国际私法而言，物权准据法的适用范围问题是指人民法院按照《法律适用法》第36～38条以及《海商法》和《民用航空法》的相关规定确定了物权准据法之后，人民法院应当适用该物权准据法解决哪些范围内的具体法律问题。

前述原告"西林克公司""易拉公司"与被告绍兴天龙进出口有限公司、浙江天龙进出口贸易有限公司船舶所有权侵权纠纷一案中，一审法院依据我国法律认定涉案远洋拖轮不属于我国《海商法》规定的船舶而应当属于一般动产之后，即需要解决涉案远洋拖轮所有权归属的准据法问题。该法院认定涉案远洋拖轮所有权的归属以及所有权是否转移的问题均应当适用当事人协议选择的法律，本案中即新加坡法律，作为物权准据法。根据船舶建造合同的约定和两原告提供的新加坡立杰律师事务所合伙人杜建星律师出具的法律意见书，一审法院认定浙江天龙在出卖船舶时拥有船舶的所有权，有权对船舶进行处分。

关于所有权的转移问题，一审法院认为，根据《新加坡货物买卖法》第17（1）条规定，本案两艘远洋拖轮的所有权何时发生转移，取决于当事人的意图。按被告浙江天龙与原告西林克公司的船舶买卖

[①] 本节主要引自秦瑞亭主编《国际私法》第二版第十二章第五节（南开大学出版社2014年版，第290-292页）的相关内容。

合同第 7 条第 2 款下半句 "船舶交付将在签署交接备忘录的时候生效。这个备忘录表明买方确认交付船舶和买方接受船舶"和第 4 款 "船舶的所有权和灭失风险在交接完成后转移给买方"的约定,可以看出当事人双方的意图,即船舶交接备忘录一旦被签署,所有权即从卖方转移到买方。该约定符合新加坡法律的规定,应确认有效。因此,两艘远洋拖轮的所有权按照新加坡法律已经于 2006 年 1 月 18 日船舶交接备忘录签署时合法转移至买方西林克公司名下。

一审法院在确定涉案拖轮所有权问题的准据法时,没有援引任何冲突规范,也没有进行任何说理,直接适用了当事人协议选择的新加坡法律,这是该判决书的不足之处。但是考虑到一审法院审理本案之时我国动产物权冲突法立法尚属于一片空白,没有任何冲突规范可供援引,在这种情况下,一审法院允许当事人协议选择动产物权适用的法律,并适用当事人协议选择的法律作为动产物权准据法来解决涉案动产所有权归属及其转移问题,抛开冲突法问题说理论证不充分这一不足,一审法院上述确定物权准据法的方法是我国司法实践对动产物权准据法确定及其适用范围问题的可贵探索,无疑是值得肯定的。我国《法律适用法》第 37 条吸收了我国司法实践在动产物权法律适用方面积累的宝贵经验,正式认可了当事人协议选择动产物权准据法的合法性。但是关于物权准据法的具体适用范围,我国迄今为止的冲突法立法和司法解释都没有明确规定,依据物权冲突法的一般理论,结合我国物权冲突规范的具体内容,本书认为,在我国国际私法中,物权准据法的适用范围应主要包括下述五个方面的法律问题:

(一)物权的种类和内容

物权是对世权,一切人均负有义务尊重权利人享有的物权,因此物权的具体种类和每种物权的具体内容都应具有可预见性,能为公众所了解。物权的种类和内容如果不具有公开性,公众便无从知道物权是否存在以及内容如何,要求公众尊重他人的物权便是不公平的,由此产生了物权法定原则和物权公示主义。基于物权法定原则,物权的具体种类和每种物权的内容均由法律规定,当事人无权协议创设法律未规定的物权种类和内容。基于物权公示主义,物权设立、变更和转移的要件均应具有公开性,能为公众了解和知悉。各国关于物权的具体种类、内容和公示条件方面的规定各不相同,如法国有登记抵押权,德国则无;德国法规定了让与担保,中国法中则没有让与担保这种物权;英国法规定了衡平法所有权,中国法则不承认这种物权。物权的具体种类和每种物权的具体内容,应适用物权准据法。

(二)物权的行使

实践中权利人需要通过行使物权来实现具体的利益,例如房屋所有权人通过实际占有和使用房屋实现居住的目的,动产买卖中卖方通过转让动产所有权来获得价款,等等。权利人是否可以行使物权,应当以何种方式和手段行使物权,原则上均应当由物权准据法决定。由于我国《法律适用法》第37条和第38条允许当事人协议选择物权准据法,实践中便有可能发生物权准据法和物之所在地法不一致的情况。在物权准据法不是物之所在地法的情况下,如果权利人欲行使物之所在地国家的实体法没有规定的一种物权,该物权的行使可能会受到物之所在地国家的一些限制。例如,假设具体动产交易中当事人协议选择了《德国民法典》作为物权准据法,在涉案动产由德国进入我国之后,依据《德国民法典》有效取得了让与担保权的权利人欲在我国行使该权利,请求法院扣押拍卖该动产,我国法院可能对其诉讼请求不予支持,因为我国物权法不承认让与担保。但即便如此,我国法院也不能否认该让与担保权的存在。因为让与担保权是否存在以及权利人是谁,应当由物权准据法决定,而本案中我国《法律适用法》规定的物权准据法是《德国民法典》。考虑到物权准据法毕竟是我国国际私法援引的法律,本书认为,在不违背我国公共秩序的前提条件下,我国法院应尽可能支持权利人行使和实现物权准据法赋予其的物权。

(三)物权客体的范围

物权的客体是物,但各国民法对物的理解不尽一致。《法国民法典》承袭罗马法,认为物包括有体物和无体物[①];《德国民法典》中的

---

① 李浩培、吴传颐、孙鸣岗译:《拿破仑法典》,北京:商务印书馆,1979年版,第526—530条,第69—70页。

物则仅指有体物①，而且依《德国民法典》第90a条规定，动物不是物，只有在法律没有另行规定的情况下，物权法条文方可适用于动物。另外，关于人体器官、自然人的尸体、人的精子和卵子等是否可以成为物权客体，关于土地、森林、矿藏、河流等可否作为物权客体，各国法律规定亦不相同。物权客体的具体范围适用物权准据法。例如，人民法院按照我国法律将当事人争议的土地识别为"物"并按照《法律适用法》第36条规定确定沙特阿拉伯的伊斯兰法作为物权准据法，但是按照伊斯兰法，该土地属于"圣地"，不能成为物权客体，这种情况下，除非伊斯兰法违背了我国的公共秩序，我国法院原则上应尊重伊斯兰法的规定。

（四）物权的设立、变更、转让和消灭

这是物权准据法的主要适用范围。从各国现行立法来看，物权准据法主要是指物权的设立、变更、转让和消灭应予适用的法律。实践中当事人之间的物权争议主要涉及物权的设立、变更、转让和消灭，由于物权法定原则，各国法律对这些事项均有明文规定，但具体内容方面差异悬殊。在这些具体事项方面，各国立法和司法实践均适用物权准据法。前述原告"西林克公司""易拉公司"与被告绍兴天龙进出口有限公司、浙江天龙进出口贸易有限公司船舶所有权侵权纠纷一案中，一审法院适用当事人协议选择的新加坡法律认定涉案两艘远洋拖轮的所有权已经于2006年1月18日船舶交接备忘录签署时合法转移至买方西林克公司名下，即属于依据物权准据法判决物权转移问题的典型例子。

（五）物权的保护方法

对物权的侵害在许多情况下既属于物权问题，又属于侵权行为问题。因此物权保护方法一般既可适用物权准据法，也可适用侵权行为准据法。司法实践中物权保护之诉多在物之所在地国家法院提起，因此适用法院地法亦不失为一种可行方案。我国现行立法对这一问题未做规定。本书认为，在物权受到侵害的情况下，权利人可以提起物权

---

① 《德国民法典》第90条。

诉讼，也可以提起侵权诉讼。如果权利人提起的是物权诉讼，那么对于物权的保护方法，应当适用物权准据法。

前述原告"西林克公司""易拉公司"与被告绍兴天龙进出口有限公司、浙江天龙进出口贸易有限公司船舶所有权侵权纠纷一案中，一审法院认定，"SEALINK MAJU 4""SEALINK MAJU 5"两艘远洋拖轮的所有权已于2006年1月18日（最迟至1月23日）由浙江天龙移转给了西林克公司。绍兴天龙以该两艘拖轮属浙江天龙所有为由申请扣押船舶，侵犯了西林克公司的所有权。在这种情况下，所有权遭受侵害的西林克公司可以采取哪些救济措施来保护自己的所有权，即属于典型的物权保护方法问题，应当适用物权准据法。当然，由于绍兴天龙对原告船舶所有权的侵害同时构成了对原告的侵权，因此原告也可以选择提起侵权诉讼，追究被告的侵权责任，这种情况下，应当适用的是我国《法律适用法》第44条规定的侵权准据法。从该案一审和二审法院判决书来看，对于应当如何保护原告享有的涉案船舶所有权问题，两审人民法院适用的都是作为侵权行为地的我国内地法律，即侵权准据法。①

第三节 《法律适用法》第37条中"法律事实"的认定

一、问题的提出②

一方面，目前世界大多数国家的物权法均实行物权法定原则，在物权领域给予当事人意思自治的空间非常小；另一方面由于物权比债

---

① 浙江省高级人民法院二审民事判决书（2008）浙民四终字第48号关于"绍兴天龙申请扣押了西林克公司所有的'SEALINK MAJU 4''SEALINK MAJU 5'两艘拖轮，但因申请时不知晓船舶所有权的真实状况，主观上并无过错，故不应负赔偿责任。"的结论即明确表明，该法院适用的是侵权准据法，因为赔偿责任属于典型的侵权法救济方法。

② 本部分系在秦瑞亭主编《国际私法》第二版（南开大学出版社2014年版）第274-278页内容基础上修订而成。

权更多涉及交易秩序和第三人利益，一国物权法与其债权法相比往往更难得到其他国家的承认。这两方面的原因导致国际民商事交往中的物权法律冲突比合同法律冲突更加严重，也更加难以解决，在动产物权领域尤其如此：动产会移动，而动产地理位置的变化必然引起物之所在地法的变更从而引起物权准据法的变更，因此将数个世纪以来在国际物权冲突法领域一直居于统治地位的物之所在地法原则适用于动产物权问题存在现实的困难，这种困难在物之所在地法原则产生之时就已经存在，随着国际民商事交往的日益频繁而与日俱增。为了克服这种困难，我国《法律适用法》的立法者大胆地在动产物权领域引进了当事人自治原则，该法第37条第1款规定："当事人可以协议选择动产物权适用的法律。"

但是物权固有的性质决定了任何国家的物权冲突法都不可能完全抛弃物之所在地法原则，我国亦不例外。因此《法律适用法》第37条第2款又规定："当事人没有选择（法律）的，适用法律事实发生时动产所在地法律。"依据该款规定，在当事人没有协议选择物权准据法或者协议选择无效的情况下，人民法院应当适用法律事实发生时动产所在地法律作为物权准据法。

动产会"动"，但我们显然不能因为动产会"动"便任由动产物权准据法时刻处于变动之中。因此任何在冲突法领域采纳了物之所在地法原则的立法者，都必须解决如何处理物之所在地改变引起的物权准据法的变更问题。从比较法来看，解决前述问题主要存在两种方案。

第一种方案是立法规定"物"停留过的所有物之所在地的法律都是物权准据法，同时明确规定新旧物权准据法内容发生冲突时的解决办法，采取这种方案的典型例子是德国。现行德国《民法施行法》第43条规定：

"物权适用物之所在地国家的法律。

一物之上已经设立的物权，在该物进入另一国家之后，其行使不得违背该另一国家的法律。

在从其他国家进入德国的物之上尚未有效取得的物权，该物进入德国之后，在判断该物权的取得时，对于发生在其他国家的法律事实，应和发生在德国的法律事实同样予以考虑。"

依据德国《民法施行法》第43条规定,在一物从甲国进入乙国的情况下,对于该物之上的物权问题,甲国法律和乙国法律都是物权准据法。对于依据甲国法律有效设立和取得的物权,乙国法律原则上应予以尊重和接受,但是该物权在乙国境内不得以违背乙国法律的方式行使。假设该物从甲国进入乙国之时,设立、变更或者消灭物权的法律事实已经发生,但尚未最终完成,那么,因为在前述法律事实完成之时,物已经位于乙国境内,因此该物权最终是否有效设立、变更或者消灭的问题,由新的物之所在地法,即乙国法律,决定。

第二种方案是由立法明确规定适用某一具体时刻的物之所在地的法律作为物权准据法,我国台湾地区和韩国的国际私法均是采取的这种解决方案。我国台湾地区"涉外民事法律适用法"第38条第3款规定:"物之所在地如有变更,其物权之取得、丧失或变更,依其原因事实完成时物之所在地法。"2001年《韩国国际私法》第19条规定:"动产和不动产物权以及须登记的其他权利适用标的物所在地的法律。第1款规定的权利的取得、丧失或变更适用作为原因的行为或事实完成之时标的物所在地的法律。"依据上述条款规定,在动产地理位置变化导致两个或者两个以上国家均是物之所在地的情况下,物权的最终命运由该物权据以设立、变更或消灭的法律事实完成之时的物之所在地法决定。我国《法律适用法》第37条第2款明确规定,当事人没有协议选择法律时,动产物权适用法律事实发生时物之所在地法律,可见我国立法者采取的是第二种解决方案。但与同属于第二种方案的韩国国际私法和我国台湾地区规定不同的是,韩国和我国台湾地区均规定适用物权据以设立、变更或消灭的法律事实完成之时的物之所在地法作为物权准据法,而我国《法律适用法》第37条第2款规定适用法律事实发生时的物之所在地法作为物权准据法。

与《韩国国际私法》第19条和我国台湾地区"涉外民事法律适用法"第38条第3款相比,我国《法律适用法》第37条第2款的语言更为简洁。但《法律适用法》的立法者过于追求语言的通俗易懂,导致了《法律适用法》第37条第2款存在明显的缺陷和不足:

(1) 何种法律事实？《法律适用法》第 37 条第 2 款笼统规定适用法律事实发生时物之所在地法律，却没有具体规定是何种法律事实，不可避免地导致司法实践中物权准据法确定方面的不统一甚至混乱。司法实践中的物权纠纷一般都会涉及多个法律事实。例如，意大利某公司（简称意大利公司）向天津某公司（简称天津公司）出口一批货物，意大利公司和天津公司电话约定了所有权保留。买方天津公司收到货物之后支付货款之前被我国人民法院宣告破产。天津市中级人民法院应天津公司的债权人——天津交通银行（简称银行）的申请，扣押并拍卖了该批货物，拍卖所得价款由银行取得。意大利公司向天津市高级人民法院起诉银行，要求银行返还拍卖该批货物所得价款。银行没有提出管辖权异议并出庭应诉。

上述假设案例中，意大利公司是否有权要求银行返还拍卖货物所得价款，取决于意大利公司于拍卖之时是否仍然对该批货物享有所有权，而这一问题又取决于天津公司和意大利公司口头约定的所有权保留是否有效。该所有权保留依据我国法律合法有效，但依据意大利法律因为没有进行登记而对第三人不发生法律效力。因此本案物权问题若适用中国法律，所有权保留有效，意大利公司仍保有货物所有权；如果适用意大利法律，所有权保留仅在买卖双方之间有效，无法对抗第三人，因此对于本案被告银行而言，所有权保留无效，天津公司已经取得货物所有权，故银行申请拍卖货物的行为不构成对意大利公司的侵权。

按照《法律适用法》第 37 条第 2 款，因为天津公司和意大利公司没有协议选择法律，本案所有权转移和所有权保留问题应当适用法律事实发生时动产所在地法律。本案中与所有权转移和所有权保留问题有关的法律事实有多个，例如，订立买卖合同，货物交付承运人，货物交付天津公司，天津公司和意大利公司约定所有权保留，中国法院将货物扣押和拍卖，等等。这些法律事实的发生时间和完成时间各不相同。如果认为《法律适用法》第 37 条第 2 款中的法律事实是指买卖合同的订立，则法律事实发生时的物之所在地为意大利，物权准据法应为意大利法律；如果认为法院扣押和拍卖货物的行为是《法律适用法》第37条第2款中的法律事实,则法律事实发生时物之所在地为天津,本案应适用我国法律作为物权准据法。可见,《法律适用法》第37条第2款中"法律事实"概念的模糊性和不确定性,在司法实践中会增加法院确定物权准据法的困难,并可能导致不同法院在物权准据法确定方面的不统一甚至混乱。

(2)法律事实发生时物之所在地法作为物权准据法的问题。即使法院在具体案件中确定了《法律适用法》第37条第2款中的法律事实,将该法律事实发生时的物之所在地法作为物权准据法仍然不无问题。例如上述关于天津公司和意大利公司之间所有权保留效力的案例中,由于当事人之间争议的物权问题是所有权保留的效力问题,[①]法院可以将该所有权保留据以产生的法律事实认定为《法律适用法》第37条第2款中的法律事实。该所有权保留基于天津公司和意大利公司之间的口头约定产生,因此该两公司之间关于所有权保留的口头约定即是《法律适用法》第37条第2款所规定的法律事实。该法律事实发生之时货物位于意大利境内,因此依据《法律适用法》第37条第2款,天津市高级人民法院应适用意大利法律判断涉案所有权保留的效力。依据意大利法律,该所有权保留因没有依法登记,不能对抗第三人,因此法院应判决所有权保留无效,天津公司已经取得货物所有权,银行作为天津公司的债权人申请扣押拍卖天津公司的货物,没有侵犯意大利公司的货物所有权,故应驳回意大利公司的诉讼请求。这一结论完全符合《法律适用法》第37条第2款的规定,但问题是:涉案货物位于我国境内,我国法院受理案件,我国法律认为所有权保留完全合法有效,《法律适用法》第37条第2款却要求我国法院完全不考虑同样作为物之所在地法的我国法律的规定,适用意大利法律判决所有权保留无效,这一结论多少有些缺乏说服力。我们可以质疑:同样是物之所在地,意大利是法律事实发生时的物之所在地,我国是法律事实完成时的物之所在地,为什么法律事实发生时的物之所在地就一定比法律事实完成时的物之所在地与涉案物权具有更密切的联系?

[①] 关于所有权保留是否属于物权的问题,学界存在争议。笔者认为其属于物权。

再举一例：德国人克里斯托弗在中国台湾旅游期间，捡到一只瑞士名牌手表，他按照台湾地区规定履行了招领公告手续。5个月之后，他带着该手表去瑞士休假。在瑞士休假一年之后，他来到北京旅游。克里斯托弗在北京旅游期间，该手表被居住于北京的失主发现，失主向克里斯托弗索还手表未果，向北京市中级人民法院提起诉讼，要求克里斯托弗返还手表，北京市中级人民法院受理了该案。

该案涉及的法律事实主要有：北京失主在台湾丢失手表、克里斯托弗在中国台湾捡到手表和在台湾地区履行招领公告手续。这三个法律事实发生时手表均位于中国台湾，因此，依据我国《法律适用法》第37条第2款，北京市中级人民法级人民法院应适用台湾地区规定作为本案所有权问题的准据法。"台湾民法典"第807条规定："遗失物自通知或最后招领之日起逾6个月，未经有受领权之人认领者，由拾得人取得其所有权。"按照该条款规定，本案中6个月的取得时效已经届满，北京市中级人民法院应判决手表归克里斯托弗所有，驳回北京失主的诉讼请求。

适用《法律适用法》第37条第2款导致的上述结果看似合情合理，仔细分析则会发现问题。上述案例主要涉及遗失物的取得时效问题。"台湾民法典"规定拾得遗失物届满6个月始能取得所有权，《瑞士民法典》第722条规定拾得遗失物届满5年方可取得所有权，[①]我国内地法律则根本不承认对遗失物的取得时效。该案中遗失涉案手表的失主是我国内地居民，受理案件的法院是我国内地人民法院，拾得手表的人是德国人，手表原为我国内地居民所有，被遗失在台湾，我国内地、台湾和瑞士都是物之所在地，手表在台湾的时间为5个月，在瑞士的时间为1年，曾经长期位于中国内地，诉讼时亦位于中国内地。综合前述各种因素，该手表的所有权问题与我国内地联系的密切程度明显超过了与台湾的联系程度。但《法律适用法》第37条第2款却规定我国内地法院应当适用台湾地区规定，依据我国内地法律根

---

① Art. 722 des Schweizerischen Zivilgesetzbuches: Wer seinen Pflichten als Finder nachkommt, erwirbt, wenn waehrend fuenf Jahren von der Bekanntmachung oder Anzeige an der Eigentuemer nicht festgestellt werden kann, die Sache zu Eigentum.

本不承认的所有权取得时效制度，判决我国内地居民丧失了对该手表的所有权。这一结果虽然合法，但于情于理，确实难谓公平。

二、典型案例分析

江苏省苏州市中级人民法院审理的原告台湾群翊公司与被告台湾雅新公司、苏州雅新线路板公司（下称雅新线路板公司）买卖合同纠纷一案①，充分证明了本章前文分析的《法律适用法》第37条第2款的缺陷并非仅仅是纯理论探讨，而是具有实实在在的现实意义。

该案中，2006年3月2日，台湾雅新公司与台湾群翊公司签订了六份订购合约书，分别约定台湾雅新公司向台湾群翊公司订购自动滚轮涂布烘烤线5套，金额为台币2 975万元；自动夹式输送炉2套，金额为台币2 020万元；静电喷涂烘烤设备2套，金额为台币3 980万元；双面UV机2台，金额为台币90万元；精密热风烤箱1台，金额为台币6.8万元；板翘反直机2台，金额为台币66.6万元；交货方式均为DDU苏州厂；付款办法均为订金30%180天票，交货40%180天票，验收30%180天票；合同附则均约定"本交易为附条件买卖，在货款未付清前标的物之所有权，仍归属于卖方所有，买受人无异议同意本公司无须经法律程序，随时可取回货品，或代物清偿""遇有争执买方同意卖方指定之第一审法院为合意管辖法院"。合同签订后，台湾雅新公司支付了订金，台湾群翊公司履行了交货义务，六份合同约定的设备均运至雅新线路板公司，并已安装验收完毕。因台湾雅新公司未能支付所购设备余款台币6 396.88万元，台湾群翊公司将台湾雅新公司和雅新线路板公司诉至一审法院，请求法院判令：（1）两被告返还自动滚轮涂布烘烤设备5套、自动夹式输送炉2套、静电喷涂烘烤设备2套、双面UV机2台、精密热风烤箱1台、板翘反直机2台；（2）台湾雅新公司、雅新线路板公司承担运输费用人民币35万元。

被告台湾雅新公司未做答辩也未提供证据。

被告雅新线路板公司答辩称：（1）雅新线路板公司与台湾群翊公

---

① 江苏省苏州市中级人民法院民事判决书（2007）苏中民三初字第0094号。

司之间没有买卖合同关系。(2) 2006年3月6日，注册于英属维尔京群岛的创新国际有限公司（下称创新公司）与雅新线路板公司签订三份买卖合同书，将台湾群翊公司交付台湾雅新公司的上述机器设备卖给雅新线路板公司。雅新线路板公司依法办理设备进口报关手续取得上述设备后，向创新公司全额支付了货款并办理了付汇核销。因此雅新线路板公司已从创新公司依法取得涉案设备完整的所有权。另外，雅新线路板公司取得设备所有权后已经将上述设备抵押给中国银行股份有限公司苏州吴中支行等十四家银行，并于2007年5月23日办理了抵押登记。请求法院驳回原告台湾群翊公司的诉讼请求。

另查明，雅新线路板公司系注册于英属维尔京群岛的创新公司在中国内地设立的外商独资企业。

审案法院认为，原告台湾群翊公司与被告台湾雅新公司系台湾公司，故本案系涉台买卖合同纠纷，应参照涉外民事案件确定准据法。根据《中华人民共和国合同法》第一百二十六条规定，涉外合同的当事人没有选择的，适用与合同有最密切联系地的法律。本案买卖合同双方未约定法律适用，通常情况下买卖合同密切联系地是卖方住所地，但是本案合同卖方台湾群翊公司并未主张买方台湾雅新公司支付货款，而是请求从标的物所在地即设立于中国内地的雅新线路板公司取回机器设备，争议焦点在于雅新线路板公司是否取得了争议设备财产所有权。因此，标的物所在地与本案纠纷具有最密切的联系，处理本案纠纷应当适用中华人民共和国大陆地区法律。

一审法院认定的本案争议焦点有二：(1) 台湾群翊公司与台湾雅新公司签订的六份订购合约书中所有权保留条款是否合法有效；(2) 台湾群翊公司是否有权向雅新线路板公司行使取回权。

关于第一个争议焦点，《中华人民共和国合同法》第134条规定，当事人可以在买卖合同中约定买受人未履行支付价款或者其他义务的，标的物的所有权属于出卖人。因此，六份订购合约书中"本交易为附条件买卖，在货款未付清前标的物之所有权，仍归属于卖方所有"的条款合法有效。

关于第二个争议焦点，该院认为，交易设备设定所有权保留的，买方付清价款前,交易设备所有权属于卖方,卖方有权直接向买方行使取回权。但是,如果买方在付清价款前擅自将交易设备处分给第三人的,卖方是否有权向第三人行使取回权,应当根据第三人受让财产时是否善意、有偿等具体情形确定。

2007年《中华人民共和国物权法》对无权处分人处分财产后受让人是否取得财产所有权进行了明确规定,在旧法没有规定的情况下,可以参照适用。根据《中华人民共和国物权法》第106条规定,无处分权人将动产转让,第三人善意、有偿取得财产所有权的,原始权利人无权行使取回权。本案中,雅新线路板公司与创新公司签订买卖合同后依法办理了货物进口报关并实际占有了涉案争议设备,而且向合同卖方创新公司支付了合理的价款。如创新公司系交易设备的合法财产所有权人,雅新线路板公司受让取得涉案设备所有权自无争议;如创新公司系无权处分他人财产,此时应当考虑雅新线路板公司受让财产是否善意,因涉案财产原所有权人台湾群翊公司在设定所有权保留时未依法进行登记,亦未通过其他方式向合同外第三人进行公示,合同外第三人雅新线路板公司不可能知晓设备出让人系无权处分,其受让财产应属善意。因此,雅新线路板公司依法取得涉案设备合法财产所有权,其将设备依法进行了抵押,抵押行为亦合法有效。故原告台湾群翊公司无权取回涉案设备。

综上,审案法院判决驳回了原告台湾群翊公司的诉讼请求。

上述案例中,货物卖方台湾群翊公司按照买卖合同约定将货物交付给买方台湾雅新公司指定的雅新线路板公司,卖方交货后买方台湾雅新公司拒绝支付剩余货款,接收货物的雅新线路板公司与其母公司创新公司订立货物买卖合同,之后以从其母公司创兴公司取得了货物所有权为由拒绝向货物原始所有权人台湾群翊公司,即本案原告,交付货物,原告因此将买方台湾雅新公司和货物占有人雅新线路板公司起诉至法院,请求法院判令两被告返还涉案货物。无论依据本案案情还是依据原告的诉讼请求,本案很明显都属于物权纠纷,即货物原始所有权人为实现其完整的所有权而要求货物买方和占有人返还货物的诉讼,因此审案法院将本案识别为涉外买卖合同纠纷并依据我国《合同法》第126条确定涉案争议的准据法,属于法律适用错误。审案法院依据我国《合同法》第126条确定我国内地法律作为案件准据法之后,仍然主要适用我国《物权法》对案件进行了判决,也说明本案实际上属于涉台物权纠纷。虽然本案发生于《法律适用法》生效之前,但由于我国当时的法律法规和司法解释都没有对动产物权法律适用问题明确做出规定,因此笔者以下仍然主要依据我国现行的《法律适用法》,从物权纠纷的角度分析本案的法律适用问题。

涉案设备属于动产,原告要求从被告处取回涉案设备即对涉案设备行使所有权,因此本案属于动产物权纠纷。当事人各方没有协议选择动产物权适用的法律,依据《法律适用法》第37条第2款,本案物权争议应当适用法律事实发生时动产所在地的法律。涉案物权争议有二:卖方台湾群翊公司所做的所有权保留的法律效力和涉案货物占有人雅新线路板公司是否善意取得了涉案货物的所有权。涉案法律事实有多个:台湾雅新公司和台湾群翊公司订立货物买卖合同,台湾群翊公司将货物从台湾运输至苏州雅新线路板公司(买卖合同的履行),台湾群翊公司在雅新线路板公司安装调试设备(买卖合同的履行),雅新线路板公司和创新公司订立货物买卖合同,雅新线路板公司向创新公司支付货款(买卖合同的履行),雅新线路板公司将上述设备抵押给中国十四家银行,办理抵押登记,等等。人民法院应依据何种标准从前述众多法律事实中选择其一,并依据该法律事实确定《法律适用法》第37条第2款规定的物权准据法,《法律适用法》立法者和最高人民法院的司法解释都没有提供任何答案。人民法院在上述案例中确定《法律适用法》第37条第2款规定的法律事实的困难,在一定程度上说明了该条款内容的缺陷和不足。

假设人民法院将《法律适用法》第37条第2款中的法律事实解释为引起涉案物权产生、变更和消灭的法律事实,那么,就卖方台湾群翊公司所做的所有权保留的效力而言,如果将所有权保留定性为一种物权,则本案中引起所有权保留产生的法律事实是台湾群翊公司和台湾雅新公司之间约定所有权保留条款,该所有权保留条款约定之时,涉案货物位于台湾,因此依据《法律适用法》第37条第2款,本案所有权保留的效力应当适用我国台湾地区法律。台湾地区"动产担保交易法"第5条规定:"所有权保留约定非经以书面形式为之不得成立,非经登记不得对抗善意第三人。"本案所有权保留没有登记,因此该所有权保留无法对抗涉案货物占有人雅新线路板公司。[①]但是依据我国《合同法》第134条,所有权保留无需书面形式,亦不需要登记,只要当事人双方意思表示真实,所有权保留即发生法律效力。因此依据我国内地法律,涉案所有权保留合法有效。涉案货物在诉讼提起之时位于我国内地,内地也是涉案货物的最终目的地,但是我国内地法院依据《法律适用法》第37条第2款却只能适用已经不是物之所在地亦非货物最终目的地的台湾地区规定,判决依据我国内地法律合法有效的所有权保留无效,《法律适用法》第37条第2款规定的这一法律适用结果是否合理,值得怀疑。

关于货物占有人雅新线路板公司是否善意取得了涉案货物所有权的问题,引起该物权产生的法律事实应当是雅新线路板公司和创新公司之间订立货物买卖合同,该买卖合同订立之时,货物已经位于我国内地港口等待报关,因此应认定该法律事实发生时物之所在地是我国内地,故雅新线路板公司是否善意取得了涉案货物所有权的问题,依据《法律适用法》第37条第2款规定,应适用我国内地法律作为准据法。

综上可见,如果将《法律适用法》第37条第2款适用于我国司法实践中的现实案例,在上述原告台湾群翊公司与被告台湾雅新公司、雅新线路板公司买卖合同纠纷一案中,依据《法律适用法》第37条第2款确定涉案物权争议准据法的结果将不仅导致既非货物最终目的地、亦非法院地、亦非诉讼时物之所在地的台湾地区法律支配涉案所有权保留问题;而且导致同一案件、同一货物的所有权保留和所有权善意取得问题分别适用不同的准据法。[②]这一法律适用结果的不合理

[①] 根据法院认定的证据,因为雅新线路板公司无法事先了解没有经过公示的台湾群翊公司和台湾雅新公司之间约定的所有权保留条款,所以法院可以认定雅新线路板公司是善意第三人。

[②] 所有权保留适用我国台湾地区法律作为准据法,所有权善意取得问题适用我国内地法律为准据法。

性,在一定程度上源于《法律适用法》第37条第2款内容的缺陷,尤其是该条款过于笼统模糊的关于法律事实的规定。该条款将物权准据法限定为法律事实发生时物之所在地法的规定亦过于武断,缺乏合理性论证和司法实践基础,因此建议最高人民法院将来通过司法解释形式对该条款予以完善。在《法律适用法》修订之前,笔者建议最高人民法院以司法解释形式将该条款中的法律事实界定为当事人争议的物权据以产生、变更或者消灭的法律事实;同时规定,人民法院在审理涉外物权纠纷案件时,适用法律事实发生时物之所在地法作为物权准据法,但是对于法律事实完成时的物之所在地法律,应当予以适当考虑。作为长远目标,笔者建议我国将来的《民法典》或者《国际私法法典》在解决物之所在地的变更问题时采取德国国际私法的方案,即立法规定涉案"物"停留过的所有物之所在地的法律均为物权准据法,同时明确规定协调新旧物权准据法之间冲突的具体方案。如上述案例所示,我国《法律适用法》第37条第2款不仅人为制造了法律事实认定方面的困难,而且会导致同一案件同一物之上的不同物权问题适用不同的物权准据法,总起来看弊大于利。

第四节 不动产物权准据法和不动产合同准据法适用范围的界定

不动产物权适用不动产所在地法,是国际私法中最古老且最少受到质疑的冲突规则之一。该原则仅适用于不动产物权纠纷,并不适用于涉及不动产的债权合同纠纷或者涉及不动产的婚姻财产关系纠纷,这一点在国际私法发达国家的立法和司法实践中没有任何争议。我国《民法通则》第144条亦以立法形式确认了国际社会普遍接受的不动产所有权适用物之所在地法原则。但是,由于我国国际私法理论研究落后和国际私法立法的不完善,在《法律适用法》生效以前,对于不动产买卖合同、不动产租赁合同等以不动产为标的物的债权合同应如何确定准据法的问题,我国立法和司法实践中都存在争议。虽然按照《民法通则》第145条,不动产债权合同纠纷亦应该适用当事人自治原则和最密切联系原则,但是最高人民法院《关于贯彻执行〈中华人民共和国民法通则〉若干问题的意见(试行)》(简称《民法通则意见》)第186条却明确规定:"土地、附着于土地的建筑物和其他定着物、建筑物的固定附属设备为不动产。不动产的所有权、买卖、租赁、抵押、使用等民事关系,均应适用不动产所在地法律。"由此产生了一个问题,即涉外不动产买卖合同、租赁合同等不动产债权合同应适用《民法通则》第145条还是应适用《民法通则意见》第186条的问题。如果认为答案是前者,则对于不动产买卖、抵押和租赁等合同关系同样应适用当事人自治原则;如果认为答案是后者,那么依据《民法通则意见》第186条,不动产买卖、租赁、抵押等合同关系一律适用不动产所在地法,当事人自治原则和最密切联系原则在这里没有任何可适用的空间。

上述问题的实质是不动产物权准据法和不动产合同准据法适用范围的界定问题。不动产物权准据法是物权准据法的下位概念,因此本章关于物权准据法适用范围的理论当然适用于不动产物权的准据法。依据该理论,不动产物权准据法的适用范围具体包括:

(一)不动产物权的种类和内容

不动产之上可以设立哪些种类的物权,每一种类的不动产物权应包括哪些内容,由不动产物权的准据法决定。

(二)不动产物权的行使

不动产物权的权利人,可以或者应当以何种方式和手段行使其拥有的不动产物权,原则上应当由不动产物权准据法决定。例如,房屋所有权人是否可以随意修缮其房屋,任意改变其房屋的形状或者结构;土地所有权人是否可以将其所有的土地长期空置不使用。这些均应当由不动产物权的准据法决定。

(三)不动产物权客体的范围

土地、森林、矿藏、山脉和河流等可否成为不动产物权的客体,佛教寺院、基督教教堂和麦加神庙之上可否设立不动产物权,均属于不动产物权的客体范围问题,应当由不动产物权的准据法决定。

(四）不动产物权的设立、变更、转让和消灭

不动产所有权如何设立、如何转让，不动产抵押权是否必须进行登记，没有登记的不动产抵押权是否发生以及发生何种法律效力，房屋长期空置无人居住亦无人照管是否会导致房屋所有权的消灭，长期没有争议地照管一块无人管理的土地是否能因此取得该土地的所有权，外国人是否可以受让我国国有土地的使用权，我国公民是否可以在外国矿产资源之上设立或者取得物权，这些都属于不动产物权的设立、变更、转让或者消灭问题，应当适用不动产物权的准据法。

笔者搜集和掌握的我国涉外民商事案例中，香港居民贺惇与新干县大洋洲镇人民政府土地使用权转让合同纠纷[①]一案涉及我国香港特别行政区居民贺惇受让我国江西省新干县大洋洲镇国有土地使用权的问题，泰国公民郑明如（住所地为泰国曼谷沙吞南路 889 号泰国中华总商会大厦 9 楼）与北海市人民政府返还土地出让金纠纷一案[②]涉及泰国公民是否可以成为我国内地国有土地使用权的主体并因此成为我国内地人民法院诉讼中适格原告的问题。这两个案件中，审案法院审理的都是涉案土地使用权转让合同的法律效力和履行问题，因此两个案件的审案法院都没有分析案件涉及的不动产物权准据法的确定及其适用范围问题。按照本书的观点，上述两个案例中，香港居民和泰国公民能否成为我国内地国有土地使用权的主体，属于不动产物权的设立和取得问题，应当适用不动产物权的准据法，即涉案国有土地所在地——中华人民共和国的法律。

大连羽田钢管有限公司（简称大连羽田公司）与大连保税区弘丰钢铁工贸有限公司（简称弘丰公司）、日本株式会社羽田钢管制造所（简称羽田株式会社，住所地为日本国东京）、大连高新技术产业园区龙王

[①] 江西省高级人民法院民事判决书（2013）赣民四终字第 5 号。

[②] 一审判决书：广西壮族自治区高级人民法院民事判决书（2004）桂民四初字第 1 号民事判决；二审判决书：最高人民法院民事判决书（2005）民一终字第 31 号。

塘街道办事处（简称龙王塘办事处）物权确认纠纷一案[①]是我国司法实践中为数不多的关于涉外不动产物权的典型案例之一。该案涉及日本法人株式会社羽田钢管制造所是否可以成为大连高新技术产业园区龙王塘街道办事处下属原龙王塘特种轧钢厂厂区所属场地的国有土地使用权和厂房、仓库、变电所、职工宿舍、办公楼等地面建筑物及其附属设施所有权的主体问题。辽宁省大连市中级人民法院一审认为，外国法人可以成为我国国有土地使用权和涉案房屋所有权的主体，因此涉案国有土地使用权和房屋等不动产所有权的真正受让人是日本株式会社羽田钢管制造所。

辽宁省高级人民法院二审认为，株式会社羽田钢管制造所是日本企业，其受让中国土地使用权没有法律依据，因此株式会社羽田钢管制造所受让国有土地使用权违反我国法律规定。据此，辽宁者高级人民法院二审判决撤销了一审判决。

最高人民法院再审认为，株式会社羽田钢管制造所系于日本注册的公司，本案系涉外物权确认纠纷。涉案不动产及其附属动产位于中华人民共和国境内，根据《中华人民共和国民法通则》第144条规定，本案应适用中华人民共和国法律审理。关于日本法人株式会社羽田钢管制造所可否受让我国国有土地使用权的问题，最高人民法院认为，我国土地管理实行的是按用途管制而非按用地主体进行限制，原则上境内外法人均享有相同的待遇，均可依法取得国有土地使用权，进行土地开发利用。除另有特殊规定外，现行土地管理法律法规对境外法人在我国购买、取得国有土地使用权没有禁止性或者限制性规定。因此，株式会社羽田钢管制造所受让涉案国有土地使用权并未违反我国现行法律法规，合法有效。

基于上述理由，最高人民法院再审判决撤销了辽宁省高级人民法院（2010）辽民三终字第28号民事判决和辽宁省大连市中级人民法院

[①] 大连市中级人民法院民事判决书（2008）大民二初字第63号；辽宁省高级人民法院民事判决书（2010）辽民三终字第28号；最高人民法院民事判决书（2011）民提字第29号。最高人民法院办公厅编：《中华人民共和国最高人民法院公报》2012年卷，北京：人民法院出版社，2013年版，第308-324页。

(2008) 大民二初字第 63 号民事判决。

上述案例中，涉案争议的关键问题是日本法人可否受让我国内地国有土地使用权的问题，即外国法人可否成为我国国有土地使用权主体的问题。一审法院和二审法院都直接适用了我国法律，但没有说明理由。最高人民法院再审判决书根据我国《民法通则》第 144 条规定认定本案应适用中华人民共和国法律作为准据法，并依据我国土地管理法律法规认定日本法人可以成为涉案国有土地使用权的主体，并据此对案件做出了再审判决。最高人民法院对该案的再审判决书表明：外国法人可否成为我国国有土地使用权主体的问题，即不动产物权的主体资格问题，属于不动产物权准据法的适用范围，应当由不动产物权的准据法决定。

上诉人叶国华、林东升与被上诉人王伟民、杨海红、林建军、支济旗、王耀南、泸水县红旗矿业公司涉外采矿权转让合同纠纷上诉案[①]，涉及我国公民和法人是否可以成为缅甸联邦境内大窝塘矿区的采矿权主体的问题。该案两审法院都是审理的涉案采矿权转让合同纠纷，因此没有对涉案采矿权转让合同涉及的不动产物权问题进行分析。本书认为，我国公民和法人是否可以受让缅甸联邦境内大窝塘矿区的采矿权并进而成为该矿区采矿权合法主体的问题，属于不动产物权法律问题，应当由不动产物权的准据法，该案中即缅甸联邦法律，决定。

（五）不动产物权的保护方法

对不动产物权的侵害在许多情况下既属于物权问题，又属于侵权行为问题。因此物权保护方法一般既可适用物权准据法，也可适用侵权行为准据法。司法实践中在不动产物权受到侵害的情况下，权利人可以提起物权诉讼，也可以提起侵权诉讼。如果权利人提起的是不动产物权诉讼，那么关于对遭受侵害的不动产物权可以采取哪些具体保护方法和救济措施的问题，应当适用该不动产物权的准据法，在我国法院受理诉讼的情况下，即我国《法律适用法》第 36 条规定的不动产

[①] 一审判决书：浙江省丽水市中级人民法院民事判决书（2007）丽中民二初字第 92 号；二审判决书：浙江省高级人民法院民事判决书（2009）浙商外终字第 2 号。

所在地法律。

不动产物权纠纷经常涉及不动产债权合同的效力问题。以不动产为标的物的债权合同引发的纠纷，简称不动产债权合同纠纷或者不动产合同纠纷，虽然属于广义的不动产纠纷，但是关于这些不动产合同的合法性问题；要约和承诺的存在及其效力问题；合同中排除条款、限制竞争条款、免责条款等特殊条款的效力问题；该合同是否因错误、欺诈、隐匿事实或不正当施压而无效的问题；合同条款有多重含义的情况下，应当依据哪一含义确定当事人权利义务的问题；一方当事人不履行或者部分履行合同的后果问题；该合同的转让以及基于该合同产生的债权债务的消灭问题；显然不属于不动产物权问题，而属于不动产合同争议，因此应当由不动产债权合同的准据法，即我国《民法通则》第145条、《合同法》第126条、《海商法》第269条、《民用航空法》第188条或者《法律适用法》第41条规定的合同准据法，决定。

历经一审、重审和终审、前后持续八年之久[①]的上诉人香港农银财务有限公司（简称农银公司）与被上诉人广东三星企业（集团）公司车桥股份有限公司（简称三星车桥公司）担保合同纠纷一案，[②]将我国司法实践中关于不动产债权合同准据法和不动产物权准据法适用范围之间的界限问题具体呈现在了人们面前。

该案中，原审原告香港农银公司与香港俊兴投资有限公司（简称俊兴公司）从1995年至1996年先后在香港签订了四份融资协议，农银公司根据协议约定，于1995年11月29日、12月22日及1996年1月5日将900万美元和500万美元的贷款分三次划至俊兴公司指定的银行账户，俊兴公司对每笔划付款均予以书面确认。对前述融资，原审被告三星车桥公司作为担保人，向农银公司提供其位于广东省阳江市的四幅综合用地共122 304.44平方米[土地使用证号为阳府国用（特）字第95-363，95-364，95-365，95-367号]的物业作为抵押。抵

---

① 香港农银财务有限公司于1998年7月18日向一审法院提起诉讼，最高人民法院于2006年11月28日做出终审判决。

② 广东省高级人民法院民事判决书（2002）粤高法民四初字第1号；最高人民法院民事判决书（2004）民四终字第23号。

押贷款协议约定的抵押物均办理了抵押登记手续。因借款人俊兴公司到期未能偿还贷款本息，1998年7月18日，农银公司向原审法院起诉，请求法院判令三星车桥公司对俊兴公司拖欠的债务承担连带保证责任并以抵押的土地使用权优先受偿。

根据原审法院（即进行一审重审的广东省高级人民法院，下同）认定的事实，本案当事人之间的法律关系包括基于土地使用权抵押而形成的抵押合同关系和基于不可撤销担保而形成的保证合同关系，当事人争议的主要问题是涉案抵押合同和保证合同的准据法及其效力问题，因此审理本案的各审人民法院都将本案定性为涉外担保合同纠纷。各审人民法院也都认定应当适用中国内地法律作为担保合同的准据法，但在确定准据法的理由方面，原审法院判决书和终审法院判决书存在明显的不同。原审法院判决书认为："本案当事人没有选择抵押合同关系和保证合同关系所适用的法律，根据《中华人民共和国民法通则》第145条第2款关于'涉外合同的当事人没有选择的，适用与合同有最密切联系的国家的法律'的规定，本案争议应依最密切联系原则确定准据法。由于反映担保合同最本质特征的是担保人的履行行为，即担保合同的特征性履行方是担保人，而本案担保人三星车桥公司的住所地在内地，故本案抵押合同关系和保证合同关系均与内地有最密切联系，因而均应受内地法律支配。"[1]

最高人民法院终审判决书则认为："本案系涉港担保合同纠纷。因本案涉及的抵押合同约定的抵押物均在内地，且抵押物均为不动产，按照我院《关于贯彻执行〈中华人民共和国民法通则〉若干问题的意见（试行）》第186条的规定，不动产的所有权、买卖、租赁、抵押、使用等民事关系，均应适用不动产所在地法律。原审法院适用中国法律是正确的，双方当事人对此也无异议，应予确认。"[2]

虽然最高人民法院作为终审法院认可原审法院适用中国法律正确，但是对比原审判决书和终审判决书适用中国法律的理由我们可以

---

[1] 广东省高级人民法院民事判决书（2002）粤高法民四初字第1号。
[2] 最高人民法院民事判决书（2004）民四终字第23号。

发现，原审法院认为，标的物为不动产的担保合同仍然属于《民法通则》第145条规定的合同，因此对该种担保合同准据法的确定仍然应当适用《民法通则》第145条规定的当事人自治原则和最密切联系原则。但是终审法院最高人民法院却认为，抵押物为不动产的担保合同不属于《民法通则》第145条规定的合同，这类担保合同的准据法确定问题不适用《民法通则》第145条，而应当适用最高人民法院《关于贯彻执行〈中华人民共和国民法通则〉若干问题的意见（试行）》第186条的规定。依据该条规定，不动产抵押合同不允许当事人协议选择法律，也不适用最密切联系原则，而应适用不动产所在地法律作为不动产担保合同的准据法。

本书以为，从《民法通则》第八章的总体结构来看，立法者显然没有在《民法通则》第144条中规定不动产买卖、租赁合同法律适用问题的意图。《民法通则》第八章的结构体系如下。①

第142条：总则

第143条：民事行为能力

第144条：不动产物权

第145条：合同

第146条：侵权行为

第147～149条：婚姻、家庭和继承

第150条：公共秩序保留

从上述结构体系至少可以看出立法者的两点意图：第一，立法者不求全面，故意对一些当时立法时机尚不成熟的涉外民商事关系的法律适用问题未做规定，如动产物权关系、不当得利和无因管理法律关系等；第二，立法者明确区分合同关系和物权关系，将二者放在不同的条文中予以规定。由此我们可以得出如下结论：立法者没有并且也不愿在冲突法上对以不动产为标的物的合同进行特殊处理，《民法通则》第145条是关于合同法律适用问题的总则性规定，它既适用于以

---

① 以下关于《民法通则》第144条立法意图及其与《法律适用法》第36条关系问题的分析内容详见：秦瑞亭主编：《国际私法》（第二版），天津：南开大学出版社，2014年版，第263-264页。

动产为标的物的合同，也适用于以不动产为标的物的合同。这一结论还可通过另外一个事实得到证实：《民法通则》实施10余年后颁布的《中华人民共和国合同法》虽然在第126条中列举了三类特殊合同，但仍然未对以不动产为标的物的合同进行特殊规定。

基于上述分析，笔者认为，《民法通则意见》第186条已超出司法解释的界限，该条内容实质上已构成对《民法通则》第144条和第145条的修改。由于最高人民法院对全国人民代表大会通过的《民法通则》虽有司法解释权，但无修改权，因此在与《民法通则》第144条和第145条相冲突的范围内，《民法通则意见》第186条应属无效。

结论：不动产买卖合同、租赁合同和抵押合同等以不动产为标的物的合同的准据法应按照《民法通则》第145条确定；由这些合同引起的不动产物权关系的产生、变更和消灭，适用《民法通则》第144条和《民法通则意见》第186条的规定。

上述结论为我国最新的国际私法立法所证实。《法律适用法》第36条规定："不动产物权，适用不动产所在地法律"。不动产买卖合同、不动产租赁合同和不动产抵押合同等以不动产为标的物的债权合同虽然涉及不动产物权，但显然不属于不动产物权，因此所有前述合同的成立和效力问题均应适用《法律适用法》第41条确定的合同准据法，只有不动产所有权、不动产使用权和不动产抵押权等不动产物权法律问题，才属于《法律适用法》第36条的调整对象。司法实践中当事人争议的具体法律问题是属于不动产合同问题还是属于不动产物权问题，属于识别问题，按照《法律适用法》第8条，由人民法院依据我国法律解决。

关于《民法通则》第144条和《法律适用法》第36条的关系问题，依据《法律适用法》第2条和《法律适用法司法解释（一）》第3条的规定，《法律适用法》和其他法律对同一涉外民事关系法律适用规定不一致的，除了其他法律关于法律适用问题的特别规定之外，均应适用《法律适用法》的规定。由于《民法通则》第144条不属于我国关于法律适用问题的特别规定，而且该条规定的问题在《法律适用法》第36条中均有规定，因此自2011年4月1日以后，原则上对于所有的不动产物权问题,包括不动产所有权、用益物权和担保物权,除了依据我国时际私法规则应当适用《民法通则》第144条的情况之外,人民法院均应适用《法律适用法》第36条的规定。

综上所述,笔者认为,上述上诉人香港农银财务有限公司与被上诉人广东三星企业(集团)公司车桥股份有限公司担保合同纠纷一案中,在确定涉案担保合同准据法的分析说理方面,原审法院判决书的说理更为充分,终审法院判决书的说理混淆了不动产物权准据法和不动产合同准据法适用范围的界限,与合同冲突法领域国际社会的惯常做法不相吻合,也不符合我国国际私法立法者的原意。

第十三章 涉外知识产权的法律适用

第一节 我国涉外知识产权法律适用的司法实践

知识产权具有严格的地域性,适用一个国家的法律保护依据另一国家法律产生的知识产权,违背知识产权的地域性原则。由于这一原因,我国立法和司法实践长期以来拒绝承认知识产权领域的法律冲突。立法方面,我国 2011 年《法律适用法》之前的国际私法法律法规和司法解释都没有规定知识产权的法律冲突问题;司法实践方面,笔者查阅了上百件涉外知识产权案例,我国人民法院在这些案例中无一例外的都是适用的我国法律,[①]笔者尚未发现任何一个涉外知识产权案件,我国内地法院对其审理时适用了外国知识产权法作为准据法。

北影录音录像公司诉北京电影学院侵犯作品专有使用权纠纷案[②]中,涉案作品在法国放映,案件具有明显的涉外因素,原告亦主张被告在法国放映涉案作品的行为侵害了原告对作品的专有使用权。但是受理案件的北京市海淀区人民法院没有进行任何说理,直接适用《中华人民共和国著作权法》第 22 条做出了一审判决;二审法院北京市第一中级人民法院亦没有进行任何说理,直接适用中国法律做出了二审判决。

原告吴冠中诉被告上海朵云轩、被告香港永成古玩有限公司出售

[①] 在不少案例中,人民法院适用了对我国生效的知识产权国际公约。

[②] 《最高人民法院公报》1996 年第 1 期;沈德咏主编:《最高人民法院公报案例大全》(下卷),北京:人民法院出版社,2009 年版,第 955-958 页。

假冒其署名的美术作品纠纷一案[①]中,两被告上海朵云轩、香港永成古玩有限公司联合在香港拍卖出售了落款为"吴冠中画于工艺美院一九六二年"的一幅画《毛泽东肖像》,画上有"炮打司令部,我的一张大字报,毛泽东"字样。原告认为被告拍卖的《毛泽东肖像》画系假冒原告的署名,侵害了原告的著作权,因此向上海市第二中级人民法院提起诉讼,请求法院判令两被告停止侵权行为、消除影响、赔礼道歉并赔偿经济损失52.8万元港币。该案中,涉案拍卖行为发生在香港,涉案作品在香港被拍卖和被竞价购买,原告的主张是被告的拍卖行为侵害了其对涉案作品的著作权,一审法院没有说明任何理由,直接适用我国内地《著作权法》做出了一审判决。二审法院上海市高级人民法院以书画征集和编印等拍卖行为中的部分行为发生在上海因而上海是侵权行为地之一为理由认定一审法院适用中华人民共和国法律完全正确,并据此做出了二审判决。

法国拉科斯特股份有限公司诉上海三弟服饰发展有限公司、被告孙佰荣侵犯商标专用权纠纷案[②]中,审案法院没有进行任何冲突法分析说理,直接适用了《中华人民共和国民法通则》第134条、《中华人民共和国商标法》第52条对案件进行了判决。

上诉人成都真锅咖啡餐饮文化有限公司(简称成都真锅公司)与被上诉人毛里求斯共和国客禧康国际有限公司(简称客禧康公司)侵犯注册商标专用权纠纷一案[③],属于法院对准据法问题说理比较充分的少数涉外知识产权案例之一。一审法院认为:"由于双方当事人未达成适用法律的协议,根据《中华人民共和国民法通则》第一百四十六条第一款的规定,侵权行为的损害赔偿,适用侵权行为地法律。本案成都真锅公司被控侵权行为发生于中华人民共和国,所以应当适用中

[①] 沈德咏主编:《最高人民法院公报案例大全》(下卷),北京:人民法院出版社,2009年版,第960-963页。
[②] 江苏省苏州市中级人民法院民事判决书(2008)苏中知民初字第0066号
[③] 一审判决书:四川省成都市中级人民法院民事判决书(2003)成民初字第310号;二审判决书:四川省高级人民法院民事判决书(2004)川民终字第162号。

华人民共和国法律。"①二审法院认可了这一理由。两审法院适用的准据法都是我国内地法律。

巴博斯有限公司（BUBBLES INCORPORATED S.A.）、罗伊出口公司（ROY EXPORT S.A.S.）与中华人民共和国国家工商行政管理总局商标评审委员会商标争议行政纠纷上诉案②，是笔者掌握的涉外知识产权案例中法院判决书援引我国国际私法条文最多的案例之一。该案虽然属于涉外行政诉讼，但是审案法院为了判断卓别林肖像权的归属问题，援引了《中华人民共和国涉外民事关系法律适用法》第15条"人格权的内容，适用权利人经常居所地法律"来确定人格权的准据法，但是涉案原告巴博斯有限公司和罗伊出口公司并未提交证据证明卓别林生前的经常居所地，也未提交权利人经常居所地有关肖像权的法律规定。因此该法院又依据《法律适用法》第10条认定本案应当适用的外国法律无法查明，并进而依据该条款适用了中华人民共和国法律。为了解决表演者权的内容问题，审案法院首先援引了《法律适用法》第48条"知识产权的归属和内容适用被请求保护地法律"，以确定表演者权的准据法。遗憾的是，法院判决书没有对被请求保护地这一知识产权冲突法中的关键概念进行分析，就依据《法律适用法》第48条直接适用了《中华人民共和国著作权法》来确定表演者权的内容，导致我国司法实践丧失了一次发展我国知识产权冲突法的宝贵机会。

北京国网信息有限责任公司与（美国）宝洁公司（The Procter & Gamble Company）计算机网络域名纠纷上诉案③中，一审法院北京市第二中级人民法院没有说明任何理由，即直接适用《中华人民共和国反不正当竞争法》第2条第1款和最高人民法院《关于审理涉及计算机网络域名民事纠纷案件适用法律若干问题的解释》中的相关条款做出了判决。二审法院北京市高级人民法院亦未进行任何说理，直接适

---

① 四川省成都市中级人民法院民事判决书（2003）成民初字第310号。
② 北京市高级人民法院行政判决书（2012）高行终字第1507号。
③ 一审判决书：北京市第二中级人民法院民事判决书（2000）二中知初字第95号；二审判决书：北京市高级人民法院民事判决书（2002）高民终字第286号。

用中国法律和最高人民法院《关于审理涉及计算机网络域名民事纠纷案件适用法律若干问题的解释》，认定北京国网信息有限责任公司注册该域名的行为构成了我国法律所禁止的不正当竞争行为，并据此做出了判决。

原告上海派克笔有限公司诉被告宜春步步高商业连锁有限责任公司侵犯商标专用权纠纷一案①中，涉案注册商标"PARKER"专用权属于根据英格兰和威尔士法律设立的住所在英国的派克笔公司，原告上海派克笔公司为派克笔公司在中国境内的销售总代理，原告认为被告在未取得许可的情况下，擅自销售带有"PAPKER"商标的笔，给原告造成了巨大的经济损失，因此向法院提起诉讼，请求法院依法判令被告停止侵权，赔偿损失。案件具有明显的涉外因素，但是受案法院没有说明任何理由，即直接适用了中国法律，依据《中华人民共和国商标法》第52条、第56条和最高人民法院《关于审理商标民事纠纷适用法律若干问题的解释》做出了判决。

（英国）艾尔弗雷德·邓希尔有限公司与苏州华斯特登喜路服饰有限公司侵犯商标专用权及不正当竞争纠纷一案②中，一审原告是英国法人，当事人具有明显涉外因素，但是一审法院和二审法院都根本没有提及准据法的确定问题，直接依据《中华人民共和国反不正当竞争法》《中华人民共和国商标法》和《最高人民法院关于审理商标民事纠纷案件适用法律若干问题的解释》做出了判决。

原告宝洁公司诉被告北京市天地电子集团（简称天地集团）侵犯商标权、不正当竞争纠纷一案③中，原告宝洁公司是在我国知名度很高的美国法人，案件涉外因素也非常明显，法院注意到了中国与美国均属《保护工业产权巴黎公约》的成员国，因此认定该公约相关规定可在本案中适用。但在分析适用我国法律的理由时，却明确写道："原告指控被告注册和使用 tide.com.cn 域名的行为侵害原告的民事权

---

① 江西省宜春市中级人民法院民事判决书（2009）宜中民三初字第4号。
② 一审判决书：北京市第二中级人民法院民事判决书（2008）二中民初字第12764号；二审判决书：北京市高级人民法院民事判决书（2009）高民终字第1575号。
③ 北京市第一中级人民法院民事判决书（2000）一中知初字第49号。

利,构成侵犯商标专用权及不正当竞争,据此请求法院依法追究被告的民事侵权责任,故本案应适用我国的商标法和反不正当竞争法进行处理。"①可见,在该判决书作者看来,我国法院受理的侵犯商标专用权及不正当竞争诉讼理所当然适用我国的商标法和反不正当竞争法,根本不需要理由。这种说理也是知识产权地域性原则在我国法院判决书中的典型体现。

上诉人英国阿曼瑞卡纳国际有限公司、上诉人上海奔灿进出口贸易有限公司北京望京分公司、上诉人上海奔灿进出口贸易有限公司、上诉人(原审被告)奔趣服饰(上海)有限公司侵犯商标专用权纠纷一案②中,当事人中既有英国法人,也有菲律宾法人在我国境内投资开办的企业,涉案注册商标专用权属于外国法人,案件涉外因素也非常明显,但一审和二审法院都没有进行任何说理,便直接适用我国《商标法》做出了判决。

原告美国 Autodesk 股份有限公司(简称 Autodesk 公司,住所地为美国特拉华州)诉被告北京龙发建筑装饰工程有限公司(简称龙发公司)侵犯计算机软件著作权一案中,原告 Autodesk 公司是美国的一家公司,审案法院北京市第二中级人民法院直接适用了《保护文学作品和艺术作品伯尔尼公约》和中国《著作权法》以及我国最高人民法院《关于审理著作权民事纠纷案件适用法律若干问题的解释》,③适用《保护文学作品和艺术作品伯尔尼公约》是由于中美两国都是该公约的缔约国,但对于为什么适用中国著作权法而不适用美国著作权法,法院亦没有给出任何理由。

原告法国 CALOR(卡罗公司)诉被告同江市麦达尔纺织贸易有限公司侵犯外观设计专利权纠纷案④中,审案法院对涉外知识产权侵

---

① 北京市第一中级人民法院民事判决书(2000)一中知初字第49号。
② 一审判决书:北京市第二中级人民法院民事判决书(2008)二中民初字第11532号;二审判决书:北京市高级人民法院民事判决书(2009)高民终字第1915号。
③ 沈德咏主编:《最高人民法院公报案例大全》(下卷),北京:人民法院出版社,2009年版,第1117页。
④ 浙江省宁波市中级人民法院民事判决书(2008)甬民四初字第133号。

权问题的准据法进行了分析和说理，属于为数很少的对准据法问题进行了说理和分析的涉外知识产权案例之一。该案中，被告向宁波海关申报出口的280箱电熨斗涉嫌侵犯了原告的专利权，原告起诉请求法院判令被告停止侵权和赔偿原告经济损失。法院认为："本案系侵犯外观设计专利权纠纷，因原告系法国公司，故本案系涉外民事案件。因本案所涉的侵权产品被扣押地在宁波，故本院对本案享有管辖权，并应适用侵权行为地中华人民共和国的法律处理双方纠纷。"[1]该案审案法院将该案视为《民法通则》第146条规定的一般民事侵权纠纷，进而依据侵权行为地法原则确定了涉案争议法律关系的准据法，并没有考虑到知识产权的特殊性，这是该案判决书的不足之处。

原告法国LACOSTE（拉科斯特股份有限公司）（简称拉科斯特公司）诉被告黑龙江省嫩江县对外贸易公司（简称嫩江对外贸易公司）侵犯商标专用权纠纷一案[2]中，原告以其商标专用权遭受被告侵害为由提起侵权之诉，属于知识产权侵权诉讼，审案法院认为应当适用侵权行为地即中华人民共和国法律作为准据法。该法院亦将知识产权侵权作为一般民事侵权对待，因此审案法院也就没有考虑侵权行为地法原则是否适合确定知识产权侵权准据法的问题。

美国霍姆兰德·豪斯韦尔斯公司（HOMELAND HOUSEWARES, LLC）诉慈溪市得利佳电器有限公司侵犯著作财产权、人身权纠纷案[3]中，法院适用了《保护文学和艺术作品伯尔尼公约》（简称《伯尔尼公约》）和我国《著作权法》，对于为什么适用我国《著作权法》，判决书也没有进行任何分析说理。

上诉人日本NOK株式会社、宁波无边橡塑有限公司（简称无边公司）侵犯商标专用权、仿冒纠纷一案[4]中，NOK株式会社为日本公司，案件显然是涉外案件，一审和二审法院都直接适用了《中华人民共和国民法通则》和《中华人民共和国商标法》作为判决依据，没有

---

[1] 浙江省宁波市中级人民法院民事判决书（2008）甬民四初字第133号。
[2] 浙江省宁波市中级人民法院民事判决书（2008）甬民四初字第350号。
[3] 浙江省宁波市中级人民法院民事判决书（2008）甬民四初字第97号。
[4] 浙江省高级人民法院民事判决书（2008）浙民三终字第88号。

进行任何分析说理。

原告美国杜邦公司(住所地为美国特拉华州)与被告北京国网信息有限责任公司(简称国网公司)网络域名商标侵权及不正当竞争纠纷案中,一审法院北京市第一中级人民法院认为,"原告杜邦公司在美国注册设立,是美国法人。我国与美国均为巴黎公约的成员国,本案处理应适用我国法律和巴黎公约的规定。"①适用巴黎公约是因为当事人双方国籍国都是该公约成员国,但为什么本案应适用中国法律,该法院判决书没有给出任何理由。

原告日本本田技研工业株式会社(简称日本本田公司)、五羊一本田摩托(广州)有限公司(简称五羊本田公司)诉被告力帆实业(集团)股份有限公司(简称力帆公司)、上海文安摩托车有限公司(简称文安公司)专利侵权纠纷一案②中,原告日本本田公司主张被告在中国境内销售了侵犯原告专利权的 LF125T-2D 型摩托车,审案法院没有说明任何冲突法理由,即直接适用了《中华人民共和国民法通则》《中华人民共和国专利法》对案件进行了判决。

原告美国沃尔特·迪士尼公司(住所地为美国加利福尼亚州)与被告北京出版社、北京少年儿童出版社、新华书店总店北京发行所、第三人大世界出版有限公司侵犯版权纠纷一案③中,一审法院北京市第一中级人民法院适用了 1992 年《中华人民共和国政府与美利坚合众国政府关于保护知识产权的谅解备忘录》和《中华人民共和国著作权法》作为判决依据,也没有给出任何适用中国法律的理由。

原告美国二十世纪福克斯电影公司(住所地为美国特拉华州)诉被告北京市文化艺术出版社音像大世界侵犯著作权纠纷案中,法院直

---

① 沈德咏主编:《最高人民法院公报案例大全》(下卷),北京:人民法院出版社,2009 年版,第 1063 页。
② 上海市第二中级人民法院民事判决书(2004)沪二中民五(知)初字第 89 号。
③ 沈德咏主编:《最高人民法院公报案例大全》(下卷),北京:人民法院出版社,2009 年版,第 963-969 页。

接适用了《中华人民共和国著作权法》[①], 同样没有给出任何理由。

上诉人辛波特·桑登猜（Sompote Saengduenchai, 简称辛波特）、泰国采耀版权有限公司（简称采耀公司，住所地为泰国大城府挽巴茵拍凤裕廷路）诉被上诉人广州购书中心有限公司（简称广州购书中心）、上海音像出版社、上海圆谷策划有限公司（简称上海圆谷公司）、日本圆谷制作株式会社（Tsuburaya Prod.Co., Ltd）侵犯著作权纠纷一案[②]，是我国内地人民法院审理的涉及知识产权法律冲突的一个重要案例。案件关键问题是两上诉人向法院提交的辛波特与圆谷制作及圆谷企业株式会社于 1976 年 3 月 4 日签订的合同（简称《1976 年合同》）的真实性及法律效力，基于该合同在国内外产生了数个诉讼。[③]该合同约定：位于日本国东京都港区的圆谷制作与企业有限公司授予位于泰国曼谷的采耀（Chaiyo）电影有限公司总裁辛波特对涉案奥特曼作品在日本国以外所有区域内的独占专权，授权期限为从开始制作底片拷贝之日起的无期限内，授权包括并且仅限于以下内容：(1) 分销权；(2) 制作权；(3) 复制权；(4) 版权；(5) 商标权；(6) 在诸如广播、电视等大众媒体上的播映权和在任何报纸上的广告权；(7) 可以以任何商业目的、用任何材料、以任何形式、按原始角色形象复制条款一所提影片的制作过程中所使用的所有模型和角色形象；(8) 将上述权利转分给第三方的权利。

2003 年 12 月 10 日日本东京高等裁判所第 3 民事部做出判决，认

[①] 该案同时适用了中国政府与美国政府 1992 年 1 月 17 日签订的《中华人民共和国政府与美利坚合众国政府关于保护知识产权的谅解备忘录》以及 1992 年 10 月 15 日对中国生效的《伯尔尼公约》。详见沈德咏主编：《最高人民法院公报案例大全》（下卷），北京：人民法院出版社，2009 年版，第 974-977 页。

[②] 一审判决书：广东省广州市中级人民法院民事判决书（2005）穗中法民三知初字第 576 号；二审判决书：广东省高级人民法院民事判决书（2010）粤高法民三终字第 63 号。

[③] 中华人民共和国江苏省南京市中级人民法院民事判决书（2005）宁民三初字第 22 号；中华人民共和国广东省高级人民法院民事判决书（2002）粤高法民三终字第 84 号；日本国东京高等法院（2001 年）第 12140 号一审判决书；日本国东京高等法院（2003 年）第 1532 号、（2003 年）第 1898 号二审判决书；日本国最高法院 2004 年（0）第 436 号、2004 年（受）第 432 号三审判决书；泰国中央知识产权与国际贸易法院第 36/2540 号判决书。

定：《1976年合同》真实有效，并确认辛波特享有在日本国以外的奥特曼作品的独占使用权。泰国中央知识产权和国际贸易法院2000年4月4日做出判决亦认定《1976年合同》真实有效。但泰国最高法院于2008年2月5日做出的泰国法院终审判决，认定《1976年合同》系伪造。本案一审法院广东省广州市中级人民法院（2005）穗中法民三知初字第576号民事判决书参考泰国终审判决所依据的鉴定报告，认定《1976年合同》系伪造，对该合同不予确认。

上诉人辛波特、采耀公司不服广州市中级人民法院的一审判决，向广东省高级人民法院提起上诉，上诉人在上诉理由中明确指出，本案当事人分别是日本、泰国和中国人，《1976年合同》是在日本签订，争议标的物大部分是在日本制作，根据中国《民法通则》第145条、《合同法》第126条、《最高人民法院关于审理涉外民事或商事合同纠纷案件法律适用若干问题的规定》第5条第2款的规定，本案应适用日本法律。

二审法院广东省高级人民法院在判决书中首先明确指出，日本、泰国法院的判决在我国境内没有法律效力，不具有约束力；我国法院直接认定泰国鉴定机构的鉴定结论也缺乏法律依据，因此对泰国鉴定机构做出的鉴定结论亦不予采信。之后二审法院通过对圆谷制作株式会社、圆谷企业株式会社法定代表人圆谷一夫向辛波特发出的致歉信和锐视公司法定代表人杨水源与圆谷制作株式会社签订的《基本合意书》等证据的分析，得出"《1976年合同》系辛波特和圆谷制作株式会社的真实意思表示，属于合法有效的合同，具有法律约束力"[1]的结论。

该案当事人分别具有中日泰三个国家国籍，案件涉及多个外国法院的判决，涉案《1976年合同》当事人双方都是外国国籍，住所都不在我国境内，上诉人在上诉状中明确要求适用日本法律，但二审法院却对《1976年合同》应适用何国法律作为准据法的问题只字未提，仅仅依据对一封致歉信和一份《基本合意书》的分析便得出《1976年合

---

[1] 广东省高级人民法院民事判决书（2010）粤高法民三终字第63号。

同》合法有效、具有法律拘束力的结论。二审法院通过对《1976年合同》内容的分析,进一步得出上诉人辛波特通过《1976年合同》获得了涉案第3~9共七部作品"在日本国以外所有区域的独占使用权,而非第3~9部作品的著作权"的结论,也没有说明是适用的何国法律作为准据法。我国司法实践对涉外知识产权法律适用问题的忽视程度,由此可见一斑。本案二审法院判决书最后作为判决依据援引的全部是我国法律和司法解释,由此可以推定二审法院适用了我国法律作为所有涉案争议问题的准据法。考虑到我国《法律适用法》于2010年10月颁布,本案二审法院判决书于2010年12月做出,《法律适用法》第七章第48~50条对知识产权的内容、归属和转让问题都做了明确规定,这些问题在本案都有涉及,但二审法院判决书却对这些问题应适用何国法律作为准据法的问题只字未提,令人遗憾。笔者认为,本案二审法院判决书对本案涉及的诸多典型知识产权法律冲突问题视而不见,直接适用我国知识产权法律对案件进行实体审理并做出判决,一方面反映了"知识产权具有严格地域性"仍是我国内地不少法官脑海中根深蒂固的观念,导致这些法官认为涉外知识产权案件和国内知识产权案件一样都应该无条件适用法院地法律;另一方面也在一定程度上反映了《法律适用法》第七章在司法实践中贯彻落实的艰难。

第二节 被请求保护地的确定

综合第一节分析论述的内容可以看出,至少在2011年4月1日《法律适用法》生效实施之前,知识产权法律冲突问题虽然在我国内地人民法院审理的许多涉外民商事案例中都实际存在,但并没有得到我国内地人民法院司法实践的正式承认。我国内地法院即使在为数很少的涉外知识产权案件中适用了我国《民法通则》第146条规定的侵权行为地法原则,也仅仅是将涉案侵害知识产权的行为视为了一般民事侵权行为,而且即使在这些案件中,法院最终适用的仍然是我国内地的法律。考虑到依据一个国家法律产生的知识产权,除非有可以适用的国际条约，在其他国家境内都不受法律保护，因此在该其他国家境内也就不会产生该知识产权遭受侵害的问题，我国内地人民法院长期以来对涉外知识产权案件一直适用法院地法的司法实践有一定的道理。但是我国国际私法立法走在了人民法院涉外民商事审判实践的前面，率先承认了涉外知识产权领域的法律冲突。2011年4月1日生效实施的《法律适用法》第48～50条规定：

"第48条知识产权的归属和内容，适用被请求保护地法律。

第49条当事人可以协议选择知识产权转让和许可使用适用的法律。当事人没有选择的，适用本法对合同的有关规定。

第50条知识产权的侵权责任，适用被请求保护地法律。当事人也可以在侵权行为发生后协议选择适用法院地法律。"

《法律适用法》第七章第48～50条将被请求保护地明确规定为确定涉外知识产权法律关系准据法的基本连结点，因此在《法律适用法》于2011年4月1日生效实施以后，如何确定涉外知识产权诉讼中的被请求保护地，便成为审案法官无法回避的重要法律问题。由于笔者至今尚未见到我国内地法院对被请求保护地进行分析和认定的任何一份涉外知识产权判决书，因此本章主要根据笔者对《法律适用法》第七章的理解，对该章中被请求保护地这一连结点的含义和确定问题进行分析。

本书认为，《法律适用法》第48～50条规定的被请求保护地法原则并不是对知识产权地域性原则的否定，而是实体法中的知识产权地域性原则在冲突法领域的逻辑延伸，是冲突法对实体法中的知识产权地域性原则的正式认可。知识产权地域性原则在逻辑上导致的一个必然结果是，同一作者的同一部作品，不可能在世界各国享有同一种著作权，而只能在中国享有中国法规定的著作权，在德国享有德国法规定的著作权，在法国享有法国法规定的著作权，依此类推。在这一实体法前提条件下，如果中国法院对于中国作者在中国出版的作品在法国被盗版的侵权行为适用中国著作权法，则无异于对遭受侵害的法国法律下的著作权适用中国著作权法予以救济，这恰恰违背了知识产权的地域性原则。因此，知识产权冲突法中的被请求保护地既不是来源国，也不等同于侵权行为地，更不是法院地，而是：原告请求法院保护其依据哪国法律享有的知识产权,该国便是被请求保护地。以北京录影录像公司诉北京电影学院著作权侵权损害赔偿纠纷一案为例。该案中,涉案电影作品系中国作者在中国创作的作品,因此该作品作者自该作品产生时起便享有中国法律赋予的著作权,依据《伯尔尼公约》,法国法律也赋予该作品作者以法国法律规定的著作权。根据原告提供的证据,涉嫌侵害该作品著作权的行为有两个:一是被告北京电影学院出于教学需要将涉案作品改编并录制成电影并在电影学院内部放映的行为,二是被告北京电影学院使用其改编录制的电影参加法国电影节的行为。如果原告请求中国法院保护其依据中国法律享有的著作权,则被请求保护地即为中国,这种情况下法院应适用中国法律作为涉案争议的准据法。由于按照中国法律,被告实施的第一个行为不构成侵权,被告实施的第二个行为由于知识产权的地域性也没有侵害被告依据中国法律享有的著作权,因此依据中国法律,被告的行为不构成侵权行为,原告的诉讼请求缺乏法律依据,应予驳回。如果原告请求中国法院保护其依据法国法律享有的著作权,则被请求保护地即为法国,这种情况下我国法院应适用法国法律作为涉案争议的准据法。由于被告实施的第二个行为侵害了原告依据法国法律享有的著作权,原告请求中国法院保护的即是该著作权,因此原告的诉讼请求具有事实和法律依据,中国法院应适用法国法律判决被告是否应当承担以及承担何种侵权责任。

综上可见,在原告请求法院保护其依据侵权行为地国家法律享有的知识产权的情况下,被请求保护地同时也是侵权行为地。但是如果原告依据多个国家的知识产权法律都享有知识产权,原告请求法院保护的也可能不是侵权行为地国家法律下的知识产权,这种情况下,被请求保护地法律便不是侵权行为地法律,而是原告请求法院保护的知识产权据以产生的那个国家的法律。当然,如果原告请求法院保护的知识产权不是侵权行为地国家法律下的知识产权,那么原告会面临侵权行为举证方面的困难,但是根据不告不理原则,原告请求法院保护其依据哪国法律享有的知识产权是原告的权利。在原告依据多个国家法律均享有这些国家法律赋予的知识产权并且该知识产权遭受了侵害的情况下，原告如果选择向我国法院提起诉讼，那么原告依据我国《法律适用法》第七章享有选择被请求保护地的权利，我国法院可以基于原告无法提供证据的理由驳回原告的诉讼请求，但我国法院无权基于举证方面的原因而剥夺原告选择被请求保护地的权利和自由。

第十四章　法院确定准据法和管辖权的补强说理

第一节　法院确定准据法的补强说理

根据笔者对我国内地法院做出的众多涉外民商事案例裁判文书的分析，我国司法实践在解决国际私法问题的说理论证方面，存在两个极端：一方面许多涉外民商事判决书在解决管辖权和准据法问题时根本不说理，审案法院直接认定自身享有管辖权并直接适用中华人民共和国法律作为准据法；另一方面一些判决书、裁定书对审案法院是否对案件拥有管辖权和应当适用何国法律作为准据法的问题综合运用多种理由、同时援引多个法律条文进行叠床架屋式的说理，我们可以称之为补强说理。我国涉外民商事审判实践中法官对国际私法问题的补强说理主要体现在对准据法认定时的分析说理方面，典型例子是中国沈阳矿山机械（集团）进出口公司诉韩国现代商船有限公司等海上货物运输合同纠纷案①。该案中，一审法院判决书写到："综上，本案原、被告之间的纠纷为海上货物运输合同货损赔偿纠纷，中国大连是运输的目的地、被告之一万通物流的住所地和货损事故发生地，本院对本案具有管辖权。中国法既是与本案运输合同有最密切联系的法律又是合同当事各方共同选择适用的法律，因此本案的准据法为中国法。"②该法院判决书以"中国法既是与本案运输合同有最密切联系的

---

① 大连海事法院民事判决书（2001）大海法商初字第246号。
② 大连海事法院民事判决书（2001）大海法商初字第246号。

法律又是合同当事各方共同选择适用的法律"作为认定中国法作为本案准据法的理由，显然是为了增强说理论证的充分程度。但是一方面，该判决书没有援引任何一条冲突规范，作为代表国家做出、由国家强制力保证执行的人民法院判决书，在说理论证方面不援引现行有效的法律规范，是一个明显不足；另一方面，无论按照我国《海商法》第269条，还是按照我国《合同法》第126条，①法官都没有权力在当事人选择的法律和最密切联系地法律二者中任意选择其一或者将二者重叠适用，前述两个条款都要求法院在当事人合法有效选择了合同适用的法律的情况下必须适用当事人选择的法律作为合同准据法。只有当事人没有协议选择法律或者法律选择无效的情况下，法官才能适用与合同有最密切联系的法律。因此严格说来，前述法院判决书重叠适用当事人自治原则和最密切联系原则来论证适用中国法律作为合同准据法的合理性，是违背我国现行冲突规范规定的。

北京市第二中级人民法院审理的原告德国欧玛瑞斯特有限及两合公司（AUMA Riester GmbH & Co.KG）（简称欧玛瑞斯特公司）诉被告北京创华世纪国际贸易有限公司（简称创华世纪贸易公司）一般买卖合同纠纷一案②中，原告德国欧玛瑞斯特公司请求法院判令被告创华世纪贸易公司立即向欧玛瑞斯特公司支付买卖合同约定的货款。案件于2008年9月5日、2008年9月12日在北京市第二中级人民法院公开开庭进行审理。原告欧玛瑞斯特公司的委托代理人张大同、罗春利到庭参加了诉讼。被告创华世纪贸易公司经该院合法传唤未到庭。该院依法缺席审理。

原告系德国公司，案件属于涉外买卖合同纠纷。被告创华世纪贸易公司未到庭应诉，亦未做书面答辩。关于应适用何国法律作为本案买卖合同准据法的问题，审案法院认为："原告欧玛瑞斯特公司系一家在德国营业的公司，根据《中华人民共和国民事诉讼法》的规定，本案为涉外民事案件。有关法律适用的问题，因当事人双方签订的合同

---

① 法院将本案定性为海上货物运输合同纠纷，应援引《海商法》第269条。
② 北京市第二中级人民法院民事判决书（2008）二中民初字第7429号。

中对此未做选择,欧玛瑞斯特公司于庭审前选择适用中国法律审理本案,而创华世纪贸易公司未到庭应诉。同时,根据当事人双方所签合同的约定,创华世纪贸易公司购买欧玛瑞斯特公司生产的产品,因此,与合同有最密切联系的国家的法律是中国法律。根据'意思自治原则'和'最密切联系原则',本案适用中国法律解决当事人之间的争议。"[1]

上述确定合同准据法的说理论证看似思路清晰,符合逻辑,但仔细分析就会发现,该判决书的理由根本不能成立,存在明显缺陷。该案被告根本没有出庭应诉,原告单方面在庭审中选择适用中国法律审理本案,这根本不是我国《民法通则》第145条和《合同法》第126条允许的法律选择,因为前述法律条款只允许合同当事人双方或者多方协议选择合同适用的法律,单方当事人选择法律对其他合同当事人不公平,因此也不为我国国际私法立法所允许。[2]因此本案中并不存在合法的法律选择,所以也就无法适用"意思自治原则"。法院判决书仅仅依据"创华世纪贸易公司购买欧玛瑞斯特公司生产的产品"这一个因素便认定"与合同有最密切联系的国家的法律是中国法律",说理明显不充分,甚至可以认为说理有些牵强,因此该判决书也没有真正适用最密切联系原则。

与上述案例非常类似的是重庆市第一中级人民法院审理的原告友尚香港有限公司(住所地为香港九龙湾常悦道3号企业广场2期27楼)诉被告重庆禾兴江源科技发展有限公司货款纠纷案[3]。在确定该案准据法时,法院判决书写道:"本案系涉港买卖合同纠纷,应参照适用涉外案件的有关规定。当事人未选择合同争议应适用的法律。尽管卖方(原告)住所地在香港,但其明确要求适用中华人民共和国法律,鉴于买方(被告)在收到相关诉讼文书后既未提交答辩状也未到庭参加诉讼,本院视为被告对原告有关法律适用的意见未提出异议,同时

---

[1] 北京市第二中级人民法院民事判决书(2008)二中民初字第7429号。
[2] 按照《法律适用法》第42条,消费者可以单方面主张适用商品、服务提供地法律,该条款规定的消费者合同是我国现行国际私法立法允许的唯一一种合同当事人一方有权单方面选择法律的合同,本案显然不属于消费者合同。
[3] 重庆市第一中级人民法院民事判决书(2008)渝一中法民初字第193号。

被告住所地及付款协议签订地均在重庆,本院据此确定本案适用中华人民共和国法律。"①该案中,合同当事人没有书面选择合同准据法,虽然原告在庭审中明确要求适用中华人民共和国法律,但这只是一方当事人的法律选择要求,依据我国《合同法》第 126 条并不能产生确定合同准据法的法律效力。审案法院应该也清楚单方当事人的法律适用主张并不能被视为我国国际私法中合法的法律选择,因此该法院判决书又列举了"被告没有出庭应诉因此应被视为对原告法律适用意见未提出异议"和"被告住所地及付款协议签订地均在重庆"这两项理由来对法院认定中国法律是合同准据法的结论进行补强说理。但由于前述原告单方适用法律的主张、被告没有出庭亦未提出异议以及被告住所地和付款协议签订地位于重庆三项理由都不是我国国际私法立法认可的确定合同准据法的法定理由,同时我国国际私法立法也不认可前述三项理由叠加作为确定合同准据法的理由,因此该案判决书采用的补强说理式的论证方式,既不能改变该案判决书确定准据法的理由不符合我国国际私法法律规定的事实,也不能加强该案判决书在论证说理方面的充分程度。

综上分析,根据法院认定的事实,前述两个案例中都不存在合法的法律选择,法院认定的连结因素"创华世纪贸易公司购买欧玛瑞斯特公司生产的产品"以及"被告住所地、付款协议签订地"都无法满足最密切联系原则的要求,因此法院意图通过重叠适用"意思自治原则"和"最密切联系原则",得出本案应适用中国法律作为准据法的结论,就不可避免地在说理论证方面给人以叠床架屋的感觉,不仅无法增强说理论证的充分程度,反而会在一定程度上削弱法院裁判文书的专业质量和严肃性,这是法院判决书补强式说理的最大危害和不足。

德国凯富迈有限公司(Klaus F.Meyer GmbH)与江阴市倪家巷化工有限公司国际货物买卖合同纠纷一案②中,一审法院认为:"本案系涉外商事纠纷,应首先确定准据法的适用。本案案由为国际货物买卖

---

① 重庆市第一中级人民法院民事判决书(2008)渝一中法民初字第 193 号。
② 江苏省无锡市中级人民法院民事判决书(2009)锡民三初字第 0131 号;江苏省高级人民法院民事判决书(2010)苏商外终字第 0032 号。

合同纠纷，根据《中华人民共和国民法通则》的规定，涉外合同的当事人可以选择处理合同争议所适用的法律，没有选择的，适用与合同有最密切联系的国家的法律。本案合同中虽未约定法律的适用，但庭审中双方当事人均确认选择适用中华人民共和国法律，且本案合同的签订和履行均在中国境内，故本案应适用中华人民共和国法律审理。"[1]法院认为"庭审中双方当事人均确认选择适用中华人民共和国法律"作为法院适用中国法律的冲突法理由尚不充分，因此再以"本案合同签订地和履行地均位于中国境内"的事实因素对前述冲突法理由进行补充加强，该案是我国内地人民法院判决书在确定准据法时进行补强说理的又一典型例证。这种通过补强说理确定合同准据法的方式虽然不违背我国现行国际私法立法，但是由于我国国际私法现行法律法规和司法解释并不认可合同签订地和履行地作为确定合同准据法的法定连结因素，法院以该两种因素进行补强说理，实际上并不能加强判决书分析说理的充分程度和论证效果。

补强说理的现象不仅存在于地方各级人民法院的涉外民商事司法实践中，最高人民法院的民事判决书有时也会使用补强说理，典型例子是最高人民法院二审审理的上诉人佛山市人民政府（简称佛山市政府）与被上诉人交通银行香港分行（简称香港交行）担保纠纷一案[2]。最高人民法院在对该案的二审判决书中写道："本案系涉港担保合同纠纷案件，双方当事人未约定处理合同争议所适用的法律，而被告住所地、担保合同签订地、履行地均位于中华人民共和国内地，原审法院根据《中华人民共和国民法通则》第145条的规定，依照最密切联系原则，认为本案应适用中华人民共和国内地的法律，是正确的。双方当事人对于适用中华人民共和国内地法律解决本案纠纷亦无异议，故本案应适用中华人民共和国内地的法律。"[3]最高人民法院在该案判决书中首先依据被告住所地、担保合同签订地、履行地均位于中华人

---

[1] 江苏省无锡市中级人民法院民事判决书（2009）锡民三初字第0131号。
[2] 一审判决书：广东省高级人民法院民事判决书（2001）粤法经二初字第1号；二审判决书：最高人民法院民事判决书（2004）民四终字第5号。
[3] 最高人民法院民事判决书（2004）民四终字第5号。

民共和国内地的事实认定中国内地是涉案合同的最密切联系地,进而得出结论该案准据法应是中国内地法律。之后又以"双方当事人对于适用中华人民共和国内地法律解决本案纠纷亦无异议"为由,得出本案应适用中华人民共和国内地法律的结论。最高人民法院同时依据最密切联系原则和当事人自治原则来论证本案应当适用中国内地法律的原因,属于典型的补强说理论证方式。但最高人民法院很可能忽视了的一个事实是:无论依据我国《民法通则》第145条,还是依据我国《合同法》第126条第1款,还是依据我国《海商法》第269条或者《民用航空法》第188条,当事人自治和最密切联系都是相互排斥的两个确定合同准据法的原则。如果合同当事人通过合法有效的法律选择协议选择了某国法律作为合同准据法,那么法院就有义务适用当事人协议选择的合同准据法审理案件,此时最密切联系原则就没有适用的空间和对象。如果法院依据最密切联系原则确定合同准据法,其前提必然是合同当事人没有协议选择法律或者法律选择无效。因此,最高人民法院在该案中同时依据当事人自治原则和最密切联系原则这两个原则对法院适用中国内地法律作为合同准据法的问题进行补强说理,实际上既无法增强法院判决书的说理效果,也无法提高法院判决书的专业质量,这是最高人民法院应当注意的一点。

第二节 法院确定管辖权的补强说理

在涉外民商事管辖权的确定方面,我国司法实践中的不少涉外民商事判决书或者裁定书也存在补强说理的现象,典型例子是原告重庆市联飞机车有限公司诉被告老挝力宏摩托车组装有限公司、赵志红买卖合同纠纷一案[①]。重庆市第五中级人民法院在确定其自身管辖权时,在判决书中写道:"本院认为,本案是买卖合同纠纷。根据《中华人民共和国民事诉讼法》第241条的规定,因合同纠纷对中华人民共和国

---

① 重庆市第五中级人民法院民事判决书(2007)渝五中民初字第387号。

领域内没有住所的被告提起的诉讼,如果合同在中华人民共和国领域内签订,或者被告在中华人民共和国领域内有可供扣押的财产,可以由合同签订地、可供扣押财产所在地人民法院管辖。根据《中华人民共和国民事诉讼法》第242条的规定,涉外合同纠纷的当事人可以书面协议选择与争议有实际联系的地点的法院管辖。《中华人民共和国民事诉讼法》第243条规定,涉外民事诉讼的被告对人民法院管辖不提出异议,并应诉答辩的,视为承认该人民法院为有管辖权的法院。本案的部分合同由双方当事人在重庆市签订,本院采取诉前保全措施扣押的力宏摩托车公司的财产也在重庆市九龙坡区,表明部分合同的签订地和被告可供扣押财产位于本院辖区。本案合同约定纠纷'由原告方法院诉讼解决'或'由法院诉讼解决',选择了诉讼的解决方式,并且'由原告方法院诉讼解决'表明当事人可各自选择向其住所地法院起诉。本案原告向其住所地和组织货源所在地的本院起诉,属于向与争议有实际联系的地点的法院起诉。本院受理后,两被告对法院管辖均没有提出异议,并应诉答辩。由此可见,本院对本案纠纷有管辖权。"受案法院在该判决书中同时援引特殊地域管辖(《民事诉讼法》原第241条)、明示协议管辖(《民事诉讼法》原第242条)和推定管辖(《民事诉讼法》原第243条)三种管辖权依据来论证自身对该案件的地域管辖权,审案法官补强说理论证的意图跃然纸上。但审案法官为了补强论证自身的管辖权,却忽视了国际民事诉讼管辖权的基本理论。其一,明示协议管辖效力优于一般地域管辖和特殊地域管辖,因此只要存在合法有效的管辖权协议,法院即应该依据该协议确定法院的地域管辖权,此时法院不需要也不应该再分析特殊地域管辖因素是否存在的问题;其二,明示协议管辖和推定管辖是相互排斥的两种管辖权,前者基于诉讼当事人以明示方式表达出来的主观合意,后者系基于立法者依据诉讼当事人起诉和出庭应诉行为对当事人同意法院管辖权所做的法律推定。当事人同意法院管辖权的主观意图或者明示表达出来(明示协议管辖),或者没有表达出来但当事人行为表明其可能同意法院管辖(推定管辖)。但是当事人同意某法院管辖的主观意图不可能既明示表达出来(明示协议管辖),又没有表达出来(推定管辖)。因此,法院对相同当事人之间同一案件的地域管辖权不可能同时基于合法有效的管辖权协议（《民事诉讼法》原第 242 条）和推定管辖（《民事诉讼法》原第 243 条）而存在。

综上分析，该案判决书在管辖权论证方面的补强说理不仅没有实现审案法官的预期目的，而且降低了该判决书论证说理的充分程度和逻辑推理的严密程度，显然弊大于利，不值得提倡和效仿。

广西壮族自治区高级人民法院审理的中国华融资产管理公司南宁办事处与南宁百货有限责任公司借款合同纠纷上诉案判决书，①是我国内地法院对管辖权问题进行补强式说理的另一典型例证。在分析法院对该案的管辖权时，该二审判决书写道："……本院认为，本案为借款合同纠纷，涉及确定中外合资经营企业邕捷公司是否承担借款偿还责任及该司各股东（包括香港特别行政区的长捷公司）是否全面履行了合资合同约定而足额投资之问题，根据《中华人民共和国民事诉讼法》第 245 条'涉外民事诉讼的被告对人民法院管辖不提出异议，并应诉答辩的，视为承认该人民法院为有管辖权的法院'、第 246 条'因在中华人民共和国履行中外合资经营企业合同、中外合作经营企业合同、中外合作勘探开发自然资源合同发生纠纷提起的诉讼，由中华人民共和国人民法院管辖'之规定，南宁市中级人民法院对该案具有管辖权，本院为合法的上诉法院。"②

该案的上诉审法院在判决书中同时引用我国 2007 年修订以前的民事诉讼法第 245 条和第 246 条来论证一审和二审法院都对该案享有合法的管辖权，其意图显而易见：涉案被告没有提出管辖权异议并应诉答辩，受案法院依据民事诉讼法第 245 条享有推定管辖权；本案属于中外合作经营企业合同纠纷，受案法院依据民事诉讼法第 246 条享有专属管辖权。由于该法院依据当时的民事诉讼法第 245 条和第 246 条都对其受理的案件拥有法定管辖权，因此该法院对该案行使管辖权无疑是正当和合法的，甚至是"非常正当"和"非常合法"的。但是

---

① 广西壮族自治区高级人民法院民事判决书（2003）桂民四终字第 19 号。
② 广西壮族自治区高级人民法院民事判决书（2003）桂民四终字第 19 号。

上述判决书的说理论证忽视了一个重要问题：民事诉讼法第246条规定的专属管辖权和第245条规定的推定管辖权是相互排斥的。换言之，民事诉讼法第246条规定的专属管辖案件，只能由该条款规定的法院排他性地管辖，如果一审法院本不属于民事诉讼法第246条规定的专属管辖法院[①]，即使被告出庭应诉并且没有提出管辖权异议，一审法院也不得行使管辖权，这正是专属管辖权的本义所在。因此上述判决书同时引用民事诉讼法第245条和第246条，不仅没有增强一审法院管辖权的合法性和正当性，相反却会对提高判决书的质量起消极作用。另外，该案中，一审和二审法院都将案件定性为借款合同纠纷，但前述判决书并没有具体分析涉案借款合同纠纷是否属于当时民事诉讼法第246条规定的中外合资经营企业合同纠纷，就直接援引民事诉讼法第246条来论证自身的管辖权，这也是该判决书的一个说理不充分之处。

无论是解决法院对涉外案件的管辖权问题，还是解决涉外民商事关系的准据法确定问题，审案法官进行补强说理的目的毫无疑问都是为了增加判决书说理论证的充分程度，从而加强法院判决结果的正当性和正确性，因此审案法官进行补强说理的初衷和目的都无可非议。但是如本章分析的上述案例所示，国际私法中的冲突规范和管辖权规范有其自身的特点，我国《民事诉讼法》规定的管辖权确定依据并非都可以重叠使用，我国冲突规范规定的连结点有些也是相互排斥的。审案法官如果在判决书中将本来相互排斥的管辖权依据或者相互排斥的连结点重叠使用，不仅无法实现其加强判决书说理充分程度的目的，反而会在一定程度上损害我国法律规范的严肃性和法院判决书的权威性及其论证说理的逻辑严密性，对我国法律的实施和法院裁判文书质量的提高都弊大于利。因此，虽然补强说理的论证方式本身对裁判文书的质量并无损害，运用得好还可以提高法院判决书、裁定书的质量；但是，补强说理论证方式由于涉及多种法律规范和多种法学理论的综

[①] 该条款没有明确应当由哪一个具体地区的法院管辖，不过这一问题不影响对本案判决书的分析。

合运用，该说理论证方式对审案法官的专业知识和理论要求较高，审案法官在判决书、裁定书中对任何方面的法律问题进行补强说理，都以精通并能娴熟运用该相关领域的专业理论为前提。在审案法官的专业理论功底不是非常扎实的情况下，该法官运用补强说理方式论证自己的观点，很可能不仅无法实现预期的目的和说理效果，反而会损害法院裁判文书的权威及其在说理论证方面的逻辑严密性。

第十五章　域外法院判决书在我国内地法院的使用

第一节　概　述

法院判决书是一个国家司法审判权在具体案件中行使的结果，是这个国家司法主权的体现，在一定程度上体现着这个国家的国家主权。因此，非经内国同意并经过法定程序，任何外国的法院判决书在内国境内都不发生法律效力，否则就会，至少在理论上，损害内国的国家主权。由于这个原因，我国现行《民事诉讼法》第282条明确规定："人民法院对申请或者请求承认和执行的外国法院做出的发生法律效力的判决、裁定，依照中华人民共和国缔结或者参加的国际条约，或者按照互惠原则进行审查后，认为不违反中华人民共和国法律的基本原则或者国家主权、安全、社会公共利益的，裁定承认其效力，需要执行的，发出执行令，依照本法的有关规定执行。违反中华人民共和国法律的基本原则或者国家主权、安全、社会公共利益的，不予承认和执行。"2015年《最高人民法院关于适用〈中华人民共和国民事诉讼法〉的解释》①第544条进一步规定："当事人向中华人民共和国有管辖权的中级人民法院申请承认和执行外国法院做出的发生法律效力的判决、裁定的，如果该法院所在国与中华人民共和国没有缔结或者共同参加国际条约，也没有互惠关系的，裁定驳回申请，但当事人向

---

① 法释〔2015〕5号，2014年12月18日由最高人民法院审判委员会第1636次会议通过，自2015年2月4日起施行。

人民法院申请承认外国法院做出的发生法律效力的离婚判决的除外。"依据前述条款，除了离婚判决书之外，外国法院判决书只有具备了国际条约规定的条件或者互惠条件，并且通过我国内地人民法院依法定程序进行的审查，才能在我国内地得到认可和强制执行。外国法院的离婚判决书，只有经我国内地人民法院按照《最高人民法院关于中国公民申请承认外国法院离婚判决程序问题的规定》①和《最高人民法院关于人民法院受理申请承认外国法院离婚判决案件有关问题的规定》②规定的条件和程序审查通过之后，才能在我国境内发生法律效力。

　　由于一国两制的原因，我国香港、澳门和台湾地区的法院判决书在我国内地也不能自动发生法律效力。按照我国现行区际司法协助制度，我国香港、澳门和台湾地区法院做出的判决书、裁定书等裁判文书，只有分别满足了《最高人民法院关于内地与香港特别行政区法院相互认可和执行当事人协议管辖的民商事案件判决的安排》③《最高人民法院关于内地与澳门特别行政区相互认可和执行民商事判决的安排》④和《最高人民法院关于认可和执行台湾地区法院民事判决的规定》⑤规定的条件，并由我国内地人民法院依照前述三个司法解释规定的程序审查认可之后，才能在我国内地产生法院判决书的法律效力。

　　由此可见，任何外国法院判决书和我国港澳台地区的法院判决书，都无法在我国内地自动产生判决书的法律效力。外国和我国港澳台地区的法院判决书欲在我国内地产生法院判决书的法律效力，必须满足上述我国法律及司法解释规定的条件和程序要求。从司法实践中

---

① 法（民）发〔1991〕21号
② 法释〔2000〕6号，于1999年12月1日由最高人民法院审判委员会第1090次会议通过，自2000年3月1日起施行。
③ 法释〔2008〕9号，于2006年7月14日签署。2006年6月12日由最高人民法院审判委员会第1390次会议通过。根据双方一致意见，本《安排》自2008年8月1日起生效。
④ 2006年2月13日最高人民法院审判委员会第1378次会议通过，法释〔2006〕2号，根据双方一致意见，本《安排》自2006年4月1日起生效。
⑤ 法释〔2015〕13号，2015年6月2日由最高人民法院审判委员会第1653次会议通过，自2015年7月1日起施行。

看，满足上述条件和程序要求的外国法院判决书和我国港澳台地区法院判决书的数量都不多。但是在涉外民商事审判实践中，涉外民事关系当事人依据外国法院判决书或者我国港澳台地区法院判决书向我国内地人民法院提出请求、主张权利或者申请救济的案件并不少，在这些案件中，我国内地人民法院都面临如何对待和使用没有获得我国内地法院正式认可的域外法院判决书的问题。

第二节 外国法院判决书在我国内地法院的使用

本书作者搜集到的涉外民商事案例中，涉及外国法院判决书在我国内地法院使用问题的典型案例是原告北欧商业银行—欧洲银行（Bcen-Euro Bank，住所地：79-81 Boulevard Haussmann，75382 Paris Cedex 08，France）诉被告巴拿马佛他贸易有限公司（Ferta Trade Ltd. S.A.，住所地为 Cuba Avenue，34 Street，Building 34-20，Panama 5，Republic Of Panama）船舶抵押权纠纷一案[①]。该案中，原告为了实现其对涉案船舶的抵押权，向天津海事法院申请扣押和拍卖涉案船舶；被告主张其合法取得了涉案船舶的完整所有权，原告主张的抵押权无效。原告北欧商业银行—欧洲银行向一审法院天津海事法院提供了如下证据：

1. 圣文森特和格林纳丁斯海运管理局于 2005 年 9 月 22 日致原告的传真，及当日出具的船舶登记证书/负担证明，证明原告仍为抵押权人。

……

13. 2005 年 2 月 10 日俄罗斯水生物资源及捕鱼机构管理局局长致俄罗斯联邦渔业代办处驻朝鲜代表的电子邮件，证明该船拍卖后，俄联邦政府再次证实该船舶在圣文森特和格林纳丁斯的登记仍然有效，

[①] 一审判决书：天津海事法院民事判决书（2005）津海法商初字第401号；二审判决书：天津市高级人民法院民事判决书（2006）津高民四终字第95号。贺荣主编：《中国海事审判精品案例》，北京：人民法院出版社，2014年版，第11-22页。

且该船舶上有抵押权存在。

被告巴拿马佛他贸易有限公司向法院提供了如下证据:

……

5. 朝鲜罗津法院第 723/RPC 号裁定,证明"凤凰"轮已经按照朝鲜《海商法》和有关法规及程序,于 2004 年 11 月 26 日通过拍卖程序卖给了罗津石油公司。

6. 朝鲜海事管理局出具的没有第三人索赔的证书,证明"凤凰"轮卖给罗津石油公司时不存在抵押权及任何其他债务。

7. "罗津"轮（Rason）临时登记证书以及船舶技术证书,证明罗津石油公司购买"凤凰"轮后通过合法程序进行临时登记,登记船名为"罗津"轮。

………

11. "联盟"轮船舶登记证书,证明被告购买"罗津"轮后通过合法程序将船舶更名为"联盟"轮。

天津海事法院一审查明:1999 年 11 月 4 日,原告北欧商业银行—欧洲银行和案外人资源公司签订贷款协议,由原告向资源公司提供 5 000 000 美元贷款,"凤凰"轮所有人兰德尔公司为担保资源公司的债务,于同日将"凤凰"轮抵押给原告并办理了抵押登记。后因资源公司未能归还原告贷款,原告北欧商业银行—欧洲银行于 2001 年 12 月 11 日向法国巴黎商业法庭提起诉讼。2003 年 9 月 11 日,巴黎商业法庭判决资源公司偿还原告 2 000 000 美元借款及利息。

"凤凰"轮船籍国为圣文森特和格林纳丁斯,所有人为兰德尔公司,光船租赁给西珊瑚公司（Atoll-west company）12 年,光船租赁期间悬挂俄罗斯国旗,1999 年 7 月办理了光船租赁登记,原告北欧商业银行—欧洲银行为"凤凰"轮第一优先顺序抵押权人,1999 年 11 月办理抵押登记。为更换船员和维修船舶,"凤凰"轮于 2003 年 5 月 13 日驶抵朝鲜罗津（Rason）港,因船东拖欠船员工资、港口费和银行贷款而被朝鲜罗津法院扣留。2004 年 9 月 20 日,上述债权人共同向朝鲜罗津法院递交拍卖船舶申请。11 月 5 日,朝鲜罗津法院将"凤凰"轮拍卖给朝鲜罗津石油公司,罗津石油公司于 2004 年 11 月向朝鲜罗津法院支付了1 525 424美元买船款。11月26日,朝鲜罗津法院收到全部卖船款后出具裁定,确认"凤凰"轮已经于2004年11月26日出卖给罗津石油公司。2005年1月18日,罗津石油公司将"凤凰"轮更名为"罗津"轮并在朝鲜海事局办理了临时登记,朝鲜海事局向罗津石油公司颁发了没有第三人索赔证书。2005年6月8日,罗津石油公司与本案被告签订"罗津"轮买卖合同,将"罗津"轮转让给被告巴拿马佛他贸易有限公司,被告将"罗津"轮更名为"联盟"轮并于2005年7月7日在伯里兹国际商船登记处办理了船舶登记。经朝鲜罗津法院拍卖后,"凤凰"轮在圣文森特和格林纳丁斯的抵押登记和船舶注册登记均未注销。

2005年6月24日,因资源公司未履行巴黎商业法庭的上述判决,原告以行使船舶抵押权为由,向天津海事法院申请扣押"联盟"轮,天津海事法院7月27日裁定扣押了"联盟"轮,被告巴拿马佛他贸易有限公司作为"联盟"轮所有人随即向该法院提出异议,向法院提交了支持其异议理由的相关证据,天津海事法院于11月13日裁定解除了对"联盟"轮的扣押。

2005年8月19日,原告北欧商业银行——欧洲银行向天津海事法院起诉被告巴拿马佛他贸易有限公司,主张其对"凤凰"轮享有的抵押权依然存在且合法有效,由于现"凤凰"轮已更名为"联盟"(Union)轮,船东变更为被告,因此请求法院:(1)确认原告对涉案船舶"联盟"轮享有抵押权,且原告有权行使该抵押权以追偿原告在巴黎商业法庭裁决项下的债权,即本金2 000 000美元及自2000年9月8日起至实际支付之日止的利息;(2)案件诉讼费用、扣船费用、追船费用及律师费用均由被告承担。

被告巴拿马佛他贸易有限公司辩称:"凤凰"轮被朝鲜罗津法院拍卖给朝鲜罗津石油公司,罗津石油公司将"凤凰"轮更名为"罗津"轮并在朝鲜海事局进行了临时登记,朝鲜海事局颁发了"罗津"轮无抵押权、无债务证书。可见依据朝鲜法律,依附于"凤凰"轮上的船舶抵押权已经消灭。后罗津石油公司将"罗津"轮转卖给被告,被告在伯利兹办理了船舶登记,船名改为"联盟"轮,"联盟"轮上自然也不存在原告的抵押权。中华人民共和国最高人民法院1994年发布的《关于海事法院拍卖被扣押船舶清偿债务的规定》第1条第5款规定："拍卖船舶结束后，海事法院应在前述报刊上刊登公告，说明船舶业已公开拍卖给买方，船舶所有权及其风险自移交时起已经转移，买方对船舶在移交以前所负的债务不承担任何责任，船舶原所有人应向原登记机关办理注销登记。"《中华人民共和国海事诉讼特别程序法》第40条规定："买受人接受船舶后，应当持拍卖成交确认书和有关材料，向船舶登记机关办理船舶所有权登记手续。原船舶所有人不办理船舶所有权注销登记的，不影响船舶所有权的转让。"因此，即使法院在审理本案时无法查明朝鲜法律，依据中华人民共和国法律的上述规定，原告对"凤凰"轮的抵押权也已经消灭，罗津石油公司及其后手买受人被告对"凤凰"轮拍卖以前的债务不承担任何责任。"凤凰"轮被朝鲜法院拍卖后，法律意义上的"凤凰"轮已不复存在，"凤凰"轮的抵押登记未注销不能证明原告对被告所有的"联盟"轮享有抵押权。综上，被告请求法院驳回原告的全部诉讼请求。

天津海事法院一审认为，"凤凰"轮抵押权设立于光船租赁期间，原船舶登记国为圣文森特和格林纳丁斯，根据《中华人民共和国海商法》第271条"船舶在光船租赁以前或者光船租赁期间设立船舶抵押权的，适用原船舶登记国的法律"之规定，本案可适用圣文森特和格林纳丁斯法律。但原、被告均未向本院提出法律适用要求，也未向本院提供圣文森特和格林纳丁斯法律，因此处理本案纠纷应适用中华人民共和国法律。

中华人民共和国最高人民法院1994年发布的《关于海事法院拍卖被扣押船舶清偿债务的规定》第1条第5款规定："拍卖船舶结束后，海事法院应在前述报刊上刊登公告，说明船舶业已公开拍卖给买方，船舶所有权及其风险自移交时起已经转移，买方对船舶在移交以前所负的债务不承担任何责任，船舶原所有人应向原登记机关办理注销登记。"该条款规定说明，法院强制拍卖船舶可使船舶抵押权消灭，理由是：法院拍卖船舶是法院通过司法程序强制改变船舶所有权的一种措施，买受人取得船舶所有权不以船舶原所有人的意志为转移，因此买受人通过法院强制拍卖程序购买船舶属于原始取得,意味着买受人购买的船舶是除去各种负担的船舶,自船舶移交之日起,买受人对依附于原船舶上的各种债务不承担任何责任。罗津石油公司自朝鲜罗津法院购买"凤凰"轮后,朝鲜海事局颁发了没有第三人索赔证书,可见"凤凰"轮原有船舶抵押权已经消灭。

朝鲜罗津法院拍卖"凤凰"轮后,"凤凰"轮原所有人兰德尔公司应办理"凤凰"轮抵押权的注销登记,但兰德尔公司一直未履行该项义务,导致原告本已消灭的抵押权在形式上依然存在,原告也以此为由主张其对涉案船舶仍享有抵押权,但是兰德尔公司不办理抵押权的注销登记并不影响"凤凰"轮抵押权依法消灭。关于原告所主张朝鲜罗津法院拍卖"凤凰"轮不合法的问题,由于国家主权平等、主权国家之间互无管辖权是国际法的一项基本原则,朝鲜罗津法院拍卖"凤凰"轮是否符合其本国法不属于本院的审查范围,因此原告认为朝鲜罗津法院拍卖"凤凰"轮不合法的问题,应按朝鲜法律规定的程序,通过朝鲜司法机关解决。

朝鲜法院拍卖"凤凰"轮的行为是一个法律事实。法律事实只有发生和未发生的区别,而不管他人是否承认。朝鲜法院拍卖"凤凰"轮的法律事实已经发生且被朝鲜法院的法律文书所证明,它客观存在着,虽然原告否认朝鲜法院拍卖程序的合法性,但不能否认朝鲜法院强制拍卖"凤凰"轮的法律事实,因此本院确认"凤凰"轮已被朝鲜法院强制拍卖,属于对法律事实的认定,而不是对朝鲜法院判决的承认。原告认为承认朝鲜法院拍卖"凤凰"轮就等于承认朝鲜法院判决的主张缺乏事实和法律依据,理由不成立,本院不予支持。

综上,"凤凰"轮被朝鲜法院拍卖后,原告对"凤凰"轮享有的抵押权即行消灭,原告无权向买受人罗津石油公司主张"凤凰"轮的抵押权,更无权向"凤凰"轮的转受让人即本案被告主张抵押权。依据《中华人民共和国海商法》第11条的规定,一审法院判决:驳回原告北欧商业银行—欧洲银行(Bcen-Euro Bank)的诉讼请求。

北欧商业银行—欧洲银行不服一审判决,向天津市高级人民法院提起上诉,请求撤销一审判决,改判确认上诉人对"联盟"轮享有抵押权,并有权通过行使该抵押权以实现上诉人在巴黎商业法庭裁决项下的债权,即本金 2 000 000 美元及其利息。上诉理由是:一审审理过程中,上诉人当庭提出了增加对朝鲜法院拍卖"凤凰"轮的判决不予承认和执行的诉讼请求,并向一审法院提交了书面申请,但是一审法院对该书面申请没有做出任何裁定;一审法院未对朝鲜法院判决进行任何审查即予以承认,违反中国法律。被上诉人主张上诉人的抵押权消灭所依据的是朝鲜法院的拍卖判决,按照中国法律,外国法院判决必须经过中国法院依据法定程序进行的审查,被确认不违背中国国家主权、安全和社会公共利益之后,才能在中国境内得到承认或执行,一审法院没有对朝鲜法院的拍卖判决依法审查即予以承认,没有尽到审查义务。

天津市高级人民法院二审认为,本案双方当事人均为我国境外注册的法人,故本案系涉外案件。上诉人对于涉案凤凰轮所主张的抵押权系该船在光船租赁期间设立,依据我国《海商法》第 271 条"船舶在光船租赁以前或者光船租赁期间设立抵押权的,适用原船舶登记国的法律"的规定,本案应当适用圣文森特和格林纳丁斯法律。双方当事人在一审和二审期间均未提供该国法律,亦未提供查明该国法律的途径,故认定该国法律无法查明。依据最高人民法院《民法通则意见》第 193 条,本案应适用中华人民共和国法律作为涉案争议的准据法。

依据最高人民法院 1994 年《关于海事法院拍卖被扣押船舶清偿债务的规定》第 1 条第 5 款,拍卖船舶结束后,船舶所有权及其风险自移交时起已经转移,买方对船舶在移交以前所负的债务不承担任何责任。《中华人民共和国海事诉讼特别程序法》第 40 条规定:"买受人接受船舶后,应当持拍卖成交确认书和有关材料,向船舶登记机关办理船舶所有权登记手续。原船舶所有人不办理船舶所有权注销登记的,不影响船舶所有权的转让。"依据前述条款规定,"凤凰"轮拍卖结束以后,买受人罗津石油公司对于该轮拍卖前所负的债务不承担任何责任,上诉人对"凤凰"轮享有的抵押权随着该轮拍卖程序的结束而消灭,上诉人无权向该轮买受人罗津石油公司主张抵押权,更无权向罗津石油公司的后手买受人本案被上诉人主张抵押权。"凤凰"轮原船舶所有人没有办理船舶注销登记并不影响本案被上诉人受让涉案船舶"凤凰"轮的所有权。因此,上诉人依据其对原"凤凰"轮享有的抵押权向被上诉人所有的"联盟"轮主张抵押权,缺乏法律依据,本院不予支持。

关于本案是否涉及对朝鲜法院判决承认和执行的问题。二审法院认为,被上诉人提交朝鲜罗津法院判决书、裁定书的目的在于证明"凤凰"轮被朝鲜法院拍卖的事实已经发生。朝鲜法院判决书、裁定书是被上诉人提供的书证的一部分,其作为案件事实的载体,法院在审查该证据所证明的事实时,仅对其作为证据的真实性进行审查。该证据所证明的"凤凰"轮已经被朝鲜法院拍卖的事实,上诉人没有否认,该事实无须通过承认和执行朝鲜法院判决而客观存在,也不因我国法院对朝鲜法院判决不予承认和执行而消灭。而且,本案上诉人并非该朝鲜法院判决书列明的当事人,其向我国法院申请对该朝鲜法院判决书不予承认和执行的诉讼请求没有法律依据,因此本案不涉及承认和执行朝鲜法院判决的问题。

综上,二审法院天津市高级人民法院认为上诉人的上诉理由均不能成立,判决驳回上诉,维持原判。

上述两审人民法院的判决书在说理论证方面并不完全相同,但都是基于涉案船舶已经被朝鲜法院拍卖的事实,认定原告北欧商业银行—欧洲银行在涉案船舶之上的抵押权已经消灭,并据此驳回了原告请求确认和行使船舶抵押权的诉讼请求。但是本案证明涉案船舶已经被朝鲜法院拍卖的关键证据——朝鲜罗津法院判决书并没有得到我国内地人民法院的承认。因此本案提出的一个重要国际私法问题是:我国内地人民法院应如何对待和使用那些没有获得我国正式承认的域外法院判决书?

一审法院认为,朝鲜法院拍卖"凤凰"轮的行为是一个法律事实。朝鲜法院拍卖"凤凰"轮的法律事实已经发生,且被朝鲜法院的法律文书所证明,一审法院确认"凤凰"轮已被朝鲜法院强制拍卖,属于对法律事实的认定,而不是对朝鲜法院判决的承认。原告认为承认朝鲜法院拍卖"凤凰"轮就等于承认朝鲜法院判决的主张缺乏事实和法律依据，理由不能成立。

二审法院认为，被上诉人提交朝鲜罗津法院判决书、裁定书的目的在于证明"凤凰"轮被朝鲜法院拍卖的事实已经发生。被上诉人呈交法院的朝鲜法院判决书、裁定书性质上属于被上诉人提供的书证，其作为案件事实的载体，法院在审查该证据所证明的事实时，仅对其作为证据的真实性进行审查。该证据所证明的"凤凰"轮已经被朝鲜法院拍卖的事实，无须通过我国承认和执行朝鲜法院判决而客观存在，也不因我国法院对朝鲜法院判决不予承认和执行而消灭，本案上诉人也没有否认该事实。而且，本案上诉人并非该朝鲜法院判决书列明的当事人，其向我国法院申请对该朝鲜法院判决书不予承认和执行的诉讼请求没有法律依据。基于前述理由，二审法院认为本案不涉及承认和执行朝鲜法院判决的问题。

比较上述两份判决书，其都认为我国人民法院基于对朝鲜法院拍卖涉案船舶的判决书这一书面证据的采信可以认定涉案船舶之上的抵押权已经消灭，并且认为认定涉案船舶之上的抵押权已经消灭亦属于我国法院对朝鲜法院判决书这一证据的采信，而不属于我国法院对朝鲜法院判决的承认。在说理论证方面，二审法院判决书的说理明显更为充分一些。本书认为，上述两审法院判决书对待没有获得我国正式承认的域外法院判决书的基本立场，即将没有获得我国法院承认的域外法院判决书作为我国法院庭审中的书证使用，是值得肯定的，该基本立场也是我国司法实践在如何处理没有获得我国正式承认的域外法院判决书这一重要国际私法问题方面所做的积极探索，其理论价值不容低估。但仔细分析上述两审人民法院的判决书，我们会发现其仍存在一些没有解决的问题。

其一，上述两审人民法院判决书都依据我国最高人民法院1994年《关于海事法院拍卖被扣押船舶清偿债务的规定》第1条第5款关于"拍卖船舶结束后，船舶所有权及其风险自移交时起已经转移，买方对船舶在移交以前所负的债务不承担任何责任"的规定，认定朝鲜法院拍卖涉案船舶的行为直接产生了船舶之上抵押权消灭的法律后果。这种认定忽视了一个重要法律问题：朝鲜法院拍卖船舶行为和我国海事法院拍卖船舶行为在法律上是否完全等值,即是否能产生完全相同的法律后果?本书认为答案显然是否定的。如果认为朝鲜法院拍卖船舶的行为在我国境内能够产生与我国海事法院拍卖船舶完全相同的法律后果,即直接导致船舶所有权没有任何负担地转移于拍卖程序中的买受人,其实质无异于承认了该朝鲜法院拍卖船舶行为在我国境内的法律效力。朝鲜法院拍卖外国船舶是朝鲜法院依据朝鲜法律行使朝鲜司法主权的体现,涉案朝鲜法院判决书可以在我国法院庭审中作为证据证明该拍卖行为的发生,但是在涉案朝鲜法院判决书没有得到我国内地法院承认的情况下,允许该拍卖行为在我国内地直接产生消灭涉案船舶抵押权的法律后果,这至少在某种程度上是对我国司法主权的损害。因此,没有经过我国法院的认可程序,任何外国法院的拍卖行为在我国境内都不可能也不允许产生与我国内地法院拍卖行为完全相同的法律后果,因此外国法院拍卖船舶行为与我国海事法院拍卖船舶行为在法律上不可能完全等值。

其二,本案两审人民法院的判决书都认识到了朝鲜法院拍卖船舶行为是一个法律事实,却都没有认识到:该法律事实能产生何种法律后果,是一个典型的需要法律关系准据法回答的法律问题。由于本案系我国法院审理的涉外民商事案件,在分析该法律事实能产生何种法律后果之前,我国法院必须首先确定支配该法律事实法律效力的准据法。朝鲜法院拍卖了涉案船舶这一法律事实,已经为我国人民法院依据庭审证据(朝鲜法院判决书)所认定;但是我国法院应依据何国法律判断该法律事实的法律效力以及依据该准据法该法律事实能产生何种法律效力的问题,却是审案法院必须回答的重要法律问题。本案一审法院和二审法院正是由于回避了该重要法律问题,导致两审人民法院判决书在处理如何使用朝鲜法院判决书的问题上都存在瑕疵和不足。本书认为,我国现行国际私法法律法规和司法解释都没有明确规定外国法院拍卖行为的法律效力应当适用何国法律的问题,因此本案审案法院在确定朝鲜法院拍卖行为的准据法问题上拥有一定的自由裁量权。如果审案法院认定本案朝鲜法院拍卖船舶行为的法律效力应受朝鲜法律支配,那么我国审案法院应该适用朝鲜法律解决涉案船舶被拍卖后原告的抵押权是否消灭的问题，法院援引我国最高人民法院《关于海事法院拍卖被扣押船舶清偿债务的规定》即属于法律适用错误。如果审案法院认定本案朝鲜法院拍卖船舶行为的法律效力应受我国法律支配，则必要情况下审案法院应请示最高人民法院：在朝鲜罗津法院判决书没有得到我国正式承认的情况下，该判决书所证明的船舶拍卖行为在我国境内应当产生何种法律效力？该船舶拍卖行为能否直接消灭被拍卖船舶之上已经合法设立的抵押权？

上述案例中，无论我国审案法院最终认定朝鲜法院拍卖涉案船舶行为的准据法是何国法律，如果依据该国法律朝鲜法院拍卖涉案船舶行为能够产生消灭该船舶之上已经合法存在的抵押权的法律后果，而依据我国《海商法》第271条援引的涉案船舶抵押权的准据法，本案中即圣文森特和格林纳丁斯法律，涉案船舶抵押权仍然合法存在。这样就会产生涉案船舶抵押权的准据法和船舶拍卖行为的准据法之间的冲突，我国审案法院还应当解决这两个准据法之间的协调问题，必要情况下，审案法院应当将该问题提请最高人民法院决定。

当然，关于外国法院判决书在我国内地法院的使用问题，我国内地法院司法实践中也有处理方式值得肯定的案例。上诉人辛波特·桑登猜（简称辛波特）、上诉人泰国采耀版权有限公司（简称采耀公司）与被上诉人广州购书中心有限公司（简称广州购书中心）、上海音像出版社、上海圆谷策划有限公司（简称上海圆谷公司）、日本圆谷制作株式会社侵犯著作权纠纷（奥特曼系列）上诉案[①]即是其中之一。该案件的关键问题是两上诉人向审案法院提交的辛波特与日本圆谷制作及圆谷企业株式会社于1976年3月4日签订的合同（以下简称《1976年合同》）的真实性及法律效力问题。该合同约定：位于日本国东京都港区的圆谷制作与企业有限公司授予位于泰国曼谷的采耀（Chaiyo）电影有限公司总裁辛波特对涉案奥特曼作品在日本国以外所有区域内的独占专权，授权期限为从开始制作底片拷贝之日起的无期限内，授

[①] 一审判决书：广东省广州市中级人民法院民事判决书（2005）穗中法民三知初字第576号；二审判决书：广东省高级人民法院民事判决书（2010）粤高法民三终字第63号。

权包括并且仅限于以下内容：（1）分销权；（2）制作权；（3）复制权；（4）版权；（5）商标权；（6）在诸如广播、电视等大众媒体上的播映权和在任何报纸上的广告权；（7）可以以任何商业目的、用任何材料、以任何形式、按原始角色形象复制条款一所提影片的制作过程中所使用的所有模型和角色形象；（8）将上述权利转分给第三方的权利。

基于该合同在中日泰三国引发了数起诉讼。关于该《1976年合同》的真实性和法律效力问题，2003年12月10日日本东京高等裁判所第3民事部做出判决，认定：《1976年合同》真实有效，并确认辛波特享有在日本国以外的奥特曼作品的独占使用权。

泰国中央知识产权和国际贸易法院2000年4月4日做出判决，认定《1976年合同》真实有效。泰国最高法院于2008年2月5日做出泰国法院的终审判决，认定《1976年合同》系伪造。本案一审法院广东省广州市中级人民法院（2005）穗中法民三知初字第576号民事判决参考泰国终审判决所依据的鉴定报告结论，对《1976年合同》不予确认。

上诉人辛波特、采耀公司不服广东省广州市中级人民法院的一审判决，向广东省高级人民法院提起上诉。上诉人在上诉理由中明确指出，本案当事人分别是日本、泰国和中国人，《1976年合同》是在日本签订的，争议标的大部分是在日本制作，根据《民法通则》第145条、《合同法》第126条、《最高人民法院关于审理涉外民事或商事合同纠纷案件法律适用若干问题的规定》①第5条第2款的规定，本案应适用日本法律。

二审法院广东省高级人民法院在判决书中明确指出，日本、泰国法院的判决书在我国境内没有法律效力，不具有约束力，我国对于直接认定泰国鉴定机构的鉴定结论也缺乏法律依据，因此对泰国鉴定机构做出的鉴定结论亦不予采信。之后通过对圆谷制作株式会社、圆谷企业株式会社法定代表人圆谷一夫向辛波特发出的致歉信和圆谷制作株式会社与案外人锐视公司法定代表人杨水源签订的《基本合意书》

---

① 该司法解释已经失效。

等证据的综合分析,得出"《1976年合同》系辛波特和圆谷制作株式会社的真实意思表示,属于合法有效的合同,具有法律约束力"的结论。

该案当事人分别具有中日泰三个国家国籍,案件涉及多个外国法院判决,涉案《1976年合同》当事人双方都是外国国籍,住所都不在我国境内,上诉人在上诉状中明确要求适用日本法律,但二审法院却对《1976年合同》应适用何国法律作为准据法的问题只字未提,直接适用了我国法律,这是本案二审法院判决书的不足之处。但是在如何对待域外法院判决书的问题上,二审法院明确指出:"日本、泰国法院的判决在我国没有法律效力,不具有约束力,我国对于直接认定泰国鉴定机构的鉴定结论也缺乏法律依据,因此对泰国鉴定机构做出的鉴定结论亦不予采信。"①之后二审法院依据对当事人提交的所有证据(包括作为书证的泰国和日本法院的判决书)的综合分析,得出涉案《1976年合同》是真实合同的结论。本书认为,前引广东省高级人民法院二审判决书在处理域外法院判决书在我国内地法院使用问题上,明确区分了域外法院判决书在我国内地法院作为一般证据和域外法院判决书在我国内地的法律效力两个容易混淆的法律问题,值得肯定。

第三节 香港法院判决书在我国内地法院的使用

我国司法实践中涉及内地人民法院如何使用未被承认的香港法院判决书的案例较多,对在内地没有获得承认的香港法院判决书的处理方式大同小异,香港铜川鑫光铝业有限公司(简称铜川公司)与中国银行(香港)有限公司(简称香港银行)以及珠海鑫光集团股份有限公司(简称珠海公司)担保合同纠纷一案②,是其中具有代表性的一个涉港民商事案例。该案中,香港银行和案外人金明亮公司均是在香港注册的公司。1997年2月18日,香港银行与金明亮公司签订一

---

① 广东省高级人民法院民事判决书(2010)粤高法民三终字第63号。
② 一审判决书:广东省珠海市中级人民法院民事判决书(2002)珠法民四初字第4号民事判决;二审判决书:广东省高级人民法院民事判决书(2004)粤高法民四终字第6号。

份《还款承诺函》,约定由香港银行贷款200万美元给金明亮公司,并约定了还款期限、年利率等事项。为了担保上述贷款,我国内地的珠海公司和铜川公司作为保证人分别于1997年1月8日、同年2月3日向该行出具《不可撤销担保契约》。两份担保契约均约定保证人承担连带责任,担保契约适用香港法律。因借款人金明亮公司到期未能偿还贷款,香港银行就主合同即贷款合同纠纷以借款人金明亮公司为被告向香港特别行政区的法院提起诉讼。香港特别行政区高等法院原讼法庭(以下称香港法庭)于2003年3月4日做出判决,判令金明亮公司支付:(1)美金1 877 879.60元或在支付时同等港币的数额;(2)自2003年1月11日至该裁决日期为止,按美金100万元的数额或在支付时同等港币的数额支付,以最优惠利率加年利率百分之一计算利息,其后以裁决利率计算直接至全部清偿为止;(3)固定诉讼费为港币1 015元。

因金明亮公司未能履行香港法庭的判决,香港银行以珠海公司和铜川公司为案外人金明亮公司向香港银行借款提供担保为由,向本案一审法院广东省珠海市中级人民法院提起诉讼,请求判令两担保人珠海公司和铜川公司承担担保责任。

关于香港法庭对涉案主合同即贷款合同做出的判决书在我国内地法院的法律效力问题,一审法院认为,就主合同纠纷,香港法庭已经做出判决,确认了主合同债权债务的数额。银行提供的香港法庭的判决等证据,证明主债务的有效存在及主债务的数额等事实。珠海公司和铜川公司未提出证据予以反驳,对香港法庭判决中确定的关于银行与金明亮公司之间的主债务有效存在及其债务的数额,应作为事实予以确认。之后一审法院在该主债务数额的范围内,依据债权人香港银行的诉讼请求做出了法院判决。当事人各方均未对一审法院通过上述方式认定的本案主债务数额提出上诉,因此二审法院对香港法庭判决书在我国内地法院的使用问题未再进行分析。

仔细分析,上述我国内地人民法院做出的一审判决书对香港法庭判决书法律效力问题的处理不无问题。从一审法院判决书的内容表述来看,其将香港法庭判决书视为当事人呈交一审法院的一种证据,这一定性是正确的。但一审法院基于两被告珠海公司和铜川公司未提出证据予以反驳的事实，得出该法院"对香港法庭判决中确定的关于香港银行与金明亮公司之间的主债务有效存在及其债务的数额，应作为事实予以确认"的结论，值得商榷。香港法庭就主合同做出的判决书，在该判决书没有得到我国内地人民法院正式承认的情况下，可以作为一种证据在本案一审法院庭审中使用，但是该证据只能证明本案主合同即贷款合同的存在以及主合同当事人双方就该合同履行问题发生了争议，至于主合同债权人即本案原告香港银行向本案一审法院主张的主合同债权债务是否有效存在及其具体数额，则属于典型的法律问题，应由一审法院适用主合同的准据法来判定。主合同债权债务是否有效存在及其具体数额，是香港法庭的判决结果，如果内地一审法院的被告认可了该判决结果，则一审法院可以基于被告的自认，采信原告所主张的该判决结果；如果内地一审法院的被告不认可该判决结果，内地一审法院仅仅基于香港法庭判决书是真实的便认可该判决结果确定的债权债务，则无异于承认了香港法庭判决书在我国内地法院的法律效力。从一审判决书的内容来看，一审法院的被告珠海公司和铜川公司并没有认可香港法庭的判决结果，而是没有提出证据予以反驳，这种情况并不构成一审法院被告的"自认"。因此严格来讲，一审法院没有对主合同的法律效力及其履行问题进行审理，仅仅依据没有获得我国内地人民法院承认的香港法庭判决书，即认定本案主合同债权债务有效存在，并不适当。法院判决书毕竟与合同有着本质差别。合同是当事人双方意思表示一致的产物，真实有效的合同本身即表明合同当事人对合同内容达成了真实意思表示的一致，因此在法院认定合同真实有效的情况下，法院可以直接认可合同内容并依据该合同内容确定合同当事人的权利义务；但是法院判决书并不是合同当事人协商一致的产物，法院判决书本质上不是任何一方合同当事人的意思表示，因此本案中在涉案香港法院判决书没有获得我国内地法院正式认可的情况下，内地法院直接依据涉案香港法院判决书的内容确定涉案债权合同和担保合同当事人的权利义务，缺乏法律和事实依据。基于前述分析，本书认为，在一审被告珠海公司和铜川公司对香港法庭关于主债务的判决结果没有"自认"的情况下,我国内地人民法院仍然应当通过涉案主合同,即贷款合同,以及包括香港法庭判决书在内的相关证据,例如借款人在香港法庭的诉讼中认可的事实,综合认定涉案主合同债权债务的数额。

结 语

约 30 年前,一位著名的加拿大国际私法学者在评论中国国际私法时写道:

"鉴于发展国际私法的必要性已经得到公认,克服缺乏专业法律人才这一困难便成为中国国际私法发展的关键。可以理解,在这一方面实现快速发展并不容易;然而,尖端法律人才的缺乏正在阻碍(中国)建设现代法律制度的努力,尤其是在外国法领域。如果这一问题得以解决,那么中国将能够使其国际私法和其他国家的国际私法制度相协调,并在国际法律共同体中占据应有的地位。"[1]

上述评论于 1987 年在《美国比较法杂志》上公开发表,距今已经 29 年了。已经过去的 29 年里,中国发生了巨大变化。29 年间,中国制定和颁布了 200 多部成文法律,初步形成了有中国特色的社会主义法律体系;中国对涉外民商事案件的审理成功实行了集中管辖制度,大幅度提高了涉外民商事案件的审判质量;中国国际商事仲裁事业和海事审判制度迅速发展,对国际商事仲裁裁决的承认和执行实行了法院内部报告制度,中国正在成为公认的亚洲国际商事仲裁中心和海事审判中心;中华人民共和国在建国 60 年之后终于制定颁布了自己的冲突法法典——《中华人民共和国涉外民事关系法律适用法》,以《法律适用法》为核心、以《海商法》《民用航空法》和《票据法》等单行法律为补充的中国冲突法体系已经形成。这些事实证明,中国发展法治的努力是实实在在的,中国欲在国际法律共同体中发挥应有作用和拥有自己位置的愿望都是明确的。这一切也都受到了国际社会的欢迎,

---

[1] Tung Pi Chen, Private International Law of the People's Republic of China: An Overview, The American Journal of Comparative Law, Vol. 35, No. 3. 1987, pp. 485-486.

愈来愈多的涉外民商事法律关系当事人选择在中国法院起诉或者在中国进行仲裁即是一个证明。

但是本书的研究结果表明,我国国际私法立法、理论和司法实践的现状远非尽善尽美,仍存在一些不容忽视的缺陷和不足。我国以《法律适用法》为核心的现行冲突法体系仍然存在一些立法漏洞,例如没有规定诉讼权利能力和诉讼行为能力的准据法确定问题;我国冲突法明文规定的一些制度,例如《法律适用法》第8条规定的识别制度,在特殊情况下,例如对真假民事行为进行识别的情况,可能导致显失公平的判决结果;我国立法正式认可的一些冲突法理论,例如合同冲突法领域的特征履行理论,一直以来并没有真正为我国内地法院的司法实践所接受;我国司法实践中提出的一些重要国际私法理论问题,例如认定当事人是否适格应适用何国法律作为准据法的问题,动产和不动产的区分应当适用识别准据法还是适用物权准据法的问题,不动产物权准据法和不动产合同准据法适用范围的界定问题,有利于受害人原则在涉外侵权损害赔偿案件中的适用问题,域外法院判决书在我国内地法院的使用问题,《法律适用法》第8章中"被请求保护地"的确定问题,等等,迄今在我国学界仍然缺乏有深度的研究。

笔者承认,由于本人知识结构、分析问题角度以及职业和生活经历方面的局限性,本书的观点不可能完美无瑕,肯定会有一些观点存在某一方面或者某种程度的缺陷与不足。本书的一些观点也许仅仅是管窥之见,忽略了所分析问题的某一或者某些侧面;本书的有些观点也许没有考虑审案法官实务工作的困难,仅仅是乌托邦式的美好理想。但是,无论如何,笔者认为,作为国家正式认可并以国家暴力机器保障执行的法院裁判文书,有义务接受也必须经得起生活常识、逻辑推理和国家实证法的质疑和考验。因此,无论依据生活常识和严谨的学术性逻辑推理,还是依据我国现行法律法规和司法解释,如果法院裁判文书的某一观点无法成立或者某些观点之间相互矛盾,那么,我们就有理由反思:我国现行法律法规和司法解释是否已经落后于司法实践?或者,我国司法实践中法院裁判文书的质量是否出了问题?

发现上述需要反思的问题,研究这些问题,为这些问题提供尽可能公正合理而且可行的解决方案，是笔者最大的心愿，也是笔者写作本书最重要的目的。当然，笔者非常清醒地意识到，实现该心愿和目的所需要完成的工作，其复杂性和艰巨性远远超出了笔者个人的研究能力。但尽管如此，笔者仍然坚持认为，任何个体研究人员都无法完成前述工作这一事实，并不能丝毫降低或者减少该项工作本身对促进我国法治建设和社会发展所具有的重要价值。在这个意义上，笔者愿引用德国著名法学家萨维尼对创建法律关系本座理论工作之艰难的感慨，作为本书的结语：

"由此，我们一方面看到了未来最为辉煌的美好愿景，另一方面同时发现了个体研究人员，无论其个人能力如何，现在全部完成这项工作（创建法律关系本座理论）的不可能性。这一发现能够激发从事这项工作的每一个人产生无限的勇气，以及与该勇气同样多的谦虚。每一个通过成功为这一理论（法律关系本座理论）确立一些真正的原则而推动了这一精神发展进程的人，都完全有理由自豪，即使从长远来看，他的努力也许仅仅作为单项的准备性工作留在人们的记忆中。"[①]

[①] 由本书作者直接译自德语原文："So finden wir also hier von der einen Seite die grossartigsten Aussichten in die Zukunft, von der anderen Seite die Unmoeglichkeit, die vorliegende Arbeit schon jetzt zu einem voelligen Abschluss zu fuehren, selbst unabhaengig von der persoenlichen Faehigkeit des einzelnen Arbeiters. Jeder, der sich in solcher Stellung befindet, kann aus dieser Betrachtung eben so viel Muth, als Bescheidenheit schoepfen. Er muss es sich zur Ehre rechnen, wenn es ihm gelingt, den fortschreitenden geistigen Prozess durch Zurueckfuehrung dieser Lehre auf eigentliche Grundsaetze weiter foerdern zu helfen, selbst wenn sein Versuch, bei fernerer Entwicklung, nur noch als einzelner, vorbereitender Schritt im Andenken bleiben sollte." Von Savigny: System des heutigen Roemischen Rechts, Band 8, Berlin, 1849, zitiert nach Gerhard Kegel: Story und Savigny, in: Festschrift der rechtswissenschaftlichen Fakultaet zur 600-Jahr-Feier der Universitaet zu Koeln, Koeln, 1998, S. 72 f.

主要参考文献

一、中文参考文献

1. [美]本杰明·N 卡多佐著：《法律的成长》，李红勃、李璐怡译，北京：北京大学出版社，2014年版。
2. 《比利时国际私法法典》，梁敏、单海玲，译，《中国国际私法与比较法年刊》第八卷，北京：法律出版社，2006年版。
3. 《韩国2001年修正国际私法》，沈涓，译，《中国国际私法与比较法年刊》第六卷，北京：法律出版社，2003年版。
4. 陈卫佐著：《比较国际私法》，北京：法律出版社，2012年版。
5. 国家法官学院、中国人民大学法学院编：《中国审判案例要览（2006年商事审判案例卷）》，北京：人民法院出版社、中国人民大学出版社，2007年版。
6. 韩德培主编：《国际私法》，北京：高等教育出版社、北京大学出版社，2000年版。
7. 何丽新著：《无单放货法律问题研究》，北京：法律出版社，2006年版。
8. 贺荣主编：《涉外商事海事审判指导》，北京：人民法院出版社，2015年版。
9. 贺荣主编：《中国海事审判精品案例》，北京：人民法院出版社，2014年版。
10. 胡永庆：《论公法规范在国际私法中的地位——"直接适用的法"问题的展开》，《法律科学》，1999年第4期。
11. 《拿破仑法典》，李浩培、吴传颐、孙鸣岗，译，北京：商务印书馆，1979年版。

12. 李浩培著：《李浩培文选》，北京：法律出版社，2000 年版。
13. 刘仁山、胡炜：《"直接适用的法"的若干问题》，《当代法学》，2002 年第 8 期。
14. 刘晓红、周祺：《协议管辖制度中的实际联系原则与不方便法院原则》，《法学》，2014 年第 12 期。
15. 马丁·沃尔夫著：《国际私法》（下），李浩培、汤宗舜译，北京：北京大学出版社，2009 年版。
16. 秦瑞亭著：《冲突法的理论与实务》，北京：对外经济贸易大学出版社，2007 年版。
17. 秦瑞亭：《提单法律选择条款探微》，《中国海商法研究》，2013 年第 3 期。
18. 秦瑞亭主编：《国际私法》，天津：南开大学出版社，2008 年版。
19. 秦瑞亭主编：《国际私法》（第二版），天津：南开大学出版社，2014 年版。
20. 秦瑞亭主编：《国际私法案例精析》，天津：南开大学出版社，2011 年版。
21. 屈广清著：《冲突法原理》，北京：法律出版社，2004 年版。
22. 沈德咏主编：《最高人民法院公报案例大全》（上下卷），北京：人民法院出版社，2009 年版。
23. 司玉琢、李志文主编：《中国海商法基本理论专题研究》，北京：北京大学出版社，2009 年版。
24. 宋建立：《不便管辖原则本土化问题》，《人民法院报》，2012 年 9 月 26 日第 7 版。
25. 万鄂湘主编：《涉外商事海事审判指导》，北京：人民法院出版社，2013 年版。
26. 万鄂湘主编：《涉外商事海事审判指导》，北京：人民法院出版社，2010 年版。
27. 吴焕宁主编：《海商法学》，北京：法律出版社，1996 年版。
28. 肖永平、胡永庆：《论"直接适用的法"》，《法制与社会发展》，1997 年第 5 期。

29. 徐冬根著：《国际私法趋势论》，北京：北京大学出版社，2005 年版。
30. 徐锦堂著：《当事人合意选法实证研究：以我国涉外审判实践为中心》，北京：人民出版社，2010 年版。
31. 徐伟功：《述评〈示范法〉中的不方便法院条款》，《武汉大学学报（哲学社会科学版）》，2004 年第 3 期。
32. 应新龙主编：《上海海事法院海事案例精选》，北京：法律出版社，2011 年版。
33. 张丽英主编：《海商法》，北京：人民法院出版社，1998 年版。
34. 张茂：《国际民事诉讼中的不方便法院原则》，《法制与社会发展》，1996 年第 5 期。
35. 张潇剑著：《国际私法论》，北京：北京大学出版社，2004 年版。
36. 周强著：《最高人民法院工作报告（2015）》，北京：法律出版社，2015 年版。
37. 最高人民法院办公厅编：《中华人民共和国最高人民法院公报（2010 年卷）》，北京：人民法院出版社，2011 年版。
38. 最高人民法院办公厅编：《中华人民共和国最高人民法院公报（2012 年卷）》，北京：人民法院出版社，2013 年版。
39. 最高人民法院办公厅编：《中华人民共和国最高人民法院公报（2015 年卷）》，北京：人民法院出版社，2016 年版。
40. 最高人民法院公报编辑部编：《最高人民法院公报典型案例全集（1985.1-1999.2）》，北京：警官教育出版社，1999 年版。

二、西文参考文献

英语文献：

1. Andreas F. Lowenfeld, Lex Mercatoria: An Arbitrator's View, in: Thomas E. Carbonneau (ed.), Lex Mercatoria and Arbitration, New York: Transnational Juris Publications, 1990.
2. Berthold Goldman, The Applicable Law: General Principles of Law—the Lex Mercatoria, in: Julian DM Lew (ed.), Contemporary

Problems in International Arbitration, London: Martinus Nijhoff Publishers, 1986.
3. Erling Selvig, The Paramount Clause, The American Journal of Comparative Law, Vol. 10, No. 3, 1961.
4. F. K. Juenger, General Course on Private International Law, in: Recueil des cours: collected courses of the Hague Academy of International Law, Volume 193 (1985-IV), edited by Hague Academy of International Law, Martinus Nijhoff Publishers, Leiden, The Netherlands, 1986.
5. Michal Wojewoda: Mandatory Rules in Private International Law, MJ 7 (2000).
6. Northwestern National Insurance Co. v. Donovan, 916 F.2d 372, 376 (7th Cir. 1990, Posner, J.).
7. Peter Hay, Patrick J. Borchers, Symeon C. Symeonides, Conflict of Laws, 5th ed. MN: Thomso Reuters, 2010.
8. Peter Nygh, Autonomy in International Contracts, Oxford: Clarendon Press, 1999.
9. Ralf Michaels, Non-State Law in the Hague Principles on Choice of Law in International Contracts. Available at SSRN: http://ssrn.com/abstract=2386186, 2014-01-27.
10. Symeon C. Symeonides, Wendy Collins Perdue, Conflict of Laws: American, Comparative, International, 3rd ed. MN:Thomson Reuters, 2012.
11. Tung Pi Chen, Private International Law of the People's Republic of China: An Overview, The American Journal of Comparative Law, Vol. 35, No. 3. 1987.
12. W. Laurence Craig, William W. Park, Jan Paulsson, International Chamber of Commerce Arbitration, New York: Oceana Publications, 1990.

德语文献：
1. Adolf Baumbach/Wolfgang Lauterbach/Jan Albers/Peter Hartmann: Zivilprozessordnung, Muenchen, 2001.
2. Amtsgericht Bad Mergentheim 19. 12. 1996, FamRZ, 1998, 1432.
3. Christian von Bar/Peter Mankowski: Internationales Privatrecht, Band I, 2. Aufl., Muenchen: Verlag C.H. Beck, 2003.
4. Christoph Reithmann/Dieter Martiny: Internationales Vertragsrecht, 6. Auflage, Verlag Dr. Otto Schmidt, Koeln, 2004.
5. David P. Henry: Kollisionsrechtliche Rechtswahl, Dike Verlag AG, Zuerich, 2009.
6. Ferrari / Kieninger / Mankowski / Otte / Saenger / Schulze / Staudinger: Internationales Vertragsrecht Rom I-VO · CISG · CMR · FactÜ Kommentar, Verlag C. H. Beck, Muenchen, 2012.
7. Franz Gamillscheg: Der Einfluss Dumoulins auf die Entwicklung des Kollisionsrechts, Mohr Siebeck, Tuebingen, 1955.
8. Georgios Orfanides: Die Beruecksichtigung von Willensmaengeln im Zivilprozeß, Koeln, 1982.
9. Gerhard Wagner: Prozessvertraege, Tuebingen, 1998.
10. Hans Reiser: Gerichtsstandsvereinbarungen nach dem IPR-Gesetz, Zuerich, 1989.
11. Jan Kropholler: Internationales Privatrecht, 6. Auflage, Mohr Siebeck, Tuebingen, 2006.
12. Joachim Puels: Parteiautonomie: Die Bedeutung des Parteiwillens und die Entwicklung seiner Schranken bei Schuldvertraegen im deutschen Rechtsanwendungsrecht des 19. und 20. Jahrhunderts, Duncker und Humblot, Berlin, 1995.
13. Kegel/Schurig: Internationales Privatrecht, 9. Aufl., Muenchen, 2004.
14. Reithmann/Martiny: Internationales Vertragsrecht, 6. Auflage, Verlag Dr. Otto Schmidt, Koeln, 2004.
15. Werner Lorenz: Die Rechtsnatur von Schiedsvertrag und Schiedsspruch,

AcP 157.
16. Wolfram Henckel: Prozessrecht und materielles Recht, Goettingen, 1970.

三、裁判文书

1. 北海海事法院（2003）海事初字第 016 号民事判决书
2. 北海海事法院（2008）海商初字第 275 号民事判决书
3. 北京市第二中级人民法院（2000）二中知初字第 95 号民事判决书
4. 北京市第二中级人民法院（2008）二中民初字第 11532 号民事判决书
5. 北京市第二中级人民法院（2008）二中民初字第 12764 号民事判决书
6. 北京市第二中级人民法院（2008）二中民初字第 7429 号民事判决书
7. 北京市第一中级人民法院（2009）一中民初字第 806 号民事判决书
8. 北京市第一中级人民法院（2000）一中知初字第 49 号民事判决书
9. 北京市第一中级人民法院（2001）一中民初字第 1587 号民事裁定书
10. 北京市第一中级人民法院（2008）一中民初字第 9681 号民事判决书
11. 北京市高级人民法院（2006）高民初字第 1575 号民事判决书
12. 北京市高级人民法院（2009）高民终字第 1575 号民事判决书
13. 北京市高级人民法院（2009）高民终字第 1915 号民事判决书
14. 北京市高级人民法院（2009）高民终字第 9 号民事判决书
15. 北京市高级人民法院（2012）高行终字第 1507 号行政判决书
16. 北京市高级人民法院（2002）高民终字第 286 号民事判决书
17. 北京市高级人民法院（2004）高民初字第 467 号民事判决书

18. 大连海事法院（2001）大海法商初字第 246 号民事判决书
19. 福建省高级人民法院（2003）闽经初字第 031 号民事判决书
20. 福建省高级人民法院（2010）闽民终字第 163 号民事裁定书
21. 福建省厦门市中级人民法院（2007）厦民初字第 255 号民事判决书
22. 福建省厦门市中级人民法院（2007）厦民初字第 291 号民事判决书
23. 广东省佛山市中级人民法院（2005）佛中法民四初字第 188 号民事判决书
24. 广东省高级人民法院（2002）粤高法民四初字第 1 号民事判决书
25. 广东省高级人民法院（2010）粤高法民三终字第 63 号民事判决书
26. 广东省高级人民法院（1996）粤法经二上字第 29 号民事判决书
27. 广东省高级人民法院（1996）粤法经二上字第 49 号民事判决书
28. 广东省高级人民法院（1996 年）广经终字第 35 号民事判决书
29. 广东省高级人民法院（2010）粤法经二初字第 1 号民事判决书
30. 广东省高级人民法院（2002）粤高法民三终字第 84 号民事判决书
31. 广东省高级人民法院（2004）粤高法民四终字第 2 号民事判决书
32. 广东省高级人民法院（2004）粤高法民四终字第 53 号民事判决书
33. 广东省高级人民法院（2004）粤高法民四终字第 6 号民事判决书
34. 广东省高级人民法院（2010）粤高法民四终字第 62 号民事判决书
35. 广东省广州市东山区[①]人民法院（2004）东法民一初字第 1436 号民事判决书
36. 广东省广州市萝岗区人民法院（2005）穗开法民二初字第 345 号民事判决书

[①] 自 2005 年 5 月起，广州市东山区已并入越秀区。

37. 广东省广州市番禺区人民法院（2006）番法民四初字第 51 号民事判决书
38. 广东省广州市中级人民法院（2004）穗中法民三初字第 124 号民事判决书
39. 广东省广州市中级人民法院（2004）穗中法民三初字第 297 号民事判决书
40. 广东省广州市中级人民法院（2005）穗中法民三初字第 229 号民事判决书
41. 广东省广州市中级人民法院（2005）穗中法民三知初字第 576 号民事判决书
42. 广东省广州市中级人民法院（2005）穗中法民一终字第 2247 号民事判决书
43. 广东省广州市中级人民法院（2006）穗中法民四初字第 351 号民事判决书
44. 广东省广州市中级人民法院（2007）穗中法民四初字第 43 号民事判决书
45. 广东省广州市中级人民法院（2007）穗中法民四初字第 104 号民事判决书
46. 广东省广州市中级人民法院（2008）穗中法民四终字第 4 号民事判决书
47. 广东省广州市中级人民法院（2008）穗中法民四初字第 15 号民事判决书
48. 广东省广州市中级人民法院（2008）穗中法民四初字第 214 号民事判决书
49. 广东省广州市中级人民法院（2008）穗中法民四终字第 30 号民事判决书
50. 广东省韶关市中级人民法院（2009）韶中法民三初字第 22 号民事判决书
51. 广东省深圳市中级人民法院（2003）深中法民四初字第 305 号民事判决书

52. 广东省珠海市中级人民法院（2002）珠法民四初字第 4 号民事判决书
53. 广西壮族自治区高级人民法院（2008）桂民四终字第 2 号民事判决书
54. 广西壮族自治区高级人民法院（2008）桂民四终字第 6 号民事判决书
55. 广西壮族自治区高级人民法院（2004）桂民四初字第 1 号民事判决书
56. 广西壮族自治区高级人民法院（2003）桂民四终字第 19 号民事判决书
57. 广西壮族自治区高级人民法院（2003）桂民四终字第 17 号民事判决书
58. 广西壮族自治区桂林市中级人民法院（2006）桂市民初字第 171 号民事判决书
59. 广西壮族自治区桂林市中级人民法院（2006）桂市民初字第 3 号民事判决书
60. 广州海事法院（1993）广海法商字第 119 号民事判决书
61. 广州海事法院（1994）广海法商字第 66 号民事判决书
62. 广州海事法院（1995）广海法商字第 66 号民事判决书
63. 广州海事法院（1999）广海法事字第 56 号民事判决书
64. 广州海事法院（2005）广海法初字第 274 号民事判决书
65. 广东省广州市中级人民法院（2007）惠中法民四初字第 15 号民事判决书
66. 广东省广州市中级人民法院（2007）惠中法民四初字第 20 号民事判决书
67. 海南省海口市美兰区人民法院（2013）美民一初字第 794 号民事判决书
68. 海南省海口市中级人民法院（2014）海中法民三终字第 4 号民事判决书
69. 黑龙江省高级人民法院（2005）黑高商外初字第 1 号民事裁定书

70. 湖北省武汉海事法院（1999）武海法宁商字第 80 号民事判决书
71. 江苏省常州市中级人民法院（2007）常民三初字第 82 号民事判决书
72. 江苏省常州市中级人民法院（2006）常民三初字第 11 号民事判决书
73. 江苏省常州市中级人民法院（2007）常民三初字第 78 号民事判决书
74. 江苏省高级人民法院（2010）苏商外终字第 0032 号民事判决书
75. 江苏省高级人民法院（2005）苏民三终字第 015 号民事裁定书
76. 江苏省高级人民法院（2007）苏民三终字第 0046 号民事判决书
77. 江苏省高级人民法院（2010）苏商外终字第 0074 号民事判决书
78. 江苏省南京市中级人民法院（2003）宁民五初字第 26 号民事裁定书
79. 江苏省南京市中级人民法院（2005）宁民三初字第 22 号民事判决书
80. 江苏省南京市中级人民法院（2008）宁民五初字第 68 号民事判决书
81. 江苏省苏州市中级人民法院（2005）苏中民三初字第 0105 号民事判决书
82. 江苏省苏州市中级人民法院（2007）苏中民三初字第 0094 号民事判决书
83. 江苏省苏州市中级人民法院（2008）苏中民三初字第 0008 号民事判决书
84. 江苏省苏州市中级人民法院（2008）苏中民三初字第 0036 号民事判决书
85. 江苏省苏州市中级人民法院（2008）苏中民三初字第 0053 号民事判决书
86. 江苏省苏州市中级人民法院（2008）苏中知民初字第 0006 号民事判决书
87. 江苏省苏州市中级人民法院（2008）苏中知民初字第 0066 号民

事判决书

88. 江苏省无锡市中级人民法院（2009）锡民三初字第 0131 号民事判决书
89. 江西省抚州市中级人民法院（2006）抚民三初字第 14 号民事判决书
90. 江苏省苏州市中级人民法院（2008）苏中民三初字第 0003 号民事判决书
91. 江西省高级人民法院（2006）赣民四终字第 8 号民事判决书
92. 江西省高级人民法院（2013）赣民四终字第 5 号民事判决书
93. 江西省吉安市中级人民法院（2010）吉中民二初字第 32 号民事判决书
94. 江西省南昌市中级人民法院（2007）南民初字第 1352 号民事判决书
95. 江西省南昌市中级人民法院（2009）洪少民终字第 16 号民事判决书
96. 江西省宜春市中级人民法院（2009）宜中民三初字第 4 号民事判决书
97. 辽宁省大连市中级人民法院（2008）大民二初字第 63 号民事判决书
98. 辽宁省高级人民法院（2010）辽民三终字第 28 号民事判决书
99. 辽宁省高级人民法院（1997）辽经一终字第 45 号民事裁定书
100. 辽宁省沈阳市中级人民法院（2004）沈中民（4）外初字第 12 号民事判决书
101. 宁波海事法院（2006）甬海法事初字第 5 号民事判决书
102. 宁波海事法院（1999）甬海事初字第 55 号民事判决书
103. 宁波海事法院（2006）甬海法商初字第 240 号民事判决书
104. 青岛海事法院（1995）青海法海事重字第 1 号民事判决书
105. 厦门海事法院（2004）厦海法事初字第 51 号民事判决书
106. 厦门海事法院（2005）厦海法商初字第 380 号民事判决书
107. 山东省高级人民法院（2001）鲁经终字第 240 号民事判决书

108. 山东省高级人民法院（2008）鲁民三初字第 1 号民事裁定书
109. 山东省高级人民法院（1997）鲁经终字第 236 号民事判决书
110. 陕西省高级人民法院（2005）陕民三终字第 19 号民事判决书
111. 陕西省西安市中级人民法院（2002）西经二初字第 074 号民事判决书
112. 上海海事法院（2002）沪海法商初字第 206 号民事判决书
113. 上海海事法院（2008）沪海法商初字第 638 号民事判决书
114. 上海海事法院（2003）沪海法商初字第 299 号民事判决书
115. 上海海事法院（86）沪海法商字第 13 号民事判决书
116. 上海市第二中级人民法院（2004）沪二中民五（知）初字第 89 号民事判决书
117. 上海市第一中级人民法院（2001）沪一中经终字第 1066 号民事判决书
118. 上海市高级人民法院（2000）沪高经终字第 335 号民事判决书
119. 上海市高级人民法院（1998）沪高民初字第 10 号民事判决书
120. 上海市高级人民法院（2003）沪高民四（海）终字第 133 号民事判决书
121. 上海市高级人民法院（2004）沪高民四（海）终字第 87 号民事判决书
122. 上海市黄浦区人民法院（2005）黄民二（商）初字第 2406 号民事判决书
123. 上海市浦东新区人民法院（2000）浦经初字第 3831 号民事判决书
124. 四川省成都市中级人民法院（2003）成民初字第 310 号民事判决书
125. 四川省成都市中级人民法院（2005）成民初字第 850 号民事判决书
126. 四川省高级人民法院（2004）川民终字第 162 号民事判决书
127. 天津海事法院（1998）津海法商初判字第 307 号民事判决书
128. 天津海事法院（2002）海商初字第 144 号民事判决书

129. 天津海事法院（2002）海商初字第 674-1 号民事判决书
130. 天津海事法院（2003）海商初字第 68-72 号民事判决书
131. 天津海事法院（2005）津海法商初字第 401 号民事判决书
132. 天津市高级人民法院（2002）津高民四终字第 046 号民事判决书
133. 天津市高级人民法院（2003）津高民四终字第 87 号民事判决书
134. 天津市高级人民法院（2006）津高民四终字第 95 号民事判决书
135. 武汉海事法院（2003）武海法通商字第 73 号民事判决书
136. 浙江省高级人民法院（2008）浙民四终字第 48 号民事判决书
137. 浙江省高级人民法院（2009）浙商外终字第 2 号民事判决书
138. 浙江省高级人民法院（2001）浙经二终字第 96 号民事判决书
139. 浙江省高级人民法院（2008）浙民三终字第 88 号民事判决书
140. 浙江省丽水市中级人民法院（2007）丽中民二初字第 92 号民事判决书
141. 浙江省宁波市海曙区人民法院（1998）甬海经初字第 431 号民事判决书
142. 浙江省宁波市中级人民法院（2000）甬经终字第 410 号民事判决书
143. 浙江省宁波市中级人民法院（2008）甬民四初字第 133 号民事判决书
144. 浙江省宁波市中级人民法院（2008）甬民四初字第 350 号民事判决书
145. 浙江省宁波市中级人民法院（2008）甬民四初字第 97 号民事判决书
146. 重庆市第五中级人民法院（2007）渝五中民初字第 387 号民事判决书
147. 重庆市第一中级人民法院（2008）渝一中法民初字第 193 号民事判决书
148. 重庆市高级人民法院（2013）渝高法民管异初字第 00003 号民事裁定书
149. 最高人民法院（2002）民四提字第 10 号民事判决书

150. 最高人民法院（2002）民四终字第 14 号民事裁定书
151. 最高人民法院（2004）民四终字第 23 号民事判决书
152. 最高人民法院（2006）民四终字第 8 号民事裁定书
153. 最高人民法院（1998）交提字第 3 号民事判决书
154. 最高人民法院（2000）交提字第 3 号民事裁定书
155. 最高人民法院（2000）经终字第 177 号民事裁定书
156. 最高人民法院（2001）民四终字第 16 号民事判决书
157. 最高人民法院（2002）民四终字第 6 号民事判决书
158. 最高人民法院（2004）民四终字第 21 号民事判决书
159. 最高人民法院（2004）民四终字第 5 号民事判决书
160. 最高人民法院（2005）民四终字第 7 号民事判决书
161. 最高人民法院（2005）民一终字第 31 号民事判决书
162. 最高人民法院（2009）民三终字第 4 号民事裁定书
163. 最高人民法院（2011）民提字第 29 号民事判决书
164. 最高人民法院（2013）民四终字第 34 号民事裁定书

附录：主要案例目录

1. （德国）大众汽车股份公司诉长春大众润滑油品销售有限公司等侵犯商标权及不正当竞争纠纷案
2. （香港）电视广播有限公司与中国网络通信集团公司宜宾市分公司等侵犯著作权纠纷
3. 文义焕和希腊山奇士海运有限公司劳动合同违约损害赔偿纠纷案
4. 金星国际有限公司（BRITE STAR INTERNATIONAL LIMTED）与江门旭升灯饰有限公司承揽合同纠纷管辖权异议上诉案
5. 中国特别机遇（巴巴多斯）有限公司与被上诉人（原审被告）福建南电股份有限公司侵权纠纷一案
6. 中国特别机遇（巴巴多斯）有限公司诉被告镇江闽鑫百货商贸有限公司、被告吴建平和被告镇江市纺织建筑煤炭行业管理办公室借款合同纠纷
7. 健阁臣（Jian-GeChen）与江苏中威药业有限公司、常州科莱博化工有限公司财产损害赔偿纠纷
8. 德国凯富迈有限公司（Klaus FMeyer GmbH）与被上诉人江阴市倪家巷化工有限公司国际货物买卖合同纠纷
9. 兰德曼澳门离岸公司（LANDMANN MACAO COMMERCIAL OFFSHORE LIMITED）与江苏惠宝翔鹰金属制品有限公司买卖合同纠纷
10. 毛里求斯惠州第一有限公司与天津市东风染整厂借款合同纠纷案
11. 莫里森等诉南京墨中贸易有限公司股东知情权纠纷案
12. 诺基亚（NOK）株式会社、宁波无边橡塑有限公司侵犯商标专用

权、仿冒纠纷案
13. 瑞华投资控股公司（Rui Hua Investment Holding Limited）与被告重庆渝江百货公司借款合同纠纷一案
14. 喜达屋（SPG）公司诉飞达仕空调公司、伊莱特公司国际货物买卖合同纠纷
15. 太阳货运集装箱有限公司（Sun Cargo Container Line Ltd）与被上诉人（原审原告）泉州奎生工艺有限公司管辖权异议案
16. 梯修易特朗父子有限责任公司（TChoithram & Sons LLC）与连云港宁远国际物流有限公司、钱婷不当得利纠纷一案
17. 特雷弗·罗齐尔（TREVOR ROZIE）与南京仙龙工艺品有限公司国际货物买卖合同纠纷上诉案
18. 阿拉伯联合酋长国西马泰克航运公司诉浙江省纺织品进出口集团公司海运欺诈损害赔偿纠纷
19. 东亚交通株式会社（EAC）诉苏州雪樱汽车科技有限公司技术服务合同纠纷案
20. 世界海运有限公司（WORLD MARITIME INC）、李小高与王香、王雪娟、王雪云、王永兴、金荷香海上人身损害赔偿纠纷案
21. 阿卜杜勒瓦希德诉东方航空公司国际航空旅客运输合同纠纷案
22. 阿尔瑟尔波斯特玛、爱文阿莱特波斯特玛、拉丝尼博得耶尔波斯特玛、爱无本杰明波斯特玛诉广州番禺某某客运有限公司、广东省某某客货运输合营有限公司、罗某某、广州市某某航运疏浚有限公司海上人身损害责任纠纷
23. 阿拉山口公司诉宁夏秦毅公司买卖合同纠纷管辖权异议案
24. 阿伦德娱乐科技有限公司与斯文·沃勒普、原审第三人天群发展有限公司财产权属纠纷案
25. 埃塞俄比亚船运公司与被上诉人天津新港船舶重工有限责任公司修船厂、天津新港船舶重工有限责任公司高度危险作业损害赔偿纠纷一案
26. 艾瑞迪国际贸易有限公司与被上诉人天津朝华中电物流有限公司、天津欧瑞德国际货运代理有限公司海事海商纠纷一案

27. 爱科空气处理技术（苏州）有限公司诉香港恩索机电科技有限公司买卖合同纠纷案
28. 安徽省医保公司因（香港）华甲公司不履行发生法律效力的民事调解书限制（香港）华甲有限公司董事长伊·狄·麦克布赖德出境案
29. 澳大利亚籍华侨潘端方诉被告李明祺、郭细妹、江杰晖、梁少洪侵权损害赔偿纠纷
30. 澳大利亚全景摄影出版有限公司诉广州市昌成陶瓷有限公司承揽合同纠纷案
31. 澳门居民陈建锋与被告东营益丰饭庄、第三人胜利油田工益实业有限公司破产管理人股东查阅权纠纷案
32. 澳门居民刘玉群诉谢冠峰民间借贷纠纷案
33. 巴博斯有限公司（BUBBLES INCORPORATED SA）等与中华人民共和国国家工商行政管理总局商标评审委员会商标争议行政纠纷上诉案
34. 巴拿马浮山航运有限公司与被告中国人民保险公司青岛市分公司船舶保险合同纠纷
35. 巴拿马富春航业股份有限公司、巴拿马胜惟航业股份有限公司（住所台北）与鞍钢集团国际经济贸易公司海上运输无单放货纠纷再审案
36. 巴拿马古德吉尔航运股份有限公司与俞小洪海上人身损害赔偿纠纷上诉案
37. 巴拿马寰宇租船公司诉被告中国钦州外轮代理有限公司涉外船舶代理侵权赔偿纠纷案
38. 巴拿马玛丽娜维法航运公司与中国五金矿产进出口总公司滞期费纠纷案
39. 巴拿马易发航运公司与对方当事人钟孝源等发生船舶碰撞损害赔偿纠纷再审案
40. 百珂飞信息科技（上海）有限公司诉江苏中科梦兰电子科技有限公司等买卖合同纠纷案

41. 百事达（美国）企业有限公司与被告安徽饭店、何宗奎、章富成以及第三人安徽金辰酒店管理有限公司、中美合资安徽饭店有限公司清算委员会民事侵权赔偿纠纷一案
42. 百事利达国际有限公司与被上诉人招商银行、原审被告北京利达海洋生物馆有限公司借款合同纠纷管辖权异议案
43. 佰富集团有限公司与中航技房地产开发有限公司、重庆中航万科峻景置业有限公司、重庆万滨置业有限公司、重庆中航万科云岭置业有限公司等房地产开发经营合同纠纷管辖权异议案
44. 坂田株式会社与被告济南市进出口公司、被告青岛金诚企业运输有限公司不当得利纠纷案
45. 保定市保华调味品有限公司与保定市天鹏进出口集团有限公司诉马沙利奥（香港）有限公司[MERZARIO（HongKong）LTD]与地中海航运公司（Mediterranean Shipping Company SA,Geneve）海上货物运输合同无正本提单放货纠纷案
46. 保利科技有限公司诉被告夏威夷航运有限公司、达通航运有限公司、中国再保险（集团）公司海上货物运输合同货差纠纷
47. 保利科技有限公司诉被告伊朗伊斯兰共和国航运公司、阿斯纳航运有限公司海上货物运输合同货差纠纷
48. 北京博达新大陆广告有限公司诉艾贝丝化妆品有限公司承揽合同纠纷案
49. 北京国网信息有限责任公司与（美国）宝洁公司计算机网络域名纠纷上诉案
50. 北京金隆兴科技有限公司诉被告广州埃信电信设备有限公司、关淇、李凌波承揽合同纠纷案
51. 北京京港润丰有限公司诉被告陈奕文、被告北京洲际好年贸易有限公司董事损害公司权益纠纷一案
52. 北京京皇国际大厦有限公司诉中国人寿保险（海外）股份有限公司香港分公司借款合同纠纷案
53. 北京三和松石机电有限责任公司与波兰华庆进出口有限公司国际货物买卖合同纠纷上诉案

54. 北欧商业银行—欧洲银行（Bcen-Euro Bank）诉佛他贸易有限公司（Ferta Trade Ltd SA）船舶抵押权纠纷案
55. 北影录音录像公司诉北京电影学院侵犯作品专有使用权纠纷案
56. 本田技研工业株式会社、五羊－本田摩托（广州）有限公司与被告力帆实业（集团）股份有限公司、上海文安摩托车有限公司专利侵权纠纷案
57. 曹帅英、周会济与被上诉人饶光环、一审第三人邹佐才不当得利纠纷案
58. 柴多夫·阿列克·米哈伊洛维奇诉被告帕能格有限公司（PelengueAtrInc，Russia）、海洋资源管理有限公司（Marine Resource Management Limited，Malta）海员劳务合同确权纠纷
59. 常州市武进金陵灯具厂诉润峰（香港）有限公司买卖合同纠纷案
60. 常州市武进经纬纺织服装有限公司诉北京华夏企业货运有限公司上海分公司等海上货物运输合同无单放货赔偿纠纷案
61. 超力国际贸易控股有限公司诉丘济平、丘兰珍涉外侵权赔偿纠纷
62. 陈钢诉新加坡航空公司涉外侵权损害赔偿纠纷
63. 陈惠钿等诉梁健敏合同无效和不当得利纠纷
64. 陈梅金、林德鑫诉日本三菱汽车工业株式会社侵权损害赔偿纠纷上诉案
65. 陈学新与香港创基（商场策划）集团有限公司、深圳市永基行物业顾问有限公司居间合同纠纷
66. 成都真锅咖啡餐饮文化有限公司与毛里求斯共和国客禧康国际有限公司侵犯注册商标专用权纠纷上诉案
67. 川口兴有与被告姜成澎财产损害赔偿纠纷
68. 崔德海诉进洋海运有限公司港口作业人身伤害赔偿纠纷案
69. 大华公司诉被告阿联酋超级巨龙公司、被告周国祥国际货物买卖合同纠纷
70. 大连港股份有限公司诉被告罗依尔油轮公司港口作业纠纷案
71. 大连金港水产开发服务公司与巴拿马雅河船务公司船舶碰撞油污水域损害赔偿纠纷

72. 大连粮食进出口接运总公司、广东中旅企业集团公司与洮南市粮油经贸公司、吉林省土产畜产进出口集团有限责任公司以及原审第三人香港柏通贸易有限公司信用证纠纷
73. 大连羽田钢管有限公司与大连保税区弘丰钢铁工贸有限公司、日本株式会社羽田钢管制造所、大连高新技术产业园区龙王塘街道办事处物权确认纠纷再审案
74. 大新银行与被告逸品香港公司、逸品昆山公司租赁合同纠纷
75. 大众保险股份有限公司南通中心支公司与被告挪威王国轨道系统（NRS）公司保险代位求偿权纠纷
76. 丹东市沿江开发区丹东港口经济开发总公司诉被告中国人民财产保险股份有限公司湖北省分公司海事诉讼担保纠纷
77. 丹麦·阿科特利斯卡贝特公司与被告中国·湖北华龙石材有限公司、被告中国·武汉长伟国际航运实业有限公司海上货物运输假提单提货侵权纠纷一案
78. 德国必达福塑料有限两合公司、必达福环保塑料型材（无锡）有限公司诉刘大健、杨清、无锡市鼎天塑料型材有限公司和汪青、顾正华侵犯商业秘密纠纷案
79. 德国老爸状告亲生女要求减少抚养费纠纷
80. 德国欧玛瑞斯特有限及两合公司诉北京创华世纪国际贸易有限公司一般买卖合同纠纷案
81. 德国旭普林国际有限责任公司与无锡沃可通用工程橡胶有限公司申请确认仲裁协议效力案
82. 德国亚欧交流有限责任公司与被上诉人黑龙江省绥芬河市青云经贸有限公司合作协议纠纷管辖权异议案
83. 德累斯登银行上海分行诉香港托洛伊有限公司、波兰人弗雷德列赫·马列克借款合同纠纷一案
84. 德士马（广州）机械工程有限公司与际华三五一四制革有限公司申请确认仲裁协议效力管辖权异议纠纷上诉案
85. 德士特股份有限公司诉蔡鸿章股权侵权纠纷
86. 德意志银行等八家银行与新华闻租赁公司借款合同案

87. 德州开元进出口有限公司与被告华泰海洋发展有限公司和上海丸吉船舶管理有限公司海上货物运输合同货物灭失赔偿纠纷
88. 邓达辉与被告比尔林投资控股有限公司海员劳务合同欠付工资纠纷案
89. 邓建康诉台湾居民郭崇光买卖合同、担保合同纠纷案
90. 邓旭与美籍华人叶生琳、防城港市防城区防城农村信用合作社借款担保合同纠纷
91. 蒂森克虏伯冶金产品有限责任公司（Thyssen Krupp Mentallurgical Products Gmbh）与中化国际（新加坡）有限公司其他买卖合同纠纷
92. 东方物产株式会社与苏州恒良进出口有限公司申请执行仲裁裁决纠纷案
93. 东莞桥头大洲乔辉电线厂与台一江铜（广州）有限公司买卖合同纠纷上诉案
94. 东莞宇扬电子有限公司诉被告翊达海空货运（香港）有限公司航空及海上货物运输合同纠纷
95. 渡边睦义重婚案
96. 二十世纪福克斯电影公司诉北京市文化艺术出版社音像大世界侵犯著作权纠纷案
97. 法国卡罗公司（CALOR）诉同江市麦达尔纺织贸易有限公司侵犯外观设计专利权纠纷案
98. 法国拉科斯特股份有限公司（LACOSTE）与被告黑龙江省嫩江县对外贸易公司侵犯商标专用权纠纷
99. 法国达飞轮船有限公司与被告上海华安国际集装箱储运有限公司、被告永富国际货运有限公司[Yongfu International Freight (China) Limited]海上货物运输合同起诉条件认定纠纷
100. 法国达飞轮船有限公司与湖南省技术进出口股份有限公司海上货物运输合同纠纷上诉案
101. 法国达飞轮船有限公司与浙江鑫鸿拉链有限公司、原审被告宁波华港国际船舶代理有限公司海上货物运输合同无单放货纠纷案

102. 法国达飞轮船有限公司诉东方绿有机产业有限公司海上货物运输合同违约赔偿纠纷
103. 法国拉科斯特股份有限公司诉上海三弟服饰发展有限公司等侵犯商标专用权纠纷案
104. 泛洋航运贸易公司（Pan Pacific Shipping & Trading SA）与深圳蛇口万事达实业有限公司航次租船合同纠纷
105. 范恺文诉台湾居民陈月蓉继承纠纷案
106. 方归、颜偿治、香山国际游艇俱乐部（厦门）有限公司、方东洛、吴文科民间借贷纠纷
107. 丰益（天津）国际贸易有限公司、伊朗航运公司与雅仕化工国际有限公司倒签提单侵权损害赔偿纠纷案
108. 冯辉民与王广连、李炳玺、刘长兴、李炳显财产侵权纠纷
109. 佛山市南海长城金属有限公司诉东方海外物流（中国）有限公司佛山分公司等海上货物运输提货担保金纠纷案
110. 佛山市南海中油坚盛燃料贸易有限公司与被泰国开泰银行及原审被告欧爱华、赵文博、李永军、佛山市南海亿能石油化工燃料有限公司、佛山市三水龙池石化燃料有限公司借款、保证、抵押合同管辖权异议纠纷
111. 佛山市人民政府与被上诉人交通银行香港分行担保纠纷上诉案
112. 佛山市顺德区东骏投资有限公司与中国银行股份有限公司佛山高明支行借款担保合同纠纷
113. 福建省工艺品厦门进出口公司与香港裕利航运有限公司、厦门裕利集装箱服务有限公司无单放货纠纷
114. 福建省晋江市陈埭下村纸箱厂与被告陈春波、张金堆、张惠芳清算组成员责任纠纷
115. 福建省平潭亿达海洋渔业有限公司诉中国国际渔业公司等错误扣船损害赔偿案
116. 福州吉丰船务有限公司诉大护商船株式会社船舶碰撞损害赔偿纠纷案
117. 抚州美丽华大酒店有限公司因与江西通信服务公司、卓业国际投

资集团有限公司租赁合同纠纷
118. 富钧新型复合材料（太仓）有限公司、仕丰科技有限公司、永利集团有限公司公司解散纠纷
119. 甘肃省公路局诉被告日本横滨橡胶株式会社产品责任侵权纠纷一案
120. 高朋乙、张素敏、高红霞诉被告静洋之星有限公司和被告大连新凯船舶管理有限公司海上人身伤亡损害赔偿纠纷
121. 灌云县国际经济贸易公司诉法国达飞轮船有限公司、法国达飞轮船有限公司深圳办事处、邦辉船务代理（香港）有限公司深圳办事处无提单交付货物损害赔偿纠纷案
122. 广澳开发总公司诉新加坡联发船务（私人）有限公司、印度尼西亚茂林合板厂有限公司预借提单损害赔偿纠纷案
123. 广东发展银行股份有限公司诉被告香港乐邦企业有限公司及被告广东高丰企业有限公司借款及担保合同纠纷案
124. 广东发展银行江门分行诉香港新中地产有限公司借款担保纠纷案
125. 广东恒兴集团有限公司诉被告华泰财产保险股份有限公司广东省分公司海上货物运输保险合同纠纷
126. 广东省台山市志高休闲用品制造有限公司和台湾省高志股份有限公司与被告 DSL 星运公司、马士基物流（中国）有限公司、巴拿马绿色罗盘海运公司、哥本哈根 AP 穆勒－马士基中国公司、法国达飞轮船有限公司海上货物运输合同货物交付纠纷
127. 广东省演出公司诉艺中艺有限公司委托合同纠纷案
128. 广东省湛江食品进出口公司诉越海航运公司、克罗地亚航运公司、幸运海路服务有限公司海上货物运输倒签提单侵权损害赔偿纠纷案
129. 广东威利冠资讯科技有限公司与中国香港白水泥（集团）有限公司、原审第三人横县国有资产管理中心企业出售纠纷
130. 广晟投资发展有限公司、北京北大青鸟有限责任公司与中国恒基伟业集团有限公司、香港青鸟科技发展有限公司借款及担保合同

纠纷案

131. 广州大田国际货运有限公司诉广州市赛维贴标设备有限公司货运代理合同纠纷案

132. 广州德易模具有限公司和美国卡洛驰（CROCS）公司不当得利纠纷

133. 广州帝臣贸易有限公司诉被告香港卡美莱特集团有限公司买卖合同纠纷

134. 广州广船国际股份有限公司诉香港光宏国际有限公司、香港居民黄今朝债权转让合同纠纷

135. 广州国际信托投资公司诉被告东莞崇德织绣制品有限公司、香港居民郑德胜、郑惠玲债务抵偿及担保合同纠纷

136. 广州市商业银行区庄支行与被告瑞晖实业（深圳）有限公司、罗庆斌、香港瑞晖有限公司借款合同纠纷

137. 广州市兆鹰五金有限公司诉被告北京康捷空货运代理有限公司广州分公司、美国劲达货运股份有限公司、北京康捷空货运代理有限公司海上货物运输无提单交付货物纠纷

138. 广州市卓兴贸易有限公司诉被告中海发展股份有限公司货轮公司财产保全损害赔偿纠纷

139. 广州威尔曼药业有限公司诉被告美国辉瑞有限公司侵犯经营秘密及其他不正当竞争纠纷案

140. 贵州瓮福磷矿进出口公司与斯诺运输公司、寰宇租船公司等海上货物运输不当得利纠纷上诉案

141. 桂林山美服装实业公司与被上诉人中国银行桂林分行、桂林市旅游商贸服务公司、台湾居民庄政男、桂林市世聪服装实业有限责任公司借款担保合同纠纷

142. 国华商业银行香港分行与汕头宏业（集团）股份有限公司、汕头经济特区新业发展有限公司担保合同纠纷管辖权异议案

143. 海南丰海粮油工业有限公司与中保财产保险有限公司海南省分公司海运货物保险合同纠纷

144. 海南魁北克海洋渔业有限公司、一审被告盛宝国际有限公司与星

展银行（香港）有限公司融资租赁合同纠纷上诉案
145. 海南省木材公司与被告新加坡泰坦船务私人有限公司、被告新加坡达斌（私人）有限公司海上货物运输提单欺诈损害赔偿纠纷
146. 海南太平洋石油股份有限公司、中国化工进出口总公司、三亚凤凰国际机场总公司、中国航空油料总公司与亚太石油国际有限公司中外合资经营合同纠纷上诉案
147. 海南通连船务公司与五矿国际有色金属贸易公司海上货物运输纠纷再审案
148. 海宁市进出口公司诉韩国三星物产株式会社国际货物买卖合同品质纠纷案
149. 韩国世光（SEKWANG）船务公司申请设立海事赔偿责任限制基金案
150. 韩国产银三次流动化专门有限公司与韩国朝阳商船株式会社船舶抵押权确权诉讼
151. 韩国三荣公司诉盘锦庆道服装有限公司海运货物返还纠纷案
152. 韩国新湖商社与四川省欧亚经贸总公司等信用证欺诈纠纷管辖权异议案
153. 韩进船务有限公司申请承认与执行外国仲裁裁决案
154. 韩进海运株式会社与中国北海外轮代理有限公司、中国南光进出口总公司、北海市华垦商业有限公司无正本提单放货追偿纠纷
155. 汉莎－康斯坦斯公司、普罗旺斯有限公司与青岛港务局油港公司、汉莎－特罗汉德斯夫－百蒂尔股份公司码头输油臂损害赔偿纠纷案
156. 何群珍诉韩国公民咸明根国际买卖合同货款纠纷案
157. 何远堂、许鉴本、何远就与广西合浦西场永鑫糖业有限公司海域渔业污染损害赔偿纠纷案
158. 河北圣仑与韩国津川和天津津川无单放货纠纷案
159. 河北新凯汽车制造有限公司、高碑店新凯汽车制造有限公司与（日本）本田技研工业株式会社、东风本田汽车（武汉）有限公司、北京鑫升百利汽车贸易有限公司侵犯外观设计专利权纠纷管

辖权异议案
160. 荷兰公民邹朗星、梁秀美与被告广州市丰盈置业发展有限公司委托合同纠纷
161. 荷兰人邱玉琴与巨田证券有限责任公司深圳人民南路证券营业部等侵权纠纷上诉案
162. 荷属安的列斯·东方航运有限公司与中国·澄西船舶修造厂船舶修理合同纠纷再审案
163. 黑龙江省东宁县华埠经济贸易公司与中国外运山东威海公司等船舶进口代理合同、废钢船买卖合同纠纷再审案
164. 宏图兄弟航运有限公司与被告沙云发船舶碰撞损害赔偿纠纷一案
165. 洪卓儿（杭州澳仕多游乐设备有限公司董事长）与澳大利亚基诺王（WANG GINO CHIEN）买卖合同纠纷上诉案
166. 湖南新时代国际货运有限公司广州分公司诉被告广州民生国际货物运输代理有限公司、民生国际货物运输代理有限公司、民生轮船有限公司广州分公司货运代理合同纠纷
167. 湖州市汇泰制衣有限公司与大连华迅国际空运有限公司宁波分公司国际航空货物运输运费纠纷再审案
168. 沪港两家争千万遗产案
169. 华比富通银行与广东省水利厅担保合同纠纷案
170. 华芳纺织股份有限公司诉崔海吉债务转移合同纠纷案
171. 华力环球运输有限公司与山东省莱芜市第二染织厂海上货物运输无单放货损害赔偿纠纷
172. 华纳唱片有限公司诉被告陕西省外文书店录音制作者侵权纠纷一案
173. 珠海玉峰房产公司与中国银行广东省分行、香港冠满发展有限公司借款合同纠纷案黄红鹰诉谭庆文和加拿大公民尹忠谦等买卖合同纠纷案
174. 黄小玲诉中山华帝燃具股份有限公司人身损害赔偿纠纷案
175. 黄晓东诉澳大利亚公民罗自评涉外离婚纠纷案

176. 吉列公司与邱雪昌商标侵权纠纷
177. 吉林市淞美醋酸有限公司诉美国唯品（WP）国际发展公司、吉林化学工业股份有限公司侵权损害赔偿纠纷管辖权异议案
178. 集光有限公司（ALLIED BRIGHT LIMITED）与被上诉人上海银行股份有限公司白玉支行财产损害赔偿纠纷一案
179. 记名收货人富集（FUJIMAX）有限公司诉承运人沙特阿拉伯国家航运有限公司等海上运输货物错交后虽有一定的替代履行仍应负货损责任案
180. 健台机械有限公司诉被告上海轻工机械股份有限公司、被告史仁良及第三人上海天祥·健台制药机械有限公司董事损害公司权益纠纷一案
181. 江繁玉等与江西省进贤县温圳镇农机管理站等机动车交通事故侵权损害赔偿纠纷上诉案
182. 江门新华造纸厂与香港德利五金纸业公司等货款纠纷上诉案
183. 江苏国际经济技术合作公司与中国银行（香港）有限公司保证合同纠纷案
184. 江苏国泰国际集团国贸股份有限公司与加铝国际中国有限公司、交通银行股份有限公司苏州分行买卖合同及信用证纠纷案
185. 江苏虹宇太阳能工业有限公司与沈锥、范金妹返还财产纠纷
186. 江苏联众文化传媒有限公司诉香港立新世纪投资有限公司娱乐服务合同纠纷案
187. 江苏瑞浩祥国际物流有限公司诉香港川运有限公司（Tranco Limited）船舶碰撞赔偿纠纷案
188. 江苏省纺织品进出口集团股份有限公司诉北京华夏企业货运有限公司上海分公司等海上货物运输合同无单放货赔偿纠纷案
189. 江苏省纺织品进出口集团股份有限公司诉美商海陆联运（中国）有限公司海上货物运输合同案
190. 江苏省国际信托有限责任公司诉深圳市德庐投资发展有限公司、香港大升国际有限公司等金融借款合同纠纷案
191. 江苏省海外企业集团有限公司与升力（SUNCRAFT）有限责任公

司等合作合同纠纷上诉案

192. 江苏省轻工业品进出口集团股份有限公司因与被告中国·江苏环球国际货运有限公司、被告美国·博联国际有限公司海上货物运输合同纠纷

193. 江苏省物资集团轻工纺织总公司诉（香港）裕亿集团有限公司、（加拿大）太子发展有限公司侵权损害赔偿纠纷管辖权异议上诉案

194. 江苏星震宇国际物流有限公司与被告环世物流（美国）公司、深圳航荣物流有限公司上海分公司侵权损害赔偿纠纷

195. 江苏中威药业有限公司诉美国阿哥诺药业公司（AGNO PHARMACEUTICALS LLC）国际货物买卖合同纠纷案

196. 江阴互兴制衣公司与美国伊雪尔公司、香港狮威货运公司、广东针织品进出口针织品公司、中海经济贸易开发公司侵权纠纷案

197. 金荣航运有限公司与被告王本全、戚秀娟、柳运花、王晨梅船舶碰撞损害赔偿纠纷

198. 晋江市东富鞋材制造有限公司、王志河、香港居民陈锦安与被上诉人兴业银行晋江支行借款合同纠纷

199. 卡斯托尼精密金属（天津）有限公司与博览株式会社国际货物买卖合同纠纷案

200. 凯摩高公司诉盐城凯摩高机械制造有限公司商标侵权暨不正当竞争纠纷案

201. 可汗船务私人有限公司与王桂花船舶碰撞纠纷

202. 可隆商事株式会社诉湛江港务局货物交付侵权损害赔偿纠纷案

203. 昆山市信托投资公司清算组诉昆山市花桥镇建福村村民委员会、台湾新饰美塑胶工业有限公司、大屯煤电公司徐庄矿多种经营公司、上海嘉定外冈液化气经营有限公司、昆山市工业资产经营总公司借款纠纷

204. 蓝柯夫有限公司诉扬州亚细亚商厦借款及抵押合同纠纷案

205. 雷康民与袁波涉港民间借贷纠纷上诉案

206. 雷远城与厦门王将房地产发展有限公司、远东房地产发展有限公

司财产权属纠纷案
207. 力达公司与被告美国尼柯达公司、被告韩天雷、被告朱文逸、被告尼柯达（常州）电器有限公司买卖合同纠纷
208. 利比里亚海洋航运有限公司诉前申请扣押土耳其玛迪租船公司货物案
209. 利比里亚里拉克海运公司、大韩海运株式会社诉广东湛江船务代理公司、中国外运广东湛江储运公司海运提单项下货物侵权损害赔偿纠纷案
210. 利比里亚易迅航运公司与巴拿马金光海外私人经营有限公司船舶碰撞损害赔偿纠纷案
211. 利伯格斯船务有限公司诉江南造船厂修船分厂错误申请扣押船舶损害赔偿案
212. 利昌隆贸易有限公司、诚联国际发展有限公司诉中国外运广东湛江储运公司、广东湛江船务代理公司海运提单项下货物侵权损害赔偿纠纷案
213. 连云港明日国际海运有限公司与艾斯欧洲集团有限公司、上海明日国际船务有限公司航次租船合同纠纷
214. 连云港外代公司诉连云港港务局、港明实业公司、港明贸易公司无单放货侵权赔偿纠纷案
215. 连云港长江公司诉青岛义丰货代无单放货损害赔偿纠纷案
216. 联邦德国格布·舍马克尔有限合伙公司与上海市对外贸易总公司随船债务转移纠纷案
217. 联德电子（东莞）有限公司诉深圳市外代国际货运有限公司海上货物运输合同纠纷案
218. 林贤峻、陈倩萍诉海南省临高县昆社航运公司、湛江市水运总公司第三公司、苏开利、陈成海上拖航损害赔偿纠纷案
219. 林亚伟、中国渔船船东互保协会诉被告越南社会主义共和国青化檀山市山海运输责任有限公司船舶碰撞损害赔偿纠纷案
220. 刘方毅诉吴扬令（David Yang Ling Wu）等其他合同纠纷案
221. 柳州市纺织控股（集团）有限公司、柳州立宇集团有限公司、柳

州市纺建物资贸易有限责任公司与金顿发展有限公司股权转让纠纷上诉案
222. 鲁道夫达斯勒体育用品波马股份公司与陕西华润万家生活超市有限公司侵犯商标专用权纠纷案
223. 陆红诉美国联合航空公司国际航空旅客运输损害赔偿纠纷案
224. 马航和马来西亚保险公司等5家境外保险公司与大连化建公司及嘉里大通物流有限公司等国际航空货物运输损害赔偿纠纷
225. 马来西亚统一电力公司（KUB Power Sdn Bhd）诉被告中国光大银行股份有限公司沈阳分行担保合同纠纷一案
226. 马来西亚西林克公司（Sealink Sdn Bhd）、易拉公司（Era Surplus Bhd）诉绍兴天龙进出口有限公司、浙江天龙进出口贸易有限公司船舶所有权侵权纠纷
227. 马来西亚廖昌颐与廖抡万房产纠纷案
228. 马绍尔群岛第一投资公司申请承认和执行英国伦敦临时仲裁庭仲裁裁决案
229. 马士基（中国）航运有限公司、马士基（中国）航运有限公司厦门分公司、中国厦门外轮代理有限公司与厦门瀛海实业发展有限公司国际海上货运代理经营权损害赔偿纠纷案
230. 美籍华人廖某与中国公民魏某离婚案
231. 美国欧特克（Autodesk）公司诉龙发公司计算机软件著作权侵权纠纷案
232. 美国能源工程公司（EOS）诉山西新绛发电有限责任公司、新绛县人民政府、中国银行山西省分行侵权纠纷上诉案
233. 美国通用动力公司（General Dynamics Corporation）诉上海捷德航空技术有限公司、捷德航空工业有限公司擅自使用他人企业名称纠纷管辖权异议案
234. 美国霍姆兰德豪斯韦尔斯公司（HOMELAND HOUSEWARES, LLC）诉慈溪市得利佳电器有限公司侵犯著作财产权、人身权纠纷案
235. 美国摩根大通银行与利比里亚海流航运公司船舶抵押权纠纷案

236. 周顺祥、赵玲萍诉珠海市石景山旅游中心分时度假合同案
237. 美国巴润摩托车有限公司与台湾长荣海运股份有限公司海上货物运输合同纠纷
238. 美国宝洁公司诉被告北京市天地电子集团侵犯商标权、不正当竞争纠纷
239. 美国定航国际货运服务有限公司诉上海华源经济发展公司海上货物运输合同纠纷上诉案
240. 美国独资企业必捷油田服务（北京）有限公司与东营市东营区和光科技有限责任公司租赁合同纠纷案
241. 美国杜邦公司与北京国网信息有限责任公司网络域名商标侵权及不正当竞争纠纷
242. 美国公民曾纪林诉于岩侵权纠纷案
243. 美国和德（集团）有限公司和樱桃谷航运有限公司海上货物运输货损赔偿纠纷案
244. 美国花旗银行（CITIBANK N.A.）与上海兰生股份有限公司等国际托收纠纷上诉案
245. 美国华裔母亲刘文静监护权案
246. 美国环球营养品公司与四川省新光工业进出口公司国际货物买卖合同纠纷上诉案
247. 美国加利福尼亚州公民林柏君诉郑州正林食品有限公司债务纠纷案
248. 美国矿产金属有限公司（MINMETAL SINC）诉上海联合木材工业有限公司无单提货侵权损害赔偿纠纷案
249. 美国矿产金属有限公司与厦门联合发展（集团）有限公司债务纠纷上诉案
250. 美国鹿园公司诉北京中美金车银港汽车科技服务有限公司股东知情权纠纷案
251. 美国美瑞华国际企业公司与常州长江客车集团有限公司等确认董事会决议、出资协议无效纠纷上诉案
252. 美国人王伟和中国台湾居民陈辉腾返还垫付款纠纷案

253. 美国商翔国际有限公司诉中国南车集团株洲电力机车厂、湖南进出口集团公司中邦分公司违约损害赔偿案

254. 美国梯·捷·斯蒂文逊公司与欧文信托公司诉利比里亚詹尼斯运输公司追索垫付船员工资、船舶费用纠纷及行使船舶抵押权纠纷案

255. 美国沃尔特·迪斯尼公司与被告北京出版社、北京少年儿童出版社、新华书店总店北京发行所侵犯版权纠纷案

256. 美国星源公司、美国统一星巴克诉上海星巴克、上海星巴克分公司商标侵权及不正当竞争纠纷案

257. 美国总统轮船公司与菲达电器厂、菲利公司、长城公司无单放货纠纷再审案

258. 美籍华人符春花与被上诉人陈伦河、陈伦友、邢福和因财产损害赔偿纠纷案

259. 糜放与八达研磨材料（河南）有限公司侵犯商业秘密纠纷管辖权异议上诉案

260. 莫尔伯贸易公司诉盐城中大国际贸易有限公司产品质量损害赔偿纠纷案

261. 莫格凤诉台湾居民黄大豪、第三人广州维晟鞋料有限公司借款合同纠纷案

262. 莫瓦萨拉特运输公司[MOWASALAT（THE TRANSPORT CO）]诉中远航运股份有限公司海上货物运输合同货损纠纷

263. 纳瓦嘎勒克西航运有限公司诉中国冶金进出口山东公司凭保函提货纠纷案

264. 耐克体育（中国）有限公司、耐克（苏州）体育用品有限公司诉被告阿狄达斯－萨洛蒙有限公司、被告阿迪达斯（中国）有限公司、被告阿迪达斯（苏州）有限公司及被告郑智财产损害赔偿纠纷案

265. 耐威森船务公司与被上诉人连云港远东国际船舶代理有限公司与被上诉人天津船务代理有限公司、被上诉人上海远东环球国际船舶代理有限公司、被上诉人香港永和船务公司留置权损害赔偿

纠纷案
266. 南京华夏海运公司诉塞浦路斯澳非尔堤斯航运有限公司船舶碰撞损害赔偿纠纷案
267. 南京朗光电子股份有限公司诉蓝普思光电有限公司国际货物买卖合同纠纷案
268. 南京绿特农业科技有限公司与澳大利亚易安宝（YIANBAO）工贸进出口公司买卖合同纠纷上诉案
269. 南京曙光化工集团有限公司与美国科聚亚公司、南京康普顿曙光有机硅化工有限公司其他股东权纠纷案
270. 南宁市光兆年合广告策划有限公司与香港天华投资有限公司合作合同纠纷上诉案
271. 南通中新毛纺印染有限公司诉韩国高丽海运株式会社海上货物运输合同无单放货纠纷案
272. 宁波保税区吉宁国际贸易有限公司诉杰克航运公司（JACKYRICKMERS Schiffahrtsgesellschaft）船舶碰撞损害赔偿纠纷
273. 宁波顶佳进出口有限公司与被告瑞士地中海航运公司海上货物运输合同纠纷
274. 宁波天然国际贸易有限公司与被告天津泛艺国际货运代理服务有限公司宁波分公司海上货运代理合同违约赔偿纠纷一案
275. 宁波文宝现代文化日用品有限公司与被告美国优联运通股份有限公司（UNITED CARGO SERVICE, INC）、被告上海亚轮国际货运有限公司海上货物运输合同无单放货赔偿纠纷案
276. 宁波屹东电子股份有限公司与英属维尔京群岛国大控股公司（ANC Holding Corporation）国际货物买卖合同纠纷上诉案
277. 栖霞市恒兴物业有限公司与源诚（青岛）国际货运有限公司无正本提单放货纠纷案
278. 钦州市钦南区水运三公司、李国庆、陈保生与蓝庆强、罗文辉、姜洪帮船舶碰撞损害赔偿纠纷上诉案
279. 青岛市化学石油供销有限责任公司与于长春、威海瀛海置业开发

附录：主要案例目录　373

有限公司、胜利油田工益房地产开发有限责任公司、美国环球联合工程技术有限公司股东代表诉讼纠纷

280. 青岛中达信实业有限公司诉香港沈港发展有限公司、第三人新东北电气投资有限公司、沈阳万里汽车出租有限公司企业之间借贷纠纷

281. 邱兼发与南京发欣能源有限公司损害公司权益纠纷一案

282. 日本爱友（AIU）保险公司诉被告巴拿马通利航运有限公司海运合同代位求偿赔偿纠纷

283. 日本大和食品贸易株式会社诉浙江省粮油食品进出口股份有限公司国际货物买卖合同纠纷案

284. 日本东洋电化工业株式会社与工商银行贵阳南明支行侵权纠纷

285. 日本公民赤间森与被上诉人张翠敏租赁合同纠纷上诉案

286. 日本公民五味晃申请中国法院承认和执行日本法院判决案

287. 日本管材中心株式会社与北京庄胜房地产开发有限公司买卖合同纠纷上诉案

288. 日本国能势观光开发株式会社与被告海南观光旅游开发有限公司借款合同纠纷案

289. 日本国日欧集装箱运输公司与福建省宁德地区经济技术协作公司预借提单侵权损害赔偿纠纷

290. 日本国三忠株式会社诉中国福建九州（集团）股份有限公司国际货物买卖合同短重赔偿案

291. 日本国怡楠通商有限会社诉被告大连龙德商贸有限公司、被告大连科尔特商贸有限公司侵犯商业秘密纠纷

292. 日本黄帽子株式会社诉吕鹏辉劳务（雇佣）合同纠纷案

293. 日本居民王凤魁诉被告中国大连航运集团大连海运总公司海上旅客运输合同人身损害赔偿纠纷案

294. 日本人纪平孝诉湖南省人民医院赠予汽车案

295. 日本三洋电机株式会社诉国家工商行政管理总局商标评审委员会商标争议裁定纠纷上诉案

296. 日本西谷商事株式会社、中国人民保险公司青岛市分公司海上货

物运输保险合同纠纷案
297. 日本株式会社辽宁实业公司诉辽宁工程机械有限责任公司注册资本权益转让合同侵权纠纷案
298. 荣成华进水产有限公司诉中远海运宁波航运有限公司、希斯潘船舶管理有限公司船舶碰撞纠纷案
299. 瑞士纽科货物有限责任公司与中国建设银行吉林省珲春市支行拒付信用证项下货款纠纷上诉案
300. 瑞士银行、原告瑞士伊文达公司与被告昌丰公司借款合同纠纷
301. 瑞泰国际航运有限责任公司、大连铭源船务代理有限公司、西英船东互保协会（卢森堡）船舶碰撞人身伤亡损害赔偿纠纷案
302. 赛奥尔航运有限公司与唐山港陆钢铁有限公司错误申请海事强制令损害赔偿纠纷案
303. 三和贸易有限公司诉平安保险股份有限公司南宁办事处水路运输货物保险合同纠纷案
304. 厦门市惠利隆进出口有限公司与法国达飞轮船有限公司、达飞轮船（中国）船务有限公司厦门分公司海上货物运输损害赔偿纠纷
305. 山东横店草业畜牧有限公司与约翰迪尔（天津）国际贸易有限公司买卖合同纠纷申请不予执行仲裁裁决案
306. 山东聚丰网络有限公司与韩国酷人国（MGAME）公司、天津风云网络技术有限公司网络游戏代理及许可合同纠纷管辖权异议案
307. 山东省海洋与渔业厅与联合远洋运输公司、西英船东互保协会船舶油污污染损害赔偿纠纷案
308. 山东省威海船厂诉塞浦路斯舍勒（SCHOELLER）控股有限公司确认无船舶买卖合同关系案
309. 山东潍坊国际海运公司、幸运海航运有限公司诉云浮硫铁矿企业集团公司船舶损害赔偿纠纷一案
310. 山西金昌煤炭气化有限公司诉中国建设银行太原市迎泽支行、香港卓裕国际有限公司、山西金虎煤炭气化有限公司担保合同纠纷案

311. 山西炜伟实业有限公司与天津市中宝物流有限公司无正本提单交付货物侵权损害赔偿纠纷案
312. 杉杉集团有限公司诉南洋商业银行有限公司信用证拒付纠纷案
313. 汕头宏业（集团）股份有限公司与中国银行（香港）有限公司、汕头经济特区新业发展有限公司担保合同纠纷
314. 汕头经济特区江汕工贸公司与汕头市粤保经贸公司等借款合同纠纷上诉案
315. 商业联合保险（泰国）有限公司诉贝尼迪特 IIK/S 公司、天津远洋运输公司海上货物运输保险代位求偿纠纷
316. 上海供电局与巴拿马波罗的斯船务公司拖锚钩断过江电缆海事损害赔偿纠纷案
317. 上海金合利铝轮毂制造有限公司诉美国博区梧德国际公司买卖合同纠纷案
318. 上海锦达进出口有限公司与被告上海浦东国际货运有限公司、中海集装箱运输（香港）有限公司海上货物运输合同无单放货赔偿纠纷
319. 上海康泰生化科技有限公司与新美亚农化（新加坡）有限公司不当得利纠纷上诉案
320. 上海林德货物运输有限公司与被告上海智荣货运代理有限公司、第三人韩国世达海运株式会社货物运输合同损害赔偿纠纷
321. 上海派克笔有限公司诉宜春步步高商业连锁有限责任公司侵犯商标专用权纠纷案
322. 上海申达股份有限公司诉香港汇丰银行股份有限公司上海分行委托合同案
323. 上海盛春纺织品贸易有限公司与被告大连新金虎国际货运有限公司上海分公司海上货物运输合同无单放货赔偿纠纷
324. 上海市金茂律师事务所诉西班牙安赫尔·卡诺·马丁内斯公司等法律服务合同纠纷案
325. 上海市土产物资总公司与新加坡富美有限公司买卖合同纠纷上诉案

326. 上海振华港口机械有限公司诉美国联合包裹运送服务公司国际航空货物运输合同标书快递延误赔偿纠纷案
327. 上海紫江国际贸易有限公司诉韩国纽泰克斯有限公司、江苏大望服饰有限公司企业借款纠纷案
328. 尚铁刚诉马来西亚国盛国际投资集团等专利申请权转让合同纠纷案
329. 重庆文怡贸易有限公司与重庆金满豪航国际货物运输代理有限公司、豪航有限公司、法国达飞海运集团、法国达飞轮船（中国）有限公司海上货物运输货损争议案
330. 绍兴南润进出口有限公司与被上诉人夏巴克（BAKHTAWAR SHAH）、钱乐和其他特殊类型的侵权纠纷案
331. 申请人安托瓦纳蒙杰尔向广州市中级人民法院申请承认法国普瓦提艾商业法院破产判决纠纷
332. 深圳南天油粕工业有限公司诉中国人民保险公司辽宁省分公司、斯坦斯蒂船务有限公司海上货物运输货损赔偿纠纷案
333. 深圳市华新股份有限公司诉新加坡欧力士船务有限公司等船舶权益侵权损害赔偿纠纷案
334. 深圳市景鸿投资发展有限公司诉被告增城市荔城荣华大酒楼、广州哥兰士服装实业有限公司、增城市二轻工业总公司、广东省增城市东兴实业集团股份有限公司、香港励成贸易公司、第三人中国银行股份有限公司广州增城支行借款合同纠纷案
335. 深圳市森邦国际货运有限公司与被告山东省烟台国际海运公司海上货物运输合同纠纷案
336. 深圳市蛇口区环境监测站与香港凯达企业有限公司环境污染案
337. 深圳市知音电子有限公司与陈金鸿、陈素虹、鸿信达电子有限公司买卖合同纠纷
338. 深圳兴鹏海运事业有限公司和香港福星船务有限公司"兴达"轮定期租船合同纠纷案
339. 沈阳捷丰仪表电器有限公司诉被告沈阳必盛电子科技有限公司、李贤淑欠款合同纠纷案

340. 收成物业有限公司、王健生、百利鑫国际有限公司、益怡有限公司物权保护纠纷
341. 顺固企业有限公司（Fastwell Industry Company Limited）诉江苏张俞实业集团有限公司不当得利纠纷案
342. 斯达迪船务有限公司与中海发展股份有限公司船舶无接触碰撞损害赔偿纠纷案
343. 四川都江堰海棠铁合金冶炼有限公司与毛里求斯共和国瑞华投资控股公司等信用证开证纠纷上诉案
344. 宋秀英、王正万、向仕妹、王羲娟、王羲霞、王羲花诉伊母莱特航运公司、绿洲航运管理公司海上人身伤亡损害赔偿纠纷案
345. 苏州华斯特登喜路服饰有限公司与（英国）艾尔弗雷德·邓希尔有限公司侵犯商标专用权及不正当竞争纠纷上诉案
346. 孙加生与被上诉人韩国青松商工株式会社、原审被告爱趣源（天津）包装印刷有限公司公司决议侵害股东权纠纷案
347. 索莱多有限公司、上诉人爱尔默克航运有限公司与被上诉人杭州湾大桥工程指挥部船舶触碰桥梁损害赔偿纠纷案
348. 台福食品有限公司与台湾省泰山企业股份有限公司不正当竞争纠纷上诉案
349. 台湾"光大二号"轮船长蔡增雄不服拱北海关行政处罚上诉案
350. 台湾居民高春惠与叶正杰等信托合同纠纷上诉案
351. 台湾居民吕芳超与被告广州市森堡食品有限公司民间借贷纠纷案
352. 台湾居民王华英诉丹阳泓德光学有限公司返还不当得利纠纷案
353. 台湾居民吴世忠与台湾居民谢宏志等财产权属、侵权纠纷上诉案
354. 台湾铭彦股份有限公司诉常州世纪华茂商贸有限公司买卖合同纠纷案
355. 台湾群翊公司与被告台湾雅新公司、雅新线路板公司买卖合同返还财产纠纷案
356. 台湾唯全企业股份有限公司（ALOHA WORLD CO LTD）与宁波贝仕迪电器有限公司买卖合同纠纷上诉案

357. 台湾新健海运有限公司诉被告中艺远东进出口有限公司航次租船合同滞期费纠纷
358. 台湾阳明海运股份有限公司诉香港美达船务有限公司、英国大诺控股有限公司海上货物运输合同货损赔偿纠纷案
359. 香港谭嘉茵侵权损害赔偿纠纷案
360. 泰国公民郑明如与北海市人民政府返还土地出让金纠纷案
361. 泰国黄春发有限公司诉中国太平洋保险公司广州分公司海上运输货物保险合同纠纷案
362. 泰普克沥青（大众）有限公司诉伊朗伊斯兰共和国航运公司海上货物运输侵权损害赔偿纠纷上诉案
363. 天海公司诉粤东公司船舶租用侵权纠纷案
364. 天津中远国际货运有限公司与被告香港美通船务有限公司、被告天津美通国际货运服务有限公司拖欠海运费、港杂费委托运输服务合同纠纷
365. 铁行渣华有限公司等申请确认提单约定或诉讼或仲裁的管辖权条款无效案
366. 铜川鑫光铝业有限公司与中国银行（香港）有限公司担保合同纠纷上诉案
367. 屠冬青与中华网国际网络传讯有限公司网络著作权侵权纠纷上诉案
368. 丸红美国有限公司诉威海山海光星制革有限公司等无正本提单提货侵权纠纷案
369. 王达海与被告香港居民王茂辉、美国居民邓永红借款合同纠纷案
370. 王润光、林鸿与袁寿铃船舶所有权侵权纠纷案
371. 王晓庆诉健康之源国际有限公司股权转让合同纠纷案
372. 王弈旦与被告厦门景洲乐园发展有限公司、台湾籍黄景山借款合同纠纷
373. 威海林苑物资贸易有限公司诉汇升国际航运有限公司、南京永正航运有限公司船舶碰撞纠纷案
374. 维马国际有限公司诉浙江省对外经济贸易开发公司提单侵权纠

纷上诉案

375. 温州市轻工工艺品对外贸易公司诉法国达飞轮船有限公司海上货物运输合同纠纷管辖权异议案

376. 温州市铁路对外服务有限公司与被告朱琳、俄罗斯联邦远东运输有限公司（"第二被告"）、远东船务代理有限公司（"第三被告"）国际多式联运合同纠纷

377. 无锡天亿国际贸易有限公司与被告韩国综合国际海运株式会社、被告上海巴士悦信物流发展有限公司海上货物运输合同无单放货损害赔偿纠纷案

378. 吴冠中诉上海朵云轩、香港永成古玩有限公司出售假冒其署名的美术作品纠纷案

379. 梧州市兴信房地产实业公司、梧州市区农村信用合作社联合社与香港东洋集团侵犯公司财产权和经营权纠纷案

380. 五丰行（控股）有限公司与鱼台建行、任城建行存单及侵权纠纷案

381. 五矿东方贸易进出口公司诉罗马尼亚班轮公司海上货物运输损害赔偿案

382. 五矿钢铁公司就涉案货物运输倒签提单和不如实签发提单诉被告现代商船（美国）有限公司、被告美国伊斯－瑞尔玛有限公司、被告现代商船株式会社、被告日本三光汽船株式会社和被告利比亚皇家货船有限公司损害赔偿纠纷

383. 五矿钢铁有限责任公司诉俄罗斯远东海洋轮船公司倒签提单侵权损害赔偿纠纷案

384. 西班牙石油有限公司、西班牙石油化工有限公司诉阿根廷阿福卢埃姆有限公司船舶营运费用纠纷案

385. 希腊蒙都运输有限公司与中国土产畜产进出口总公司海上货物运输合同纠纷上诉案

386. 香港百粤金融财务有限公司诉香港红荔美食有限公司贷款纠纷案

387. 香港保经邦与云南省富民县发展改革和经济贸易局等其他租赁

合同纠纷上诉案
388. 香港东方海外货柜航运有限公司与青岛海神食品有限公司、韩国三湖物产株式会社海上货物运输无单放货纠纷再审案
389. 香港东海运输有限公司诉被告印度尼西亚共和国阿海达雅卡亚公司海事侵权纠纷
390. 香港范记顺与被告杨劭宜、广州思源房地产服务有限公司民间借贷纠纷
391. 香港港源水利电力工程有限公司与中国农业银行北京市分行、国宇经济发展总公司存款纠纷案
392. 香港国源投资有限公司与诚信置业有限公司股权转让合同纠纷案
393. 香港华润纺织原料有限公司诉广东湛江船务代理公司、湛江纺织企业（集团）公司和深圳经济特区进出口贸易（集团）公司无正本提单放货、提货纠纷案
394. 香港霍克能源有限公司与广州市南通电讯系统设备有限公司买卖及总经销合同纠纷上诉案
395. 香港锦程投资有限公司与山西省心血管疾病医院、第三人山西寰能科贸有限公司中外合资经营企业合同纠纷案
396. 香港镜威公司受让债权后诉债务人梁金福偿还代为偿还的渔船抵押借款案
397. 香港居民董文韬诉郭胜强等房屋买卖合同纠纷案
398. 香港居民龚诗灵诉梁伟强民间借贷纠纷案
399. 香港居民贺惇与新干县大洋洲镇人民政府土地使用权转让合同纠纷
400. 香港居民黎婉玲与被告李阳、广东李阳文化教育发展有限公司、第三人 Precursor Group Limited（先驱公司）、Fine World International Limited（优世公司）、Grace Empire Group Limited（格丽斯帝国有限公司）合作合同纠纷案
401. 香港居民林红霞与被上诉人中国农业银行石狮市支行、原审被告福建省石狮市华南利华服装辅料公司、石狮市东源服装发展有限

公司、石狮市凤里街道华南社区居民委员会、黄其呈、香港居民姜清睐借款合同纠纷

402. 香港居民刘敏诉姚何明等民间借贷纠纷案
403. 香港居民王梓烨与被告广州中望房地产开发有限公司、电白县第三建筑工程公司、香港中望有限公司、香港中望（集团）有限公司、欧志星借款及担保合同纠纷案
404. 香港居民徐华清诉徐健清侵权纠纷案
405. 香港居民徐剑雄与陈美球合作开发矿产纠纷上诉案
406. 香港康林环保制品（香港）实业公司与被告广州泰普乐环保包装制品有限公司、被告甘志伟、第三人日本凯碧（KB）株式会社退还果托托盘模具及侵权损害赔偿纠纷
407. 香港昆利发展有限公司、晶泽有限公司不服湛江海关行政处罚决定案
408. 香港卢雪影与中国光大银行股份有限公司南宁桃源支行、广西武鸣侨恒酒精有限公司、广西南宁地区恒立贸易（集团）有限责任公司借款担保合同纠纷
409. 香港绿谷投资公司诉加拿大绿谷（国际）投资公司等股权纠纷案
410. 香港美艺金属制品厂诉中国专利局专利复审委员会确认"惰钳式门"发明专利权纠纷上诉案
411. 香港农银财务有限公司与广东三星企业（集团）公司车桥股份有限公司担保合同纠纷上诉案
412. 香港沛时投资有限公司（投资公司）与被上诉人天津市金属工具公司中外合资合同纠纷上诉案
413. 香港山顿国际有限公司诉深圳市华达电子有限公司侵犯商标专用权纠纷案
414. 香港声辉投资有限公司与被上诉人沈阳燃料集团总公司侵犯股东权益纠纷案
415. 香港声望国际有限公司（Sound View International Limited）与汕头市天讯达电子有限公司买卖合同货款纠纷上诉案
416. 香港时毅电子有限公司诉佳永电子（苏州）有限公司买卖合同纠

纷案
417. 香港舜天正宏有限公司与被告江苏开元国际集团畜产进出口股份有限公司多式联运代理合同纠纷
418. 香港穗辉发展有限公司诉广州市盛裕彩雅印刷器材有限公司等合作合同纠纷案
419. 香港新建业有限公司等诉上海新建业有限公司等欠款担保纠纷案
420. 香港耀丰船务有限公司诉被告深圳红枫叶国际物流有限公司、被告深圳长帆国际货运代理有限公司海上货物运输合同纠纷
421. 香港怡信有限公司与被上诉人中国平安财产保险股份有限公司北京分公司、被上诉人中国平安财产保险股份有限公司船舶保险合同纠纷
422. 香港永昌利实业发展公司与裴朝霞股权转让侵权纠纷案
423. 香港友祥发展有限公司诉被告广州市穗航实业有限公司侵权纠纷案
424. 香港正鸿刺有限公司与瑞士吉尔伯特财务有限公司钢材购销合同纠纷上诉案
425. 香港中国旅游出版社与李子青损害赔偿纠纷上诉案
426. 向美琼等人诉张凤霞等人执行遗嘱代理合同纠纷案
427. 晓星香港有限公司与中国船务代理公司防城港公司、中国外运广西公司、中国农业银行梧州分行提单侵权纠纷案
428. 辛波特·桑登猜、泰国采耀版权有限公司与被上诉人广州购书中心有限公司、上海音像出版社、上海圆谷策划有限公司、圆谷制作株式会社侵犯著作权纠纷（奥特曼系列）上诉案
429. 新华信托投资股份有限公司与北京合力金桥系统集成技术有限公司、香港普纳集团有限公司、北京冠耀投资咨询有限公司、北京旭亚荣泰科技发展有限公司贷款合同纠纷一案
430. 新会市金元金属制品厂有限公司诉北欧国际货运有限公司、铁行渣华有限公司（P&O Nedlloyd BV）无正本提单放货纠纷案
431. 新加坡国际船舶管理有限公司（ASP Ship Management Singapore

PteLtd）诉朝鲜高丽航运公司（Korea Koryo Shipping Co）船舶买卖代理合同纠纷案
432. 新加坡夫妇谭顺鸿谢美珍诉广州市黄埔区城市建设开发有限公司等房屋被强行改造财产损害赔偿纠纷案
433. 新加坡汇丰控股有限公司诉邱立峰、江阴亚成制冷设备有限公司董事、高级管理人员损害股东利益赔偿纠纷案
434. 新加坡捷富意运通有限公司诉东方国际集团上海市对外贸易有限公司海上货物运输合同欠款纠纷案
435. 新加坡星花投资服务有限公司、杭州金马房地产有限公司、杭州未来世界游乐有限公司债务及担保合同纠纷案
436. 兴利公司、广澳公司与印度国贸公司、马来西亚巴拉普尔公司、库帕克公司、纳林公司货物所有权争议上诉案
437. 徐州徐腾木业有限公司与豪特微芙国际公司（HOUTWERF INTERNATIONAL BV）分期付款买卖合同纠纷案
438. 雅马哈株式会社诉港田集团公司、港田有限公司侵犯商标专用权纠纷案
439. 亚马大益卡埃琳达斯公司诉三善海运株式会社错误申请扣船损害赔偿纠纷案
440. 杨致祥、王双梅夫妻财产关系法律适用纠纷
441. 叶国华、林东升与王伟民、杨海红、林建军、支济旗、王耀南、泸水县红旗矿业公司涉外采矿权转让合同纠纷上诉案
442. 伊姆莱特航运公司诉张汉金、陈木明、陈协兴船舶碰撞损害赔偿纠纷案
443. 怡丰集团发展公司与武亚尊、南京富裕华房地产开发有限责任公司、南京华丰房地产开发有限公司董事、高级管理人员损害股东利益赔偿纠纷案
444. 宜兴市乐祺进出口有限公司与被告马士基航运（英国）有限公司海上货物运输合同货物赔偿纠纷
445. 以星综合航运有限公司与新疆奎屯云森纺织有限公司预借提单侵权损害赔偿纠纷案

446. 意大利波佐罗船舶物料供应公司申请扣押香港"海湾谷物"号货轮案
447. 意大利费列罗公司与蒙特莎（张家港）食品有限公司、天津经济技术开发区正元行销有限公司不正当竞争纠纷案
448. 印度航运有限公司与被上诉人中华人民共和国东海区渔政局、原审被告康中明船舶污染损害赔偿纠纷案
449. 英国阿曼瑞卡纳国际有限公司、上诉人上海奔灿进出口贸易有限公司北京望京分公司、上诉人上海奔灿进出口贸易有限公司、上诉人奔趣服饰（上海）有限公司侵犯商标专用权纠纷
450. 英属维尔京群岛超骏投资集团有限公司诉香港富恒地产有限公司、东莞富恒商住开发有限公司借款担保纠纷案
451. 英属维尔京群岛富运发展有限公司与被告成都新津宝珠酒业有限公司确认财产所有权属纠纷
452. 赢嘉置业发展有限公司与香港中信嘉华银行有限公司借款合同及担保合同纠纷管辖权异议案
453. 友尚香港有限公司与被告重庆禾兴江源科技发展有限公司货款纠纷案
454. 有万科技股份有限公司诉效鸿光电（苏州）有限公司买卖合同纠纷案
455. 于连超诉盛福航运有限公司（SHENGFU SHIPPING LTD）、威海华洋国际船舶管理有限公司海上人身损害赔偿纠纷案
456. 余二女等与余三妹等确权、继承纠纷再审案
457. 余海涛与被上诉人日本越谷金属株式会社、原审被告刘宁、原审被告韩京磊出资纠纷上诉案
458. 余颖等与武汉市洪山珞珈山邮政局等邮政服务侵权赔偿纠纷上诉案
459. 粤海电子有限公司诉招商局仓码运输有限公司海上货物运输无单放货纠纷案和仓码公司诉中国深圳外轮代理公司、深圳经济特区发展公司、珠海市海岛开发贸易公司、华港发展公司无正本提单代理放货、提货纠纷再审案

460. 臧兆坤诉被告香港居民冼亚记、王国斌买卖合同纠纷案
461. 詹丽君诉被告韩国公民李承姬、李善美买卖合同纠纷案
462. 湛江市启航货运代理有限公司诉被告湛江市百事佳电器有限公司、南宁鑫金航物资有限公司湛江分公司海上货物运输合同纠纷
463. 张家港恒达传动设备有限公司诉台湾居民沈建南保证合同纠纷案
464. 张奇霞诉宋台生涉台借款合同纠纷案
465. 张鑫与被上诉人斯德特控股公司（SDT-Holding SA）、被上诉人图尔克（天津）自动化系统有限公司、被上诉人图尔克（天津）传感器有限公司与公司有关的纠纷案
466. 长城资产南昌办事处作为安新公司的股东以其股权受侵害为由起诉瑞士安德利公司股权侵权纠纷
467. 浙江宏伟建筑工程有限公司诉被告新加坡星木旅游公司、被告上海茶恬园国际旅行社有限公司旅游合同纠纷
468. 浙江省纺织品进出口集团公司与被告台湾立荣海运股份有限公司海上货物运输合同无单放货纠纷
469. 浙江省义乌市对外经济贸易有限公司与地中海航运公司（Mediterranean Shipping Company SA, Geneva）海上货物运输合同无单放货纠纷
470. 浙江信诺进出口有限公司与被告上海神东船务有限公司海上货物运输合同赔偿纠纷
471. 振兴船舶株式会社与被告中远集装箱运输有限公司、被告上海奥吉国际货运有限公司海上货物运输合同货损赔偿纠纷
472. 镇江市京华工具有限公司诉土耳其埃科电子工业商务进出口有限公司买卖合同纠纷案
473. 镇江斯大锅炉有限公司与被上诉人朴宽雄借款合同纠纷上诉案
474. 正东唱片有限公司诉被告中国网通集团西北通信股份有限公司录音制作者权侵权纠纷案
475. 郑礼强诉香港威富物流有限公司海上货物运输合同货物交付纠纷案

476. 中澳投资（香港）有限公司与被告芜湖市南征水泥粉磨（集团）有限公司、被告繁昌县人民政府、被告繁昌县经济贸易委员会财产侵权纠纷案

477. 中国电子进出口珠海公司与被告铁行渣华有限公司（P & O Nedlloyd Ltd）、被告铁行渣华（中国）船务有限公司海上货物运输合同无单放货损害赔偿纠纷

478. 中国东方资产管理公司广州办事处与珠海经济特区国利房产开发公司、澳门国彪投资发展有限公司等单位借款合同纠纷案

479. 中国东方资产管理公司武汉办事处诉中国建设银行股份有限公司三峡分行、湖北省土产进出口公司、武汉佳信工贸有限公司外贸代理、开立信用证、担保合同纠纷案

480. 中国纺织物资总公司诉被告地中海航运公司、地中海航运公司倒签提单侵权损害赔偿纠纷

481. 中国工商银行股份有限公司广州番禺支行诉被告广州亿敦投资有限公司、爱多集团有限公司、香港照泰有限公司借款及担保合同纠纷

482. 中国工商银行股份有限公司洛阳九都支行与台湾居民蔡小萍、原审被告河南通元置业股份有限公司借款纠纷

483. 中国工商银行沈阳市银信支行与被告沈阳市人民政府办公厅、沈阳市建设投资公司及第三人香港沈港发展有限公司借款合同纠纷一案

484. 中国航空工业供销总公司诉被告中国外运广东湛江储运公司无单放货损害赔偿纠纷

485. 中国恒基伟业集团有限公司、北京北大青鸟有限责任公司与广晟投资发展有限公司、原审被告香港青鸟科技发展有限公司借款、担保合同纠纷管辖权异议案

486. 中国华电工程（集团）有限公司与康提约克航运有限公司、康提克斯托航运公司船舶触碰码头设施损害赔偿纠纷案

487. 中国机械进出口（集团）有限公司与被告新加坡经伟太平洋班轮公司海上货物运输合同货损赔偿纠纷

488. 中国经伟总公司诉瑞士工业资源公司案
489. 中国民间国际旅游公司与泰国正好旅运有限公司（Quality Express Co,Ltd）旅游合同纠纷上诉案
490. 中国农业银行上海市分行诉被告时代科技（新加坡）私人有限公司、被告上海良丰置业发展有限公司借款合同纠纷
491. 中国农业银行象山县支行因承运人无单放货致其提单质押权不能实现诉象山县兴业航运有限公司侵权损害赔偿纠纷案
492. 中国平安财产保险股份有限公司北京分公司与被告香港通成国际有限公司、汕头市通成船务有限公司海上货物运输合同货损货差赔偿代位求偿纠纷
493. 中国轻工业原材料总公司与韩国化联船务有限公司、韩国五星海运株式会社海上货物运输无单放货损害赔偿纠纷
494. 中国人民财产保险股份有限公司北京市直属支公司与被告铜河海运有限公司、寰宇船务企业有限公司海上货物运输合同代位求偿纠纷
495. 中国人民财产保险股份有限公司大连市分公司诉伊朗伊斯兰共和国航运公司海上货物运输合同纠纷案
496. 中国人民财产保险股份有限公司广东省分公司诉西门子奥钢联钢铁科技有限公司（Siemens VAI Metals Technologies GmbH & Co）、西门子国际贸易（上海）有限公司、意大利碧穆（BM）航运集团有限公司财产损害赔偿纠纷
497. 中国上海抽纱进出口公司与中国太平洋保险公司上海分公司海上货物运输保险合同纠纷
498. 中国石油化工股份有限公司北京燕山分公司与香港轩星有限公司进出口委托代理合同纠纷上诉案
499. 中国水利电力对外公司、中国水利水电建设集团公司诉被告香港南远船务有限公司海上货物运输合同纠纷案
500. 中国太平洋财产保险股份有限公司深圳分公司、中化国际石油公司诉被告希腊莫林大财产有限公司海上货物运输合同货差纠纷
501. 中国外运天津集团塘沽公司诉天津中远国际货运有限公司船不

适货使部分货物未装船致其另租船运输赔偿损失案
502. 中国武汉长江轮船公司海员对外技术服务公司诉巴拿马索达·格莱特航运有限公司船员雇用合同纠纷案
503. 中国西部国际控股公司与高大成股权转让纠纷上诉案
504. 中国银行（香港）有限公司与被告香港粤阳发展有限公司抵押担保合同纠纷案
505. 中国银行（香港）有限公司、廖创兴银行有限公司汕头分行诉汕头经济特区粤东房地产开发有限公司等单位贷款纠纷案
506. 中国银行（香港）有限公司与中国长城工业总公司担保合同纠纷案
507. 中国银行股份有限公司澳门分行、澳门大丰银行有限公司诉珠海华电洪屏柴油机发电有限公司、力合股份有限公司、珠海华电洪湾柴油机发电有限公司借款、抵押担保纠纷案
508. 中国银行桂林分行、日本国熊本市株式会社微笑堂、桂林市旅游局担保合同纠纷
509. 中国银行新加坡分行诉麦科特集装箱（惠州）有限公司等借款合同纠纷案
510. 中国银行珠江分行与被告香港传统投资有限公司、广东省广州市海珠区对外经济贸易委员会、广东省广州市江南大酒店有限公司担保合同纠纷
511. 中国云南土产畜产有限公司诉国际金钱香港公司套币买卖合同纠纷案
512. 中国再生资源开发公司南通分公司清算组诉被告南通中海船务代理有限公司、被告江苏中外运有限公司南通分公司提单纠纷
513. 中国长城资产管理公司北京办事处诉被告北银集团股份有限公司、香港新华财务集团有限公司借款担保合同纠纷一案
514. 中国长城资产管理公司北京办事处与松鹤大酒店有限责任公司、北京国际信托投资有限公司、北京中兴旅游经济发展集团、北京市旅游公司、香港华刚投资有限公司借款合同纠纷案
515. 中海发展股份有限公司诉新晟海运株式会社船舶碰撞损害赔偿

纠纷

516. 中华联合财产保险股份有限公司宁波分公司与被告 Safmarine Container Lines NV（比利时南航集装箱班轮公司）海上货物运输合同保险代位求偿纠纷

517. 中华人民共和国汕头海事局与被告英属维尔京群岛信盈海运有限公司、信成（香港）海运有限公司海难救助报酬纠纷

518. 中化（深圳）实业有限公司诉被告珠海中燃石油有限公司货物交付纠纷

519. 中化广东公司诉被告香港怡高船务有限公司、宁波侨丰货运代理有限公司、天津轻丰货运有限公司、天津轻丰货运有限公司深圳分公司海上货物运输合同货物交付纠纷

520. 中化国际（控股）股份有限公司诉马来西亚国际航运公司等倒签提单案

521. 中化江苏连云港公司、博联集团公司与法国达飞轮船有限公司、江苏环球国际货运公司上海分公司海上货物运输合同无单放货损害赔偿纠纷上诉案

522. 中交第四航务工程局有限公司与杰斯航运有限公司（JES SHIPPING CO, LTD）船舶碰撞纠纷上诉案

523. 中科华飞（清远）管业有限公司中科华飞管业（控股）有限公司、中科华飞管业（东莞）有限公司侵权纠纷

524. 中轻深圳进出口有限公司与被上诉人以星轮船有限公司、帕林博有限公司、帕林博（香港）有限公司、北京泛华国际运输有限责任公司深圳分公司海上货物运输合同货物交付纠纷上诉案

525. 中山市古镇光艺灯饰五金电器厂与被上诉人布隆姆伯格工业有限公司、原审被告重庆灯巢家居有限公司侵犯著作权纠纷案。

526. 重庆市联飞机车有限公司诉老挝力宏摩托车组装有限公司等国际买卖合同纠纷案

527. 中芯国际集成电路制造有限公司等诉台湾积体电路制造股份有限公司不正当竞争、商业诋毁纠纷案

528. 中信银行股份有限公司苏州分行诉台湾居民澜壮怀信用卡欠款

纠纷案
529. 中艺华海进出口有限公司诉被告马绍尔群岛三角洲船务有限公司、中国再保险（集团）公司海上货物运输合同货差纠纷
530. 中艺名人艺术珍品进出口公司诉恒励集团（香港）有限公司等侵权纠纷
531. 中银集团保险有限公司诉上海交运集装箱发展有限公司港口货物损害赔偿纠纷
532. 重庆贝尔高林建筑景观设计有限公司与贝尔高林国际（香港）有限公司侵犯注册商标专用权纠纷一案
533. 重庆必扬集团（集团）有限公司与新加坡籍杨小竹、新加坡籍唐德风借款纠纷
534. 重庆环松工业集团对外贸易有限公司诉郭迅（Jaso Gore）涉外欠款纠纷案